# लाइफ़ मैनेजमेंट

# लाइफ़ मैनेजमेंट

## गुमराह और शोषित होने से कैसे बचें

नवीन कृष्ण राय

MANJUL

मंजुल पब्लिशिंग हाउस

MANJUL

**मंजुल पब्लिशिंग हाउस**

*कॉरपोरेट एवं संपादकीय कार्यालय*

• द्वितीय तल, उषा प्रीत कॉम्प्लेक्स, 42 मालवीय नगर, भोपाल-462 003

*विक्रय एवं विपणन कार्यालय*

• सी-16, सेक्टर 3, नोएडा, उत्तर प्रदेश, 201301

वेबसाइट : www.manjulindia.com

*वितरण केन्द्र*

अहमदाबाद, बेंगलुरू, कोच्चि, कोलकाता, चेन्नई,
हैदराबाद, मुम्बई, नई दिल्ली, पुणे

*लाइफ़ मैनेजमेंट : गुमराह और शोषित होने से कैसे बचें*



यह हिन्दी संस्करण 2024 में पहली बार प्रकाशित
द्वितीय आवृत्ति 2025

**ISBN 978-93-5543-501-9**

मुद्रण व जिल्दसाज़ी : सौरभ प्रिन्टर्स प्रा.लि.

मेरे गुरु हिमांशु राय सर को समर्पित, जिनकी प्रेरणा एवं मार्गदर्शन ने इस लाइफ़ मैनेजमेंट के सूत्र को आकार देने में मदद की।

# अनुक्रम

# भूमिका

हर व्यक्ति मैनेजमेंट की औपचारिक ट्रेनिंग या एमबीए नहीं कर सकता : लेकिन हर किसी को मैनेजमेंट की उतनी ही ज़रूरत है, जितनी किसी प्रोफ़ेशनल कार्य को करने वाले एमबीए डिग्रीधारी व्यक्ति को। जैसा कि उपनिषद में भी लिखा है कि 'सिद्धिमूलं प्रबंधनम्' अर्थात् 'किसी भी व्यक्ति की सभी उपलब्धियों का मूल अच्छा प्रबंधन यानी मैनेजमेंट है'। इसलिए हम चाहे जैसी ज़िंदगी जीना चाह रहे हों, हमारे जीवन के चाहे जो भी लक्ष्य हों, हमारी चाहे जो भी महत्त्वाकांक्षाएं हों, हम जो भी उपलब्धियां हासिल करना चाहतें हों, हमें अपने जीवन में मैनेजमेंट की अच्छी समझ होना आवश्यक है। यह *लाइफ़ मैनेजमेंट* पुस्तक मैनेजमेंट के ज्ञान का लोकतंत्रीकरण करने का एक प्रयास है। सभी पृष्ठभूमि के पाठकों को मैनेजमेंट के विभिन्न स्किल से रूबरू कराने और उन्हें समझाने के लिए ही यह पुस्तक लिखी गई है। इसमें मैनेजमेंट के मुख्य सूत्रों को समझाने के लिए नायकों का चयन भी आपके बीच से ही किया गया है। इसीलिए वह आपके आसपास के राकेश-महेश-सुरेश या ख़ुद आप : कोई भी हो सकता है। स्वयं के अनुभव व्यवहारिक ज्ञान के सबसे महत्वपूर्ण स्रोत होते हैं, किंतु बहुत सी अमूल्य सीख हमें दूसरों की सफलताओं और असफलताओं से मिलती हैं। इसी कारण यह *लाइफ़ मैनेजमेंट* किताब अनेक लोगों के जीवन के अनुभवों से लिए हुए किस्सों व कहानियों को रोचक तरीक़े से प्रस्तुत करती है, ताकि पाठक दूसरों की सफलताओं अथवा उनकी त्रुटियों से भी सीख एवं प्रेरणा ले सकें।

इस पुस्तक का हर अध्याय, व्यक्ति के दैनिक जीवन की परिस्थितियों पर आधारित एक रोचक किस्से के साथ शुरू होता है और हास्य रस के माध्यम से उपयोगी ज्ञान को सरलता से प्रस्तुत करता है। कलात्मकता से बुने हुए सभी अध्याय केवल किस्सों के माध्यम से पाठकों का मन उल्लास से भरने का कार्य ही नहीं करते हैं, बल्कि उनसे मिली सीख को दैनिक जीवन में उपयोग में लाने के लिए पाठकों को प्रेरित भी करते हैं। प्रत्येक अध्याय में किस्सों के साथ उनमें मौजूद व्यवहारिक सीख है। इस सीख के मूल स्रोत साइकोलॉजी, फ़िलोसफ़ी और मैनेजमेंट से ली गयीं

कुछ थ्योरीज़, मॉडल्स, प्रिंसिपल्स और कॉन्सेप्ट्स हैं। प्रत्येक अध्याय के किस्से व कहानियों के संदर्भ में इन सभी कॉन्सेप्ट्स व थ्योरीज़ की सरल भाषा में व्याख्या की गई है जिससे कि पाठक सरल भाषा में इनसे रूबरू हो सकें। इस पर बात तो अनेक पुस्तकें करती हैं, परंतु व्यक्ति के दैनिक जीवन की परिस्थितियों पर आधारित कहानियों के माध्यम से पाठकों को स्वयं के जीवन में इन थ्योरीज़ का इस्तेमाल करने के लिए एक दिशा प्रदान करके उन्हें प्रेरित करने का प्रयास ही इस *लाइफ़ मैनेजमेंट* पुस्तक को ख़ास बनाता है। लगभग सभी अध्याय पश्चिमी नजरिये से परिभाषित की गई थ्योरीज़ और कॉन्सेप्ट्स को भारतीय नजरिये से भी समझाने का प्रयास करते हुए पाठक को एक संतुलित सोच के निर्माण करने में सहायता प्रदान करते हैं। प्रत्येक अध्याय भारतीय पौराणिक शास्त्रों के ज्ञान भण्डार से उस विषय पर दिए गए उपयुक्त श्लोकों और विचारों के अंशों को भी पाठकों के समक्ष प्रस्तुत करते हैं। इसका उद्देश्य यह है कि पाठक उन विषयों पर ना केवल आधुनिक ज्ञान को जानें, बल्कि वह भारतीय ज्ञान प्रणाली एवं परंपराओं में उस विषय के बारे में गहरी समझ से भी रूबरू हों।

इस पुस्तक में प्लानिंग, डिसिज़न-मेकिंग, लीडरशिप, सेल्फ़-मैनेजमेंट, पीपल मैनेजमेंट, कॉन्फ़्लिक्ट मैनेजमेंट और नेटवर्किंग आदि विषय शामिल हैं। व्यवसायी हों, युवा पेशेवर हों या गृहिणियां - सभी पाठक वर्ग अपने अंदर इन मैनेजमेंट स्किल का विकास करके जीवन की विभिन्न चुनौतियों का सामना करने के लिए स्वयं को सक्षम बना सकते हैं।

वर्तमान समय में हर व्यक्ति का जीवन चुनौतियों और अनिश्चितताओं से परिभाषित होता है। ऐसे में हर सफलता के लिए सिर्फ़ और सिर्फ़ मेहनत काफ़ी नहीं। मेहनत की दिशा-समय और उद्देश्य का चयन सफलता में महत्त्वपूर्ण भूमिका निभाते हैं। समय की कसौटियों पर खरे उतरे विभिन्न कॉन्सेप्ट्स व मॉडल्स से रू-ब-रू कराके, यह *लाइफ़ मैनेजमेंट* पुस्तक पाठकों को स्वयं के जीवन में सकारात्मक बदलाव लाने, भविष्य में आने वाली चुनौतियों को स्वीकार करने और अवसरों का लाभ उठाने के लिए विभिन्न वैचारिक और व्यवहारिक अस्त्रों से सुसज्जित करने का प्रयास करती है। इसमें जीवन को समृद्ध बनाने के लिए एक व्यवस्थित और शोध-आधारित दृष्टिकोण की वकालत है। यह *लाइफ़ मैनेजमेंट* पुस्तक सरल भाषा और भारतीय परिदृश्य के लिए उपयुक्त उदाहरणों और किस्सों के साथ हिंदी भाषा में उपलब्ध मैनेजमेंट विषय से संबंधित पुस्तकों की कमी को पूरा करने का एक छोटा सा प्रयास है।

# प्रस्तावना

प्रिय नवीन द्वारा लिखित यह पुस्तक लाइफ़ मैनेजमेंट का कौशल सिखाने वाली एक अनूठी रचना है। इस पुस्तक में जीवन की वास्तविकताओं से अभिप्रेरित कहानियों, मनोविज्ञान व प्रबंधन शास्त्र के सिद्धांतों और पौराणिक ग्रंथों से लिए गए उद्धरणों का अद्भुत समावेश है। यह पुस्तक लोगों की व्यक्तिगत एवं पेशेवर जीवन की चुनौतीपूर्ण परिस्थितियों एवं अनिर्णय की स्थितियों से निपटने की समझ विकसित करने में मददगार है। आधुनिक जीवन की जटिलताओं एवं विषमताओं के बीच अपने लक्ष्य की प्राप्ति के लिए प्रयासरत व्यक्ति के लिए यह पुस्तक एक अस्त्र साबित होगी। इसकी मदद से व्यक्ति अपने जीवन की लड़ाइयां लड़ सकेगा और जीत सकेगा।

यह पुस्तक भारतीय ज्ञान परंपरा की गहराइयों में उतरते हुए उपनिषदों, वेदों, पुराणों व महाकाव्यों की मदद से लाइफ़ मैनेजमेंट सिखाने का प्रयास करती है। यह पौराणिक ग्रंथों से संदर्भ तो लेती है लेकिन उनमें उलझाती नहीं है। उन ग्रंथों से लिए गए विभिन्न संदर्भो, मनोविज्ञान एवं प्रबंधन शास्त्र के सिद्धांतों और रोचक कहानियों के माध्यम से यह पुस्तक मानव व्यवहार व मनोविज्ञान को समझने के लिए एक सरल ढांचा प्रस्तुत करती है।

मैनेजमेंट विषय से संबंधित पुस्तकें और शैक्षणिक संस्थानों में दी जाने वाली औपचारिक शिक्षा सामान्यतः पाश्चात्य भाषाओं में ही होती है। जबकि यह पुस्तक हिंदी भाषा में लिखी गयी है। यह लाइफ़ मैनेजमेंट की आधारभूत अवधारणाओं का बोध कराने के लिए पाठक को भारत के गांव, गली, चौपाल से शुरू कर के, भारतीय वेदों और पुराणों से होते हुए, मैनेजमेंट विषय के पश्चिमी सिद्धांतों तक ले जाती है। इस किताब का एक-एक अध्याय बड़े सहज ढंग से पाठक को स्वयं के जीवन की चुनौतियों से उबरने के रास्ते दिखाते हैं। इसलिए मुझे विश्वास है कि यह किताब शहरों में पेशेवर ज़िंदगी जी रहे लोगों के साथ-साथ ग्रामीण अंचल में

जीवन यापन कर रहे लोगों के लिए लाइफ़ मैनेजमेंट की समझ विकसित करने की एक ज़रूरी पुस्तक साबित होगी।

इस ज्ञानवर्धक पुस्तक के लिए नवीन को हार्दिक शुभकामनाएं।

**–प्रो. हिमांशु राय**

निदेशक, भारतीय प्रबंध संस्थान (IIM), इंदौर

# 1

# हमेशा याद रखें कि आप वास्तव में चाहते क्या हैं!

## *कहानी : नवोदय के नंदू भैया*

जब व्यक्ति अपने अतीत के पन्नों को पलटता है तो उसे कई बार अफ़सोस होता है कि उसने अपना समय एवं ऊर्जा उन कार्यों पर ख़र्च कर दिया, जिनका उसकी सफलताओं में कोई विशेष योगदान नहीं था। आपके जीवन में भी कभी न कभी ऐसा पल अवश्य आया होगा, जब आपको अपने किए पर पछतावा हुआ होगा। कई बार व्यक्ति ऐसा भी सोचता है कि काश, उस समय वह अपनी ऊर्जा ग़लत दिशा में नहीं लगाता एवं योजनाबद्ध तरीक़े से काम करता तो उसका वर्तमान अपेक्षाकृत बेहतर होता। इसलिए यह आवश्यक है कि आप अपने जीवन के हर पड़ाव पर हमेशा याद रखें कि वास्तव में आप चाहते क्या है? इस बात पर मुझे एक किस्सा भी याद गया। यह बात उन दिनों की है, जब मैं जवाहर नवोदय विद्यालय, प्रयागराज, उत्तर प्रदेश में विद्यार्थी था। मैंने 12वीं तक की पढ़ाई यहीं से की है। स्कूल में हमारे एक सीनियर थे नंदू भैया। नंदू भैया की स्पोर्ट्स में बेहद रुचि थी और वो हमारे स्कूल के गेम्स कैप्टन भी थे। कैप्टन होने से ही लड़के-लड़कियों के बीच नंदू भैया बहुत पॉपुलर थे। हर कोई उन्हें पहचानता था। अब आप ही सोचिए कि अगर आपको पूरा स्कूल जानता हो, ख़ास तौर पर लड़कियां तो थोड़ी सेलिब्रिटी वाली फ़ीलिंग मन में आनी स्वाभाविक है। ठीक वही नंदू भैया के साथ भी हुआ। जब वे गेम्स कैप्टन बने, तब से अगले कुछ महीनों तक तो उनकी ख़ूब मौज रही। फिर जब परीक्षा नज़दीक आने लगी तो नंदू भैया के माथे पर चिंता की लकीरें दिखने लगीं। यह अक्सर होता है कि जब व्यक्ति को किसी एक स्रोत से ख़ुशी और संतुष्टि पर्याप्त मात्रा में मिल रही होती है, तब वह अन्य ज़रूरी कार्यों पर ध्यान ही नहीं देना

चाहता है। वह ख़ुद को वास्तविकता से दूर रखने लगता है। वह ख़ुद से ही झूठ बोलने लगता है। वह चाहता है कि उसको वास्तविकता का अहसास ही नहीं हो। ऐसे में धीरे-धीरे स्थिति उसके नियंत्रण से बाहर होती जाती है। ऐसा ही कुछ नंदू भैया के साथ हुआ। नंदू भैया ने जैसे-तैसे करके 11वीं पास कर ली, लेकिन वो समझ गए थे कि 12वीं पास करना आसान नहीं होगा। नंदू भैया किताबों की दुनिया से रिश्ता जोड़ने की कोशिश करते, लेकिन उनका चंचल मन उन्हें खेल के मैदान में ले जाता। किताब सामने खुली हो तो उसमें भी उन्हें खेल का मैदान ही दिखता। अपनी आदत से मजबूर होकर वे मैदान की तरफ़ चले ही आते थे। 12वीं पास करना उनके लिए एक कड़ी चुनौती थी। परिणाम यह रहा कि नंदू भैया बहुत ही सामान्य अंकों से पास हो पाए। अब 12वीं की पढ़ाई ख़त्म हो चुकी थी। नंदू भैया गेम्स कैप्टन भी नहीं रहे। उनकी जगह किसी और ने ले ली। स्कूल के कैप्टन बदलते रहते हैं, लेकिन 12वीं का रिजल्ट स्थायी रहता है। कॉलेज एडमिशन में 12वीं के अंकों का बहुत महत्त्व होता है।

अब नंदू भैया का स्कूल से विदाई का समय आ गया था। जिस दिन नंदू भैया स्कूल से विदा हो रहे थे, उस दिन वह बार-बार स्कूल के मेन गेट को देख रहे थे। मानो वो स्कूल के उस दरवाज़े से कहना चाह रहे हों कि वह वास्तव में अपने स्कूल से ऐसी विदाई नहीं चाह रहे थे। उन्हें इस बात का बहुत अफ़सोस था कि वे अपनी पढ़ाई को लेकर इतने गंभीर नहीं थे। अपने एडमिशन के बाद वह यह भूल ही गए थे कि वह चाहते क्या थे? नवोदय विद्यालय में वह किस उद्देश्य से आए थे? वह भूल गए थे कि स्कूल में एडमिशन लेने का उनका प्राथमिक उद्देश्य पढ़ाई करना था। हालाँकि जब उनका दाख़िला नवोदय में हुआ था, तब उनका लक्ष्य अच्छे से पढ़ाई करना और अच्छे नंबरों से पास होना था। बाद में वह प्राथमिक उद्देश्य से भटक कर दूसरे कार्यों में ही अपना अधिकांश समय और ऊर्जा ख़र्च कर रहे थे।

नंदू भैया की तरह कॉलेज और यूनिवर्सिटी में भी कई ऐसे विद्यार्थी होते हैं, जो ढेर सारी गतिविधियां/कार्यक्रम आयोजित कराने और टाइमपास करने में वक्त बर्बाद करते हैं। फिर पछताते हैं। ऐसा ही कुछ बड़ी-बड़ी संस्थानों और कार्यालयों में भी देखने को मिलता है। वहां कर्मचारी मेहनत की बजाए काम चोरी करते हैं और ऑफ़िस पॉलिटिक्स में समय ख़र्च कर देते हैं। ऐसे में वो समय के साथ ना तो अपनी प्रतिभा निखार पाते हैं, और ना ही अपने सीनियर्स व अपने सहकर्मियों के साथ अच्छे रिलेशन बना पाते हैं। इस वजह से उनके साथ भी बाद में बिलकुल वैसा ही होता है, जैसा नंदू भैया के साथ हुआ।

यहां मैंने आपसे इस किस्से का ज़िक्र इसलिए किया, क्योंकि मैनेजमेंट एवं साइकोलॉजी के कुछ कॉन्सेप्ट व थ्योरी भी इस बारे में बात करती हैं। तो चलिए अब विस्तार से हम इनके बारे में बात करते हैं।

## संबंधित कॉन्सेप्ट व थ्योरी :

### टेलियोलॉजिकल रीजनिंग की कॉन्सेप्ट (Teleological Reasoning) :

दार्शनिक अरस्तू द्वारा प्रस्तावित टेलियोलॉजिकल रीजनिंग की कॉन्सेप्ट कहती है कि इस संसार में विद्यमान प्रत्येक वस्तु के होने का कोई एक विशेष उद्देश्य होता है। कोई भी चीज़ एक निश्चित अवस्था में इसलिए पायी जाती है, क्योंकि उस अवस्था में होने से वह अपने किसी उद्देश्य की पूर्ति कर रही होती है।

### गोल सेटिंग थ्योरी (Goal Setting Theory) :

गोल सेटिंग थ्योरी इस विचार पर आधारित है कि अस्पष्ट लक्ष्य निर्धारित करने की तुलना में विशिष्ट और मापने योग्य लक्ष्य निर्धारित करना किसी भी व्यक्ति के लिए अधिक प्रभावी होता है। एडविन ए लॉक ने 1968 में अपने लेख 'टुवर्डस् अ थ्योरी ऑफ़ टास्क मोटिवेशन ऐंड इन्सेंटिव' में इस थ्योरी को विकसित किया। लेख में लॉक ने बताया था कि कैसे व्यक्ति अच्छी तरह से परिभाषित लक्ष्यों और सकारात्मक फ़ीडबैक से अधिक प्रेरित होता है। जब व्यक्ति का लक्ष्य विशिष्ट और मापने योग्य होता है, तब उसके द्वारा अपने लक्ष्यों को पूरा कर पाने की अधिक संभावना होती है।

स्पष्ट लक्ष्य निर्धारित करने का सुझाव देने के अलावा, लॉक ने इस तथ्य पर ज़ोर दिया कि किसी व्यक्ति का लक्ष्य यदि चुनौतीपूर्ण हो तो वह व्यक्ति बेहतर तरीक़े से काम करता है। अपने चुनौतीपूर्ण व अपेक्षाकृत कठिन लक्ष्यों से निपटने के लिए व्यक्ति कड़ी मेहनत करता है और स्वयं का कौशल विकसित करने का प्रयास करता है। इसकी वजह से उसे सकारात्मक फ़ीडबैक प्राप्त होता है और उसकी उपलब्धि की भावना में वृद्धि होती है। लॉक के अनुसार इन सब के परिणामस्वरूप कार्यस्थल पर एक साथ कार्य कर रहे व्यक्तियों की भागीदारी, उत्पादकता और संतुष्टि में सुधार हो सकता है।

लॉक की गोल सेटिंग थ्योरी के अनुसार, प्रभावी लक्ष्य निर्धारित करने के पांच मुख्य सिद्धांत हैं :

**स्पष्टता :** व्यक्ति के लक्ष्य स्पष्ट और विशिष्ट होने चाहिए। जब व्यक्ति अपने कार्यों के उद्देश्यों और समय सीमा को समझता है, तब उसे उसके कार्यों को लेकर किसी भी तरह की ग़लतफ़हमी होने की सभावना बहुत कम होती है।

**चुनौती :** व्यक्ति द्वारा अपने लक्ष्यों को प्राप्त करने के लिए तत्पर प्रयासरत और एकाग्रचित रहने के लिए, उसके लक्ष्यों का पर्याप्त रूप से चुनौतीपूर्ण होना आवश्यक होता है। व्यक्ति के ऐसे लक्ष्य, जो बहुत कठिन या बहुत आसान होते हैं, उनका उस

व्यक्ति पर एक निराशाजनक प्रभाव होता है। इसकी वजह से उस व्यक्ति को अपनी उपलब्धियों से मिलने वाली संतुष्टि की भावना की कमी का अहसास होता है।

**प्रतिबद्धता :** व्यक्ति को अपने लक्ष्यों को ठीक से समझने और उन्हें पूरा करने के लिए प्रतिबद्ध रहने की आवश्यकता होती है। यदि वह अपने लक्ष्यों के प्रति प्रतिबद्धता महसूस नहीं करता है, तब उसके द्वारा अपने लक्ष्य प्राप्ति की प्रक्रिया का आनंद ले पाने और अंततः अपने लक्ष्यों को प्राप्त कर पाने की संभावनाएं कम हो जाती हैं।

**फ़ीडबैक :** फ़ीडबैक, गोल सेटिंग थ्योरी का एक महत्त्वपूर्ण घटक होता है। व्यक्ति के लक्ष्य प्राप्ति की प्रक्रिया के दौरान उसे नियमित सुझाव प्रदान किया जाना चाहिए ताकि यह सुनिश्चित हो सके कि वह व्यक्ति अपने लक्ष्य तक पहुंचने के लिए सही दिशा में कार्यरत है।

**कार्य जटिलता :** व्यक्ति को अपने बड़े लक्ष्यों को छोटे-छोटे लक्ष्यों में विभाजित करना चाहिए। व्यक्ति द्वारा अपने उन प्रत्येक छोटे लक्ष्यों को प्राप्त करने के बाद अपने बड़े लक्ष्य की दिशा में अपनी समग्र प्रगति के बारे में अपडेट रहने के लिए किसी दूसरे व्यक्ति द्वारा अपने कार्यों की समीक्षा करवानी चाहिए।

गोल सेटिंग थ्योरी कहती है कि उपयुक्त फ़ीडबैक के साथ विशिष्ट और चुनौतीपूर्ण लक्ष्य, व्यक्ति द्वारा कार्य करने के दौरान उच्च प्रदर्शन करने में मदद करते हैं। फ़ीडबैक और आत्मनिरीक्षण व्यक्ति के व्यवहार का मार्गदर्शन करने में मदद करते हैं, क्योंकि इनसे व्यक्ति को अपनी ग़लतियों की पहचान करने में मदद मिलती है। इनसे व्यक्ति को पता चलता है कि उसने अपने लक्ष्य को प्राप्त करने के लिए कितनी तैयारी और प्रयास किया है, और लक्ष्य प्राप्ति के लिए भविष्य में उसे क्या करने की आवश्यकता है। कठिन लक्ष्य व्यक्ति को प्रेरित करते हैं, क्योंकि वे व्यक्ति का ध्यान आकर्षित करते हैं और उसे भटकाव से दूर रखते हैं। चुनौतीपूर्ण लक्ष्य व्यक्ति को ऊर्जा प्रदान करते हैं, और उसे अधिक मेहनत करने के लिए प्रेरित करते हैं।

**स्मार्ट गोल की कॉन्सेप्ट (Concept of SMART Goal) :**

इस कॉन्सेप्ट के अनुसार किसी भी व्यक्ति को स्वयं का लक्ष्य निर्धारित करते समय उस लक्ष्य में निम्नलिखित गुणों का होना सुनिश्चित करना चाहिए :

S – (Specific) विशिष्ट।

M – (Measurable) जिसे मापा जा सके।

A – (Achievable) जिसे प्राप्त किया जा सके।

R – (Relevant) प्रासंगिक।

T – (Time Bound) समयबद्ध।

**विशिष्ट :** व्यक्ति को सामान्य लक्ष्य के बजाए एक विशिष्ट लक्ष्य को निर्धारित करने पर ज़ोर देना चाहिए। एक विशिष्ट लक्ष्य आमतौर पर क्यों, 'क्या', 'कौन', 'कौन सा' और 'कहां' जैसे प्रश्नों का उत्तर देता है।

**जिसे मापा जा सके :** व्यक्ति को ऐसा लक्ष्य निर्धारित करना चाहिए जिसकी प्राप्ति की दिशा में वह अपनी प्रगति को माप सके। एक मापा जा सकने वाला लक्ष्य आमतौर पर 'कितनी प्रगति हुई है?' जैसे प्रश्न का उत्तर देता है।

**जिसे प्राप्त किया जा सके :** व्यक्ति को ऐसा लक्ष्य निर्धारित करना चाहिए जो यथार्थवादी और प्राप्त किया जा सकने वाला हो।

**प्रासंगिक :** व्यक्ति को ऐसा लक्ष्य निर्धारित करना चाहिए जो उसके व उसके संगठन के दृष्टिकोण से प्रासंगिक (परिस्थिति और समय के अनुकूल) हो।

**समयबद्ध :** व्यक्ति को अपना लक्ष्य निर्धारित करते समय उसके प्राप्ति की समय सीमा भी तय कर लेनी चाहिए, अर्थात अपने लक्ष्य का समयबद्ध होना सुनिश्चित करना चाहिए। एक समयबद्ध लक्ष्य कब तक प्रश्न का उत्तर दे सकता है।

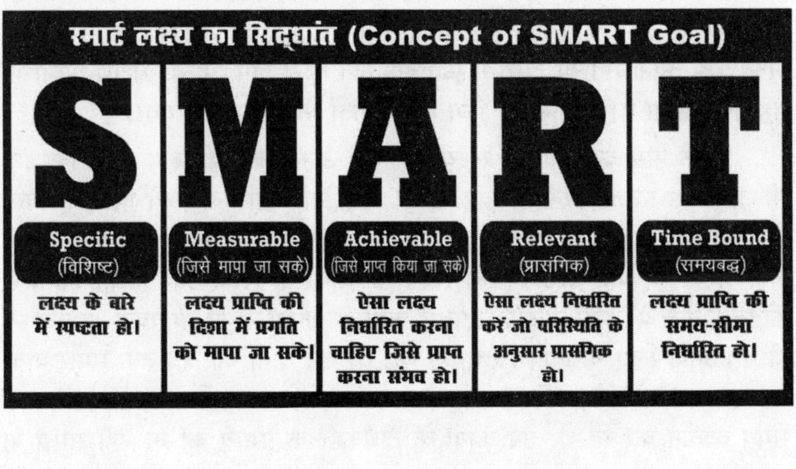

## निहितार्थ :

'नवोदय के नंदू भैया' कहानी के ज़रिए हम इन कॉन्सेप्ट और थ्योरी को आसानी से समझ सकते हैं। अरस्तू की टेलियोलॉजिकल रीजनिंग के कॉन्सेप्ट के अनुसार, इस दुनिया में विद्यमान हर वस्तु का कोई एक उद्देश्य अवश्य होता है। चूंकि नवोदय विद्यालय एक शैक्षणिक संस्थान है इसलिए शिक्षा प्रदान करना उसका प्राथमिक उद्देश्य है। यहार तक कि छात्र-छात्राएं भी जब किसी शैक्षणिक विद्यालय में प्रवेश लेते हैं, तब उनका भी प्राथमिक उद्देश्य शिक्षा ग्रहण करना ही होता है। जब कोई कर्मचारी किसी संस्था में नौकरी शुरू करता है तो उसका भी उद्देश्य कुछ सीखना, पैसे कमाना और जीवन में तरक्की करना ही होता है। ऐसा अक्सर देखने को मिलता है कि लोग अपनी मंज़िल तक पहुंचने से पहले ही अपने प्राथमिक उद्देश्य को भूल जाते हैं, और यही नंदू भैया के साथ भी हुआ था।

रामायण के (किष्किंधा कांड : 65/25) में भी इस संबंध में कहा गया है कि

*'मूलमर्थस्य संरक्ष्यमेष कार्यविदां नयः,*
*मूले हि सति सिध्यन्ति गुणा फलो पुष्पोदयाः'*

अर्थात् किसी कार्य के मूल (मूल उद्देश्य) की रक्षा की जानी चाहिए। जड़ की रक्षा होने पर ही सभी कर्म और गुण फलदायी होते हैं। यह उन विद्वानों की नीति है जो क्रिया की सर्वोत्कृष्टता जानते हैं।

अफ़सोस कि नंदू भैया इस बात को अपनी स्टूडेंट लाइफ़ में नहीं समझ पाए। हर शैक्षणिक सत्र की शुरुआत में नंदू भैया के मन में भी पढ़ाई करना ही उद्देश्य रहता था, लेकिन गोल सेटिंग थ्योरी और स्मार्ट गोल का कॉन्सेप्ट कहता है कि व्यक्ति का लक्ष्य विशिष्ट होना चाहिए। यह मापा जा सकने वाला और समयबद्ध होना चाहिए। लक्ष्य प्राप्त करने के लिए दूसरों से फ़ीडबैक लेते रहना और आत्मनिरीक्षण करना भी महत्त्वपूर्ण होता है। लेकिन नंदू भैया ने इन बातों का ध्यान नहीं रखा।

उनके पास कोई विशिष्ट लक्ष्य नहीं था, उनको बस यह लगता था कि उन्हें भी अच्छे से पढ़ाई करनी है। वह ना तो कभी यह प्लान करते थे कि उन्हें किस दिन क्या पढ़ना है और ना ही उन्हें यह पता होता था कि किस दिन कितना पढ़ लेना ज़रूरी है। वह ना अपने इस लक्ष्य को कभी मापते थे और ना ही किसी से फ़ीडबैक लेते थे। इन्हीं कारणों से पढ़ाई करने का लक्ष्य ना तो समयबद्ध था और ना ही वह उनके लिए चुनौतीपूर्ण रह गया था। वह इन बातों को जब तक समझ पाते, तब तक बहुत देर हो चुकी थी। नंदू भैया स्कूल में जिन कार्यों में अपना अधिकांश समय व्यतीत कर रहे थे, उन कार्यों के दीर्घकालिक प्रभाव को वो नहीं समझ पा

रहे थे। वह केवल क्षणिक आनंद के लालच में अपना क़ीमती समय नष्ट किए जा रहे थे।

इसे लेकर शुक्र नीति (3/56) में भी कहा गया है कि

*'यः सदुनिष्फल कर्म ज्ञत्वा कर्तु व्यवस्यती,*
*द्रागादौ दीर्घदर्शी स्यात् स चिरं सुखमश्नुते'*

अर्थ यह है कि जो व्यक्ति वांछनीय परिणामों, अवांछनीय परिणामों और कोई परिणाम नहीं होने की संभावना का उचित मूल्यांकन करता है। उसी मूल्यांकन पर कार्यों का चुनाव करता है, और जो कार्य शुरू करने से पहले ही उस कार्य के दीर्घकालिक प्रभाव को समझ जाता है, वही व्यक्ति लंबी अवधि के लिए समृद्धि का आनंद लेता है।

अब आप कुछ देर के लिए नंदू भैया की स्थिति के बारे में विचार कीजिए। आपने अपने आसपास भी देखा होगा कि थोड़े समय कि मौज़-मस्ती की चाह में कई लोग अपने प्राथमिक लक्ष्य से ही भटक जाते हैं। जीवन यात्रा में आनंद और मौज़-मस्ती ज़रूरी है। ये भी जीवन यात्रा का हिस्सा होते हैं, लेकिन यह ध्यान रखें कि सिर्फ़ इनमें ही उलझ कर अगर व्यक्ति अपने मूल संकल्प या लक्ष्य को भूल जाए तो वह व्यक्ति सुखी तो रह सकता है, लेकिन उसे कभी भी संतुष्टि नहीं मिलेगी। ऐसा इसलिए क्योंकि मूल लक्ष्य जीवन यात्रा को एक अर्थ और मर्म प्रदान करता है, और यह अर्थ ही मनुष्य को अन्य प्राणियों और पशु प्रवृत्ति से भिन्न बनाता है। आप यह पुस्तक पढ़ रहे हैं तो आप अवश्य ही किसी महत्त्वपूर्ण उद्देश्य को साधने के लिए स्वयं की योग्यता बढ़ाने का प्रयत्न कर रहे होंगे। अब आपके पास दो प्रमुख विकल्प हैं... या तो नंदू भैया की तरह आप भी आज और कल के सुखद अनुभव में वृद्धि करने पर अपना वक्त और ऊर्जा बर्बाद कर दें या फिर दैनिक अनुभूतियों का अनुभव करते हुए हर कार्य और अपेक्षित परिणाम का अवलोकन करें। वह कार्य किस प्रकार आपके मूल उद्देश्य के प्रति योगदान देगा। ऐसा करके आप यह सुनिश्चित कर सकते हैं कि आप अपनी ऊर्जा और प्रयत्नों को क्षणिक आनंद की वृद्धि में व्यर्थ करने की बजाए अपने संकल्पित लक्ष्य की ओर बढ़ रहे हैं। यह इसलिए महत्त्वपूर्ण है, क्योंकि किसी भी व्यक्ति के पास अनंत समय और ऊर्जा नहीं होती है। यदि आपने दूसरे विकल्प का चुनाव किया है तो टेलियोलॉजिकल रीजनिंग की समझ, गोल-सेटिंग थ्योरी का ज्ञान और स्मार्ट लक्ष्य निर्धारित करने की कला आप के लिए मददगार साबित हो सकती है।

# 2

# बिना साहस के किसी भी प्रतिभा का कोई मूल्य नहीं होता है

## *कहानी : मोगली और शेर खां की दौड़*

कुछ लोगों को प्रकृति और ज़िंदगी से शिकायत रहती है कि उनकी पारिवारिक पृष्ठभूमि अच्छी होती, संसाधनों की कमी नहीं होती, और वे अभी के मुक़ाबले थोड़ा ज़्यादा क़ाबिल होते तो दूसरों की तरह वह भी अपने जीवन में कोई बड़ा मुक़ाम हासिल कर पाते।

जबकि ऐसा भी देखने में आता है कि व्यक्ति अपने जीवन में सिर्फ़ क़ाबिलियत और संसाधनों की कमी के कारण ही बड़ा लक्ष्य प्राप्त करने में असफल नहीं होता है, बल्कि उसका स्वयं की क़ाबिलियत पर विश्वास नहीं होना और ज़रूरी संसाधनों को जुटाने का प्रयास नहीं कर पाना भी प्रमुख कारण होते हैं। व्यक्ति को किसी विशेष परिस्थिति में ऐसा लगता है कि किसी काम को करने के लिए उसके पास आवश्यक संसाधन और ज़रूरी क़ाबिलियत नहीं है। लेकिन कुछ समय बीतने के बाद जब वह पीछे मुड़ कर देखता है तो उसे अहसास होता है कि उस काम को करने की क़ाबिलियत तो उसके पास थी। उसे अहसास होता है कि वह अगर प्रयास करता तो आवश्यक संसाधन भी जुटा सकता था। उसे बाद में समझ में आता है कि उसके द्वारा स्वयं पर किए गए संदेह ने ही उसे रोक दिया। ऐसा ही एक वाक़या मोगली नामक हिरण के साथ भी हुआ। मोगली और शेर खां एक ही जंगल में रहते थे। मोगली बहुत ही फुर्तीला था और उसकी दौड़ने की गति शेर खां से अधिक थी। जबकि शेर खां का शरीर मोगली के शरीर से बड़ा और अधिक ताक़तवर था। एक दिन जंगल में मोगली तालाब के किनारे पानी पी रहा था, तभी शेर खां की नज़र उस पर पड़ी। मोगली को देखते ही भूखा शेर खां उसे शिकार बनाने के लिए पहले

तो छुप कर उसके समीप आया और फिर अचानक उसे दौड़ा लिया। शेर खां को हमला करता देख मोगली भी पूरी ताक़त से भागने लगा। मोगली आगे-आगे और शेर खां पीछे-पीछे। कुछ देर तक दोनों की दौड़ हुई, तभी अचानक से मोगली के मन में भय प्रवेश कर गया। वह भयभीत होने लगा कि कहीं शेर खां उसे पकड़ नहीं ले। वह मन ही मन डरता कि कहीं शेर खां उसके क़रीब तो नहीं पहुंच गया। पकड़े जाने के भय से मोगली भागते समय मुड़-मुड़ कर शेर खां को देखने की कोशिश करने लगा। मोगली जब-जब मुड़ कर पीछे देखता, तब-तब उसकी दौड़ने की गति धीमी पड़ जाती। ऐसे में शेर खां उसके और नज़दीक आ जाता। दरअसल, तेज़ दौड़ने की अपनी क़ाबिलियत पर संदेह करने के कारण ही मोगली को पकड़े जाने का डर सता रहा था। इस डर से वह पीछे मुड़ कर देखता रहा और उसकी गति कम होती गयी। अंततः शेर खां ने उसका शिकार कर लिया। जब शेर खां मोगली को पकड़ कर उसकी गर्दन अपने जबड़ों में जकड़े हुए था, तब मोगली अपनी अंतिम सांसें गिनते हुए अपने मन ही मन प्रकृति और अपनी ज़िंदगी से कुछ शिकायत कर रहा था। उसकी शिकायत यह थी कि वह शेर खां से तेज़ दौड़ने में सक्षम नहीं था, इसलिए वह तेज़ नहीं भाग पाया और शेर खां ने उसे पकड़ लिया। प्रकृति और ईश्वर को कोसते हुए मोगली यही सोच रहा था कि अगर वह शेर खां से थोड़ा तेज़ दौड़ने में सक्षम होता तो उसे शेर खां पकड़ नहीं पाया होता और उसकी जान बच जाती।

यहां इस कहानी का ज़िक्र इसलिए किया गया है, क्योंकि साइकोलॉजी में भी किसी व्यक्ति द्वारा स्वयं की क़ाबिलियत पर किए जाने वाले विश्वास और उस व्यक्ति द्वारा किसी विषम परिस्थिति का सामना कर सफलता पा सकने की संभावना के बीच संबंध होना बताया गया है। इस पाठ में आगे हम साइकोलॉजी के उस कॉन्सेप्ट के बारे में विस्तार से बात करेंगे।

## संबंधित कॉन्सेप्ट :

### सेल्फ़-एफ़िकेसी की कॉन्सेप्ट (Concept of Self-Efficacy) :

अलबर्ट बंडुरा के अनुसार, किसी व्यक्ति की सेल्फ़-एफ़िकेसी उसकी स्वयं की क़ाबिलियत पर होने वाले विश्वास को कहते हैं। इसकी मदद से वह जीवन में विषम परिस्थिति का सामना कर सफलता पा सकता है। व्यक्ति की सेल्फ़-एफ़िकेसी, उसके सोचने, महसूस करने और व्यवहार करने की प्रक्रिया को भी निर्धारित करती है। सेल्फ़-एफ़िकेसी यह भी निर्धारित करती है कि व्यक्ति लक्ष्यों को कैसे पूरा करता है? वह स्वयं के प्रदर्शन पर कैसी प्रतिक्रिया व्यक्त करता है? बंडुरा ने पाया कि किसी व्यक्ति की सेल्फ़-एफ़िकेसी, उसके अपने लक्ष्यों तक पहुंचने, कार्यों को पूरा करने और चुनौतियों का सामना करने में प्रमुख भूमिका निभाती है। बंडुरा के

सिद्धांत के अनुसार, उच्च सेल्फ़-एफ़िकेसी वाले लोग, जो मानते हैं कि वे अच्छा प्रदर्शन कर सकते हैं, कठिन कार्यों को टालने के बजाए उन कार्यों को एक बार करने का प्रयास करना चाहते हैं।

## सेल्फ़-एफ़िकेसी के स्रोत :

**निजी अनुभव :** बंडुरा के अनुसार, सेल्फ़-एफ़िकेसी के निर्माण का सबसे प्रभावी तरीक़ा कठिन और चुनौतीपूर्ण कार्यों में लगे रहना है। उनके अनुसार, व्यक्ति द्वारा विपरीत परिस्थितियों में कठिन व चुनौतीपूर्ण लक्ष्यों को प्राप्त करने से उसके आत्मविश्वास में बढ़ोतरी होती है और उसकी दृढ़ता मज़बूत होती है।

**विकैरियस अनुभव या रोल मॉडल्स :** सेल्फ़-एफ़िकेसी का एक अन्य स्रोत दूसरे सफल लोगों का परीक्षण व अवलोकन (Observation) करना भी है। किसी ऐसे व्यक्ति का, जिसे हम अपने समकक्ष मानते हैं, किसी कठिन कार्य में सफल हो जाना हमें इस बात में विश्वास करने के लिए प्रेरित कर सकता है कि हमारे पास भी समान लक्ष्य प्राप्त करने के लिए आवश्यक कौशल और क्षमता है। हालांकि, पिछले कथन का विपरीत भी सत्य है। किसी समकक्ष को किसी कार्य में असफल होते देखना व्यक्तिगत कौशल और क्षमताओं पर संदेह पैदा कर सकता है। यह ध्यान रखना महत्त्वपूर्ण है कि हमें कोई व्यक्ति जितना हमारे समान प्रतीत होगा, उतनी ही अधिक उस व्यक्ति की सफलताएं और असफलताएं हमारी सेल्फ़-एफ़िकेसी को प्रभावित करेंगी।

**भावनात्मक स्थिति :** सेल्फ़-एफ़िकेसी का तीसरा स्रोत इस विश्वास को मज़बूत करने में है कि हमारे पास सफल होने की क्षमता है। जो लोग सकारात्मक रूप से आश्वस्त होते हैं कि उनमें किसी दिए गए कार्य को पूरा करने की क्षमता है, वे कार्य को पूरा करने के लिए ज़्यादा प्रयास करते हैं। ऐसी भावना व्यक्ति में आत्म-संदेह के प्रभाव को भी कम करती है।

**प्रोत्साहन :** अन्य लोग भी आपको समर्थन और प्रोत्साहन प्रदान करके आपकी सेल्फ़-एफ़िकेसी बढ़ाने में मदद कर सकते हैं। हालाँकि, इस तरह की प्रेरणा का निजी अनुभव के प्रभाव की तुलना में सेल्फ़-एफ़िकेसी पर उतना मज़बूत प्रभाव नहीं पड़ता है।

| उच्च सेल्फ़–एफ़िकेसी की भावना वाले लोग : | कम सेल्फ़–एफ़िकेसी की भावना वाले लोग : |
|---|---|
| जिन गतिविधियों में भाग लेते हैं, उनमें गहरी रुचि विकसित करते हैं। | चुनौतीपूर्ण कार्यों से बचना चाहते हैं। |
| अपने हितों और गतिविधियों के प्रति मज़बूत प्रतिबद्धता की भावना का निर्माण करते हैं। | सोचते हैं कि उनमें कठिन कार्य और परिस्थितियों का सामना करने की क्षमता नहीं है। |
| असफलताओं और निराशाओं से जल्दी उबर जाते हैं। | अपनी व्यक्तिगत असफलताओं और नकारात्मक परिणामों पर अत्यधिक ध्यान देते हैं। |
| चुनौतीपूर्ण समस्याओं का सामना करके उनका समाधान निकालने का सोचते हैं। | अपनी व्यक्तिगत क्षमताओं पर से जल्दी ही विश्वास खो देते हैं। |

## निहितार्थ :

'मोगली और शेर खां की दौड़' कहानी के माध्यम से हम सेल्फ़–एफ़िकेसी के कॉन्सेप्ट को आसानी से समझ सकते हैं। मान लीजिए कि किसी व्यक्ति के पास प्रतिभा हो, लेकिन अगर उसे स्वयं पर ही विश्वास नहीं हो। उसके पास ज़रूरी संसाधन एकत्र कर लेने की क़ाबिलियत हो, लेकिन वह अपनी उस क़ाबिलियत से भी अनभिज्ञ हो। ऐसे में उसकी उस प्रतिभा और क़ाबिलियत का उसके लिए कोई मतलब नहीं होता है। हो सकता है कि व्यक्ति सामान्य परिस्थिति में अपनी सभी प्रतिभाओं और संसाधनों का उपयोग कर ले, लेकिन उसकी असली परीक्षा तो विषम परिस्थिति में होती है। दरअसल जब व्यक्ति के सामने कोई विषम परिस्थिति आती है, तब वह अपने साहस के बल पर ही उस परिस्थिति का सामना कर पाता है। जैसे ही व्यक्ति का साहस जवाब देता है वैसे ही वह डर जाता है और घबरा जाता है। उसे स्वयं की क़ाबिलियत और प्रतिभाओं पर ही संदेह होने लगता है। अपने इस संदेह की भावना की वजह से वह किसी भी कार्य में अपने वास्तविक स्तर से निम्न गुणवत्ता का प्रदर्शन करने लगता है। जैसा कि मोगली और शेर खां की कहानी में जब मोगली नामक हिरण पर शेर खां हमला करता है और उसे दौड़ा लेता है। मोगली भाग रहा होता है, उसी वक्त उसका साहस जवाब दे जाता है जिसकी वजह से उसको अपने तेज़ दौड़ने की क़ाबिलियत पर संदेह होने लगता है। वैज्ञानिक तौर पर तो एक हिरण की अधिकतम गति 80 किलोमीटर प्रति घंटा

होती है, जबकि एक शेर की 60-65 किलोमीटर प्रति घंटा। इसका सीधा मतलब यह हुआ कि मोगली नामक हिरण शेर खां से तेज़ दौड़ सकता था। ऐसे में फिर यह सवाल उठता है कि मोगली को शेर खां ने दौड़ा कर पकड़ कैसे लिया। इस पर विचार करने पर हमें यह पता चलता है कि मोगली का व्यक्तित्व एक कम सेल्फ़-एफ़िकेसी की भावना वाले व्यक्ति की तरह था, जो यह सोचता है कि उसमें कठिन कार्य और परिस्थिति का सामना करने की क्षमता नहीं है और जिसके कारण वह अपनी व्यक्तिगत क्षमताओं पर से जल्दी ही विश्वास खो देता है। मोगली का एक कम सेल्फ़-एफ़िकेसी की भावना वाले व्यक्ति की तरह व्यवहार करना और जिसके फलस्वरूप उसके साहस का जवाब दे जाना और अपनी तेज़ दौड़ने की क़ाबिलियत पर संदेह करना ही उसकी मृत्यु का कारण बन गया। अगर मोगली का साहस जवाब नहीं देता तो वह भागते वक्त पीछे मुड़-मुड़ कर नहीं देखता। ऐसे में वह अवश्य ही भाग गया होता और शेर खां उसे नहीं पकड़ पाया होता। क्या आप चुनौतीपूर्ण कार्य को करने के लिए तत्पर रहते हैं? आप ऐसे कई लोगों को जानते होंगे जो सामर्थ्यवान होते हुए भी नई चुनौतियों का सामना करने से कतराते हैं, क्योंकि उन्हें स्वयं की प्रभावकारिता पर संदेह रहता है जबकि उन्हें हमेशा यह शिकायत रहती है, उनका भाग्य ही उनका साथ नहीं देता है।

इस संबंध में चाणक्य नीति (187) में भी कहा गया कि

*'निरुत्साहाद्दैवं पतति'*

अर्थात् प्रेरणा की कमी की भावना के कारण व्यक्ति का सौभाग्य भी निष्प्रभाव हो जाता है, मतलब कि उसका भाग्य अपनी वास्तविक क्षमता से गिर जाता है।

इसलिए व्यक्ति को साहसी बनना चाहिए और मोटिवेटेड रहना चाहिए। उसे स्वयं की योग्यता व सामर्थ्य पर विश्वास करते हुए अपने जीवन में आने वाली नई चुनौतियों को स्वीकार करना चाहिए। उसे अपने साहस और विश्वास को अपनी दृढ़ता का स्रोत बनाकर अपने कार्यों को दक्षता से संपन्न करने पर ध्यान केंद्रित करना चाहिए। ऐसे में व्यक्ति ना केवल गुणवत्ता के साथ प्रभावी रूप से प्रदर्शन कर पाएगा, बल्कि नए अनुभवों और सुदृढ़ मानसिकता के साथ अपने सामर्थ्य में वृद्धि भी कर पाएगा। विपरीत या मुश्किल परिस्थितियों में स्वयं पर संदेह होना एक सामान्य प्रतिक्रिया है, परंतु इससे उपजी शंका और संदेह को सेल्फ़-एफ़िकेसी से निष्प्रभाव किया जा सकता है। उच्च सेल्फ़-एफ़िकेसी वाले व्यक्ति स्वयं को किसी भी चुनौतीपूर्ण कार्य को सहजता से करने के लिए समर्थ मानते हैं। इस दृष्टिकोण से वह अपनी ऊर्जा को स्वयं पर संदेह करने की बजाय स्वयं के कार्यों को दक्षता से करने में लगाते हैं। इसलिए हर व्यक्ति को यह सुनिश्चित करना चाहिए कि वह

हमेशा एक उच्च सेल्फ़-एफ़िकेसी वाले व्यक्ति की तरह व्यवहार करें। व्यक्ति को अपनी योग्यता और क़ाबिलियत पर विश्वास करते हुए कठिन परिस्थितियों का सामना साहस और दृढ़ता से करने का प्रयास करना चाहिए, क्योंकि बिना साहस के किसी भी प्रतिभा का कोई मूल्य नहीं होता है।

# 3

# लक्ष्य निर्धारण के समय भविष्य को अनुकूल जबकि तैयारी के वक्त प्रतिकूल मानें

***कहानी : विधायक प्रत्याशी वर्मा जी***

**क्या** आप किसी ऐसे व्यक्ति को जानते हैं, जो बिना किसी ठोस आधार के ही बातें करता हो और हमेशा ख़ुशफ़हमी में रहता हो? जो सपने तो बहुत बड़े-बड़े देखता हो, लेकिन उनको कभी भी हक़ीक़त में नहीं बदल पाता हो। दरअसल, हमारे गांव के छुट-भैया नेता वर्मा जी का भी व्यक्तित्व कुछ ऐसा ही था। गांव में ही वर्मा जी की अच्छी-ख़ासी पुश्तैनी किसानी थी, इसलिए वह अपनी पढ़ाई-लिखाई करने के बाद भी कहीं नौकरी करने नहीं गए। उनके घर वालों ने व उन्होंने स्वयं भी गांव में ही अपनी खेती-गृहस्थी संभालने का फ़ैसला किया। वर्मा जी को अपने कृषि कार्यों का भी ज़्यादा बोझ नहीं था, क्योंकि खेती का सारा काम उनके चरवाहे (नौकर) ही देखते थे। वर्मा जी केवल बीच-बीच में कभी खेत घूमने और फ़सल का जायजा लेने चले जाते थे। इस तरह उनके पास अन्य कार्यों के लिए काफ़ी समय रहता था। खेती से हुए मुनाफ़े और अपने पास उपलब्ध अत्यधिक समय में वर्मा जी गांव व क्षेत्र की राजनीति में अपना हाथ आजमाते रहते थे। हालाँकि किसी भी चुनाव में वर्मा जी को सफलता तो नहीं मिली, लेकिन चूंकि अपने खेत में उपजे अनाज को बेच कर उन्हें हर साल ठीक-ठाक पैसे मिल जाते थे और उनके पास समय की कोई कमी थी नहीं, इसलिए कई बार हारने के बावजूद भी उनका मनोबल कभी कम नहीं हुआ। वे राजनीति के मैदान में लगातार अपनी क़िस्मत आजमाते रहे। कई वर्षों तक गांव की राजनीति में लगातार विपक्ष की भूमिका निभाने के बाद वर्मा जी के मन में यह इच्छा जाग्रत हुई कि उन्हें अब किसी बड़े मंच पर अपना हाथ आजमाना चाहिए। वर्मा जी ने जब यह बात अपने

गांव-क्षेत्र के विभिन्न लोगों को बताई तो सभी ने उनके इस विचार को उम्दा करार दिया। साथ ही लोगों ने उन्हें चेताया कि अगर वे इस बार के विधायकी के चुनाव में प्रयास नहीं किए तो फिर विलंब हो जाएगा। फिर क्या! वर्मा जी अविलंब ही समीप आ चुके विधायकी का चुनाव लड़ने की तैयारी में जुट गए। विधायकी के चुनाव में चूंकि काफ़ी पैसा ख़र्च होता, इसलिए वर्मा जी को इस बात का ठीक अंदाज़ था कि यह चुनाव वह सिर्फ़ अपने खेती के मुनाफ़े के पैसों से नहीं लड़ पाएंगे। पैसों की व्यवस्था के लिए काफ़ी गुणा-भाग करने के बाद वर्मा जी ने अपनी चुनावी तैयारी के प्रथम चरण में अपना पांच एकड़ पुश्तैनी खेत बेचने की योजना बनाई। जल्द ही उनको अपने खेत का एक ग्राहक भी मिल गया। गांव के ही गोपाल जी ने 50 लाख में उनका खेत ख़रीद लिया। वर्मा जी को खेत के 30 लाख रुपये तो गोपाल जी ने तत्काल ही दे दिए और बाक़ी के 20 लाख रुपये कुछ दिनों में देने की बात कही। चुनाव के संदर्भ में वर्मा जी की सिर्फ़ दो ज़रूरतें थी : सर्वप्रथम उन्हें पैसों की ज़रूरत थी, जिससे वह चुनाव लड़ने की तैयारी कर सकें और दूसरी ज़रूरत थी वोटों की, जिससे वे जीत सकें। जैसे-जैसे चुनाव नज़दीक आ रहा था, वैसे-वैसे वर्मा जी अधिक से अधिक पैसे और वोटों की व्यवस्था करने की कोशिश कर रहे थे। अपनी तरफ़ से ख़ूब बुद्धि लगाने और प्रयास करने के बाद एक दिन वे इकट्ठा किए जाने वाले संभावित पैसों को लेकर जोड़-घटाव करने लगे। वर्मा जी ने हिसाब लगाते हुए योजना बनाई कि गोपाल जी जब उन्हें उनके खेत के बचे हुए 20 लाख रुपये उन्हें देंगे, तब वे उनसे ही अतिरिक्त 10 लाख रुपये उधार देने के लिए निवेदन करेंगे। इसके बाद वर्मा जी ने सोचा कि उन्होंने जितने ठेकेदारों को सरकारी कान्ट्रैक्ट दिलवाने में अलग-अलग समय पर मदद की है, उनमें से अगर 10 ठेकेदार भी 5-5 लाख रुपये का योगदान देंगे तो वे 50 लाख, बाक़ी अपने 5 रिश्तेदारों से वे 5-5 लाख देने के लिए निवेदन करेंगे। इस तरह वर्मा जी को विश्वास था कि वे विधायकी का चुनाव लड़ने के लिए कम से कम 1 करोड़ 35 लाख की व्यवस्था कर लेंगे। पैसों का जोड़-घटाव करने के बाद वर्मा जी ने थोड़ी राहत की सांस ली। इसके बाद वे फिर से अपने चुनाव प्रचार में जुट गए। प्रचार के दौरान ही एक दिन वे अपने संभावित वोटों की गिनती करने लगे। उन्होंने मन ही मन सोचा कि उनके गांव के अधिकांश लोग तो उन्हें ही वोट देंगे। साथ ही अन्य जिन गांवों में उनकी रिश्तेदारियां हैं, वहां के लोगों के प्रयास से भी पांच सौ-हज़ार वोट उन्हें हर गांव से मिल जाएंगे। वर्मा जी को इस बात पर भी विश्वास था कि जो लोग पैसों से उनकी मदद करेंगे, वो उनको जिताने के लिए प्रचार भी अवश्य करेंगे। इस तरह उन्हें इस बात की संभावना थी कि कुल मिलाकर उनको 40 हज़ार के लगभग सम्मानजनक वोट मिल ही जाएंगे। लेकिन समय आने पर पैसों और वोटों को लेकर वर्मा जी द्वारा लगाए सभी अनुमान ग़लत साबित हुए। दरअसल, उन्हें चुनाव के परिणाम आने से

पहले ही सदमा लगना शुरू हो गया था। वास्तव में, वर्मा जी को जितने भी ठेकेदारों से आर्थिक मदद की उम्मीद थी, उनमें से किसी ने उनकी मदद नहीं की। यही नहीं, बल्कि उनके किसी रिश्तेदार ने भी उनकी किसी प्रकार से मदद नहीं की। वर्मा जी को असली धक्का तो तब लगा, जब उनके गांव के गोपाल जी ने उनके खेत का बकाया 20 लाख रुपये भी उन्हें समय से नहीं दिए। अंततः वर्मा जी के अनुमानित 1 करोड़ 35 लाख की तुलना में उनके पास सिर्फ़ 32 लाख रुपये इकट्ठा हुए, और उनके अनुमान के विपरीत 40 हज़ार अपेक्षित वोटों की तुलना में उन्हें सिर्फ़ चार हज़ार वोट ही मिले।

यहां पर इस कहानी का ज़िक्र इसलिए किया गया है, क्योंकि इकोनॉमिक्स की एक कॉन्सेप्ट भी इस बारे में बात करती है कि भविष्य के लिए अपनी योजना बनाते समय हमें किसी संभावित लाभ अथवा हानि को कैसे देखना चाहिए और उनकी गणना किस प्रकार करनी चाहिए। तो आइए इस कॉन्सेप्ट के बारे में विस्तार से बात करते हैं।

## संबंधित कॉन्सेप्ट :

**कंसर्वेटिव अप्रोच ऑफ़ अकाउंटिंग प्रिंसिपल :** कंसर्वेटिव अप्रोच ऑफ़ अकाउंटिंग प्रिंसिपल से हमें यह सीख मिलती है कि भविष्य में होने वाले किसी मुनाफ़े/फ़ायदे को हमें तब तक नहीं मानना चाहिए, जब तक कि मुनाफ़े का पैसा हमारे पास ना आ जाए और अगर कोई घाटा/नुक़सान भविष्य में संभावित भी हो तो उस नुक़सान के होने से पहले ही उससे होने वाली हानि मान (स्वीकार कर) लेनी चाहिए।

## निहितार्थ :

'विधायक प्रत्याशी वर्मा जी' कहानी के माध्यम से हम इकोनॉमिक्स के इस कॉन्सेप्ट को बड़ी आसानी से समझ सकते हैं। उसे समझने से पहले हमें इस बात पर ध्यान देना होगा कि इस दुनिया में दूसरों से झूठ बोलने या धोखा देने के ख़िलाफ़ तो क़ानून है और दंड का भी प्रावधान है, परंतु स्वयं से बोले गए झूठ और स्वयं को दिए गए धोखे के ख़िलाफ़ कोई क़ानून नहीं है। ऐसे किसी क़ानून के नहीं होने के कारण बहुत सारे लोग स्वयं से ही झूठ बोलते हैं, ख़ुशफ़हमी और ग़लतफ़हमी में रहते हैं, जिसकी वजह से उन्हें कई बार भारी नुक़सान उठाना पड़ता है। इस तरह वे स्वयं के साथ ही अन्याय करते रहते हैं। ऐसा व्यक्ति जो स्वयं के साथ ही अन्याय करता हो, वो कभी भी दूसरों का कल्याण नहीं कर सकता है, इसलिए हमें भी ऐसे

लोगों से सावधान रहना चाहिए और ऐसे लोगों की बातों पर कभी भी भरोसा नहीं करना चाहिए।

इस संबंध में महाभारत (शांतिपर्व : 143/13) में कहा गया है कि

*आत्मानं योऽभिसंधत्ते सोऽन्यास्य स्यात् कथं हितः*

अर्थात् 'जो स्वयं को धोखा देता है, वह दूसरों का कल्याण कैसे कर सकता है?'

ऐसे लोगों से सावधान रहने के साथ-साथ हमें यह भी सुनिश्चित करना चाहिए कि हम अपने जीवन में ख़ुद के साथ ईमानदार रहें और किसी प्रकार की ग़लतफ़हमी अथवा ख़ुशफ़हमी में ना रहें। हालांकि जीवन में ग़लतफ़हमियों का भी अपना स्थान होता है और कभी-कभी वह ज़रूरी भी होती हैं। उदाहरण के लिए, अगर लोगों को इस बात का अहसास हो जाए कि उन्हें किसी भी क्षण कुछ भी हो सकता है और जीवन-मृत्यु बिलकुल भी उनके वश में नहीं है, तो वे अपने भविष्य को लेकर कोई योजना ही नहीं बनाएंगे और वे सिर्फ़ मृत्यु का इंतज़ार करेंगे। इसलिए लोगों को जीवन जीने और उसमें आगे बढ़ने के लिए कुछ ग़लतफ़हमियां भी ज़रूरी होती हैं। दरअसल, जब एक ग़रीब परिवार का कोई बच्चा अपने भविष्य को लेकर बड़े-बड़े सपने देखता है, बड़े लक्ष्य बनाता है, तब वह अपने दिल और दिमाग़ में ढेर सारी ग़लतफ़हमियां पालता है। उस बच्चे को अपने सपनों को साकार करने के लिए, अपने लक्ष्यों को प्राप्त करने के लिए ख़ुद पर भरोसा करना होता है जिससे कि उसका मनोबल ऊंचा रहे। अगर वह बच्चा अपनी परिस्थिति और अपने संसाधनों की गणना कंसर्वेटिव अप्रोच ऑफ़ अकाउंटिंग प्रिंसिपल के अनुसार करने लगेगा, तब तो वह पहले ही दिन यह मान लेगा कि वह स्वयं द्वारा देखे गए बड़े सपनों को और स्वयं द्वारा निर्धारित किए गए बड़े लक्ष्यों को, अपनी कमज़ोर पारिवारिक पृष्ठभूमि के कारण इस जीवन में हासिल नहीं कर सकेगा। इसलिए बड़े सपने देखने के लिए, बड़ी महत्त्वाकांक्षाओं को पालने के लिए, बड़े लक्ष्यों को हासिल करने के लिए, और कठिन समय में धीरज बनाए रखने के लिए, हमारे जीवन में ग़लतफ़हमियों का होना आवश्यक होता है। लेकिन इसके साथ-साथ हमें इस बात को समझना भी आवश्यक है कि सिर्फ़ ग़लतफ़हमियों में रहते हुए, स्वयं को झूठा प्रोत्साहन और मनोबल देकर जीवन की असली लड़ाई नहीं जीती जा सकती है। इसके लिए हमें बड़े-बड़े सपने देखने के साथ-साथ अपने जीवन के युद्ध के मैदान में संभावित सबसे ख़राब परिस्थितियों के बारे में भी सोचना चाहिए। हमें उन परिस्थितियों का मुक़ाबला करने के लिए तैयारी भी करनी चाहिए। जैसा कि इस कहानी में वर्मा जी द्वारा विधायकी का चुनाव लड़ने का निर्णय लेना तो ठीक था, क्योंकि हर किसी को बड़े सपने देखने का हक़ है और उसे देखना भी चाहिए। चूंकि उनके पास विधायकी

का चुनाव लड़ने के लिए वास्तव में पर्याप्त संसाधन नहीं थे, इसलिए अगर वह चुनाव लड़ने की बात सोचते समय ही कंसर्वेटिव अप्रोच ऑफ़ अकाउंटिंग प्रिंसिपल का उपयोग करते, तो वह विधायकी का चुनाव लड़ने की हिम्मत ही नहीं जुटा पाते। लेकिन चुनाव की तैयारी के दौरान वर्मा जी ख़ुद को ही गुमराह किए हुए थे। वह ख़ुद से ही झूठ बोले जा रहे थे और निम्न संभावना वाली घटनाओं पर भी वो पूरी तरह विश्वास किए हुए थे। जहां उन्हें सबसे ख़राब परिस्थिति के लिए भी अपनी तैयारी करनी चाहिए थी, वहां वो स्वयं को यह समझा बैठे थे कि सब कुछ उनकी सोच के अनुसार ही होगा। उनके द्वारा अपने लक्ष्य की प्राप्ति के लिए तैयारी करते समय ख़ुद को ग़लतफ़हमी में रखने का परिणाम यह हुआ कि चुनाव के लिए पैसे इकट्ठा करते समय उनके विश्वसनीय ठेकेदारों और रिश्तेदारों ने उनकी कोई मदद नहीं की। सिर्फ़ यही नहीं, बल्कि गोपाल जी, जिनके पास वर्मा जी के खेत का बकाया पैसा था, उन्होंने भी समय पर वर्मा जी को उनके पैसे नहीं दिए। चुनाव के बाद जब वोटों की गिनती हुई तब वर्मा जी की संभावित वोटों से संबंधित ग़लतफ़हमियां भी दूर हो गई। कंसर्वेटिव अप्रोच ऑफ़ अकाउंटिंग प्रिंसिपल के अनुसार वर्मा जी को सिर्फ़ उन्हीं पैसों को अपना मानना चाहिए था, जो उनके पास आ गए थे, यहां तक कि उन्हीं के खेत के जो बकाया पैसे गोपाल जी के पास थे, उन पैसों को भी अपना मानने से यह प्रिंसिपल मना करता है।

जैसा कि दोहावली (499) में भी कहा गया है कि

*अधिकारी बस औसरा भलेउ जानिबे मंद*

अर्थात् 'बुरे दौर में सपोर्टिव सीनियर्स को भी नॉन सपोर्टिव समझें।'

लेकिन वर्मा जी ना तो इन बातों को समझ सके और ना ही कंसर्वेटिव अप्रोच ऑफ़ अकाउंटिंग प्रिंसिपल को प्रयोग में ला सके, जिसके फलस्वरूप उन्हें चुनाव में अप्रत्याशित हार का सामना करना पड़ा।

कुछ इसी से संबंधित बात पंचतंत्र (3) में भी कही गई है। उसमें कहा गया है कि

*अनागतं यः कुरुते स शोभते स शोच्यते यो न करोत्यनागतम्*

अर्थात् विपत्ति आने से पहले ही जो पुरुषार्थ कर लेता है, वह स्वयं को सुखी रखता है। इसके विपरीत जो व्यक्ति संभावित संकट की उपेक्षा करता है, उसे दुःख का सामना करना पड़ता है।

इसलिए एक बार जब हम कोई बड़ा सपना देख लें, कोई बड़ा लक्ष्य निर्धारित कर लें, उसके बाद उसे साकार करने के लिए, उसकी प्राप्ति के लिए योजना बनाते समय व अपनी तैयारी करते समय, हमें कंसर्वेटिव अप्रोच ऑफ़ अकाउंटिंग प्रिंसिपल का प्रयोग करते हुए भविष्य में उत्पन्न होने वाली सबसे ख़राब परिस्थिति के बारे में सोचना चाहिए और उससे निपटने की तैयारी पहले ही करनी चाहिए। लेकिन यह बात भी नहीं भूलनी चाहिए कि अगर हमारी पारिवारिक पृष्टभूमि मज़बूत नहीं है, तब हमें कोई बड़ा सपना देखते समय अपने भविष्य की परिस्थितियों को अपने अनुकूल मान कर चलना चाहिए। स्वयं के भविष्य का लक्ष्य निर्धारित करते समय तो हमारे मन में किसी प्रकार का कोई नकारात्मक भाव होना ही नहीं चाहिए। उस समय हमें यह मान कर चलना चाहिए कि भविष्य में सब कुछ हमारी सोच के अनुसार ही होगा और सब कुछ हमारे पक्ष में ही घटित होगा।

# 4

# जीवन में तेज़ चलना हो तो अनावश्यक ज़िम्मेदारियां लेने से बचें

### *कहानी : बीएचयू के क़ाबिल सिंह*

हमारे गांव में क़ाबिल सिंह नाम के एक व्यक्ति थे। बचपन में वह बहुत चंचल प्रवृत्ति के थे और अपनी क़ाबिलियत दिखाने में भी वह हमेशा आगे रहते थे, इसलिए उनके पिता जी ने उनका नाम क़ाबिल रख दिया था। क़ाबिल के पिता जी को आशा भी थी कि उनका बेटा बड़ा होकर बहुत क़ाबिल व्यक्ति बनेगा। अब जब क़ाबिल सिंह बड़े हुए तो उन्हें अपने नाम की वजह से यह ग़लतफ़हमी हो गयी कि वह वास्तव में बहुत क़ाबिल व्यक्ति हैं। मसला चाहे जो भी हो, क़ाबिल सिंह क़ाबिलियत दिखाने से पीछे नहीं हटते थे। क़ाबिल सिंह के व्यक्तित्व में एक अच्छी बात यह थी कि उन्हें स्वयं के क़ाबिल व्यक्ति होने के चलते समाज के प्रति अपनी ज़िम्मेदारियों का अहसास भी था। अपने इस ज़िम्मेदारी बोध के कारण उन्हें समाज सेवा करने की भी बड़ी इच्छा रहती थी। अपनी इस इच्छा को अमलीजामा पहनाने के लिए उन्होंने आईएएस अधिकारी बनने का सोचा। इस सोच के साथ उन्होंने स्नातक की पढ़ाई के लिए बनारस हिंदू यूनिवर्सिटी में दाख़िला ले लिया। हालांकि क़ाबिल अभी स्नातक की ही पढ़ाई कर रहे थे, लेकिन उनकी समाज सेवा करने की इच्छा समय से पहले ही उफान मारने लगी। अब मामला चाहे उनकी यूनिवर्सिटी के हॉस्टल का हो या लाइब्रेरी का, गांव के किसी व्यक्ति को बीएचयू के हॉस्पिटल में इलाज कराने का हो या उन्हें बनारस की गंगा आरती दिखाने का हो, इन सभी कार्यों का बीड़ा क़ाबिल सिंह ने स्वयं ही उठा रखा था। पढ़ाई करने के लिए भले ही उनके पास समय नहीं होता था, लेकिन इन पुनीत कार्यों को करने के लिए क़ाबिल सिंह के पास पर्याप्त समय हुआ करता था। क़ाबिल सिंह समय-समय पर गांव में

होने वाली शादियों, अन्य धार्मिक व राजनीतिक कार्यक्रमों में भी उपस्थित होने का पुरज़ोर प्रयास करते थे। चूंकि क़ाबिल सिंह जब तक अपने गांव में रहते थे, तब तक वह ख़ुद भी ऐसे लोगों को कोसा करते थे, जो शहर में रहने के कारण गांव के कार्यक्रमों में शिरकत नहीं करते थे। इसलिए वह सोचते थे कि अगर बीएचयू में दाख़िला लेने के बाद वे अपने गांव में आयोजित होने वाले कार्यक्रमों में शिरकत नहीं करेंगे, तो गांव के लोगों को उनसे यह शिकायत हो सकती थी कि वह शहर आ कर बदल गए। इस तरह अपने गांव के लोगों की नज़र में अपनी छवि ख़राब हो जाने के डर के कारण क़ाबिल अपने गांव में होने वाले कार्यक्रमों में उपस्थित होने का पूरा प्रयास करते थे। किसी दिन ज़्यादा व्यस्तता हो जाने पर क़ाबिल सिंह थोड़ा परेशान भी हो जाते थे और उनके उत्साह पर उदासी हावी हो जाती थी। उन्हें यह अहसास होने लगता था कि उनके ऊपर अधिक ज़िम्मेदारियों का बोझ लाद दिया गया है। क़ाबिल सिंह ज़्यादा दुखी तो तब हो जाते थे, जब यूनिवर्सिटी में उनकी परीक्षाओं के दौरान भी उनकी मांग कम होने का नाम ही नहीं लेती थी। ऐसी स्थिति में क़ाबिल सिंह 'रघुकुल रीति सदा चली आई, प्राण जाए पर वचन न जाई' चौपाई बोलते हुए अपने लोगों की मदद करने के लिए अपनी परीक्षाओं से भी समझौता करने से पीछे नहीं हटते थे। एक बार की बात है, जब वह अपनी मामी को दिए अपने वचन की लाज रखने के लिए, इसी चौपाई का अनुसरण करते हुए, अपनी 2 घंटे की परीक्षा को 1 घंटे में ही ख़त्म करके उनके लिए बनारसी साड़ी की ख़रीदारी कराने पहुंच गए। अपनी परीक्षा से समझौता कर के मामी को साड़ी की ख़रीदारी कराने जाने के पीछे क़ाबिल की यह सोच थी कि चूंकि उन्होंने अपनी रिश्तेदारी के अन्य लोगों की बनारस में ख़रीदारी करवाने में कई बार साथ दिया था, इसलिए अगर वह अपनी मामी के साथ नहीं जाते तो उनको बहुत बुरा लगता। क़ाबिल का यह मानना था कि चूंकि उनकी मामी बहुत पढ़ी-लिखी नहीं थी, जिसके कारण उनको परीक्षा का महत्त्व नहीं पता था, इसलिए अगर क़ाबिल अपनी परीक्षा जल्दी ख़त्म कर के उनके साथ नहीं जाते तो उनकी मामी उन पर नाराज़ हो जाती। इस तरह सभी की मदद करने और सभी तरह के कार्यक्रमों में शिरकत करने के अपने व्यक्तित्व और छवि को यथावत बनाए रखने के कारण क़ाबिल अपनी स्नातक की परीक्षा पास करने में असफल रहे। चूंकि क़ाबिल सिंह एक बिना पके घड़े की तरह आग की भट्ठी से निकल कर लोगों की प्यास बुझाने का प्रयास करने लगे थे, इस कारण वह कुछ ही लोगों की प्यास बुझाने के बाद फूट गए। अगर वह ख़ुद को थोड़ा और पकने तक का इंतज़ार करते तो अपेक्षाकृत ज़्यादा लोगों की प्यास बुझा पाते। अर्थात् अगर वह बनारस हिंदू यूनिवर्सिटी में अपनी स्नातक की पढ़ाई मन लगा कर करते और आईएएस की परीक्षा में सफल होने तक अपनी समाज सेवा के जुनून पर थोड़ा क़ाबू पा लेते, तब वह बेहतर तरीक़े से समाज सेवा कर पाते।

यहां पर इस कहानी का ज़िक्र इसलिए किया गया है, क्योंकि मैनेजमेंट और साइकोलॉजी की कुछ कॉन्सेप्ट और थ्योरी भी इस बारे में बात करती हैं कि किसी कार्य की गुणवत्ता को सुधारने के लिए आख़िर उसकी प्रक्रिया कैसी होनी चाहिए, और कुछ लीडर (नेतृत्वकर्ता) अपने पिछले निवेश (Investment) या पहले लिए गए निर्णयों के प्रति अपनी प्रतिबद्धता (commitment) आख़िर क्यों बढ़ाते हैं। तो आइए इस कॉन्सेप्ट और थ्योरी के बारे में विस्तार से बात करते हैं।

## संबंधित कॉन्सेप्ट व थ्योरी:

### लीन कार्यप्रणाली (Lean Philosophy):

'लीन', काम करने का एक दार्शनिक तरीक़ा है। इस कार्यप्रणाली की मुख्य अवधारणा किसी प्रक्रिया के अंदर मौजूद ग़ैरज़रूरी चरणों को हटाना है। इस प्रणाली का मुख्य उद्देश्य एक पूरी प्रक्रिया में मौजूद ग़ैरज़रूरी चरणों को समाप्त कर कार्य क्षमता को बढ़ाना होता है। जैसे-जैसे किसी कार्य प्रक्रिया में मौजूद ग़ैरज़रूरी चरण समाप्त होते हैं, वैसे-वैसे उस कार्य की गुणवत्ता में सुधार होता है, जबकि उस कार्य में लगने वाला समय और लागत भी कम होती है।

लीन कार्यप्रणाली, कम से कम श्रम में उत्पाद या सेवा की गुणवत्ता में वृद्धि करने पर बल देती है। किसी उत्पाद या सेवा की गुणवत्ता उसकी वह विशेषता होती है, जिसके लिए ग्राहक भुगतान करने को तैयार होता है। इस दर्शन के मूल में यह सिद्धांत शामिल है कि ग्राहक के लिए उत्पाद या सेवा की गुणवत्ता को बेहतर करने के अलावा किसी भी अन्य लक्ष्य के लिए हो रहे संसाधनों का व्यय ग़ैरज़रूरी होता है, और इसलिए इस प्रकार के किसी भी व्यय को रोकना चाहिए। यह सिद्धांत उस ग्राहक के दृष्टिकोण से लागू होता है जो किसी उत्पाद या सेवा का उपभोग करता है। लीन कार्यप्रणाली, किसी प्रक्रिया में मौजूद ग़ैरज़रूरी चरणों को कम करते हुए, और संभावित परिवर्तन के लिए आसानी से अनुकूल होने के साथ-साथ, सही व टिकाऊ कार्य प्रवाह बनाने के लिए, उपयुक्त मात्रा में व निश्चित समय पर ज़रूरत की चीज़ों को प्राप्त करने पर ज़ोर देती है।

**लीन कार्यप्रणाली (Lean Philosophy) :**

| Principle 01 | Principle 02 | Principle 03 | Principle 04 | Principle 05 |
|---|---|---|---|---|
| Identity Value | Map Value Stream | Create Flow | Established Pull | Seek Perfection |
| ग्राहक के दृष्टिकोण से मुल्य की पहचान करें। | वैल्यू स्ट्रीम के सभी पायदानों की पहचान करें। | सहज प्रवाह बनायें जिससे कि उत्पादन प्रक्रिया में किसी भी प्रकार का व्यवधान न उत्पन्न हो। | उत्पादन प्रक्रिया में जिस चीज की आश्यकता हो उसकी समयानुसार उपलब्धता / उत्पादन सुनिश्चित करें। | उत्पादन के दौरान होने वाले नुकसान को कम करें व उत्पाद की गुणवत्ता को बढ़ायें। |

## सेल्फ़ जस्टिफ़िकेशन थ्योरी (Self-Justification Theory):

सेल्फ़-जस्टिफ़िकेशन थ्योरी इस बात का एक स्पष्टीकरण प्रदान करती है कि लीडर अपने पिछले निवेश या पहले लिए गए निर्णयों के प्रति अपनी प्रतिबद्धता क्यों बढ़ाते हैं। इसके अनुसार लीडर ऐसे निर्णय लेने का प्रयास करते हैं, जो उनके पिछले निर्णयों से मेल खाते हों। वह अपने वर्तमान और भविष्य के निर्णयों में स्थिरता बनाए रखने के लिए अपने पुराने व्यवहार से जुड़ी जानकारियों को याद करते हैं, और उनका पालन करते हुए उनके आधार पर ही भविष्य में अपना व्यवहार करते हैं। यदि समूह का कोई सदस्य या कोई बाहरी पक्ष, लीडर द्वारा असंगत तरीक़े से लिए गए निर्णय की पहचान कर लेता है, तो यह लीडर की नेतृत्व भूमिका पर बड़ा सवाल खड़ा करता है। इसलिए लीडर पर समाज, साथियों और अधिकारियों के द्वारा बाहरी दबाव होता है, और इस दबाव के कारण वह अपने वर्तमान और भविष्य के निर्णयों में स्थिरता बनाए रखने के प्रयास में महत्त्वपूर्ण और ग़ैरमहत्त्वपूर्ण कारकों में भिन्नता करने में ग़लती कर देता है।

## निहितार्थ :

'बीएचयू के काबिल सिंह' कहानी के माध्यम से हम लीन कार्यप्रणाली के कॉन्सेप्ट और सेल्फ़-जस्टिफ़िकेशन थ्योरी को आसानी से समझ सकते हैं। इन्हें समझने से पहले हम अपने जीवन को देखने के नज़रिए के बारे में थोड़ी बात करना चाहेंगे। दरअसल, अपने जीवन को देखने के दो मुख्य नजरिए हो सकते हैं। पहला यह कि हम अपने जीवन को बहुत छोटा मानें और इसको समग्र तरीक़े से देखें, जबकि दूसरा यह कि हम अपने जीवन को बहुत लंबा मानें और इसको कई भागों में देखें। हम स्वयं के लिए कोई भी नज़रिया चुनने के लिए स्वतंत्र हैं, लेकिन हमारा नज़रिया, हमारे जीवन के लक्ष्यों व उन लक्ष्यों को प्राप्त करने के लिए ज़रूरी प्राथमिकताओं

के अनुसार होना चाहिए। इस कहानी में क़ाबिल सिंह अपने जीवन को समग्रता से देख पाते तो उन्हें समझ में आता कि उनके पास जीवन में समाज सेवा करने के लिए बहुत समय था। वह अपने कॉलेज के दिनों में पहले अपनी स्नातक की पढ़ाई पूरी कर लेते और आईएएस की परीक्षा में सफल हो जाते, उसके बाद वह बेहतर तरीक़े से समाज सेवा कर सकते थे। ठीक उसी प्रकार से अगर वह अपने जीवन को कई भागों में विभाजित कर के देखते, तब उन्हें समझ में आता कि हमारे जीवन के हर छोटे-छोटे भाग की अपनी अलग-अलग प्राथमिकताएं होती हैं। उन्हें अपनी उन परिस्थितियों के अनुरूप अपनी प्राथमिकताएं तय करनी चाहिए थीं। उन्हें यह बात समझनी चाहिए थी कि पूरे एक वर्ष में सिर्फ़ कुछ दिन ही परीक्षाएं होती हैं, और उन दिनों में हमारी अपनी परीक्षाओं के प्रति गंभीरता का असर हमारे परीक्षा के परिणाम पर बहुत ज़्यादा होता है।

क़ाबिल सिंह अगर इन बातों को समझ पाते तो वो कम से कम अपनी परीक्षाओं के दौरान तो कोई दूसरा कार्य नहीं ही करते। वह अपनी मामी को साड़ी ख़रीदवाने के लिए अपनी परीक्षा को जल्दी ख़त्म करने का प्रयास नहीं ही करते। क़ाबिल सिंह अपनी पढ़ाई के दौरान हॉस्टल व लाइब्रेरी, गांव के लोगों को ख़रीदारी करवाने व अस्पताल में उनका इलाज करवाने में मदद करने, जैसी ढेर सारी ज़िम्मेदारियां अपने ऊपर लेने के कारण अपनी पढ़ाई के लिए समय नहीं निकाल पाए, जिसकी वजह से अंततः स्नातक की परीक्षा में वह पास नहीं कर सके। क़ाबिल सिंह हमारे द्वारा प्रयोग की जाने वाली एक रफ़ कॉपी की तरह हो गए थे। जैसा कि रफ़ कॉपी अपने ऊपर हमारे सभी विषयों का बोझ उठाती है, लेकिन उस रफ़ कॉपी के भर जाने के बाद हमारी नज़र में उसकी कोई क़ीमत नहीं रह जाती है। बाद में उसकी कोई क़ीमत नहीं होने की वजह से हम उसे सुरक्षित भी नहीं रखते हैं। ठीक उसी प्रकार सभी लोगों की विभिन्न तरह की ज़िम्मेदारियां अपने सिर पर ले कर क़ाबिल सिंह भी एक रफ़ कॉपी की तरह ही हो गए थे। उन ज़िम्मेदारियों के बोझ के कारण उनके जीवन की विकास की गति बिलकुल ही धीमी हो गयी थी और अपनी क्षमता से अधिक ज़िम्मेदारियों का बोझ लेने की वजह से उनके जीवन में उत्साह पर उदासी हावी हो गयी थी।

इस संबंध में चाणक्य नीति : 148 में भी कहा गया है कि

*'अतिभारः पुरुषमवसादयति'*

अर्थात् क्षमता से अधिक कार्य का भार लेने वाले के मन में उदासी छा जाती है।

इसलिए हमें यह ध्यान रखना चाहिए कि अगर हमें अपने जीवन में उत्साह के साथ तेज़ आगे बढ़ना हो तो हमें अनावश्यक ज़िम्मेदारियां लेने से बचना चाहिए।

जैसा कि लीन प्रणाली का मुख्य उद्देश्य एक पूरी प्रक्रिया में होने वाले ग़ैरज़रूरी चरणों को समाप्त कर के कार्य क्षमता को बढ़ाना होता है। ठीक उसी प्रकार से अगर हम स्वयं की क्षमता को बढ़ाना चाहते हैं तो हमें समझना होगा वे कौन से कार्य हैं, जो हमें हमारे लक्ष्य की ओर ले जाने में मदद नहीं कर रहे हैं। हमें उन ग़ैरज़रूरी कार्यों की पहचान कर के उनके ऊपर अपना समय ख़र्च करने से परहेज़ करना चाहिए।

हम अपने जीवन के किसी भी पड़ाव पर चाहे जो भी कार्य करेंगे, उससे हमें कुछ न कुछ तो फ़ायदा होगा ही। वह कार्य हमें हमारे लक्ष्य की दिशा में आगे बढ़ा सकते हैं, या उनके द्वारा हम दूसरों की मदद कर के आत्मसंतुष्टि प्राप्त कर सकते हैं, या हम स्वयं ही मनोरंजन का अहसास कर सकते हैं। लेकिन अपने जीवन की विभिन्न परिस्थितियों में कार्यों का चुनाव करते समय हमें अपनी परिस्थितियों के मुताबिक़ अपनी प्राथमिकताओं को तय करना चाहिए। अगर क़ाबिल सिंह भी अपनी परिस्थितियों के अनुसार अपनी प्राथमिकताओं को ठीक से तय कर पाए होते और उसके अनुसार ही उन्होंने कार्य किए होते तो वह अपनी स्नातक की परीक्षा में फ़ेल नहीं होते। हमारे जीवन में कई बार ऐसा भी होता है कि आज का थोड़ा मनोरंजन हमारे लिए भविष्य में ज़्यादा पीड़ा का कारण बन जाता है। इसलिए हमें अपनी ऊर्जा और समय का निवेश करते समय अपनी प्राथमिकताओं को ध्यान में रखते हुए इन चीज़ों की गणना कर लेनी चाहिए। ऐसा इसलिए भी, क्योंकि हमारे जीवन में समय और ऊर्जा तो सीमित ही हैं और हम उनका जितना सही इस्तेमाल कर पाएंगे उतना ही हम जीवन में आगे बढ़ पाएंगे।

इसके अलावा यह बात भी गौर करने वाली है कि हम अपने जीवन में अन्य लोगों के सामने जिस तरह का व्यवहार प्रस्तुत करते हैं उसके अनुरूप ही उनकी नज़र में हमारी एक छवि बनती है। लोगों की नज़र में एक बार हमारी छवि बन जाने के बाद हम भविष्य में अपनी उस छवि को यथावत बनाए रखने का प्रयास करते हैं। उसके लिए हम अपने पुराने व्यवहारों से जुड़ी जानकारियों को याद करते हैं और उसका पालन करते हुए उनके आधार पर ही आगे व्यवहार करते हैं। हम ऐसा इसलिए करते हैं, क्योंकि पूर्व में हम लोगों के सामने अपने उस तरह के व्यवहार करने के पीछे कुछ तर्क दिए होते हैं। बाद में हम अपने पहले वाले व्यवहार का अभ्यास करके अपने दिए हुए तर्क पर क़ायम रहना चाहते हैं। यहां तक कि जब हमें समझ में आ चुका होता है कि हमारा कोई निर्णय हमारे लिए बहुत नुक़सानदेह सिद्ध हो रहा है, फिर भी हम अपने उस निर्णय पर क़ायम रहना चाहते हैं। हम उसी तरह के निर्णय लगातार लेते रहते हैं, क्योंकि वो निर्णय हमारे पिछले व्यवहार को दर्शाते हैं। जैसा कि इस कहानी में क़ाबिल सिंह को पता था कि बीएचयू में दाख़िला लेने के बाद गांव में आयोजित होने वाले कार्यक्रमों में जाने से उनके समय का बहुत नुक़सान हो रहा था। लेकिन चूंकि बीएचयू में दाख़िला लेने से पहले जब वह अपने

गांव में ही रहा करते थे, तब वह ख़ुद भी शहर में रहने के कारण गांव के कार्यक्रमों में शिरकत नहीं करने वाले लोगों को कोसा करते थे। इसलिए उनको गांव के लोगों की नज़रों में अपने पुराने तर्क व व्यवहार में परिवर्तन आ जाने और अपनी छवि ख़राब हो जाने का डर था। उनको डर था कि अगर वे गांव के कार्यक्रमों में शिरकत नहीं करते, तो लोगों की उनसे यह शिकायत हो सकती थी कि बीएचयू में दाख़िला लेने के बाद वह बदल गए थे। इसलिए गांव के कार्यक्रमों में उपस्थित होकर वह यह प्रयास कर रहे थे कि लोगों की नज़रों में जो पहले से उनकी छवि थी उसमें कोई परिवर्तन नहीं हो और वह यथावत बनी रहे। जैसा कि सेल्फ़-जस्टिफ़िकेशन थ्योरी भी बताती है कि किसी संस्थान के मैनेजर अपने भूत, वर्तमान और भविष्य के निर्णयों में स्थिरता बनाए रखने के लिए अपने पूर्व के व्यवहार से जुड़ी जानकारी को याद करते हैं और प्रयास करते हैं कि भविष्य में उनका व्यवहार उनके पूर्व के व्यवहार से मेल खाता हो। लेकिन हमें यह समझना चाहिए कि यह दुनिया बातों को बहुत जल्दी भूल जाती है। हम यह सोचते रहते हैं कि लोग हमारे बारे में क्या सोचेंगे जबकि वास्तविकता यह है कि किसी भी समझदार और महत्त्वाकांक्षी व्यक्ति के पास दूसरों के विषय में सोचने के लिए समय नहीं होता है। हमें यह भी ध्यान रखना चाहिए कि अगर किसी के पास दूसरों के बारे में इतनी गहनता से सोचने के लिए समय और फ़ुर्सत है तो दूसरों के बारे में उस व्यक्ति की धारणा से उनके जीवन पर शायद ही कोई असर पड़ेगा। इसलिए जब यह समझ में आ जाए किसी परिस्थिति में हमें अपने व्यवहार और रणनीति बदलने की ज़रूरत है तो उस समय अपनी छवि को बिना नाक का सवाल बनाए और बिना लोगों की चिंता किए, अपने भविष्य की बेहतरी के लिए निर्णय लेने चाहिए।

# 5

# स्वयं की कमियों को नज़रअंदाज़ करने से बचें

### *कहानी : गंगाधर की ग़लतफ़हमी*

कॉलेज की पढ़ाई के दौरान हम एक अलग ही दुनिया में जी रहे होते हैं। उस समय हम ढेर सारे दोस्त-मित्र बनाते हैं। बाद में चलकर उन्हीं में से कुछ दोस्तों से हमारे इतने अच्छे संबंध हो जाते हैं कि वे हमारे परिवार के सदस्य की तरह हो जाते हैं। कॉलेज के समय में सभी दोस्तों का खाना, खेलना व पढ़ाई लगभग साथ में ही होता है। उस समय हम स्वयं भले ही अपनी परीक्षा की तैयारी पूरी तरीक़े से नहीं कर पाए हों, लेकिन हमारे जिन दोस्तों की तैयारी हमसे भी ख़राब स्थिति में होती है, उनको पढ़ाने के कर्तव्य का पालन करने से हम कभी पीछे नहीं हटते हैं। अपने दोस्तों की इस कर्तव्यनिष्ठा के भरोसे ही कुछ लोग ख़ुद कभी पढ़ाई करते ही नहीं हैं। वे परीक्षा से 1-2 दिन पहले उन दोस्तों के शरण में पहुंच जाते हैं जो पूरे सेमेस्टर मेहनत कर के पढ़ाई करते हैं। दोस्तों का यह सहयोग सिर्फ़ पढ़ाई-लिखाई में ही नहीं, बल्कि अन्य क्षेत्रों में भी दिखता है। एक-दूसरे के प्रति सहयोग वाली भावना होने के बावजूद किसी न किसी बिंदु पर हम दोस्तों में एक-दूसरे से प्रतिस्पर्धा भी होती है। कुल मिला कर कॉलेज के दिन बहुत यादगार होते हैं। उस वक्त जिन बातों को लेकर हम एक-दूसरे से लड़ाई करते हैं, बाद में उन्हीं बातों को याद कर हँसी आती है और जिन बातों पर ख़ुश होते हैं, उनको सोच कर आंखें भर आती हैं। कुछ इसी तरह का वाक़या हमारे साथ तब हुआ, जब हमारे कुछ दोस्त कॉलेज के बाद पहली बार मिले थे। चूंकि कॉलेज से निकलने के बाद की वह हमारी पहली मुलाक़ात थी, इसलिए कॉलेज के दिनों की ढेर सारी बातें हमें याद

आ रही थीं। अधिकांश बातें तो ऐसी ही थीं, जो हम सभी को पता थीं, इसलिए हम लोगों ने ट्रुथ-डेयर खेलने का निर्णय लिया, जिससे कि हम एक-दूसरे से वो बातें पूछ सकें और बता सकें, जो हमने कॉलेज के दिनों में किसी से नहीं बताई हों। इस तरह हम सभी लोगों ने एक-दूसरे से कुछ अजीबो-ग़रीब सवाल पूछने शुरू किए। सवाल-जवाब का सिलसिला थमा, तो हम सभी को अहसास हुआ कि सभी के व्यक्तित्व के कुछ ऐसे पहलू थे, जिनके बारे में हमारी स्वयं की और हमारे दोस्तों की राय बिलकुल अलग थी। हम सभी के व्यक्तित्व के कुछ ऐसे भी पहलू पता चले जिनसे हम स्वयं बिलकुल अंजान थे, जबकि हमारे दोस्त उन पहलुओं से वाक़िफ़ थे। हमारे व्यक्तित्व के उन पहलुओं के बारे में हमारे दोस्त जिस तरीक़े से व्याख्या कर रहे थे, उसे सुन कर हमें आश्चर्य भी हो रहा था। दरअसल, हुआ यह कि उस दिन हमारे मित्र गंगाधर भी हमारे साथ में थे। गंगाधर के बारे में दिलचस्प बात यह थी कि कॉलेज की लगभग हर दूसरी लड़की उनको पसंद आ जाती थी। चूंकि वह दिल से भोले और मन से चंचल थे और उन्हें किसी कार्य को करने में डर नहीं लगता था, इसलिए उनका यह मामला सिर्फ़ लड़की पसंद आने तक ही नहीं रुकता था। गंगाधार को जितनी भी लड़कियाँ पसंद आती थीं, वह उनके समक्ष अपना प्रेम प्रस्ताव लेकर पहुंच जाते थे। संयोग की बात यह थी कि उस दिन जब हम यह सवाल-जवाब कर रहे थे, तब हमारे साथ पढ़ी हुई वो 2-3 लड़कियां भी मौजूद थीं जिनके समक्ष भी (कॉलेज के दिनों में) गंगाधर अपना प्रेम प्रस्ताव रख चुके थे। इसलिए उस दिन उनके इस व्यवहार को याद करते हुए हम लोगों ने गंगाधर से सवाल किया कि आख़िर वह कॉलेज की लगभग हर दूसरी लड़की के प्रति आकर्षित क्यों हो जाते थे और अधिकतर को प्रपोज़ भी क्यों कर देते थे? हमारे इस सवाल का जवाब देते हुए गंगाधर ने कहा कि वास्तव में सभी लड़कियां उनके चमत्कारी व्यक्तित्व के कारण आकर्षित रहती थीं। उनके इस जवाब और ख़ुद के व्यक्तित्व के प्रति उनकी ग़लतफ़हमी को जान कर वहां मौजूद हम सभी दोस्तों को बहुत आश्चर्य हुआ। इसके बाद हम लोगों ने गंगाधर की इस सोच के पीछे के तर्क को जानने के लिए उनसे यह सवाल किया कि आख़िर उन्हें कैसे पता चलता था कि सभी लड़कियां उनकी तरफ़ आकर्षित थीं? इस प्रश्न का उन्होंने जो उत्तर दिया वह अत्यंत ही मार्मिक था। दरअसल गंगाधर ने बताया कि फ़ेसबुक या अन्य सोशल मीडिया पर उनके द्वारा भेजा गया फ्रेंड रिक्वेस्ट अगर कोई लड़की स्वीकार कर लेती थी, तब उन्हें समझ में आ जाता था कि वह लड़की उनसे आकर्षित थी। उन्होंने आगे बताया कि अगर वह लड़की उनका फ्रेंड रिक्वेस्ट एक्सेप्ट करने के बाद मैसेज के जरिए बात करने में रुचि दिखाती थी तब उन्हें लगने लगता था कि अब उन्हें उस लड़की के समक्ष अपना प्रेम प्रस्ताव अवश्य रख देना चाहिए। इतना ही नहीं, गंगाधर ने बताया कि अगर कोई लड़की स्वयं ही उनको फ्रेंड रिक्वेस्ट भेजती थी,

तब तो वह उस लड़की की तरफ़ से प्रेम प्रस्ताव मिलने का इंतज़ार करने लगते थे। यह सब बताते हुए गंगाधर अचानक से भावुक हो गए। उन्होंने बताया कि दरअसल लड़कियों ने उनके साथ बहुत धोखा किया है। धोखे वाली बात विस्तार से बताने के लिए निवेदन किए जाने पर गंगाधर ने वहां मौजूद हमारे साथ पढ़ी दो लड़कियों की तरफ़ इशारा करते हुए उन पर धोखा देने का इल्ज़ाम लगाया। गंगाधर ने कहा कि उन दोनों लड़कियों ने ही उन्हें फ्रेंड रिक्वेस्ट भेजा था और कक्षा में मिलने पर मुस्कराई भी थीं। उन्होंने आगे बताया कि उन दोनों लड़कियों को मुस्कराता देख कर जब उन्हें विश्वास हो गया था कि वे लड़कियां उनकी तरफ़ आकर्षित हैं, तब जाकर उन्होंने उनके समक्ष अपना प्रेम प्रस्ताव रखा था। गंगाधर ने नम आंखों से उन दोनों पर इल्ज़ाम लगाते हुए कहा कि उनके प्रेम प्रस्ताव को ठुकरा कर उन दोनों ने ही गंगाधर को धोखा दिया था। गंगाधर की इन बातों को सुन कर हम सभी दोस्तों को बहुत हँसी आ रही थी। लेकिन उस समय गंगाधर बहुत ही भावुक थे, इसलिए हम सभी अपनी हँसी को रोक कर उन्हें सांत्वना दे रहे थे। सभी को गंगाधर की उन बातों को सोच कर उनके ऊपर दया आ रही थी। हमारे साथ बैठी वो दोनों लड़कियां तो निःशब्द होकर गंगाधर की तरफ़ देखते हुए सिर्फ़ यह सोच रहीं थीं, कि वे गंगाधर को देख कर आख़िर मुस्कराईं कब थीं? जब हम लोगों ने गंगाधर को थोड़ा पानी पिलाया, तब जाकर स्थिति थोड़ी सामान्य हुई। इसके बाद हम लोगों ने उन्हें उनके व्यक्तित्व को लेकर उनकी ढेर सारी ग़लतफ़हमियों के बारे में समझाने का प्रयास किया। हम लोगों ने गंगाधर को बताया कि अगर कोई लड़की उनसे सोशल मीडिया पर जुड़ती थी या उनसे दो-चार बातें कर लेती थी, इसका मतलब यह बिलकुल भी नहीं था कि वह उनकी तरफ़ आकर्षित थी। फिर उन दोनों लड़कियों ने अपना पक्ष रखते हुए गंगाधर को समझाया कि आकर्षित होने की बात तो दूर, उन्हें तो यह भी नहीं याद था कि वे गंगाधर को देख कर मुस्कराईं कब थीं? हम सभी की बातों को सुन कर अंत में गंगाधर को समझ में आया, और उन्होंने स्वीकार भी किया, कि उनके व्यक्तित्व के बारे में यह कुछ ऐसी बातें थीं जिन्हें वह नहीं जानते थे, लेकिन हम लोग उन बातों को स्पष्ट रूप से देख सकते थे। इस तरह उस दिन के हमारे फ़ीडबैक की मदद से गंगाधर को अपने व्यक्तित्व से संबंधित जो ग़लतफ़हमियां थीं, वो दूर हुई, और उनकी सोच और व्यक्तित्व में काफ़ी सकारात्मक परिवर्तन आया।

यहां इस कहानी का ज़िक्र इसलिए किया गया है, क्योंकि मैनेजमेंट विषय के कुछ कॉन्सेप्ट भी मानव संपर्क व पारस्परिक विचार-विमर्श की प्रक्रिया में व्यक्तिगत जागरूकता के विश्लेषण के संबंध में बात करते हैं। तो आइए इन कॉन्सेप्ट के बारे में हम विस्तार से बात करते हैं।

## संबंधित कॉन्सेप्ट :

**द जौहरी विंडो (The Johari Window) :**

जौहरी विंडो मानव संपर्क व पारस्परिक विचार-विमर्श की प्रक्रिया में व्यक्तिगत जागरूकता का विश्लेषण करने के लिए एक मॉडल है।

चार भागों वाली जौहरी विंडो व्यक्तिगत जागरूकता को चार अलग-अलग भागो में विभाजित करती है :

**भाग : क)** इस भाग को अरीना कहा जाता है जिसका तात्पर्य एक खुले मैदान या अखाड़े से है। यह भाग व्यक्ति की उन विशेषताओं और अनुभवों का वर्णन करता है जिनके बारे में वह स्वयं जानता है, और जिनके बारे में वह दूसरों को बताना भी पसंद करता है। पुराने दोस्तों के मामले में यह भाग बड़ा होता है, क्योंकि व्यक्ति अपने दोस्तों से अपनी ढेर सारी बातें साझा करता है।

**भाग : ख)** इस भाग को फ़साड कहा जाता है जिसका तात्पर्य व्यक्ति के भ्रमित करने वाले बाहरी स्वरूप से है। यह भाग उन चीज़ों का वर्णन करता है जो व्यक्ति अपने बारे में जानता है, लेकिन जिसे वह दूसरों के सामने प्रकट नहीं करना चाहता है। व्यक्ति जैसे-जैसे दूसरों के साथ एक भरोसेमंद संबंध बनाता है, वैसे-वैसे इस भाग का आकार घटता जाता है।

**भाग : ग)** इस भाग को ब्लाइंड स्पॉट कहा जाता है जिसका तात्पर्य एक छिपे हुए स्थान से है। किसी भी व्यक्ति के बारे में कुछ ऐसी भी बातें होती हैं, जिन्हें वह नहीं जानता है, लेकिन दूसरे लोगों को वह बातें पता होती हैं। कुछ ऐसी भी बातें होती हैं, जिनके बारे में व्यक्ति को लगता है कि वह उन बातों को अन्य लोगों के सामने स्पष्ट रूप से व्यक्त कर रहा है, लेकिन अन्य लोगों को उन बातों का बिलकुल अलग मतलब पता चल रहा होता है। अन्य लोग उन बातों की बिलकुल अलग तरीक़े से व्याख्या कर रहे होते हैं। इस भाग में फ़ीडबैक व्यक्ति के लिए ज्ञानवर्धक हो सकता है, लेकिन वह व्यक्ति को आहत भी कर सकता है। इसलिए जब भी हम किसी को फ़ीडबैक दें तब यह ध्यान रहे कि सामने वाला व्यक्ति हमारी बातों व सुझावों को सकारात्मक तरीक़े से ही ले रहा हो।

**भाग : घ)** इस भाग को अज्ञात कहा जाता है। व्यक्ति के स्वयं के कुछ पहलू ऐसे भी होते हैं जो उसके स्वयं से भी और दूसरों से भी छिपे होते हैं। व्यक्ति अपने बारे में जितना सोचता है उससे वह कहीं अधिक जटिल और बहुमुखी होता है। समय-समय पर व्यक्ति के अचेतन मन से कभी कोई अनजानी बात भी बाहर आ जाती है, जिसके बारे में ना तो उस व्यक्ति को स्वयं और ना ही किसी दूसरे व्यक्ति

को ज्ञात होता है। इसके कारण व्यक्ति के पास बहुत अनुभव व एक्स्पोज़र का नहीं होना, किसी दर्दनाक अनुभव का सामना किया होना, आदि हो सकते हैं।

जौहरी विंडो का उपयोग करने के लिए व्यक्ति को अपनी कुछ ऐसी विशेषताएं (मज़ेदार, अविश्वसनीय, आदि) चुननी चाहिए जिनके बारे में उसे लगता हो कि वो उसके व्यक्तित्व का सही वर्णन करती हैं। फिर दूसरे लोगों (दोस्तों, सहकर्मियों) को कुछ विशेषण चुनने को देना चाहिए, जिनके माध्यम से वह उसके लक्षण बता सकें और उसके व्यक्तित्व का वर्णन कर सकें। इसके बाद उन विशेषणों को जौहरी विंडो के उपयुक्त भाग में रख कर देखना चाहिए कि क्या व्यक्ति के बारे में कोई ऐसी भी बातें हैं जिनके लिए वह चाहता है कि वे उसके दोस्तों को पता नहीं चलें, और उसके बारे में ऐसी कौन सी बात है जो दूसरे लोग जानते हैं, लेकिन वह ख़ुद नहीं जानता है।

## जौहरी विंडो (The Johari Window) :

| | *स्वयं को ज्ञात* | *स्वयं को अज्ञात* |
|---|---|---|
| **दूसरों को ज्ञात** | **Arena (Open Self)**<br>आपके बारे में ऐसी जानकारी जो आप और अन्य लोग दोनों ही जानते हैं। (क) | **Blind Spot (Blind Self)**<br>आपके बारे में ऐसी जानकारी जो आप नहीं जानते हैं लेकिन अन्य लोग जानते हैं। (ग) |
| **दूसरों को अज्ञात** | **Façade (Hidden Self)**<br>आपके बारे में ऐसी जानकारी जो आप जानते हैं लेकिन अन्य लोग नहीं जानते हैं। (ख) | **Unknown Self**<br>आपके बारे में ऐसी जानकारी जो न तो आप जानते हैं और न ही अन्य लोग। (घ) |

## निहितार्थ :

अगर हम जीवन में तरक्की चाहते हैं, और इस दुनिया में अच्छी यादें छोड़ना चाहते हैं, तो हमें यह ज़रूर पता होना चाहिए कि दूसरे लोग हमारे बारे में क्या जानते हैं? अर्थात कैसी सोच रखते हैं? कहीं ऐसा तो नहीं कि हम अपनी नज़र में तो बहुत अच्छा कार्य कर रहे हों, एक आदर्श व्यक्ति की तरह जीवन व्यतीत कर रहे हों, जबकि पूरी दुनिया हमें गर्त में जाता हुआ और इस धरती पर एक बोझ के तौर पर देख रही हो। इसके अलावा जैसा कि हमें अगर अपने दुश्मन के बारे में पता होता है, तो हम उससे लड़ने की तैयारी अच्छे से कर पाते हैं। इसलिए हम अपने दुश्मन

के बारे में सूचनाएं इकट्ठा करते हैं और जानने का प्रयास करते हैं कि वह किन परिस्थितियों में हमारा नुक़सान कर सकता है। यह सब जान-समझ लेने के बाद हम उन परिस्थितियों में जाने से बचते हैं। लेकिन अगर हमें अपने दुश्मन के बारे में पता ही नहीं होता है, तब हम उससे बचाव व उससे लड़ने का कोई इंतज़ाम नहीं कर पाते हैं। इसके फलस्वरूप उस दुश्मन द्वारा हमारा नुक़सान किए जाने की संभावना बढ़ जाती है। ठीक उसी प्रकार से हमें यह समझना चाहिए कि जब हमें अपनी किसी कमज़ोरी के बारे में पता नहीं होता है, या हम अपनी किसी कमज़ोरी को नज़रअंदाज़ करते हैं, तब वह कमज़ोरी ख़त्म नहीं होती है। ऐसे में वह कमज़ोरी एक छुपे हुए दुश्मन की तरह हमारे भीतर ही रह कर हमारा नुक़सान करती रहती है। चूंकि दुश्मन से जीतने का सबसे पहला क़दम दुश्मन को सही से जानना होता है, इसलिए हमें अपनी कमज़ोरियों से पार पाने के लिए भी उन्हें ठीक से जानना चाहिए।

इस संबंध में रामायण के अयोध्याकंड (1/24) में भी कहा गया है कि

*'स्वदोषपरदोषवित्'*

अर्थात् स्वयं की और दूसरों की कमियों को जानना चाहिए।

अपनी कमियों और कमज़ोरियों को जानने के लिए हमें नियमित अंतराल पर दोस्तों और सहकर्मियों से फ़ीडबैक लेते रहना चाहिए। लेकिन इस दौरान हमें यह ध्यान रखना चाहिए कि हमारे दोस्तों और सहकर्मियों के द्वारा दिए जा रहे फ़ीडबैक को हम शिकायत के तौर पर नहीं लेकर सिर्फ़ सुझाव के तौर पर लें और फ़ीडबैक देने के लिए हम उनके प्रति कृतज्ञ भी रहें। जैसा कि इस कहानी में जब कोई लड़की गंगाधर से सोशल मीडिया के माध्यम से जुड़ रही थी या उनसे दो-चार बातें कर ले रही थी, तब उनको लगता था कि वह लड़की उनकी तरफ़ आकर्षित है। वह अपने दिल-दिमाग़ में उन लड़कियों को लेकर ख़ुद ही कहानियां बना लेते थे। अगर उनके सामने खड़ी कोई लड़की किसी अन्य बात पर मुस्करा रही होती थी, तब उन्हें ऐसा लगता था कि वह लड़की उन्हें ही देख कर मुस्करा रही थी, और इसका सीधा मतलब वह यह निकालते थे कि वह लड़की उनसे आकर्षित हो गयी थी। लेकिन बाद में उनके दोस्तों ने उन्हें बताया कि वह सब उनके स्वयं के मन की कल्पना मात्र थी। ख़ास तौर पर जब उन लड़कियों ने गंगाधर को देख कर मुस्कराने और उनसे आकर्षित होने की बात को बिलकुल नकार दिया, तब जाकर गंगाधर को यह अहसास हुआ कि उनके व्यक्तित्व के बारे में ये कुछ ऐसी बातें थीं, जिन्हें वह नहीं जानते थे, लेकिन उन बातों को उनके दोस्त स्पष्ट रूप से देख सकते थे। गंगाधर की इस स्थिति को हम जौहरी विंडो के माध्यम से समझ सकते हैं। दरअसल जौहरी विंडो के चार भागों में से 'भाग ग' में हमारे बारे में कुछ ऐसी भी बातें होती

हैं, जो हम नहीं जानते हैं लेकिन दूसरे लोग उसको स्पष्ट रूप से देख सकते हैं। ऐसी बातें भी होती हैं जिनके बारे में हमें लगता है कि हम उनको स्पष्ट रूप से व्यक्त कर रहे हैं, लेकिन अन्य लोग को उन बातों का मतलब बिलकुल अलग पता चल रहा होता है। दूसरे लोग उन बातों का बिलकुल अलग तरीक़े से व्याख्या कर रहे होते हैं। जौहरी विंडो की कॉन्सेप्ट कहती है कि किसी व्यक्ति के लिए 'भाग ग' जितना छोटा होगा, उतनी कम ग़लतफ़हमी उसको अपने व्यक्तित्व को लेकर होगी। वह व्यक्ति उतना ही यथार्थ के क़रीब होगा। यहां पर हमें यह भी समझना चाहिए कि कोई व्यक्ति जानबूझ कर अपने व्यक्तित्व में कोई खोट नहीं चाहता है। वह नहीं चाहता है कि यह दुनिया उसे एक बुरे व्यक्ति के तौर पर याद रखे। वह स्वयं के व्यक्तित्व को संपूर्ण बनाना चाहता है, और इसके लिए वह अपने तरीक़े से प्रयासरत भी रहता है। फिर भी अगर हमारी नज़र में किसी व्यक्ति के व्यक्तित्व में कोई बड़ी ख़ामी नज़र आ रही हो, जो सामान्यतः किसी व्यक्ति में नहीं होनी चाहिए, तब या तो उसे इस बात का बिलकुल भी पता नहीं होगा कि लोगों की नज़र में उसका व्यक्तित्व कैसा है, या फिर वह अपने व्यक्तित्व के उन ख़ामियों को सही ठहराने के लिए कोई कुतर्क ईज़ाद कर बैठा होगा। इन दोनों ही परिस्थितियों में अगर उसका कोई साथी उसको सही तरीक़े से फ़ीडबैक देने का प्रयास करेगा, तो वह व्यक्ति अवश्य ही अपने व्यक्तित्व को बेहतर बनाने की कोशिश करेगा। इसलिए हमें स्वयं के व्यक्तित्व को बेहतर बनाने के लिए स्वयं की कमियों को नज़रअंदाज़ करने से बचना चाहिए और स्वयं के बारे में दूसरों से फ़ीडबैक ले कर यह समझने का प्रयास करना चाहिए कि आख़िर दूसरे हमारे बारे में क्या जानते हैं और कैसी सोच रखते हैं? इसके अलावा दूसरों के व्यक्तित्व में कोई ख़ामी दिखने पर हमें उन्हें निष्पक्ष फ़ीडबैक दे कर उनके व्यक्तित्व को बेहतर बनाने में उनकी भी मदद करते रहना चाहिए।

# 6

# मौत जब सामने होती है, ज़िंदगी की असली क़ीमत तब समझ में आती है

### *कहानी : विपिन सिंह का अफ़सोस*

**क्या** आपके साथ कभी ऐसा हुआ है, जब आपका किसी व्यक्ति या संस्थान के साथ संबंध ख़त्म होने वाला हो या टूटने वाला हो, तब आपको अपने उस संबंध की क़ीमत का अहसास हुआ हो? कुछ इसी तरह का अहसास मुझे तब हुआ, जब मैं अपनी कक्षा 12वीं की पढ़ाई पूरी करने के बाद विद्यालय से वापस अपने घर आ रहा था। दरअसल, कक्षा 6वीं से 12वीं तक की मेरी पढ़ाई जवाहर नवोदय विद्यालय, प्रयागराज से हुई। नवोदय विद्यालय एक आवासीय विद्यालय होता है, जहां पर पढ़ाई-लिखाई के साथ-साथ छात्र-छात्राओं के सर्वांगीण विकास के लिए सभी संसाधन उपलब्ध होते हैं। किसी छात्र-छात्रा को अगर किसी खेल में रुचि है, तब उसे खेल का मैदान और उसके मार्गदर्शन के लिए कोच मिलता है। नाच-गाने या संगीत के किसी क्षेत्र में रुचि है, तब संगीत के शिक्षक का मार्गदर्शन मिलता है। पढ़ाई में रुचि है, तो विभिन्न विषयों के शिक्षक और पुस्तकालय की सुविधा उपलब्ध रहती है। नवोदय विद्यालय में दाख़िला लेने के बाद छात्र-छात्राओं को अपनी कक्षा 6वीं से कक्षा 12वीं तक की पढ़ाई उसी कैम्पस में रह कर करनी होती है, इसलिए उनके पास अपनी किसी भी कला और कौशल को निखारने का पूरा मौक़ा होने के साथ-साथ पर्याप्त समय भी होता है। चूंकि विद्यालय वह स्थान होता है, जहां हम कुछ सीखते हुए कोई ग़लती भी करते हैं, तब उसको हमारा बचपना मान कर हमें माफ़ कर दिया जाता है। इसलिए किसी व्यक्ति के पूरे जीवनकाल में सीखने के दृष्टिकोण से विद्यालय सबसे उपयुक्त स्थान होता है। चूंकि मैं तो शुरू से ही थोड़ा पढ़ाकू छात्र था, इसलिए मेरा खेल और

संगीत से बहुत नाता नहीं रहा। लेकिन मेरे कुछ ऐसे भी मित्र थे, जिन्हें खेल और संगीत में रुचि थी और उन्होंने अपनी पढ़ाई के साथ-साथ उन क्षेत्रों में भी अच्छा प्रदर्शन किया। इस तरह वहां कक्षा 6वीं में दाख़िला लेने के बाद अगले 7 वर्ष कब गुज़र गए, हमें पता ही नहीं चला। देखते ही देखते हमारी कक्षा 12वीं की पढ़ाई भी पूरी हो गयी। जब हम लोग कक्षा 12वीं की बोर्ड की परीक्षा देने के बाद उस विद्यालय को हमेशा के लिए छोड़ कर वापस अपने-अपने घर आने वाले थे, तब हम सभी लोग बहुत भावुक हो गए थे। हम सभी उस विद्यालय में बिताए अपने 7 वर्षों की यात्रा को याद कर रहे थे। हममें से लगभग सभी को यह अहसास हो रहा था कि वहां पर उन 7 वर्षों में हम जितनी मेहनत कर सकते थे, जितना कुछ सीख सकते थे, विद्यालय में मौजूद विभिन्न संसाधनों का जितना उपयोग कर सकते थे, उतना हम नहीं कर सके थे। विद्यालय के अंतिम दिनों में हम लोग साथ बैठकर यह सोचते थे कि उस विद्यालय से हम और कैसे लाभान्वित हो सकते थे। वहां उपलब्ध संसाधनों की मदद से हम अपने व्यक्तित्व को और कैसे निखार सकते थे। चूंकि विद्यालय के दिनों में मैं तो पूरे समय सिर्फ़ पढ़ाई पर ही ध्यान देता रहा, इसलिए मुझे यह अफ़सोस था कि काश थोड़ा समय निकालकर संगीत का कोई बाजा बजाना सीख लिया होता या कोई खेल खेलना सीख लिया होता। ठीक ऐसे ही मेरे अन्य मित्रों के मन में भी इसी प्रकार का कोई ना कोई अफ़सोस था। कोई सोच रहा था कि काश वो पुस्तकालय का उपयोग कर के ढेर सारी अच्छी किताबें पढ़ लेता, तो कोई सोच रहा था कि काश वो वहां उपलब्ध शिक्षकों के मार्गदर्शन में 12वीं की पढ़ाई अच्छे से कर लेता, आदि। लेकिन हम दोस्तों में से अगर किसी को सबसे ज़्यादा अफ़सोस था, तो वह थे, हमारे मित्र विपिन सिंह। दरअसल, विपिन थोड़े शर्मीले क़िस्म के व्यक्ति थे। हालांकि वह हम सभी दोस्तों के बीच में ही रहते थे, हमारे सभी क्रिया-कलापों में सहभागिता भी करते थे, लेकिन वह किसी से ज़्यादा बातचीत नहीं करते थे। जब हम सभी अपनी पुरानी बातों को याद कर रहे थे और कुछ बेहतर नहीं कर पाने का अफ़सोस ज़ाहिर कर रहे थे, तब हमने विपिन सिंह से भी अपने दिल की कोई बात साझा करने के लिए कहा। शुरू में तो उन्होंने, बिना कुछ बोले ही, सिर्फ़ मुस्कराकर हमारी बात को टाल दिया। लेकिन हम लोगों द्वारा थोड़ी ज़िद करने पर उन्होंने अपने दिल की गहराइयों में से निकाल कर एक बहुत ही मार्मिक बात हमें बताई। विपिन को भी विद्यालय में बिताए अपने 7 वर्षों में वहां उपलब्ध सभी संसाधनों का ठीक से उपयोग नहीं कर पाने का अफ़सोस था। अपना दर्द बयां करते हुए उनका गला और उनकी आंखें भर आईं। इस पर उन्हें सांत्वना देते हुए हमने उन्हें समझाया कि वह तो पढ़ाई में भी हम सभी से बेहतर थे, इसलिए उनको उच्च शिक्षा के लिए किसी अच्छे कॉलेज में दाख़िला अवश्य मिल जाएगा। यह सब समझाने के बाद जब हमने उनका हाथ पकड़ कर उनको थोड़ा हौसला दिया

और उन्हें अपनी बात पूरी करने के लिए कहा, तब उन्होंने अपने मन की गहराइयों से निकाल कर एक हृदयविदारक बात बताई। उन्होंने बताया कि वास्तव में उनकी यह हार्दिक इच्छा थी कि विद्यालय में अन्य विद्यार्थियों की तरह उनकी भी किसी लड़की से मित्रता हो और वह भी लड़कियों से सहजतापूर्वक बात कर सकें। विपिन ने बताया कि हमारे ही कक्षा की अंजलि उन्हें बेहद अच्छी लगती थी। पिछले 7 वर्षों में कक्षा से लेकर खेल के मैदान तक वह उसे हर जगह निहारा करते थे। उनकी इच्छा थी कि वह अंजलि से बस एक बार बात कर सकें। विपिन ने बड़े अफ़सोस के साथ बताया कि जब भी वह अंजलि से बात करने की हिम्मत जुटाते थे, तब उन्हें यह अहसास होता था कि उससे बात करने के लिए अभी उनके पास काफ़ी समय है। इस तरह भविष्य में उचित समय आने पर अंजलि से बात करने की सोच कर विपिन ने उससे बात करने का कभी प्रयास ही नहीं किया। अंजलि से बात करने की उनकी इच्छा बस इच्छा ही रह गई और उनके नवोदय के 7 वर्ष बीत गए। अंततः अब उन्हें अंजलि से कभी बात नहीं कर पाने के अफ़सोस और उसकी यादों को साथ लेकर नवोदय विद्यालय को हमेशा के लिए छोड़ कर वापस अपने घर जाना था। विपिन सिंह की इन बातों को सुन कर हम सभी दोस्त इतने भावुक हो गए थे कि उसके बाद हम लोग किसी दूसरे दोस्त के अफ़सोस के बारे में पूछने की हिम्मत नहीं कर पाए। इस तरह सभी लोग विद्यालय के दिनों के अपने अनकहे अफ़सोस के साथ अपने घर को वापस चले गए।

यहां पर इस कहानी का ज़िक्र इसलिए किया गया है, क्योंकि साइकोलॉजी की एक कॉन्सेप्ट भी इस बारे में बात करती है कि किसी व्यक्ति, वस्तु या घटना की किसी दूसरे व्यक्ति से दूरी किन रूपों में हो सकती है और उस दूरी के कम या ज़्यादा होने से व्यक्ति की सोच पर क्या प्रभाव पड़ेगा। तो आइए इस कॉन्सेप्ट के बारे में विस्तार से बात करते हैं।

## संबंधित कॉन्सेप्ट :

### मनोवैज्ञानिक दूरी की कॉन्सेप्ट (Concept Of Psychological Distance) :

मनोवैज्ञानिक दूरी किसी व्यक्ति की इस विषय पर धारणा होती है कि कोई वस्तु या व्यक्ति उसके कितना क़रीब या दूर है और किसी घटना के घटित होने की कितनी संभावना है और वह वर्तमान से कितने समय बाद घटित हो सकती है। इसलिए मनोवैज्ञानिक दूरी व्यक्तिपरक और स्व केंद्रित होती है। यह हमेशा वर्तमान, यहां और स्वयं से शुरू होती है। किसी व्यक्ति, वस्तु या घटना की किसी दूसरे व्यक्ति से दूरी विभिन्न रूपों से हो सकती है जैसे कि समय, स्थान, सामाजिक या काल्पनिक रूप

से। ये अलग–अलग दूरियां मनोवैज्ञानिक दूरी के विभिन्न आयामों का गठन करती हैं और क्रमशः सामयिक, स्थानिक, सामाजिक और काल्पनिक दूरी कहलाती हैं।

**मनोवैज्ञानिक दूरी के प्रकार :**

**सामयिक दूरी :** सामयिक दूरी उन घटनाओं को संदर्भित करती है, जो वर्तमान समय से दूर होती है। उदाहरण के लिए, यदि कोई व्यक्ति चार महीने बाद होने वाली किसी घटना के बारे में सोचता है, तो वह घटना अगले सप्ताह घटित होने वाली किसी घटना के बारे में सोचने की तुलना में अधिक सामयिक दूरी पर है।

**स्थानिक दूरी :** किसी व्यक्ति और उस स्थान, जहां विचाराधीन घटना हो रही हो, के बीच की भौतिक दूरी को स्थानिक दूरी कहते हैं। कॉन्स्ट्रुअल लेवल थ्योरी के अनुसार, किसी निकट स्थान पर होने वाली घटना को दूर स्थान पर होने वाली घटना की तुलना में अधिक ध्यान से देखा जाता है।

**सामाजिक दूरी :** यह दूरी, दो या दो से अधिक सामाजिक समूहों या व्यक्तियों का एक–दूसरे से जुड़े होने के स्तर को बताती है। यह एक व्यक्ति की भावना होती है, कि वह अपने समूह के अन्य सदस्यों के साथ कैसे संबंध/जुड़ाव रखता है। समूह के सदस्यों में जितनी अधिक समानता होती हैं, उनके बीच की सामाजिक दूरी उतनी ही कम होती है। सामाजिक दूरी तब अधिक होती है, जब किसी समूह के सदस्य की उस समूह के अन्य सदस्यों से कोई समानता नहीं होती है।

**काल्पनिक दूरी :** काल्पनिक दूरी किसी घटना के घटित होने की संभावना को दर्शाती है। एक ऐसी घटना जिसके घटित होने की अत्यधिक संभावना होती है, उसके लिए काल्पनिक दूरी कम होती है और अगर किसी घटना के घटित होने की संभावना कम है, तब ऐसी स्थिति में वह घटना काल्पनिक रूप से बहुत दूर होती है। काल्पनिक दूरी दर्शाती है कि कोई घटना वास्तविकता के कितने क़रीब है। कांस्ट्रुअल लेवल थ्योरी के अनुसार, काल्पनिक रूप से निकट की घटनाओं को निम्न स्तर पर और काल्पनिक रूप से दूर की घटनाओं की उच्च स्तर पर कल्पना की जाती है। काल्पनिक दूरी में आशावाद की भूमिका होती है और यह भविष्य के लिए योजना बनाने में किसी व्यक्ति को प्रभावित कर सकती है।

## मनोवैज्ञानिक दूरी का कॉन्सेप्ट (Concept of Psychological Distance):

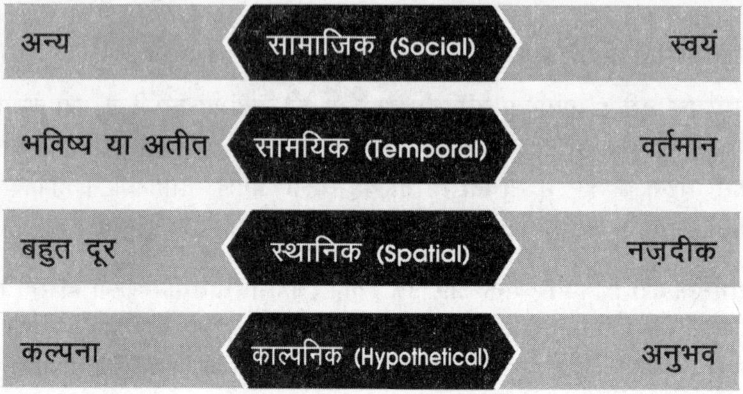


### निहितार्थ :

'विपिन सिंह का अफ़सोस' कहानी के माध्यम से हम साइकोलॉजी के इस कॉन्सेप्ट को आसानी से समझ सकते हैं। उससे पहले हम किसी भी सामान्य मनुष्य के स्वयं के जीवन के प्रति नज़रिए की बात करना चाहेंगे। दरअसल, वैसे तो सभी को अपनी ज़िंदगी से कुछ न कुछ शिकायतें होती हैं, लेकिन उन शिकायतों के होने के बावजूद सभी लोग जीना चाहते हैं। मरना कोई नहीं चाहता है। ऐसा इसलिए होता है, क्योंकि जब तक मरने की नौबत नहीं आ जाए, तब तक हमें अपनी ज़िंदगी का मूल्य नहीं समझ आता है। वस्ताव में हमें अपनी ज़िंदगी की असली क़ीमत तभी समझ में आती है, जब हमारी मौत हमारे सामने खड़ी होती है। आप ख़ुद ही सोचिए कि अगर आपके पास दो विकल्प हों, जिसमें पहला यह हो कि आप मृत्यु को स्वीकार कर लें और आपकी मृत्यु हो जाए, जबकि दूसरा विकल्प यह हो कि आप भले ही कोई अन्य कार्य नहीं कर सकें, लेकिन आप जीवित रह कर अपने लोगों को देख सकें और उनसे बातें कर सकें। इन दोनों विकल्पों में से आप कौन से विकल्प को चुनेंगे? इस बात की ही ज़्यादा संभावना है कि कोई भी व्यक्ति, स्वयं के पास उपलब्ध इन दो विकल्पों में से, दूसरे विकल्प को ही चुनेगा। ऐसा इसलिए क्योंकि मरने की बात सोच कर उसे उसके अपनों से बिछड़ जाने का भय बिलकुल उसके सामने खड़ा प्रतीत होता है। ठीक ऐसा ही अहसास हमें तब भी होता है, जब हम जीते जी ही किसी अपने से बिछड़ रहे होते हैं। जब तक हम किसी व्यक्ति या संस्थान से जुड़े रहते हैं, तब तक भले ही हमें उस व्यक्ति या संस्थान में कोई अच्छाई नहीं दिख रही हो, लेकिन जिस दिन उससे हमारा साथ छूट रहा होता है, जिस दिन हम उससे

बिछड़ रहे होते हैं, उस दिन हमें उस व्यक्ति या संस्थान की अच्छाइयों का अहसास होता है। उसका साथ छूटते समय हमें यह अहसास होता है कि उस व्यक्ति के साथ हम जितना भी समय व्यतीत किए उसमें बहुत ख़ुश रहा जा सकता था और उससे बहुत कुछ सीखा जा सकता था या उस संस्थान के संसाधनों से लाभान्वित हुआ जा सकता था। दरअसल, हम चाहे किसी व्यक्ति के साथ रहें या फिर किसी संस्थान के साथ, जब हमारी ज़िंदगी में सब कुछ सामान्य चल रहा होता है, तब हम यह भूल जाते हैं कि इस दुनिया में कुछ भी शाश्वत नहीं है, बल्कि नश्वर है। हम यह भी भूल जाते हैं कि अगर कुछ स्थायी है तो वह है, बदलाव।

हमें ऐसा लगता है कि उस व्यक्ति या संस्थान के साथ हमारी संबद्धता अनंत समय के लिए है। भले ही हमें पता हो कि उसके साथ हमारी संबद्धता कुछ ही वर्षों या महीनों के लिए है फिर भी वह समय हमें बहुत लंबा प्रतीत होता है। इस वजह से हमारे अंदर उस व्यक्ति या संस्थान से सीखने की और उसके संसाधनों से लाभान्वित होने की ना तो पर्याप्त लालसा होती है और ना ही उसके लिए हमारे मन में शीघ्रता का भाव ही होता है। हम इस भ्रम में रहते हैं कि इन सब बातों पर ध्यान देने, जो भी चीज़ें महत्त्वपूर्ण हैं उन्हें सीखने और संसाधनों से लाभान्वित होने के लिए हमारे पास अभी पर्याप्त समय है। इस तरह हमें पता ही नहीं चलता है और धीरे-धीरे हमारा क़ीमती समय बीत जाता है। दरअसल, हमारे इस छोटे से जीवन में भी कई सारे छोटे-छोटे जीवन होते हैं। चाहे वह विद्यालय का जीवन हो या कॉलेज का जीवन, कुंवारे समय का हो या गृहस्थ समय का जीवन हो। किसी एक संस्थान के साथ जुड़कर नौकरी करने का जीवन या फिर अपना कोई व्यापार शुरू करने का जीवन हो। इन सभी जीवनकालों के संदर्भ में अपनी परिस्थितियों को हम सामयिक दूरी के माध्यम से समझ सकते हैं। सामयिक दूरी, जो कि मनोवैज्ञानिक दूरी का एक प्रकार है, उन घटनाओं को संदर्भित करती है जो वर्तमान समय से दूर होती हैं। साइकोलॉजी के दृष्टिकोण से देखने पर इस सामयिक दूरी की अवधारणा से हमें कई बातें सीखने को मिलती है। सर्वप्रथम हमें यह बात हमेशा याद रखनी चाहिए कि रोज़ाना जो हमारा समय बीत रहा होता है, उसके साथ ही हमारी ज़िंदगी भी बीत रही होती है। हमें ध्यान होना चाहिए कि धीरे-धीरे हमारा समय बीत जाएगा और उसी के साथ हमारे इस बड़े जीवन के वह छोटे-छोटे भाग भी। इसलिए हमें यह सुनिश्चित करना चाहिए कि हम अपने समय को पूरे ऊर्जा और आनंद के साथ जीने का प्रयास कर रहे हों, जिससे कि बाद में हमें कोई पछतावा नहीं हो। इसके लिए यह अत्यंत ज़रूरी है कि हम सामयिक रूप से दूर की परिस्थितियों अर्थात कुछ समय बाद उत्पन्न होने वाली परिस्थितियों का जल्दी अनुमान लगा सकें और उसके आधार पर ही अपने भविष्य की योजनाएं बनाएं। जैसा कि इस कहानी में जब मैंने अपने विद्यालय के दिनों में सिर्फ़ पढ़ाई पर अपना ध्यान केंद्रित कर रखा था, तब

मैं यह भूल गया था कि मैं अपने विद्यालय में उपलब्ध खेल के कोच व संगीत के शिक्षक के मार्गदर्शन में खेल व संगीत के अपने कौशल को भी निखार सकता था। मेरे दोस्त जो अपनी पढ़ाई को लेकर गंभीर नहीं थे, वे यह भूल गए थे कि कक्षा 12वीं की पढ़ाई वे जीवन में दोबारा नहीं कर सकेंगे, उनके मार्कशीट में जो अंक अंकित हो जाएंगे, वे भविष्य में कभी बढ़ाए नहीं जा सकेंगे। वहीं पर हमारे मित्र विपिन सिंह इस बात को नहीं समझ पाए थे कि वह अपने स्वप्नों की रानी अंजलि, जिसका वह पिछले 7 वर्षों से दीदार करते आए थे, उसके समक्ष अपने प्यार का इज़हार करने के लिए आदर्श समय और परिस्थिति का इंतज़ार करते रहेंगे तो उनके विद्यालय के दिन बीत जाएंगे और उनकी प्रेम कहानी की शुरुआत होने से पहले ही उसका दुःखद अंत हो जाएगा। इन बातों से हमें यह समझ आता है कि अगर हम सभी दोस्त समय रहते ही इस सच को क़रीब से अहसास कर पाए होते कि कक्षा 12वीं की परीक्षा देने के बाद नवोदय विद्यालय से सभी की विदाई हो जाएगी, तो हम अपनी जिन ग़लतियों को करने की वजह से अफ़सोस कर रहे थे, उन्हें हम शायद कभी नहीं करते और हमें इस प्रकार से अफ़सोस नहीं होता। समय रहते अपने जिन कार्यों को पूरा नहीं कर पाने के कारण, बाद में हमलोग पश्चाताप कर रहे थे, शायद उन पश्चातापों से हम बच पाए होते। इसलिए कोई निर्णय लेने से पहले हमें उस निर्णय के बाद उपजने वाली परिस्थिति के बारे में सोचना चाहिए। हालांकि हमारे वर्तमान समय में लिए जा रहे निर्णयों से भविष्य में उपजने वाली परिस्थितियां वर्तमान से काफ़ी ज़्यादा सामयिक दूरी पर होती हैं, लेकिन हम सामयिक रूप से दूर की परिस्थितियों की कल्पना करने की कला अपने अंदर विकसित करके अपने लिए सही निर्णय ले सकते हैं।

# 7

# मुरव्वत में किसी की बात ना मानें

### *कहानी : ज़िंदाबाद यूनिवर्सिटी के छात्रनेता बबलू सिंह 'बॉक्सर'*

यह कहानी पश्चिम का हॉर्वर्ड कहे जाने वाली ज़िंदाबाद यूनिवर्सिटी की है। पश्चिमांचल क्षेत्र के युवाओं को अपने सपनों को साकार करने के लिए यह यूनिवर्सिटी सबसे सुगम और मनपसंद संस्थान हुआ करती थी। आईएएस बनने का ख़्वाब देखने वाले युवाओं से लेकर विधायक-सांसद बनने के सपने देखने वाले युवा तक, सभी अपनी लॉन्चिंग के लिए इस यूनिवर्सिटी को सबसे उपयुक्त स्थान मानते थे। इन्हीं युवाओं में से एक था बबलू सिंह। बबलू पश्चिमांचल क्षेत्र का ही रहने वाला भी था। बबलू की कक्षा 12वीं तक कि पढ़ाई गवर्न्मेंट इंटर कॉलेज से हुई, जहां पढ़ाई की फ़ीस बहुत कम थी। फ़ीस कम होने के कारण बबलू को 12वीं तक की पढ़ाई पूरी करने में कोई ख़ास समस्या नहीं हुई। लेकिन चूंकि उसके पिता किसान थे और उनके ऊपर ही पूरे परिवार के पालन-पोषण की ज़िम्मेदारी थी, इस कारण बबलू को 12वीं के बाद की पढ़ाई के लिए घर से आर्थिक मदद मिल पाने की संभावना बहुत कम थी। लेकिन बबलू को बचपन से ही आईएएस बनने का सपना था, और वह अपने सपने को साकार करने के लिए ज़िंदाबाद यूनिवर्सिटी में दाख़िला लेना चाहता था। इसलिए उसने अपने पिता को बिना बताए ही ज़िंदाबाद यूनिवर्सिटी के दाख़िले का फ़ॉर्म भी भर दिया और प्रवेश परीक्षा भी दे आया। उस परीक्षा का जब परिणाम आया, तब बबलू का नाम मेरिट लिस्ट के शीर्ष 10 लोगों में शामिल था। परिणाम आने के बाद उसने जब अपने पिता से प्रवेश परीक्षा में उत्तीर्ण होने की बात बताई, तब उसके पिता ख़ुश तो हुए, लेकिन इसके साथ ही एक निराशा भी उनके मन को घर कर गयी। उन्हें इस बात की ख़ुशी तो थी कि

जिस ज़िंदाबाद यूनिवर्सिटी की प्रवेश परीक्षा में अन्य समृद्ध घरों के बच्चे सफल नहीं हो पाते थे, उसमें उनके बेटे का 10वां स्थान था। लेकिन चूंकि उनको आशा थी कि 12वीं की परीक्षा पास करने के बाद बबलू नौकरी करने बाहर जाएगा जिससे उसकी बड़ी बहनों की शादी के लिए कुछ पैसे इकट्ठा किए जा सकेंगे। इसलिए बबलू के नौकरी करने की बजाए आगे की पढ़ाई करने की बात को सोच कर, उसके पिता थोड़े निराश भी थे। इस मिले-जुले भाव के साथ बबलू के पिता ने उसे स्नातक में दाख़िला लेने के लिए इजाज़त तो दे दी, लेकिन उन्होंने बबलू की पढ़ाई में किसी भी तरह की आर्थिक मदद करने में असमर्थता ज़ाहिर कर दी। चूंकि बबलू बहुत ही जुझारू और किसी भी परिस्थिति में हार नहीं मानने वाला लड़का था, इसलिए वह अपने पिता से इजाज़त मिलने के बाद एक बैग में अपना सामान ले कर दाख़िला वाले दिन से 1 दिन पहले ही ज़िंदाबाद यूनिवर्सिटी पहुंच गया। यूनिवर्सिटी कैम्पस के अंदर पहुंच कर बबलू ने अपनी परिस्थिति व मजबूरी के बारे में वहां 'लल्लन चाय वाले' से विस्तार से बताया। चूंकि 'लल्लन चाय वाले' की दुकान उस यूनिवर्सिटी कैम्पस के अंदर ही थी इसलिए वह वहां पढ़ाई-लिखाई करने वाले से लेकर उद्दंडता करने वाले सभी लड़कों को अच्छे से जानता-पहचानता था और उनसे मित्रता भी थी। इसलिए बबलू की बात सुनने के बाद उन्होंने उसे यूनिवर्सिटी के ही एक छात्र नेता सुमित सिंह उर्फ़ 'साजन' से मिलने को कहा। थोड़ी देर में सौभाग्य से सुमित उर्फ़ साजन भी लल्लन के यहां चाय पीने चले आए। इसके बाद जब लल्लन ने बबलू का परिचय सुमित सिंह से कराया तब उसने अपनी मजबूरी सुमित सिंह से बताई। बबलू की बातें सुनने के बाद सुमित सिंह ने उसे मदद करने का आश्वासन दिया। सुमित ने बबलू से कहा कि वह ज़िंदाबाद यूनिवर्सिटी के हॉलैंड हॉल हॉस्टल में आजीवन रह सकता है और उसके स्नातक की पढ़ाई की फ़ीस की भी व्यवस्था वह कर देंगे। सुमित सिंह उर्फ़ साजन की यह बात सुन कर बबलू सिंह को ऐसा लग रहा था कि अब उसे आईएएस बनने से कोई नहीं रोक सकता था। इस तरह बबलू का नया ठिकाना अब ज़िंदाबाद यूनिवर्सिटी का हालैंड हॉल हॉस्टल हो चुका था। चूंकि सुमित सिंह के पास पढ़ाई के अलावा अन्य बहुत ढेर सारी ज़िम्मेदारियां थीं, इसलिए वह बबलू को भी अपने उन कार्यों में हाथ बंटाने के लिए कभी-कभी बोल देते थे। चूंकि सुमित की ही मदद से बबलू के हॉस्टल में रहने और पढ़ाई की फ़ीस की व्यवस्था हो पायी थी, इसलिए बबलू उनके कहे किसी काम को करने से कभी मना नहीं कर पाता था। सुमित सिंह समय बीतने के साथ ही बबलू की सेवा अपने ढेर सारे कार्यों में लेने लगे थे। जैसे कि, कहीं से रंगदारी की रक़म लानी होती थी, तो वह, बबलू व 1-2 अन्य लड़कों को भेज देते थे। फ़ोन कर के किसी को धमकाने और गुंडा टैक्स के पैसों की डिमांड करने के लिए सिम कार्ड भी बबलू और इनके जैसे अन्य लड़कों के नाम पर ही ख़रीदा जाता था।

यूनिवर्सिटी के छात्रसंघ चुनाव के समय बबलू की व्यस्तता और भी अधिक हो जाती थी। यूनिवर्सिटी में सुमित सिंह के विरोधी गुट के पोस्टर फाड़ने से लेकर धरना-प्रदर्शन करने तक के सभी कार्यों में बबलू की उपस्थिति अनिवार्य रूप से रहती थी। इस तरह अब बबलू सिंह भी एक छोटा-मोटा छात्र नेता बन चुका था। उसके बढ़ते रसूख़ व प्रभाव की वजह से लोग उसको बबलू सिंह 'बॉक्सर' नाम से बुलाने लगे थे। अब उसकी आर्थिक स्थिति भी सुधर गयी थी और उसके पास रुपये-पैसे की भी कोई कमी नहीं थी। चूंकि वह आईएएस की कोचिंग चलाने वाले तमाम लोगों से भी गुंडा टैक्स की वसूली किया करता था, इसलिए वे सब भी उसको ठीक से जानने लगे थे। अब बबलू सिंह के पास अच्छा अवसर था कि वह अपने पुराने ठिकाने हालैंड हॉल हॉस्टल को छोड़ कर किसी दूसरी जगह रहे, और छात्र राजनीति व गुंडा टैक्स वसूली से दूर होकर आईएएस की तैयारी करे। लेकिन उसके मन में इस तरह का ख़याल बहुत कम ही आता था, क्योंकि वह ज़िंदाबाद यूनिवर्सिटी के छात्रों से मिलने वाली झूठी वाह-वाही और शहर के छोटे-मोटे व्यापारियों के बीच अपने रसूख़ और प्रभाव से मिलने वाली संतुष्टि का त्याग नहीं करना चाहता था। हालांकि उसको जब कभी अपने जीवन की दिशा को बदलने का ख़याल आता भी था, तब उसके मन में एक भय प्रवेश कर जाता था। उसको यह भय था कि चूंकि उसे सुमित सिंह साजन की संदिग्ध गतिविधियों के बारे में सब कुछ पता था, इसलिए अब अगर वह सुमित से अलग होने का प्रयास करता तो सुमित उसका बहुत नुक़सान कर देता। शुरू में तो बबलू को लगता था कि उसके ऊपर सुमित का अहसान है, इसलिए उसने सुमित के कहने पर मुरव्वत में उसके लिए सारे ग़लत काम अपना कर्तव्य समझ कर किया। लेकिन बाद में समय बीतने के साथ, सुमित के लिए वह सब करते रहना उसकी मजबूरी हो चुकी थी। इस तरह मुरव्वत में सुमित सिंह के लिए ग़लत काम करने की वजह से बबलू सिंह 'भावीी आईएएस' से बबलू सिंह 'बॉक्सर' बन चुका था। एक बार जब उसे बहुत आत्मग्लानि हुई, तब वह यूनिवर्सिटी में ही अपना सामान छोड़ कर वापस घर चला गया। काफ़ी दिन बीत जाने के बाद जब उसका कोई अता-पता नहीं चला, तब सुमित सिंह 'साजन' ने उसको फ़ोन कर अगले ही दिन यूनिवर्सिटी आने का फ़रमान सुना दिया। इस पर उसने उदास और भावुक हो कर अपने सारे क्रिया-कलापों के बारे में अपने पिता को बताया। जब उसके पिता ने उससे पूछा कि वह सुमित सिंह के लिए जिन कार्यों को करने जा रहा था, वे ग़लत कार्य थे तो फिर वह सुमित की बात क्यों मान रहा था? इस पर बबलू का सिर्फ़ एक ही जवाब था : 'मुरव्वत में'। इसके बाद जब उसके पिता ने पूछा कि तो फिर वह अब उदास क्यों है और रो क्यों रहा है? तब उसका दूसरा जवाब था : 'सुमित सिंह ने फिर से बुलाया है'। इस तरह बबलू द्वारा सुमित सिंह की ग़लत बातों को मुरव्वत में मानने के कारण बाद में पछताना और रोना पड़ा।

यहां इस कहानी का ज़िक्र इसलिए किया गया है, क्योंकि साइकोलॉजी के क्रिटिकल थिंकिंग से संबंधित थ्योरी भी व्यक्ति द्वारा बिना मुरव्वत किए और साथ ही साथ बिना आक्रामक प्रतीत हुए, अपनी बातों को आत्मविश्वास के साथ रखने के बारे में बात करती है। तो आइए इस थ्योरी के बारे में विस्तार से बात करते हैं।

## संबंधित थ्योरी :

### असर्टिवनेस थ्योरी (Assertiveness Theory) :

असर्टिवनेस अर्थात मुखरता किसी व्यक्ति द्वारा बिना आक्रामक प्रतीत हुए, आत्म-आश्वासन और आत्म-विश्वास को व्यक्त करने का गुण होता है। मुखरता का गुण, क्रिटिकल थिंकिंग का एक तरीक़ा है, जिसके द्वारा कोई व्यक्ति अपने विचारों के बचाव में या किसी ग़लत बात या कार्य के विरोध में अपनी आवाज़ उठाता है। मुखर बातचीत में स्वयं और दूसरों की सीमाओं का सम्मान किया जाता है। बातचीत की इस प्रक्रिया के दौरान सहयोग के माध्यम से एक-दूसरे की ज़रूरतों और चाहतों की पूर्ति का भी प्रयास किया जाता है। मुखर बातचीत का तरीक़ा, एक मध्य मार्ग जैसा व्यवहार होता है, जो अप्रभावी निष्क्रिय और आक्रामक प्रतिक्रियाओं के मध्य से गुज़रता है। इस तरह की बातचीत, बिना आक्रामकता दिखाए अपनी भावनाओं को स्पष्ट रूप से व्यक्त करने पर बल देती है।

## निहितार्थ :

इस असर्टिवनेस थ्योरी (Assertiveness Theory) को हम 'ज़िंदाबाद यूनिवर्सिटी के छात्रनेता बबलू सिंह बॉक्सर' कहानी के माध्यम से आसानी से समझ सकते हैं। लेकिन उसके बारे में बात करने से पहले हमें यह समझना होगा कि अगर कोई व्यक्ति हमें किसी ग़लत कार्य करने को कहे, तब हमें उस व्यक्ति को ख़ुश और उपकृत (Oblidge) करने की चाहत में, उस ग़लत कार्य को करने से परहेज़ करना चाहिए। ऐसा इसलिए, क्योंकि उस व्यक्ति के लिए ऐसा (ग़लत कार्य) हमें सिर्फ़ एक बार नहीं करना होगा, बल्कि भविष्य में भी वह व्यक्ति हमसे ऐसे ही व्यवहार की अपेक्षा करेगा। हमें अपने जीवन में प्रयास करना चाहिए कि हम किसी भी ग़लत कार्य को करके अपने हाथ गंदे नहीं करें। कई बार ऐसा भी होता है कि हमें समझ आ रहा होता है कि सामने वाला व्यक्ति हमसे ग़लत कार्य करने के लिए कह रहा है। लेकिन जब हम उस कार्य को करने से मना करने के बारे में विचार करते हैं, तब सामने वाले व्यक्ति को बुरा लगने के विषय में सोच कर हम असहज हो जाते

हैं। इस तरह दूसरों के कहे को मना नहीं कर पाने की अपनी आदत के कारण हम उनके ग़लत व्यवहार को नज़रअंदाज़ कर, उनका कहा मान लेते हैं।

जैसा कि चाणक्य नीति (7/12) में कहा गया है कि

*'नाऽयन्तं सरलैर्भाव्यं गत्वा पश्य वनस्थलीम् छिद्यन्ते सरलास्तत्र कुब्जास्तिष्ठन्ति पादपाः'*

अर्थात् बहुत सरल मत बनो। एक जंगल में जाओ और देखो : वहां सीधे पेड़ काटे जाते हैं और पेड़, जो मुड़े हुए हैं, मौजूद हैं।

इसलिए हमें भी अपने जीवन में सभी लोगों को हमेशा ही खुश रखने का प्रयास नहीं करना चाहिए और लोगों द्वारा कही गयी ग़लत बातों को स्वीकार करने से बचना चाहिए। चूंकि प्रत्येक मनुष्य स्वयं के फ़ायदे के बारे में सोचता है, इसलिए हमें भी थोड़ा स्वार्थी बनना चाहिए और किसी भी ऐसे कार्य, जिससे कि हमारा वर्तमान या भविष्य में नुक़सान हो सकता हो, को करने से परहेज़ करना चाहिए। जब सामने वाला व्यक्ति कोई ग़ैरन्यायसंगत बात कहता है तब हमें पता चल ही जाता है। दरअसल उसकी बात का ग़ैरन्यायसंगत होना सिर्फ़ हमें ही नहीं बल्कि उस व्यक्ति को भी पता होता है। इसलिए किसी भी तरह से हम पर अपनी बात थोपने के लिए उसने भी पूरी तैयारी कर रखी होती है। अगर हम उसके द्वारा कही जा रही बात को मानने से इनकार करने में जरा भी झिझक दिखाते हैं, तब वह हमारे ऊपर दबाव बना कर अपनी उस बात को मनवा लेने का प्रयास करने लगता है। इसके बाद हम संकोचवश उसके कहे का विरोध नहीं कर पाते हैं और स्वयं की झिझक की वजह से हम उसके दबाव में आ कर, उसकी बात मान लेते हैं।

इस संबंध में चाणक्य नीति (7/3) में कहा गया है कि

*'धनधन्य प्रयोगेषु विद्याया: सङ्ग्हेषु च।*
*आहारे व्यवहारे च त्यक्तलज्ज: सुखी भवेत्'*

अर्थात् संपत्ति के क्रय-विक्रय में लगे हुए, ज्ञान प्राप्त करते हुए, भोजन करते हुए और दूसरों के प्रति व्यवहार करते हुए, वह प्रसन्न रहता है, जो झिझकता नहीं है।

इसलिए हमें अपने जीवन में झिझकने और संकोच करने से बचना चाहिए। हमें दूसरों की किसी भी ऐसी बात, जिससे हमारा नुक़सान हो सकता हो, को ना तो स्वीकार करना चाहिए और ना ही नज़रअंदाज़ करना चाहिए। ऐसा इसलिए, क्योंकि जिस भी बात को हम नज़रअंदाज़ करते हैं, उस बात में हमारी स्वीकृति मान ली

जाती है, और जिसकी हम स्वीकृति देते हैं, उसकी पुनरावृति भी अवश्य होती है। यह अक्सर होता है कि शक्तिशाली लोग स्वयं ग़लत कार्यों में संलिप्त तो होते हैं, लेकिन वे स्वयं की छवि बेदाग़ बनाए रखने का प्रयास करते हैं। वे कोशिश करते हैं कि उनका नाम किसी ग़लत कार्य में प्रत्यक्ष रूप से नहीं आए। कुछ तो ऐसे भी ग़लत कार्य होते हैं, जिसमें, वे यह चाहते हैं कि उनके संलिप्त होने की शंका तो लोगों को हो, लेकिन उनके संलिप्तता का कोई साक्ष्य किसी के पास नहीं हो। उस शक्तिशाली व्यक्ति के उन कार्यों को, जिन्हें वह स्वयं नहीं करना चाहता, कोई दूसरा व्यक्ति अंजाम देता है। यह व्यक्ति उस शक्तिशाली व्यक्ति का भरोसेमंद होता है, और वह उसको प्रसन्न और उपकृत करने के लिए उसकी संलिप्तता को छिपाता है और ग़लत काम करता है। कुछ तो ऐसी भी गतिविधियां होती हैं, जिन्हें, वे शक्तिशाली लोग स्वयं ही करना चाहते हैं, जिससे कि उन कार्यों से उन्हें आनंद और संतुष्टि की प्राप्ति हो सके। लेकिन वे कभी यह नहीं चाहते हैं कि उन गतिविधियों में उनकी संलिप्तता जगज़ाहिर हो। इसलिए वे स्वयं द्वारा किए जाने वाले उन ग़लत कार्यों और गतिविधियों से अपनी संलिप्तता को छिपाने के लिए अपने किसी भरोसेमंद व्यक्ति का इस्तेमाल करते हैं। वे यह सुनिश्चित करते हैं कि ज़रूरत पड़ने पर वह व्यक्ति उनके द्वारा किए गए ग़लत कार्यों की ज़िम्मेदारी लेने को भी तैयार रहे। इससे हम यह समझ सकते हैं कि शक्तिशाली लोग कई ग़लत कार्य स्वयं भी करते हैं, और स्वयं के लिए दूसरों से भी करवाते हैं, लेकिन वह हमेशा यह सुनिश्चित करते हैं कि उन कार्यों में उनकी संलिप्तता नहीं दिखे। इसके लिए वे अपने कुछ ऐसे वफ़ादार और भरोसेमंद लोगों का सहारा लेते हैं, जिन्हें इस बात की ग़लतफ़हमी रहती है कि वह शक्तिशाली व्यक्ति ही उनका परमेश्वर है और उनका जन्म सिर्फ़ उस व्यक्ति की सेवा करने के लिए हुआ है। उन वफ़ादार लोगों के मन में यह ग़लतफ़हमी इसलिए रहती है, क्योंकि उनके लिए स्वयं के जीवन की कोई क़ीमत नहीं होती है। उन्हें यह भ्रम होता है कि उस शक्तिशाली व्यक्ति की छत्र-छाया के बिना वे कुछ नहीं कर सकते हैं।

दरअसल जीवन के शुरुआत में तो उन्हें अपने भविष्य को लेकर असुरक्षा का भाव रहता है, इसलिए वे अपनी महत्त्वाकांक्षाओं को पूरा करने के लिए उस शक्तिशाली व्यक्ति का सहारा और मदद लेते हैं। लेकिन समय बीतने के साथ जब उनके पास पर्याप्त संसाधन हो जाते हैं और स्थिति उनके नियंत्रण में आ जाती है, तब वे अपने कम्फ़र्ट ज़ोन से बाहर निकलना ही नहीं चाहते हैं। समय बीतने के साथ, उनमें स्वयं के बल पर भी कुछ अच्छा कर पाने की हिम्मत तो आ जाती है, परंतु तब एक दूसरा भय उनके अंदर प्रवेश कर गया होता है। तब उनको उस शक्तिशाली व्यक्ति से उनके अलग होने पर उसके नाराज़ हो जाने का भय सताने लगता है। उन्हें इस बात का डर होता है कि अगर वह व्यक्ति नाराज़ हो गया तो वह

उनका बहुत नुक़सान कर देगा। इस कशमकश की स्थिति से वे कभी भी बाहर नहीं निकल पाते हैं, और उस शक्तिशाली व्यक्ति के लिए सारे ग़लत कार्य करते रहते हैं। वह उन ग़लत कार्यों को करने के चलते किसी दिन जब क़ानून के हाथों पकड़े जाते हैं, तब उन्हें पछतावा होता है। इसलिए हमें यह याद रखना चाहिए कि हमारा इस दुनिया में आने का भी कोई उद्देश्य है। उस उद्देश्य को पूरा करने के लिए हमें जिस ज्ञान और जिन संसाधनों की ज़रूरत है, वो या तो हमारे पास हैं या फिर उन्हें जुटाने की क़ाबिलियत हमारे अंदर है। हमारा अपने जीवन में अगर कोई उत्तरदायित्व है, तो वह हमारे अपने सपनों को पूरा करने का है। हम किसी को अपना गॉडफ़ादर या मार्गदर्शक तो मान सकते हैं, उसके प्रति वफ़ादार भी रह सकते हैं, लेकिन हमें ऐसा नहीं करना चाहिए कि उस वफ़ादारी को निभाते हुए हम अपने आपको ऐसे दलदल में फंसा लें जिसमें से निकल पाना हमारे लिए असंभव हो जाए। कोई हमारा कितना भी अपना क्यों ना हो, हमें उसके द्वारा कहे गए किसी भी ग़लत कार्य को नहीं करना चाहिए, और जागरूक व दृढ़ रहते हुए सम्मानपूर्वक उस कार्य को करने से मना कर देना चाहिए। और रही बात उस शक्तिशाली व्यक्ति से अलग होने पर उसके द्वारा हमारा नुक़सान किए जाने के भय की बात, तो हमें यह याद रखना चाहिए कि इस दुनिया में सब कुछ प्रारब्ध के अनुसार ही होता है, और इस पृथ्वी पर हर व्यक्ति अपना नसीब स्वयं ले कर आता है। वैसे भी, अगर हमें यह भय है कि किसी एक व्यक्ति के नाराज़ हो जाने से और उसके चाह लेने से हमारा सर्वनाश हो सकता है, तो फिर हमारे जीने का कोई मतलब नहीं है। इसलिए हमें जागरूक व दृढ़ रहते हुए निर्भीकतापूर्वक अपने जीवन को जीना चाहिए। जैसा कि इस कहानी में बबलू सिंह ने शुरू में सुमित सिंह के कहने उसके लिए ढेर सारे ग़लत कार्य किए। शुरुआत में बबलू को लगा कि सुमित ने उसकी फ़ीस व उसके हॉस्टल में ठहरने में मदद की है, इसलिए उसका कर्तव्य बनता है कि वह सुमित के लिए भी कुछ करे। इस तरह बबलू ने शुरू में सुमित के लिए सभी ग़लत कार्य सिर्फ़ 'मुरव्वत' में ही किए। असर्टिवनेस थ्योरी कहती है कि व्यक्ति को अपने जीवन में मुखर रहना चाहिए और स्वयं पर होने वाले किसी भी तरह के अन्याय का बिना मुरव्वत के विरोध करना चाहिए। लेकिन शुरू में बबलू को यह बात समझ नहीं आयी और वह सुमित की कही हर बात को मानता चला गया। बाद में जब उसने अपनी जीवन यात्रा को मुड़ कर देखा तो उसे अहसास हुआ कि ग़लत रास्ते तो वास्तव में 'वन वे' की तरह होते हैं, जिन पर एक बार आगे बढ़ जाने के बाद व्यक्ति वापस नहीं आ सकता है। हालांकि ऐसा भी नहीं है कि बाद में बबलू सिंह को हमेशा इस बात का ध्यान रहता ही था कि वह ग़लत रास्ते पर है और उसे अपना रास्ता बदलना चाहिए। दरअसल एक बार जब व्यक्ति अपने कम्फ़र्ट ज़ोन में पहुंच जाता है, तब वह उसमें से निकलना ही नहीं चाहता है। उसी तरह इस कहानी में भी बबलू सिंह ज़िंदाबाद यूनिवर्सिटी के

छात्रों से मिलने वाली झूठी वाह-वाही और शहर के छोटे-मोटे व्यापारियों के बीच अपने प्रभाव से मिलने वाली संतुष्टि का त्याग नहीं करना चाहता था, क्योंकि वह अपने बने-बनाए कम्फ़र्ट ज़ोन से बाहर नहीं निकलना चाहता था। जब कभी उसे आत्मग्लानि होती थी और वह अपना रास्ता बदलना चाहता था, तब उसके मन में यह भय प्रवेश कर जाता था कि उसे सुमित सिंह 'साजन' की संदिग्ध गतिविधियों के बारे में सब कुछ पता था, इसलिए अब अगर वह उनसे अलग होने का प्रयास करता तो सुमित उसका बहुत नुक़सान कर देता। इस तरह बबलू सिंह अपने जीवन में मुखर नहीं होने के कारण मुरव्वत में सुमित सिंह के ग़लत कार्य करने के लिए कहे जाने पर उसका विरोध नहीं कर पाया और ग़लत रास्ते पर ही बढ़ता चला गया। इसलिए हमें यह बात ध्यान रखनी चाहिए कि हम मुरव्वत में किसी की ग़लत बात को स्वीकार कर के स्वयं को किसी ऐसे दलदल में ना फंसा लें, जिसमें से बाहर निकल पाना ही संभव नहीं हो।

# 8

# अपनी पात्रता और क़ाबिलियत में संतुलन बनाए रखें!

## *कहानी : तेज़ू खान का अफ़सोस*

इस संसार में कई ऐसे लोग होते हैं जिनकी सामान्य समझ और दिमाग़ तो तेज़ होता है, लेकिन वे किसी बड़े ओहदे और मुक़ाम पर नहीं पहुंच पाते हैं। वे स्वयं से कम क़ाबिलियत वाले लोगों की तुलना में पीछे रह जाते हैं। उन्हें उनकी क़ाबिलियत के अनुसार सफलता नहीं मिल पाती है। उनके अंदर क़ाबिलियत तो पर्याप्त होती है, लेकिन वे समय रहते सही दिशा में मेहनत कर के ज़रूरी पात्रता नहीं अर्जित कर पाते हैं। इस कारण उन्हें स्वयं से कम क़ाबिलियत वाले लोगों के नीचे काम करना पड़ता है। उन्हें हमेशा यह महसूस होता है कि वे पद में अपने वरिष्ठ लोगों की जगह पर कार्यरत होते तो वे उनसे बेहतर कार्य करते। कुछ ऐसा ही भाव हमेशा तेज़ू खान के मन में रहता था। दरअसल, तेज़ू खान का दिमाग़ काफ़ी तेज़ था। वह चीज़ों को बहुत जल्दी समझ लेता था और किसी भी कौशल को तुरंत विकसित कर लेता था। किसी की चाहे कोई भी समस्या हो, उसके समाधान के लिए सभी लोग तेज़ू से एक बार सलाह ज़रूर लेते थे। यहां तक कि कई बड़े-बड़े अधिकारी भी यह मानते थे कि तेज़ू की समझ सामान्य लोगों से बेहतर थी। लेकिन इतनी अच्छी समझ और तेज़ दिमाग़ होने के बावजूद, तेज़ू सिर्फ़ बड़े लोगों को सलाह ही दे पाया, वह ख़ुद कभी बड़ा आदमी नहीं बन पाया। इस बात के चलते तेज़ू के मन में भी बहुत कुंठा रहती थी। कुंठा तो उन बड़े लोगों के मन में भी रहती थी, जो समय-समय पर सलाह लेने के लिए तेज़ू खान की ओर रुख़ किया करते थे। दरअसल, मामला यह था कि तेज़ू शुरू से ही बहुत तेज़ दिमाग़ का था। वह लोगों से ख़ूब ज्ञान की बातें पूछता था और ख़ुद भी अध्ययन किया करता था। लेकिन

उसका यह अध्ययन कभी भी उसके स्वयं की पढ़ाई-लिखाई के विषयों से संबंधित नहीं होता था, क्योंकि उसको अपनी कक्षा की पढ़ाई में कोई रुचि ही नहीं रहती थी। वह अपना अलग ही कुछ न कुछ पढ़ता रहता था। यहां तक कि जब उसकी कक्षा 10वीं और 12वीं की बोर्ड की परीक्षा चल रही थी, तब भी वह अपनी परीक्षा से संबंधित कुछ नहीं पढ़ कर, अंतरिक्ष और ज्योतिषी से संबंधित पुस्तकें पढ़ रहा था। इसके फलस्वरूप दोनों ही परीक्षाओं में तेज़ू के अंक 50% से कम ही रहे। समय बीता, बात आगे बढ़ी और स्नातक की पढ़ाई के लिए उसका दाख़िला एक यूनिवर्सिटी में हुआ। स्नातक की पढ़ाई के समय भी तेज़ू का यही हाल रहा। उस समय भी तेज़ू अपने स्नातक का पूरा पाठ्यक्रम नहीं पढ़ कर, कुछ चुनिंदा बिंदुओं पर ही शोध करने लगा था। इसके परिणाम स्वरूप, स्नातक की परीक्षा में उसको 40% अंक मिले। इसके बाद तो तेज़ू ने किसी संस्थान में दाख़िला ही नहीं लिया। हालांकि उसके तेज़ दिमाग़ और जुझारूपन व्यक्तित्व के चलते उसको किसी ना किसी व्यक्ति या संस्थान के साथ में संविदा पर काम करने का अवसर और ज़रूरत भर का पैसा तो मिल ही जाता था। शुरू में चूंकि तेज़ू की ख़ुद की ज़रूरतें बहुत कम थीं और बड़े-बड़े लोगों व संस्थानों के साथ काम करके उसको पर्याप्त आत्मसंतुष्टि व ख़ुशी भी मिल ही जाती थी, इसलिए उस समय उसको कोई असहजता नहीं हुई। समस्या तब होनी शुरू हुई, जब तेज़ू के ही साथ के पढ़े लोग, जिनको तेज़ू विद्यालय के दिनों में पढ़ाया भी करता था, किसी सरकारी विभाग में अधिकारी या किसी संस्थान में शिक्षक बनने लगे। बात तब की है, जब तेज़ू एक शिक्षण संस्थान में संविदा कर्मचारी के तौर पर कार्य कर रहा था। चूंकि तेज़ू उस शिक्षण संस्थान के प्राचार्य के साथ पिछले कई वर्षों से संपर्क में था, इसलिए प्राचार्य महोदय को तेज़ू की क़ाबिलियत के बारे में पता था। तेज़ू की क़ाबिलियत का उपयोग करने के लिए प्राचार्य महोदय ने उसको अपने संस्थान में संविदा कर्मचारी के तौर पर रख लिया था। वहां तेज़ू ने एक रिसर्च प्रोजेक्ट के सदस्य के रूप में अपनी नौकरी की शुरुआत की। धीरे-धीरे समय बीतने के साथ तेज़ू को उस संस्थान के कई रिसर्च प्रोजेक्ट में कार्य करने का अनुभव प्राप्त हो चुका था। कुछ वर्ष उस संस्थान में काम करने के बाद एक नए रिसर्च प्रोजेक्ट के लिए पुनः टीम बनायी गयी। उस टीम में तेज़ू को फिर से सदस्य के तौर पर रखा गया। जबकि तेज़ू के ही एक पुराने मित्र, जो उसी संस्थान में हाल ही में सहायक प्राध्यापक के तौर पर जुड़े थे, उनको उस प्रोजेक्ट टीम का लीडर बनाया गया। तेज़ू अपने मित्र को लीडर बनता देख कर मन ही मन सोचता कि कैसे-कैसे लोगों को इतनी अच्छी नौकरी और इतनी बड़ी ज़िम्मेदारी मिल जाती है? फिर तेज़ू यह सोच कर ख़ुद को तसल्ली देता कि वह ख़ुद इतना क़ाबिल व्यक्ति है कि संस्थानों को उसकी ज़रूरत है, ना कि उसको किसी संस्थान की। ऐसे ही समय बीतता रहा। शुरू में तो तेज़ू को लगा कि अगले किसी प्रोजेक्ट

में उसको भी टीम लीडर बनाया जाएगा। लेकिन जब सभी टीम में उसको सदस्य के रूप में ही रखा जाने लगा, तब तेज़ू ने संस्थान के प्राचार्य के समक्ष अपना विरोध दर्ज कराया। अपना पक्ष रखते हुए तेज़ू ने प्राचार्य महोदय से कहा कि वह टीम के बाक़ी सभी सदस्यों से ज़्यादा समझ भी रखता है और उसके पास विभिन्न रिसर्च प्रोजेक्ट में काम करने का कई वर्षों का अनुभव भी है। इतना कहने के बाद तेज़ू ने प्राचार्य महोदय से सवाल किया कि आख़िर उसको किसी रिसर्च प्रोजेक्ट टीम का लीडर क्यों नहीं बनाया जाता है? तेज़ू के इस सवाल को सुन कर प्राचार्य महोदय उसकी तरफ़ असहाय भरी नज़रों से देखने लगे। उन्होंने तेज़ू से कहा कि वह उसकी क़ाबिलियत को भली-भांति जानते हैं और उसकी मेहनत, ईमानदारी और जुझारूपन को देखते हुए उसकी मदद भी करना चाहते हैं, लेकिन वह असहाय और असमर्थ हैं। उन्होंने तेज़ू को समझाया कि वह किसी रिसर्च प्रोजेक्ट टीम का लीडर बनने के क़ाबिल तो है लेकिन पात्र नहीं है। इसलिए उनके हाथ नियमों से बंधे हैं। पात्र होने के लिए तेज़ू को उस संस्थान में शिक्षक होना पड़ता जिसके लिए उसके पास ज़रूरी पात्रता (डिग्री) नहीं थी। तेज़ू ने जब अपनी 10वीं, 12वीं और स्नातक की मार्कशीट में प्राप्त अंक देखे और फिर उसके बाद कोई अन्य डिग्री नहीं होने की बात याद की, तब उसे पछतावा होने लगा। उसे अब समझ में आ चुका था कि उसकी ज़िंदगी की गाड़ी काफ़ी आगे निकल चुकी थी, लेकिन उसके कुछ ज़रूरी सामान पीछे ही छूट गए थे, जिन्हें या तो वह लेना भूल गया था या फिर जिनको साथ लेना वह ज़रूरी नहीं समझा था। इस तरह अपने इस भूल का ख़ामियाज़ा तेज़ू खान को जीवन भर भुगतना पड़ा।

यहां इस कहानी का ज़िक्र इसलिए किया गया है, क्योंकि फ़िलॉसफ़ी और मैनेजमेंट विषय की कुछ कॉन्सेप्ट व थ्योरी भी इस बारे में बात करती हैं कि आख़िर एक व्यक्ति को किस (पात्रता के) आधार पर कोई पुरस्कार (कोई अच्छी नौकरी या पद) दिया जाना चाहिए, और उस (पात्रता के) आधार को तय करने का मानक क्या होना चाहिए। यह इस बारे में भी बात करते हैं कि आख़िर एक व्यक्ति को अपने विभिन्न आवश्यक व ज़रूरी कार्यों की प्राथमिकता किस तरीक़े से तय करनी चाहिए। तो आइए इन कॉन्सेप्ट व थ्योरी के बारे में विस्तार से बात करते हैं।

## सम्बंधित कॉन्सेप्ट व थ्योरी :

### जॉन रॉल्स की डिस्ट्रिब्यूटिव जस्टिस की थ्योरी (John Rawls' theory of Distributive Justice) :

जॉन रॉल्स ने अपनी पुस्तक 'ए थ्योरी ऑफ़ जस्टिस' में न्याय के बारे में अपनी प्रसिद्ध थ्योरी को निष्पक्षता के रूप में रेखांकित किया है।

उनकी इस थ्योरी के तीन मुख्य घटक हैं :

1. अधिकारों और स्वतंत्रता की समानता;
2. सभी के लिए अवसरों की समानता; और
3. प्राकृतिक तौर पर कम भाग्यशाली या सबसे कम लाभान्वित लोगों के लिए लाभ अधिकतमकरण पर केंद्रित आर्थिक असमानताओं की व्यवस्था।

## आइज़नहावर मेट्रिक्स (The Eisenhower Matrix ):

आइज़नहावर मेट्रिक्स के माध्यम से हम, क्या महत्त्वपूर्ण है और क्या ज़रूरी (अर्थात् जिसे तुरंत करना हो) है, के बीच अंतर करना सीखते हैं। यह पद्धति हमें बताती है कि हमें अपने कार्यों को निम्नलिखित चार चतुर्भुजों में विभाजित करना चाहिए और नीचे दिए हुए क्रम में प्राथमिकताएं तय करनी चाहिए :

- महत्त्वपूर्ण और ज़रूरी
- महत्त्वपूर्ण लेकिन ज़रूरी नहीं
- महत्त्वपूर्ण नहीं लेकिन ज़रूरी
- महत्त्वपूर्ण नहीं और ज़रूरी भी नहीं

हमें अपने सभी कार्यों को आइज़नहावर मेट्रिक्स के अनुसार बांटने के बाद ही उन्हें आरंभ करना चाहिए। हमें अपने महत्त्वपूर्ण कार्यों के ज़रूरी होने से पहले उन्हें निपटाने के लिए समय निकालना चाहिए, जबकि हम अक्सर अपने 'सबसे ज़रूरी कार्य', अर्थात् वो कार्य जिन्हें तुरंत किया जाना चाहिए, पर बहुत अधिक ध्यान केंद्रित करने की ग़लती करते रहते हैं।

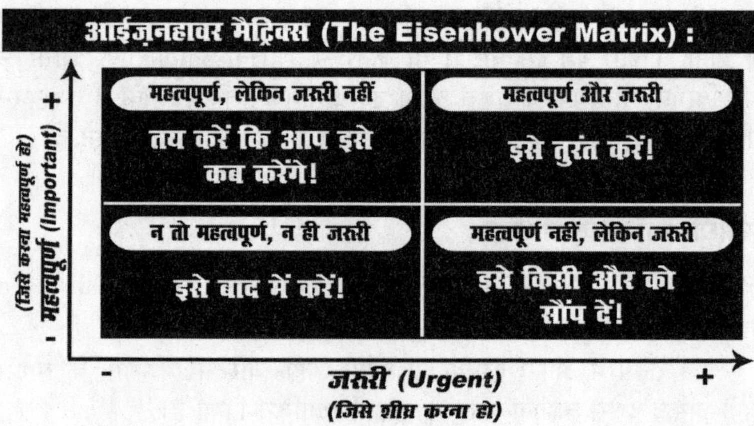

## निहितार्थ :

'तेज़ू का अफ़सोस' कहानी के माध्यम से हम इन कॉन्सेप्ट व थ्योरी को आसानी से समझ सकते हैं। हमें यह बात ध्यान रखनी चाहिए कि रोज़ाना जो हमारा समय बीत रहा है, उसके साथ हमारी ज़िंदगी भी बीत रही है। वैसे तो इस जीवन में किसी कार्य को करने का कोई निश्चित समय निर्धारित करना ग़लत होगा। लेकिन अपवादों को छोड़ दें तो हर कार्य के करने का एक सही समय तो होता ही है। हम अपनी ऊर्जा और मेहनत के दम पर समाज के प्रवाह के विपरीत दिशा में भी चल सकते हैं, और आज नहीं तो कल सफल भी हो सकते हैं। लेकिन हमें यह पता होना चाहिए कि वह कौन सा समय या स्थिति है, जब हमें प्रवाह के विपरीत चलना है, और कब उसके साथ चलना है। चूंकि प्रवाह के विपरीत चलने में सामान्य स्थिति की तुलना में अधिक ऊर्जा और समय ख़र्च होता है, इसलिए हमें कम महत्त्वपूर्ण विषयों और मुद्दों के लिए लड़ाई लड़ने में अपना समय व ऊर्जा नष्ट करने से बचना चाहिए। अगर हम ग़लत समय पर किसी तुच्छ विषय या मुद्दे पर अपना ज़्यादा समय और ऊर्जा ख़र्च कर देंगे, तो उसका ख़ामियाज़ा हमें बाद में भुगतना पड़ेगा। इसकी वजह से हो सकता है कि भविष्य में हमारे पास किसी महत्त्वपूर्ण कार्य को पूरा करने के लिए ना तो समय बचा होगा और ना ही ऊर्जा। इसका सीधा मतलब यह हुआ कि हमें यह ध्यान रखना होगा कि हमारे जीवन की हर लड़ाई लड़ने के लिए नहीं होती है। हमें कुछ लड़ाइयों की अनदेखी कर उनसे बचना भी चाहिए। इसके अलावा हमें यह भी समझना चाहिए कि इस दुनिया में पात्रता नाम की भी कोई चीज़ होती है। समाज में विभिन्न पुरस्कारों/उपाधियों के वितरण के लिए कोई तो पात्रता का एक मानक तय करना होता है, जिससे कि सभी लोगों को न्यायसंगत तरीक़े से पुरस्कृत किया जा सके। इस मानक को तय करने से यह भी सुनिश्चित होता है कि सभी को उस पुरस्कार को पाने की प्रतियोगिता की सही समय पर सूचना और समान अवसर प्राप्त हो सके।

जैसा कि जॉन रॉल्स ने अपनी पुस्तक 'अ थ्योरी ऑफ़ जस्टिस' में न्याय के बारे में कहा है कि लोगों को समान अधिकार व स्वतंत्रता मिलनी चाहिए और उन्हें जीवन में कुछ भी हासिल करने के लिए समान अवसर भी मिलने चाहिए। जैसा कि एक युवा जब अपने जीवन के लक्ष्यों को निर्धारित करता है, तब उसे अपने उस लक्ष्य को प्राप्त करने के लिए ज़रूरी पात्रता के बारे में पहले से ही पता होता है। उदाहरण के लिए जब किसी संस्थान में कोई पद सृजित होता है, तब वह संस्थान उस पद के सभी उम्मीदवारों को उसके लिए ज़रूरी योग्यता विज्ञापन के माध्यम से बताती है। इसलिए अगर किसी युवा का लक्ष्य उस संस्थान में उक्त पद पर चयनित होना होता है, तब उसे उसके लिए निर्धारित योग्यता पहले से पता होती है। इस

तरह से लगभग सभी के पास उस पद पर चयनित होने का समान अवसर होता है। इसलिए उस पद पर भर्ती की इस प्रक्रिया को जॉन रॉल्स के अनुसार न्यायसंगत माना जा सकता है। ठीक उसी तरह से हमें अपने जीवन के लक्ष्य निर्धारित करने के पश्चात सर्वप्रथम इस विषय पर ध्यान देना चाहिए कि आख़िर हम अपने उस निर्धारित लक्ष्य को कैसे प्राप्त कर सकते हैं और उसके लिए ज़रूरी मानक व पात्रता क्या है? हमें यह सोचने की भूल नहीं करनी चाहिए कि पदों व पुरस्कारों के मानक व पात्रता हमारे सुविधानुसार ही तय किए जाने चाहिए। किसी पद के लिए कौन सा कौशल या शैक्षणिक योग्यता आपेक्षित होगी, यह पूरी तरह से संस्थान, समय और स्थान पर निर्भर करता है। इसलिए हमें यह सुनिश्चित करना चाहिए कि भविष्य में हमारे लक्ष्यों को प्राप्त करने के लिए जिस कौशल और शैक्षणिक योग्यता की मांग होगी, उसे हम समय रहते सीख लें और प्राप्त कर लें। जैसा कि इस कहानी में तेज़ू खान यह समझने में असफल रहा था कि उसमें लाख क़ाबिलियत होने के बावजूद किसी शैक्षणिक संस्थान में बिना ज़रूरी शैक्षणिक योग्यता (PhD डिग्री) के उसको ना तो शिक्षक (प्रोफ़ेसर) बनाया जाएगा और ना ही किसी रिसर्च टीम का लीडर। तेज़ू खान अपने जीवन के कार्यों की प्राथमिकता भी ठीक से तय नहीं कर पाया था। जब उसकी 10वीं और 12वीं की परीक्षा चल रही थी, तब वह अंतरिक्ष और ज्योतिष की पढ़ाई कर रहा था। इसके कारण उन परीक्षाओं में उसे कम अंक प्राप्त हुए। अपनी स्नातक की पढ़ाई के दौरान भी वह पूरा पाठ्यक्रम पढ़ने की बजाए कुछ बिंदुओं पर ही शोध करने लगा, जिसकी वजह से स्नातक में भी उसे मात्र 40% अंक ही प्राप्त हुए। सिर्फ़ यही नहीं उसने स्नातक के बाद पढ़ाई करना ही आवश्यक नहीं समझा। इसके बाद वह किसी कोर्स में दाख़िला लेने से ज़्यादा प्राथमिकता विभिन्न लोगों व संस्थाओं के साथ कार्य करने को ही देता रहा। इन वजहों से कई वर्षों तक उस संस्थान में कार्य करने के बाद भी तेज़ू खान एक शिक्षक बनने के लिए ज़रूरी योग्यता नहीं अर्जित कर पाया। जब तक उसे अपनी इस ग़लती का अहसास हुआ, तब तक उसकी ज़िंदगी की गाड़ी बहुत आगे निकल चुकी थी। जैसा कि आइज़नहावर मेट्रिक्स का कॉन्सेप्ट भी यही कहता है कि व्यक्ति को अपने विभिन्न कार्यों को प्राथमिकता के अनुसार विभाजित करना चाहिए। उसके अनुसार व्यक्ति के लिए जिन कार्यों को करना महत्त्वपूर्ण भी हो और जिन्हें तत्काल प्रभाव से करना भी ज़रूरी हो, उन कार्यों को उसे सर्वोच्च प्राथमिकता से करना चाहिए। इसके अनुसार तेज़ू खान को 10वीं और 12वीं की परीक्षा के दौरान सिर्फ़ अपनी परीक्षा पर ध्यान देना चाहिए था। उसे अपनी स्नातक की पढ़ाई के दौरान सिर्फ़ एक बिंदु पर शोध करने की बजाए अपने पूरे पाठ्यक्रम की तैयारी करनी चाहिए थी। ऐसा इसलिए क्योंकि 10वीं, 12वीं या स्नातक की परीक्षा वो दोबारा नहीं दे सकता था, जबकि अंतरिक्ष और ज्योतिष की पढ़ाई व किसी बिंदु पर शोध वह बाद में भी

कर सकता था, उन कार्यों को तत्काल प्रभाव से करना ज़रूरी नहीं था। और अगर उसका अपने भविष्य में शिक्षण क्षेत्र में ही जाने का लक्ष्य था, तो उसे एक शिक्षक बनने के लिए ज़रूरी पात्रताओं पर ध्यान देना चाहिए था। तेज़ू खान यहां भी ग़लती कर बैठा था और स्नातक के बाद आगे की पढ़ाई को प्राथमिकता देने की बजाए नौकरी ही करते रह गया और अंततः शिक्षक बनने की योग्यता नहीं प्राप्त कर सका। दरअसल, तेज़ू अपने कार्यों के परिणाम के बारे में बिना सोचे-समझे ही बस उन्हें करता गया, जिसके कारण बाद में उसे पछतावा हुआ।

इस संबंध में शुक्र नीति (3/58) में भी कहा गया है कि

*'क्रियाफलमविज्ञाय यतते साहसी च सः दुःखभागी भवत्येव क्रियया तत्फलेन वा'*

अर्थात् जो व्यक्ति बिना परिणाम की सोचे अचानक ही किसी कार्य को करने का प्रयास करता है, उसे उस कार्य के कारण या उस कर्म के परिणाम के कारण दुःख का सामना करना पड़ता है।

इसलिए हमें अपने किसी भी कार्य को शुरू करने से पहले उसके परिणाम के बारे में अवश्य सोच-विचार कर लेना चाहिए। हमें अपने भविष्य को लेकर पहले से ही योजना बना कर चलना चाहिए और फिर अपनी उस योजना के अनुसार ही कार्य करना चाहिए। हमें स्वयं को विभिन्न भटकावों से बचाते हुए अपनी प्राथमिकताओं पर ध्यान केंद्रित करना चाहिए। हम अगर अपने स्वयं के वर्तमान को बेहतर बनाते जाएंगे, तो हमारा भविष्य अवश्य ही उज्ज्वल होगा। युवा विद्यार्थियों को यह कोशिश करनी चाहिए कि वे जब जिस कक्षा में पढ़ाई कर रहे हों, तब वे अपने उस कक्षा के पाठ्यक्रम पर अपना पूरा ध्यान दें। ऐसा इसलिए, क्योंकि जीवन के शुरुआती दौर की पढ़ाई-लिखाई एक समय बीत जाने के बाद दोबारा नहीं की जा सकती है। अगर वे विभिन्न पदों पर कार्य करने या उच्च शिक्षा के आवेदन के लिए ज़रूरी न्यूनतम अंक और ज़रूरी डिग्री नहीं प्राप्त कर पाएंगे, तो उन्हें तेज़ू खान की तरह ही जीवन भर पछताना पड़ जाएगा। जबकि प्रोफ़ेशनल जीवन में प्रवेश करने वाले युवाओं को कोशिश करनी चाहिए कि वे अपने करियर के शुरुआती दिनों में मेहनत कर के, अपने से वरिष्ठ लोगों से मार्गदर्शन ले कर अपनी क़ाबिलियत और कौशल को बढ़ा सकें। ऐसा इसलिए क्योंकि लाख पात्रता होने के बावजूद अगर व्यक्ति के अंदर क़ाबिलियत नहीं होती है, तब उसका मनोबल काफ़ी कम होता है और वह समाज में हँसी का पात्र बनता है। उदाहरण के लिए मान लीजिए कि अगर किसी व्यक्ति के अंदर किसी पद के दायित्वों को पूरा करने के लिए क़ाबिलियत तो कूट-कूट कर भरी है, लेकिन उसके पास उस पद को प्राप्त करने के लिए ज़रूरी पात्रता

नहीं है, तब वह उस पद पर बैठे अपने से कम क़ाबिल लोगों को देख कर तेज़ू खान की तरह हमेशा कुंठा से ग्रसित रहेगा। वह ख़ुद के पास ज़रूरी पात्रता नहीं होने का पछतावा करेगा। वहीं पर अगर उसके पास उस पद के लिए ज़रूरी पात्रता तो हो लेकिन उसके अंदर उस पद के दायित्वों को पूरा कर पाने की क़ाबिलियत नहीं हो, तब उसे लोगों के सामने हमेशा शर्मिंदा होना पड़ेगा। इसलिए व्यक्ति को कोशिश करनी चाहिए कि वह अपने भविष्य के लक्ष्यों को ध्यान में रखते हुए अपनी क़ाबिलियत और पात्रता में संतुलन बनाते हुए जीवन में आगे बढ़े।

# 9

# रहने की कुछ ख़ूबसूरत जगहों में से एक जगह अपनी औक़ात भी होती है

### *कहानी : कर्मवीर सिंह की कर्मठता*

क्या आपके साथ कभी ऐसा हुआ है कि आपके सिर पर ढेर सारे कार्यों की ज़िम्मेदारी आ गई हो जिसकी वजह से आप बोझिल व असहज महसूस करने लगे हों? उसकी वजह से आप अपनी सामान्य क्षमता से भी कार्य ना कर पा रहे हों? कुछ ऐसी ही स्थिति वीडियोग्राफ़र कर्मवीर सिंह के जीवन में भी उत्पन्न हुई। दरअसल कर्मवीर बहुत ही कर्मठ व्यक्ति थे और उनको शहर का सबसे अच्छा वीडियोग्राफ़र माना जाता था। उनके पास हमेशा ही कोई ना कोई काम रहता था, इसलिए वह कभी भी ख़ाली नहीं बैठते थे। कर्मवीर की एक यह भी ख़ासियत थी कि वह इतने ज़्यादा कर्मठ व्यक्ति थे कि अगर उनका एक भी दिन बिना काम के गुज़र जाता था, तो उनको उस दिन का अपना समय नष्ट होने का पछतावा होने लगता था। एक बार की बात है, जब कर्मवीर अपने दोस्तों के साथ कहीं घूमने जाने की योजना बना रहे थे। हालांकि घूमने जाने की वजह से उनको अपने क़ीमती समय के नुक़सान होने की चिंता हो रही थी, फिर भी उन्होंने दोस्तों के साथ जाने का निश्चय किया। तय कार्यक्रम के अनुसार एक दिन कर्मवीर और उनके सभी दोस्त अपने घर से रवाना हुए, रेलवे स्टेशन से टिकट लिया और रेलगाड़ी में बैठ गए। इस तरह उनकी यात्रा शुरू हुई और इसी के साथ शुरू हुई कर्मवीर की चिंता। वह रास्ते भर हिसाब करते रहे कि घूमने आने की वजह से उनका कितना आर्थिक नुक़सान होगा और उसकी भरपाई वह कितने दिनों में कर पाएंगे। उनका मन तब और दुखी हो जाता, जब उनको रास्ते में कोई विवाह का कार्यक्रम दिख जाता। ऐसे किसी कार्यक्रम को देखते ही कर्मवीर सोचने लगते कि अगर वह दोस्तों के

साथ घूमने नहीं आए होते तो किसी विवाह के कार्यक्रम में वीडियो रिकॉर्डिंग कर के दो-चार पैसे कमा रहे होते। ख़ैर, धीरे-धीरे समय बीता, उनकी यात्रा समाप्त हुई और वह वापस अपने घर पहुंच गए। इसके बाद अब कर्मवीर अपने काम पर भी लौट चुके थे। दोस्तों के साथ अपनी यात्रा के दौरान ही कर्मवीर ने घूमने जाने की वजह से हो रहे आर्थिक नुक़सान की भरपाई जल्द से जल्द करने की सोच ली थी। अपनी इस सोच को साकार करने के लिए कर्मवीर ने अगले महीने के प्रत्येक दिन के लिए किसी ना किसी काम की ज़िम्मेदारी ले ली। इस तरह कर्मवीर को अगले एक महीने तक अलग-अलग कार्यक्रमों में अपनी कर्मठता का प्रदर्शन करना था। काम शुरू भी हो गया और काम करते हुए उनके 10-12 दिन तो जोश में गुज़र गए, लेकिन उसके बाद कर्मवीर की कर्मठता जवाब देने लगी। फिर भी जैसे-तैसे वह अपनी गाड़ी खींचे जा रहे थे। लेकिन 15 दिन के बाद अब वह इतना थक चुके थे कि पूरी रात जागकर कार्यक्रमों की वीडियो रिकॉर्डिंग करना उनके लिए कठिन हो रहा था। लेकिन चूंकि वह उन कार्यक्रमों की ज़िम्मेदारी पहले ही स्वीकार कर चुके थे, इसलिए वह उससे पीछे भी नहीं हट सकते थे। इस तरह वह बिना मन के ही मजबूरी में अपनी ज़िम्मेदारी निभाते रहे। इस दौरान कोई व्यक्ति कर्मवीर को तनिक भी कुछ बोल देता तो वह जल्दी ही गुस्सा हो जाते। अब उनको लगातार काम करते हुए 20वां दिन था। उस दिन वह दिन भर एक नेताजी के कार्यक्रम की रिकॉर्डिंग करते रहे। वहां उनको खाना खाने की भी फुरसत नहीं मिली। कार्यक्रम ख़त्म होने के बाद वह भूखे पेट ही एक लड़की की शादी में रिकॉर्डिंग करने के लिए चले गए। वहां पहुंचने के बाद से ही वह शादी के विभिन्न कार्यक्रमों की रिकॉर्डिंग करने में व्यस्त रहे। इस कारण उन्हें वहां भी खाना खाने का ना तो समय मिला और ना ही याद आई। जब शादी की सभी रस्में समाप्त हुई और रात बीतने के बाद भोर हुई, तब उनको खाने की याद आई। अब उनको बहुत तेज़ भूख का अहसास हो रहा था। खाने की खोज में जब कर्मवीर ने लड़की के घर के किसी व्यक्ति से खाना की उपलब्धता के बारे में पूछा तो उसने एक घर की तरफ़ इशारा करते हुए उसमें खाना होने की बात कही। कर्मवीर जब अपने जूते-मोजे निकल कर उस घर के अंदर गए तब उन्हें पता चला कि वहां खाना ख़त्म हो चुका था। चूंकि कर्मवीर सुबह से ही भूखे थे और रात में भी कुछ नहीं खाए थे, इसलिए खाना ख़त्म होने की बात सुन कर उनको बहुत तेज़ गुस्सा आ गया। वह निराशा और नाराज़गी के मिश्रित भाव से जब खाना वाले घर से बाहर निकले तो उन्होंने देखा कि उनके जूते ही ग़ायब थे। इसके बाद वह गुस्से में तमतमाए हुए वहां से नंगे पैर ही चल दिए। वहां से बाहर आकर उन्होंने गुस्से में अपने कैमरे की मेमोरी से उस शादी की पूरी वीडियो रिकॉर्डिंग ही डिलीट कर दी और लड़की के घर वालों को भी इस बात से अवगत कर दिया। वीडियो रिकॉर्डिंग डिलीट होने की बात जब लड़की के घर

वालों को पता चली तो बवाल शुरू हो गया। कर्मवीर के पिटने तक की नौबत आ गई। मामला ज़्यादा बिगड़ता देख कर्मवीर ने उसके घर वालों के सामने एक प्रस्ताव रखा। उन्होंने कहा कि भविष्य में किसी कारणवश अगर लड़की की यह शादी सफल नहीं होती है और दोबारा उसकी शादी करनी पड़ती है तो उस शादी में वह वीडियो रिकॉर्डिंग करने के पैसे नहीं लेंगे। कर्मवीर के इस प्रस्ताव को सुनकर लड़की के घर वालों ने कर्मवीर को तब तक पीटा, जब तक वह अधमरे नहीं हो गए। इसके बाद कर्मवीर अगले कुछ दिन तक चलने-फिरने की स्थिति में नहीं थे। उनको समझ में आ चुका था कि दरअसल सभी समस्याएं उनके अपनी क्षमता से ज़्यादा काम की ज़िम्मेदारी लेने के कारण पैदा हुई थीं। इसके बाद उन्होंने यह निश्चय किया कि वह भविष्य में स्वयं की क्षमता से थोड़ा कम कार्यों की ही ज़िम्मेदारी स्वीकार करेंगे। इसके बाद अब वह हफ़्ते में सिर्फ़ एक काम के लिए हामी भरते। चूंकि कर्मवीर ठहरे कर्मठ व्यक्ति इसलिए उनका बिना काम किए मन ही नहीं लगता था। इसलिए अपना मन लगाने के लिए वह अपने किसी वीडियोग्राफ़र दोस्त की मदद करने पहुंच जाते और उसके साथ रात-रात भर शादियों में रहते। लेकिन जब उन्हें स्वयं को हो रहे आर्थिक नुक़सान का अहसास होता, तब वह पुनः ढेर सारे कार्यों की ज़िम्मेदारी ले लेते, और पुनः परेशान होते। इस तरह कर्मवीर का अपने कार्यों को करते समय फ़्लो में नहीं होने की वजह से उनके परेशान रहने का सिलसिला ऐसे ही चलता रहा।

इस कहानी का यहां ज़िक्र इसलिए किया गया है, क्योंकि विभिन्न दार्शनिकों और मनोवैज्ञानिकों ने व्यक्ति द्वारा किसी कार्य को करने के दौरान की उसकी स्थिति और उस दौरान के उसके मनोभाव अर्थात ख़ुशी के बीच में सम्बन्ध होने की बात की है। तो आइए उन संबंधों के बारे में हम विस्तार से बात करते हैं।

## संबंधित कॉन्सेप्ट :

### द फ़्लो मॉडल (The Flow Model) :

दो हज़ार साल पहले, दार्शनिक अरस्तू इस आश्चर्यजनक निष्कर्ष पर पहुंचे थे कि एक व्यक्ति की दिली इच्छा यह होती है कि वह ख़ुश रहे। उनका मानना था कि व्यक्ति की अन्य सभी इच्छाएं उसके ख़ुश रहने की इच्छा के सामने गौण ही होती हैं। ऐसा इसलिए, क्योंकि व्यक्ति की अन्य सभी इच्छाओं का अंतिम उद्देश्य यही होता है कि व्यक्ति को ख़ुशी मिले। वर्ष 1961 में अमेरिकी मनोवैज्ञानिक चिक्सेन्टमिहाई ने भी यही कहा कि ख़ुशी की इच्छा करने पर हमारी अपेक्षा सिर्फ़ यह होती है कि हमें ख़ुशी मिले, लेकिन अन्य किसी और चीज़ जैसे कि स्वस्थ, सुंदरता, ताक़त आदि कि इच्छा करने का अंतिम उद्देश्य यह होता है कि ये सब हमें मिले, जिससे

कि हम ख़ुश हो सकें। चिक्सेन्टमिहाई ने अपने अध्ययन में बताया हम जब प्रवाह की स्थिति में होते हैं, तब हमें ख़ुशी का आभास होता है।

उनके अनुसार प्रवाह की स्थिति तब होती है जब हम :

1. किसी एक गतिविधि पर गहन रूप से केंद्रित रहते हैं।
2. वह गतिविधि हमारे ख़ुद की पसंद की हो।
3. वह गतिविधि ना तो कम–चुनौतीपूर्ण हो और ना ही अति–चुनौतीपूर्ण हो।
4. उस गतिविधि का एक स्पष्ट उद्देश्य हो,
5. जिस गतिविधि के लिए हमें तत्काल फ़ीडबैक मिलता रहे।

चिक्सेन्टमिहाई ने पाया कि जब व्यक्ति 'प्रवाह में' होता है, तब वह ना केवल संतुष्टि की भावना महसूस करता है, बल्कि उसे समय बीतने का भी अहसास नहीं होता है और वह ख़ुद को पूरी तरह से भूल जाता है। उनके अनुसार ऐसा इसलिए होता है, क्योंकि उस दौरान व्यक्ति जो भी कर रहा होता है, उसमें वह पूरी तरह से डूब जाता है। उदाहरण के लिए पाठक, लेखक, संगीतकार, एथलीट, अभिनेता, डॉक्टर और कलाकार बता सकते हैं कि जब वे अपनी रुचि का कोई कार्य कर रहे होते हैं, जो बेहद थका देने वाला ही क्यों ना हो, तभी वे सबसे अधिक खुशी महसूस करते हैं।

फ़्लो मॉडल में दो अक्ष होते हैं : पहला अक्ष व्यक्ति की चुनौतियों के स्तर को बताता है, जबकि दूसरा अक्ष उसकी क्षमताओं के स्तर को इंगित करता है।

जब व्यक्ति की क्षमताओं की तुलना में उसे दिए गए कार्य की चुनौती का स्तर निम्न होता है, तब उसे बोरियत का अहसास होता है। इसी प्रकार जब किसी व्यक्ति को दिए गए कार्य की चुनौती उसकी क्षमताओं की तुलना में अत्यधिक होती है, तब उसे थकावट महसूस होती है। लेकिन जब व्यक्ति की क्षमताओं और उसे दिए गए कार्य की चुनौतियों के स्तर में समानता होती है, उस स्थिति में उस व्यक्ति को प्रवाह का बोध होता है।

## फ्लो मॉडल (The Flow Model) :

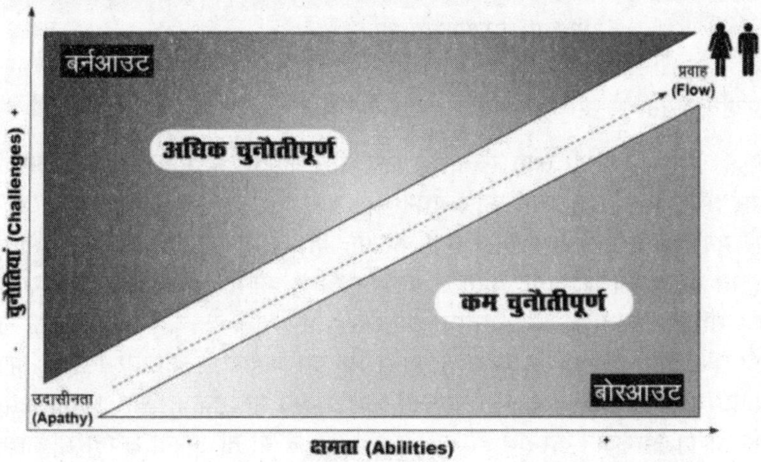


## निहितार्थ :

इस फ़्लो मॉडल को 'कर्मवीर सिंह की कर्मठता' कहानी के माध्यम से आसानी से समझा जा सकता है। मान लीजिए कि आप किसी वाहन से यात्रा कर रहे हों। उस यात्रा के दौरान अगर आपका वाहन बहुत धीमी गति से चल रहा होगा तो आपको गंतव्य तक समय से पहुंचना असंभव प्रतीत होगा। ऐसे में उस यात्रा के दौरान समय से अपने गंतव्य तक पहुंच पाने के बारे में सोच कर आपको अधीरता और असंतुष्टि की अनुभूति हो सकती है। वहीं, यदि आपका वाहन अत्यधिक तेज़ गति से अपने गंतव्य की ओर बढ़ रहा हो तो आपको किसी दुर्घटना की आशंका की अनुभूति हो सकती है। आप इस बात से भयभीत हो सकते हैं कि कहीं वह यात्रा आपके जीवन की अंतिम यात्रा ना साबित हो जाए। इन दोनों ही स्थितियों में आपके अंदर एक असहजता का भाव होगा। ऐसा इसलिए, क्योंकि वास्तव में किसी भी व्यक्ति को एक सुरक्षित और आनंदमय यात्रा का अनुभव एक निश्चित गति सीमा में निरंतरता से आगे बढ़ते रहने के बोध से ही होता है। यही सिद्धांत व्यक्ति के कार्यक्षेत्र में भी लागू होता है। जैसा कि फ़्लो मॉडल भी बताता है कि जब व्यक्ति अपनी योग्यता और क़ाबिलियत के हिसाब से अपने लिए कार्यों का चुनाव करता है, तब उसे यह सुनिश्चित करना चाहिए कि उसके कार्य ना तो कम-चुनौतीपूर्ण हो और ना ही अति-चुनौतीपूर्ण। ऐसा इसलिए, क्योंकि कम-चुनौतीपूर्ण कार्य करने के दौरान व्यक्ति के अंदर अरुचि का भाव आने लगता है। जबकि कार्य के अति-चुनौतीपूर्ण होने की स्थिति में व्यक्ति जल्दी ही थकान महसूस करने लगता है।

इस संबंध में चाणक्य नीति (148) में भी कहा गया है कि

*'अतिभार: पुरुषमवसादयति'*

अर्थात क्षमता से अधिक कार्य का भार लेने वाले के मन में उदासी छा जाती है।

इसी कारण जो लोग स्वयं की रुचि और क्षमता के अनुसार अपने कार्य के भार और उसकी जटिलता का प्रबंधन नहीं कर पाते हैं, वह कार्यस्थल पर अपने पूरे मन व लगन के साथ कार्य नहीं कर पाते हैं। वे या तो अत्यधिक कार्यभार से उत्पन्न दबाव की शिकायत करते हैं या फिर अपने कार्यों में अरुचि व्यक्त करते हैं। यह मॉडल बताता है कि निरंतरता की वजह से व्यक्ति के जीवन में किसी कार्य को करने का उत्साह बना रहता है। जैसा कि इस कहानी में कर्मवीर सिंह ने अपने कार्यों को करते हुए कभी भी निरंतरता का अनुभव नहीं किया। वह अपनी क्षमता का उचित आकलन करने में हमेशा असमर्थ रहे। वे या तो अपनी क्षमता से अधिक (वीडियो रिकॉर्डिंग करने के) कार्य का भार अपने ऊपर ले लेते या फिर जितने कार्यों को वे आसानी से कर सकते थे, उससे भी कम कार्यों की ज़िम्मेदारी लेते। ऐसे में कर्मवीर कभी स्वयं के कार्यों के चुनौतीपूर्ण नहीं होने की वजह से होने वाली अरुचि तो कभी अत्यधिक कार्यों की ज़िम्मेदारी ले लेने की वजह से होने वाली थकान के भाव के बीच ही झूलते रहे और परेशान होते रहे। निरंतरता की स्थिति से वंचित रहने के कारण कर्मवीर सिंह अपने कार्यों को पूरी लगन से नहीं कर पा रहे थे। इसलिए हमें इस फ़्लो मॉडल के विचार को समझ कर अपनी क़ाबिलियत और अपने कार्यों की कठिनाई का उचित आकलन कर अपने कार्यभार को बेहतर ढंग से प्रबंधित करना चाहिए। इस तरह हम फ़्लो में कार्य करते हुए अपने जीवन में भी शांति व ख़ुशहाली क़ायम रख सकते हैं।

# 10

# एक अच्छा अनुयायी बनें, ग़लत समय पर नहीं चमकें

## *कहानी : अस्थिर चुलबुल*

हमारे गांव में चुलबुल सिंह नामक एक व्यक्ति थे। उनके व्यक्तित्व का एक मज़बूत पक्ष यह था कि वह अपने सभी कार्यों को पूरे जुनून के साथ करते थे। लेकिन उनकी यह कमज़ोरी थी कि वे बहुत ही अस्थिर भी थे, अर्थात वह बहुत दिनों तक किसी एक कार्य को नहीं कर पाते थे और उसे बीच में ही छोड़ देते थे। किसी कार्य को करने के दौरान जैसे ही उन्हें कोई दूसरा कार्य आकर्षित करता था, वैसे ही वह अपने पहले कार्य को पूरा किए बिना दूसरे कार्य को भी शुरू कर देते थे। दरअसल, चुलबुल ने अपने नौकरी के शुरुआती दिनों में एक बुक पब्लिशिंग हाउस शुरू किया था। बुक पब्लिशिंग का बिज़नेस शुरू किए अभी उन्हे ज़्यादा समय नहीं हुआ था, फिर भी उनके दिमाग़ में हर दूसरे दिन कोई ना कोई नया आइडिया जन्म ले ही लेता था। सबसे बड़ी समस्या यह थी कि चुलबुल सिंह के दिमाग़ में आने वाला लगभग हर आइडिया, चाहे वह किसी बिज़नेस से संबंधित हो या किसी नई नौकरी का हो, उनको पसंद भी आ जाता था। आलम यह था कि सुबह के समय चुलबुल जैसे ही अपनी आंखें खोलते थे, वैसे ही उन्हें बिज़नेस करने का आइडिया आ जाता था। दरअसल वह सुबह के समय तभी जागते थे, जब उनके यहां दूध पहुंचाने वाला उनके दरवाज़े की घंटी बजाता। आंखें खोलने के बाद वह जैसे ही दूध की ख़राब गुणवत्ता को देखते वैसे ही सोचने लगते कि अगर वह दूध का बिज़नेस भी शुरू करेंगे तो उसमें भी उन्हें अच्छा लाभ हो सकता है। यह सोचते हुए वह मन ही मन प्रण लेते कि एक न एक दिन वह भी दूध का अपना बिज़नेस शुरू करेंगे। इस सोच के साथ उनका दिन आगे बढ़ता और वह अपनी बुक पब्लिशिंग हाउस के

कार्यालय के लिए निकल जाते। रास्ते में उनको कोई फल वाला दिखता, तब वह उससे फल की क़ीमत पूछते और क़ीमत सुनते ही उनको ख़याल आता कि फल का बिज़नेस करना भी उनके लिए कोई घाटे का सौदा नहीं होगा। इस तरह अपने दिमाग़ में तरह-तरह की योजनाएं बनाते हुए वह अपने पब्लिशिंग हाउस पहुंच जाते। उनके बुक पब्लिशिंग हाउस में बमुश्किल ही कोई अपनी किताब पब्लिश कराने के उद्देश्य से आता था। वस्ताव में, मामला यह था कि स्वयं का बुक पब्लिशिंग हाउस शुरू करने से पहले चुलबुल किसी दूसरे बुक पब्लिशर के यहां नौकरी करते थे। अभी उनको वहां बुक पब्लिशिंग का काम सीखते हुए 1-2 महीने ही हुए थे कि उनको लगने लगा था कि उन्हें अपना ख़ुद का बुक पब्लिशिंग हाउस शुरू करना चाहिए। एक बुक पब्लिशर के तौर पर उनकी समझ अभी पूरी तरह विकसित नहीं हुई थी, इसके बावजूद उन्होंने ख़ुद का पब्लिशिंग हाउस शुरू कर लिया। उनके पास ना तो कोई अच्छा एडिटर था और ना ही मार्केटिंग की मज़बूत टीम। इस कारण वह स्वयं के पब्लिशिंग हाउस से किसी की किताब प्रकाशित करते तो उस किताब में ढेर सारी त्रुटियां रहतीं और वह किताब ज़्यादा बिकती भी नहीं। ख़ैर, ऐसे ही धीरे-धीरे समय बीतता रहा। इसी बीच चुलबुल की मुलाक़ात उनके ही क्षेत्र के एक विधायक से हुई। दरअसल, चुलबुल को बचपन से ही राजनेताओं के प्रति आकर्षण था। इसी के चलते मुलाक़ात के दौरान चुलबुल ने विधायक जी से उनके साथ में काम करने का एक अवसर देने का निवेदन किया। चूंकि अधिकारियों व अन्य वरिष्ठ लोगों से बातचीत करने की चुलबुल की शैली अच्छी थी और उन्हें सामान्य जनता से भी ताल-मेल बैठाना आता था, इसलिए विधायक जी ने उनके इस निवेदन को स्वीकार कर लिया। उन्होंने चुलबुल को अपने (विधायक) प्रतिनिधि के तौर पर कार्य करने के लिए साथ रख लिया। कुछ दिन विधायक जी के प्रतिनिधि के तौर पर कार्य करने के बाद चुलबुल सिंह के अंदर का राजनेता भी जाग उठा। उनके दिमाग़ में चुनाव लड़ने का आइडिया आ गया। उन्हें लगने लगा कि उनको विधायक जी के आगे-पीछे घूमते हुए काफ़ी समय हो गया था, इसलिए क्षेत्र में अब उनको भी ढेर सारे लोग जानने लगे थे। ऐसे में उन्होंने सोचा कि अब चुनाव लड़ना चाहिए। जब विधायक जी को चुलबुल के इन क्रांतिकारी विचारों के बारे में पता चला तो उन्होंने उसे चुनाव लड़ने से परहेज़ करने का सुझाव दिया। लेकिन अपने अस्थिर व्यक्तित्व की वजह चुलबुल सिंह ने विधायक जी से अपना नाता तोड़ कर ग्राम पंचायत के चुनाव में अपना बिगुल फूंक दिया। चुलबुल सिंह का चुनाव लड़ने का यह निर्णय विधायक जी को नागवार गुजरा। उन्होंने चुलबुल को सबक़ सिखाने के लिए स्थानीय थानेदार को बोल कर उनके विरुद्ध ढेर सारे फ़र्जी मुकदमे लिखवा दिए। इसका परिणाम यह हुआ कि अस्थिर चुलबुल ग्राम पंचायत का चुनाव हो जाने तक हवालात के अंदर बिलकुल स्थिर अवस्था में बंद रहे। चुनाव के बाद

जब चुलबुल हवालात से बाहर आए तब उनके मन में विधायक जी के प्रति बदले की भावना वाली चिंगारी सुलग रही थी। लेकिन उस समय चूंकि वह विधायक जी को जवाब देने की स्थिति में नहीं थे, इसलिए उन्होंने विधायक जी से निपटने का तरीक़ा सोचना शुरू कर दिया। काफ़ी दिनों तक विचार करने के बाद उन्हें समझ में आया कि अब वह सिर्फ़ पत्रकार बन कर ही विधायक जी से दो-दो हाथ कर सकते हैं। इसके बाद से उनके दिमाग़ में अब पत्रकार बनने की धुन सवार हो गई और उन्होंने एक लोकल चैनल में स्ट्रिंगर (खबर भेजने वाला संविदा कर्मचारी) के तौर पर पत्रकारिता की शुरुआत की। इसके बाद वह राज्य स्तर के एक न्यूज़ चैनल के लिए काम करने लगे। इसके बाद तो वह विधायक जी से अपनी अदावत की बात ही भूल गए और पूरी तरह स्थिर होकर अपने पत्रकारिता के करियर पर ही ध्यान देने लगे। ऐसे ही प्रगति करते हुए वह एक बड़े न्यूज़ चैनल में न्यूज एंकर व मैनेजिंग एडिटर के पद तक का सफ़र तय किए। पत्रकारिता की नौकरी से रिटायर होने के कुछ वर्ष पूर्व जब चुलबुल के एक मित्र ने उनसे उनकी भविष्य की योजना के बारे में पूछा तो उनका जवाब था कि वह उस न्यूज़ चैनल के मैनेजिंग एडिटर और प्राइम टाइम एंकर हैं (ये दोनों ही पद किसी मीडिया चैनल के सर्वश्रेष्ठ पद होते हैं) इसलिए वह न्यूज़ चैनल उनको छोड़ेगा ही नहीं। उनके इस स्थायित्व का कारण चाहे उस न्यूज चैनल से उनको मिल रही मोटी सैलरी हो या टीवी स्क्रीन पर बने रहने की उनकी इच्छा हो या फिर जीवन में फिर से कोई रिस्क लेने का हिम्मत नहीं कर पाना, लेकिन उन्होंने अंत में स्थायित्व को ही चुना। हालांकि यह बात उनको भी पता थी कि मैनेजिंग एडिटर व प्राइम टाइम एंकर के तौर पर कार्य करते हुए वह अपने प्रोफ़ेशनल करियर के शिखर पर थे। उन्हें मालूम था कि उसके बाद उनका करियर ढलान की ओर ही प्रस्थान करेगा, फिर भी वह भविष्य के विकल्प के तौर पर अपने लिए किसी अन्य शिखर का निर्माण करने का प्रयास नहीं कर रहे थे। इस कारण उस मीडिया हाउस से रिटायर होने के बाद उनके पास कोई अन्य विकल्प मौजूद नहीं था, जिसकी वजह से उन्हें अपने जीवन का बचा हुआ समय किसी तरह बिताना पड़ा। इस तरह अंततः चुलबुल सिंह शिखर से रिटायर होने के बाद सिफ़र पर आ गए।

इस कहानी का ज़िक्र यहां इसलिए किया गया है, क्योंकि मैनेजमेंट विषय में किसी भी कम्पनी के बिज़नेस लाइफ़ साइकल के संबंध में यह बात की जाती है कि आख़िर उस कंपनी के बेहतर विकास के लिए उसके लाइफ़ साइकल में किस समय पर क्या किया जाना चाहिए। तो आइए एक कंपनी के बिज़नेस लाइफ़ साइकल को हम किसी व्यक्ति के लाइफ़ साइकल से तुलना करते हुए यह समझने का प्रयास करते हैं कि आख़िर किसी व्यक्ति को स्वयं के लाइफ़ साइकल में किस समय कैसा व्यवहार करना चाहिए और कैसे निर्णय लेने चाहिए।

## संबंधित कॉन्सेप्ट :

**बिज़नेस लाइफ़ साइकल (Business Life Cycle) :**

किसी बिज़नेस के आरंभ से लेकर उसके सफल संचालन और पतन तक के सफ़र को उस बिज़नेस का लाइफ़ साइकल कहा जाता है। अपने इस लाइफ़ साइकल के दौरान कोई भी बिज़नेस अनेक चरणों से होकर गुज़रता है। यह पहचानना महत्त्वपूर्ण होता है कि हमारा कोई बिज़नेस अपने बिज़नेस लाइफ़ साइकल के किस चरण में है, क्योंकि यह हमारे बिज़नेस के संचालन की दिशा को परिभाषित करता है और उसके लिए योजना बनाने में मदद करता है। एक बिज़नेस लाइफ़ साइकल उन चरणों का चक्रीय प्रतिरूप होता है जो एक औसत बिज़नेस के शुरू होने से लेकर उसके गिरावट और फिर उसके नवीनीकरण तक के क्रम और उसकी विस्तृत प्रक्रिया को समझने में हमें सहायता प्रदान करता है।

**बिज़नेस लाइफ़ साइकल के 5 चरण :**

**चरण # 1 : बीज**

बिज़नेस के लाइफ़ साइकल की शुरुआत तब होती है, जब हम अपने बिज़नेस के लिए एक विचार बनाते हैं। यह चरण आमतौर पर बीज अवस्था कहलाता है, जो कि हमारे बिज़नेस के अस्तित्व में आने से भी पहले की होती है। यह तब होती है, जब हम अपने बिज़नेस का बीज बोने वाले होते हैं और इसे सफलतापूर्वक विकसित करने वाले होते हैं।

**चरण # 2 : स्टार्टअप**

बिज़नेस लाइफ़ साइकल के स्टार्टअप चरण में हम या तो निवेशकों या बैंकों से धन की तलाश करते हैं या अपने स्वयं के संसाधनों के भीतर काम करते हैं।

**चरण # 3 : विकास**

बिज़नेस लाइफ़ साइकल के 'विकास' के चरण में बिज़नेस बाज़ार में अपनी जगह पक्की (स्थापित) करना शुरू कर देता है। हमारी बिज़नेस रणनीति व्यवस्थित होने लगती है और हमारे ग्राहक हमारे बिज़नेस मॉडल की अन्य संभावनाओं की व्याख्या करने में सक्षम हो जाते हैं।

**चरण # 4 : परिपक्वता**

यह सुरक्षा के दृष्टिकोण से सबसे अच्छे स्तर की अवधि होती है, जिसे हम एक

बिज़नेस मैनेजर के रूप में अपने बिज़नेस को शुरू करने के बाद महसूस कर सकते हैं। अगर हमारा बिज़नेस एक जैसा और भरोसेमंद है, तो वह बाज़ार में अपनी स्थिति को सुरक्षित रख सकता है और अपनी ब्रांड पहचान की विशाल शक्ति के माध्यम से नए कार्य क्षेत्रों में विस्तार कर सकता है। इस तरह वह मज़बूत नक़दी स्थिति के साथ स्वयं को दूसरी सफल कंपनियों के द्वारा अधिग्रहण या उनके साथ विलय के लिए आकर्षक बना सकता है।

निर्णय लेने वाले व्यक्ति के तौर पर ऐसे में हमारे पास दो विकल्प होते हैं :

(1) अपनी कंपनी की वहनीयता के लिए इसमें पुनर्निवेश करना।

(2) नए उद्यम शुरू करने के लिए अपनी कंपनी से नयकद निकाल लेना और उससे बाहर निकलना।

### चरण # 5 : नवीनीकरण/डिक्लाइन

स्थिरता और सफलता की अवधि के बाद किसी बिज़नेस के राजस्व, लाभ, आंतरिक संरचना और बाहरी ब्रांड प्रतिष्ठा में गिरावट शुरू हो सकती है। किसी भी कंपनी के पतन का एक निश्चित संकेत तब होता है, जब उस कंपनी का लीडर या मालिक लोगों या प्रौद्योगिकी में निवेश करने में रुचि नहीं दिखाते हैं। उसमें रुचि दिखाने की बजाए जब वे यह देखते हैं कि वे उस कंपनी से क्या फ़ायदा ले सकते हैं, क्योंकि वे अब उस कंपनी से ख़ुद के निकलने की योजना बना रहे होते हैं। नवीनीकरण के प्रयास वास्तव में गिरावट के चरण के शुरू होने से पहले शुरू होने चाहिए – अच्छे व्यापारिक लीडरों को पहले से ही व्यापार और बाज़ार में बदलाव का अनुमान लगाने में सक्षम होना चाहिए।

## बिज़्नेश लाईफ-साइकल (Business Lifecycle) :

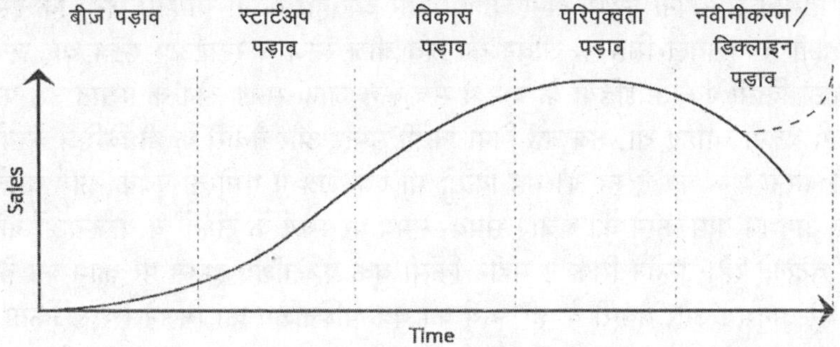

## निहितार्थ :

हालांकि इस दुनिया में ऐसा कोई नियम नहीं है, जिससे कि हम यह पता लगा सकें कि हमें किसी नौकरी या बिज़नेस के साथ अपनी यात्रा शुरू करने के बाद उस यात्रा को कितने समय तक जारी रखना चाहिए। यह तो पूरी तरह से हमारी धारणा और विश्वास का मामला होता है। हमारी धारणा या विश्वास चाहे जो भी हो, लेकिन हमें यह ज़रूर सुनिश्चित करना चाहिए कि कोई भी कार्य शुरू करने से पहले हम यह चिंतन कर लें कि हमारी वर्तमान परिस्थिति में क्या वही कार्य हमारे भविष्य के लक्ष्यों के हिसाब से सबसे उपयुक्त है। एक बार यह निर्णय हो जाए, तब उस कार्य को पूरा कर लेने से पहले हमारे दिल और दिमाग़ में किसी प्रकार का भटकाव नहीं आना चाहिए। ऐसे कार्यों के चुनाव करते समय व उन्हें क्रियान्वित करने के दौरान हमें यह भी समझना चाहिए कि हमें अलग-अलग परिस्थिति में अलग तरीक़े से व्यवहार करना होगा।

जब हम किसी व्यक्ति के साथ कार्य कर रहे होंगे, तब हमें उस व्यक्ति के चरित्र और प्रवृत्ति को ध्यान में रखना होगा। जब हम किसी संस्थान के साथ कार्य कर रहे होंगे, तब हमें उस संस्थान के नियम-क़ानून का पालन करना होगा। और जब हम स्वयं का कोई बिज़नेस कर रहे होंगे, तब हमें उस बिज़नेस के अलग-अलग दायित्वों और ज़िम्मेदारियों का निर्वहन करना होगा। इसी तरह यह भी पहचानना महत्त्वपूर्ण होता है कि हम स्वयं अपने लाइफ़ साइकल के किस चरण में हैं। ऐसा इसलिए, क्योंकि इस बात की समझ हमारे जीवन के संचालन की दिशा को परिभाषित करती है और हमारी रणनीतिक योजनाओं को बनाने में भी मदद करती है। जिस प्रकार किसी कंपनी के बिज़नेस लाइफ़ साइकल के विभिन्न चरण होते हैं और हमें यह ध्यान रखना होता है कि जिस चरण में उस कंपनी का बिज़नेस है, उसी के हिसाब से उसकी प्लानिंग की जाए। ठीक उसी तरह से हमारे स्वयं के जीवन में भी हमारी परिस्थितियों के हिसाब से अलग-अलग चरण होते हैं और हमें उसी के हिसाब से अपना निर्णय लेना चाहिए और व्यवहार करना चाहिए। जैसा कि इस कहानी में चुलबुल सिंह के जीवन का जब बीज स्टेज व स्टार्टअप स्टेज था, जब उनको किसी एक आइडिया के बारे में सब कुछ जान-समझ लेने के पश्चात उस पर आगे बढ़ना चाहिए था, तब वह बिना किसी समझ और तैयारी के ही विभिन्न कार्यों को करना शुरू कर दे रहे थे। वह किसी भी एक क्षेत्र में गंभीरता पूर्वक कार्य करते हुए अनुभव प्राप्त करने की बजाए समय-समय पर स्वयं के लक्ष्यों व योजनाओं को ही बदलते रहे। उन्होंने सिर्फ़ 2 महीने किसी बुक पब्लिशिंग हाउस पर काम कर के अधूरे अनुभव और तैयारी के ही स्वयं का बुक पब्लिशिंग का बिज़नेस शुरू किया। इस कारण से उनका वह बिज़नेस पूरी तरह से असफल रहा। अगर हम जीवन में

किसी नौकरी या बिज़नेस करने की बात को सोचें तो हमें यह समझ में आएगा कि हमें कहीं न कहीं से शुरुआत तो करनी ही होती है। यह असंभव है कि कोई व्यक्ति जन्म से ही अनुभवी हो। अपने जीवन में ग़लतियां करके ही सभी को अनुभव प्राप्त होता है। इसलिए अगर हमने कोई ऐसी नौकरी या बिज़नेस शुरू किया है, जिसकी हमें बहुत समझ नहीं हो तब ऐसी स्थिति में हमें उस नौकरी या बिज़नेस में कुछ समय बिताना चाहिए। हमें स्वयं के (या अपने बिज़नेस के) उस विकास (ग्रोथ) स्टेज के दौरान निरंतर सीखते हुए स्वयं का (व अपने बिज़नेस का) विकास करना चाहिए। लेकिन चुलबुल सिंह ने इस स्टेज में भी ग़लती की और वे अपना कोई एक लक्ष्य निर्धारित करने की बजाए, विभिन्न कार्यों व व्यवसायों से प्रभावित होते रहे। हद तो तब हो गई, जब चुलबुल अपने क्षेत्र के विधायक जी के प्रतिनिधि के तौर पर कुछ समय कार्य करने के बाद विधायक जी की मर्ज़ी के ख़िलाफ़ जाकर ग्राम पंचायत के चुनाव में कूद पड़े। इसके फलस्वरूप उन्हें हवालात में कुछ दिन गुज़ारने पड़े।

इस संबंध में विदुर नीति (1/37) में भी कहा गया है कि

*'बलवन्तं च यो द्वेष्टि तमाहुर्मुढचेतसम्'*

अर्थात् जो व्यक्ति स्वयं से मज़बूत व्यक्ति के साथ संघर्ष को पोषित करता है, उसे मूर्ख कहा जाता है।

इसलिए हमें किसी व्यक्ति के ख़िलाफ़ कोई क़दम उठाने से पहले अपनी और उसकी तुलना ज़रूर कर लेना चाहिए और उस व्यक्ति के साथ संघर्ष करने से स्वयं को होने वाले नफ़ा-नुक़सान के बारे में भी सोच-विचार कर लेना चाहिए। अगर सामने वाला व्यक्ति हमसे ज़्यादा मज़बूत हो और हम उसका मुक़ाबला कर सकने की स्थिति में नहीं हों, तब हमें उसके ख़िलाफ़ जाने से बचना चाहिए। हमें समय के अपने अनुकूल होने का इंतज़ार करना चाहिए। जैसा कि समंदर में एक छोटी मछली किसी बड़ी मछली के सामने जाने से तब तक बचती रहती है, जब तक कि उस छोटी मछली के शरीर का आकार बड़ी मछली के मुंह के आकार से बड़ा नहीं हो जाता है। वह छोटी मछली ऐसा इसलिए करती है, क्योंकि जब तक उसका शरीर बड़ी मछली के मुंह से छोटा होता है, तब तक इस बात की संभावना रहती है कि बड़ी मछली उसे अपना शिकार बना ले। लेकिन जैसे ही उसके शरीर का आकार बड़ी मछली के मुंह से बड़ा हो जाता है, वैसे ही यह सुनिश्चित हो जाता है कि वह बड़ी मछली का शिकार नहीं बन सकती है। इस तरह से वह छोटी मछली समय के उसके अनुकूल होने का इंतज़ार करती है। वहीं पर हम अगर किसी व्यक्ति के संरक्षण में काम कर रहे हों, उसके अनुयायी हों, तो हमें एक अच्छे अनुयायी की तरह उसके साथ काम करते हुए ख़ुद का विकास करने पर ध्यान देना चाहिए और

अपनी स्थिति को मज़बूत करते रहना चाहिए। लेकिन हमें यह ध्यान रखना चाहिए कि अगर हम एक बार किसी व्यक्ति के संरक्षण में काम करना स्वीकार कर लेते हैं, तब उस व्यक्ति की यही इच्छा होती है कि उसके साथ हमारी संबद्धता ज़्यादा से ज़्यादा समय तक बनी रहे। उस व्यक्ति की ऐसी इच्छा इसलिए होती है, क्योंकि वह हमें अपने सानिध्य में रख कर बहुत कुछ सिखाता है। ऐसे में अगर हम उसका साथ जल्दी छोड़ देते हैं या जल्दी आगे बढ़ने के प्रयास में हम उसके लिए उन कार्यों को करने से मना करते हैं, जो हम उसके लिए पहले से कर रहे होते हैं, तब उसके अहंकार को ठेस पहुंचती है। इसके अलावा हमारे द्वारा किए जाने वाले कार्यों को करने के लिए उसे किसी नए व्यक्ति (अनुयायी) को प्रशिक्षित करने में पुनः मेहनत करनी पड़ती है व अपना समय देना पड़ता है। इन वजहों से उसे हमसे नाराज़गी होती है। भले ही हमारे मन में उस व्यक्ति को लेकर कोई छल नहीं हो, लेकिन अगर हम उस व्यक्ति से जुड़ने के कुछ ही समय बाद अलग होने का प्रयास करते हैं, तब उस व्यक्ति को इस बात का भय हो सकता है कि उससे अलग होने के बाद हम उससे संबंधित कुछ गोपनीय सूचनाएं उसके विरोधियों से साझा कर सकते हैं। इस वजह से हमारा उससे अलग होना उसे नागवार लगता है। इसलिए हमें अपनी ज़िंदगी के लाइफ़ साइकल (life cycle) के विभिन्न चरणों को समझते हुए इस बात का ध्यान रखना चाहिए कि अगर हम किसी व्यक्ति के संरक्षण में कार्य करना शुरू कर दें, तब हमें एक अच्छे अनुयायी की तरह व्यवहार करना चाहिए और ग़लत समय पर उस व्यक्ति के सामने नहीं चमकना चाहिए।

अपने जीवन के शुरुआती समय में चुलबुल सिंह अपने लाइफ़ साइकल के विभिन्न चरणों को समझने में असफल रहे थे। इसकी वजह से वह अपनी क़ाबिलियत और परिस्थितियों का सही आकलन किए बिना ही अनुचित व्यवहार करते रहे, जिसके फलस्वरूप उनका बहुत नुक़सान हुआ। वहीं पर जब वह पत्रकारिता के करियर में स्थिर हो कर मेहनत करने लगे, तब वह उस क्षेत्र के शिखर पर पहुंचने में कामयाब हो गए। जिस प्रकार किसी कंपनी के पूरी तरह विकास कर जाने के बाद वह अपनी परिपक्वता के स्टेज में पहुंच जाती है। ठीक वैसे ही कोई व्यक्ति जब अपने करियर के शिखर पर पहुंच जाता है, तब वह भी अपनी परिपक्वता के स्टेज में पहुंच जाता है। जैसा कि किसी कंपनी के परिपक्वता के स्टेज में पहुंचने पर अगर उसको बढ़ाया/फैलाया नहीं गया, उसमें कोई इनोवेशन नहीं किया गया, तब वह ढलान के चरण में प्रवेश कर जाती है।

ठीक उसी प्रकार से कोई व्यक्ति जब अपने करियर के शिखर पर अर्थात् परिपक्वता स्टेज में पहुंच जाता है और उस समय अगर वह अपने जीवन में कुछ नयापन लाने का प्रयास नहीं करता है, तो उसके भी करियर की गाड़ी ढलान से होते हुए नीचे की ओर आने लगती है। जैसा कि चुलबुल सिंह मैनेजिंग एडिटर व प्राइम

टाइम एंकर के तौर पर कार्य करते हुए पत्रकारिता के अपने करियर के शिखर पर थे। उस समय उन्होंने अपने जीवन व करियर में कुछ नयापन लाने का प्रयास नहीं किया। ना ही अपने लिए किसी दूसरे शिखर के निर्माण करने का प्रयास किया। अपनी इस ग़लती की वजह से वह उस नौकरी से रिटायर होने के बाद अंततः शिखर से सिफ़र पर आ गए। इसलिए हमें स्वयं के जीवन के विभिन्न चरणों व अपनी परिस्थितियों की समझ होनी चाहिए और उसी के हिसाब से हमें व्यवहार करना चाहिए और अपने निर्णय लेने चाहिए।

# 11

# जंगल में भटक जाएं तो जानवरों जैसा बर्ताव करें

***कहानी : परदेसी चाचा की विदेश यात्रा***

क्या आपके साथ कभी ऐसा हुआ है कि आप पहली बार कहीं गए हों और वहां के लोगों का व्यवहार देख कर आप आश्चर्यचकित हो गए हों? वहां आपको बिलकुल भी समझ में नहीं आ रहा हो कि लोग आख़िर वैसा व्यवहार क्यों कर रहे हैं? कुछ ऐसा ही वाक़या हुआ हमारे परदेसी चाचा के साथ। दरअसल परदेसी चाचा बचपन से ही बहुत घुमंतू स्वभाव के थे। वह अपने घर पर तो बहुत कम ही रहते थे। वह कभी अपने मामा के यहां, तो कभी मौसी के यहां चले जाते, या मंगरू चाचा के शहर वाले मकान में रहने के लिए चले जाते। परदेसी चाचा जब छोटे थे, तब उनका कोई भी रिश्तेदार या पड़ोसी अगर उन्हें अपने साथ चलने को कहता तो वह तुरंत तैयार हो जाते थे। उनकी इस घुमंतू प्रवृत्ति के कारण सभी लोग उन्हें परदेसी नाम से बुलाने लगे थे। परदेसी चाचा की औपचारिक पढ़ाई-लिखाई तो बहुत नहीं हुई थी, लेकिन ख़ूब घूमने-फिरने के कारण उनकी सामान्य समझ काफ़ी विकसित हो गयी थी। उन्हें लोगों से व्यवहार करने की अच्छी समझ हो गयी थी। अंग्रेज़ी-हिंदी सहित कुछ अन्य भाषाओं पर भी उनकी अच्छी पकड़ हो गयी थी। इस सब के साथ-साथ उनकी कम्यूनिकेशन स्किल भी बहुत अच्छा हो गया था। उनकी प्रोफ़ेशनल ज़िंदगी की बात करें तो उन्होंने अपने करियर की शुरुआत तो एक छोटी सी नौकरी से की थी, लेकिन अपनी मेहनत और कौशल की बदौलत बाद में उन्हें एक मल्टी-नैशनल कंपनी में अच्छी नौकरी मिल गयी थी। उस कंपनी में उनका दायित्व अलग-अलग देशों की विभिन्न संस्थाओं से बातचीत करके कंपनी के मध्य विभिन्न मुद्दों पर करार कराने का था। अपनी नौकरी की इस

प्रवृत्ति के कारण उनको अलग–अलग देशों का दौरा करना पड़ता था। एक बार का वाक़या है, जब परदेसी चाचा अपनी कंपनी के काम के सिलसिले में पहली बार अमेरिका गए हुए थे। वहां पर उन्हें किसी अमेरिकी संस्था के साथ एक डील पर चर्चा करनी थी। उस संस्था की तरफ़ से डील पर चर्चा के लिए जो अमेरिकी व्यक्ति आया था, वह बातचीत के दौरान तो परदेसी चाचा को बहुत ही सरल स्वभाव का प्रतीत हुआ। उस डील पर दोनों लोगों के बीच मौखिक रूप से सहमति भी बन गयी। लेकिन अभी फ़ाइनल हो चुकी उस डील के काग़ज़ों पर दोनों पक्षों के हस्ताक्षर होने बाक़ी थे। अगले दिन जब हस्ताक्षर करने की बारी आयी, तब वह व्यक्ति डील की शर्तों में कुछ बदलाव करने की मांग करने लगा। इस पर परदेसी चाचा ने उसे पिछले दिन की डील पर मौखिक सहमति होने का हवाला देते हुए शर्तों में बदलाव करने से मना कर दिया। अमेरिकी व्यक्ति ने उन्हें समझाया कि पिछले दिन की बात चूंकि सिर्फ़ मौखिक थी, लिखित में नहीं थी, इसलिए उन बातों का कोई विशेष मतलब नहीं था। ख़ैर उस दिन किसी तरह अंततः नई शर्तों पर वह डील पक्की हुई। दरअसल, उस अमेरिकी व्यक्ति ने ऐसा इसलिए किया था, क्योंकि अमेरिका में यह मान्यता है कि जब तक किसी समझौते के काग़ज़ातों पर हस्ताक्षर नहीं हो जाते हैं, तब तक उस समझौते को फ़ाइनल नहीं माना जाता है।

चूंकि परदेसी चाचा को इस तरह की किसी मान्यता की जानकारी नहीं थी, इसलिए वह उस दिन थोड़ा असहज हो गए थे। उस दिन के बाद परदेसी चाचा ने एक बात की गांठ बांध ली कि भविष्य में कोई डील करते समय वह सामने वाले पक्ष की मौखिक बातों पर विश्वास नहीं करेंगे और वह डील की सभी शर्तों को लिखित में ज़रूर लेंगे। इसके कुछ दिनों बाद परदेसी चाचा को कंपनी के काम से जापान जाना पड़ा, जहां उन्हें एक जापानी कंपनी के साथ समझौता करना था। अपने जापान दौरे पर वह अमेरिका में हुए अनुभव व उससे मिली सीख को याद रखे हुए थे। इस समझौते के लिए दोनों पक्षों के बीच बातचीत शुरू हुई और कुछ देर में संबंधित शर्तों पर दोनों पक्षों की सहमति भी बन गयी। उन शर्तों पर मौखिक सहमति होने के बाद जापानी पक्ष के व्यक्ति ने समझौते से संबंधित पक्के काग़ज़ातों को अगले दिन तैयार करने की बात कही। उसकी यह बात सुनते ही परदेसी चाचा ने अपने अमेरिका के अनुभव को ध्यान में रखते हुए जापानी व्यक्ति के सामने अपनी आपत्ति दर्ज कराई और उसी दिन सभी काग़ज़ातों पर हस्ताक्षर करने की बात कही। लेकिन परदेसी चाचा द्वारा मौखिक सहमति पर भरोसा नहीं करने की बात उस जापानी व्यक्ति को बहुत बुरी लगी, जिसकी वजह से उसकी कंपनी ने परदेसी चाचा की कंपनी के साथ किए जा रहे उस समझौते से स्वयं को अलग कर लिया। दरअसल, उस जापानी व्यक्ति को परदेसी चाचा का व्यवहार इसलिए बुरा लगा, क्योंकि जापान में यह परंपरा है कि कोई भी व्यक्ति अपने मौखिक वादे से

कभी मुकरता नहीं है। इसलिए वहां कोई व्यक्ति मौखिक रूप से भी किसी शर्त के लिए हामी भर देता है, तब यह मान कर चला जाता है कि वह हमेशा उन शर्तों पर क़ायम रहेगा। चूंकि जापान की इस परंपरा से परदेसी चाचा बिलकुल अनभिज्ञ थे और कुछ दिन पूर्व ही उनका अमेरिका में बिलकुल अलग अनुभव रहा था, इसलिए उन्होंने उस जापानी व्यक्ति से समझौते की शर्तों को लिखित में देने की बात कह कर उसे नाराज़ कर दिया। इन दो बिलकुल अलग अनुभवों के बाद परदेसी चाचा ख़ासे परेशान और चिंतित थे। उन्हें समझ नहीं आ रहा था कि आख़िर वह लोगों की बातों पर भरोसा करें या नहीं करें। इसी कशमकश में वह अपने अगले प्रोजेक्ट के सिलसिले में सऊदी अरब के लिए रवाना हुए। सऊदी अरब के लोगों के बारे में यह माना जाता है कि वे लोग किसी लिखित डील को भी अंतिम नहीं मानते हैं। किसी समझौते की सभी काग़ज़ी कार्रवाई पूरी होने के बाद भी वे उस समझौते से पीछे हट सकते हैं। वे किसी भी डील को खल्लास बोल कर उसे तोड़ देते हैं। वहां पर परदेसी चाचा के साथ हुआ भी कुछ ऐसा ही। पहले ही दिन समझौते से संबंधित सभी शर्तों पर सहमति बनने के बाद दोनों पक्षों ने समझौते के दस्तावेज़ों पर भी हस्ताक्षर कर के उस डील को पक्का कर लिया। लेकिन अगले दिन सऊदी अरब की उस कंपनी के लोगों की तरफ़ से परदेसी चाचा को यह संदेश भिजवाया गया कि उस समझौते के शर्तों में वे कुछ बदलाव करना चाहते हैं। इस पर, परदेसी चाचा ने डील पक्की होने की बात कहते हुए आपत्ति दर्ज कराई। इस पर उस कंपनी के लोगों का कहना था कि उन्हें उन हस्ताक्षरित दस्तावेजों से कोई मतलब नहीं। वहां के लोगों का तर्क सुन कर अब परदेसी चाचा का दिमाग़ काम करना बंद कर चुका था। उनको समझ नहीं आ रहा था कि उनसे आख़िर ग़लती कहां हो रही थी, जो उनके सामने हमेशा ही अलग-अलग परिस्थिति उत्पन्न हो जा रही थी। वह इस बात को सोच कर चिंतित हो रहे थे कि वह जिस भी देश में जा रहे हैं, उस देश में उनके सामने अलग-अलग समस्याएं क्यों प्रकट हो रही हैं। चूंकि परदेसी चाचा के जापान दौरे में उन्हें असफलता ही हाथ लगी थी, इसलिए वह सऊदी अरब की उस डील को अपने हाथ से जाने देना नहीं चाहते थे। इसलिए वह स्वयं की भावनाओं को थोड़ा क़ाबू में रखते हुए उन लोगों के साथ समझौते की नई शर्तों के लिए चर्चा की तैयारी करने लगे।

यहां इस कहानी का ज़िक्र इस लिए किया गया है, क्योंकि साइकोलॉजी की एक थ्योरी भी इस बारे में बात करती है कि किसी भी चीज़ को लेकर व्यक्ति की सोच और समझ उसकी परवरिश और उसके आस-पास के समाज पर निर्भर करती है। विभिन्न परिस्थितियों, विषयों और चीज़ों को लेकर उसकी समझ का विकास उसके सीखने के नए अवसरों, नए अनुभवों, नई यात्राओं, अध्ययन व संवाद के माध्यम से होता है। यह मान्यता है कि विभिन्न विषयों को लेकर किन्हीं दो व्यक्तियों

की सोच बिलकुल एक जैसा होना संभव नहीं है। तो आइए इस थ्योरी के बारे में हम विस्तार से बात करते हैं।

## संबंधित कॉन्सेप्ट व थ्योरी :

### स्कीमा थ्योरी (Schema Theory) :

स्कीमा थ्योरी कहती है कि व्यक्ति अपने व्यक्तिगत अनुभवों के आधार पर अपने ज्ञान को विभिन्न इकाइयों के रूप में संग्रहीत और व्यवस्थित करता है। यह थ्योरी यह समझाने की कोशिश करती है कि व्यक्ति द्वारा ज्ञान का निर्माण और उपयोग कैसे किया जाता है। दरअसल स्कीमा एक मानसिक संरचना होती है, जो व्यक्ति को यह समझने में मदद करती है कि चीज़ें कैसे काम करती हैं। यह व्यक्ति को तेज़ी से सोचने और समझने में मदद करती हैं। इसका संबंध इस बात से है कि व्यक्ति अपने ज्ञान को कैसे व्यवस्थित करता है। जैसे ही व्यक्ति कोई नई जानकारी प्राप्त करता है, वैसे ही वह उसे उन अन्य चीज़ों से जोड़ने का प्रयास करता है, जिन्हें वह पहले से जान रहा होता है, जिन पर उसे पहले से ही विश्वास होता है या जिन्हें वह पहले ही अनुभव कर चुका होता है। उस प्राप्त नई जानकारी का उन पहले से अनुभव कर चुके चीज़ों के साथ संबंध व्यक्ति के मस्तिष्क में एक प्रकार की संरचना बनाते हैं, जिससे उसके मस्तिष्क में नई स्कीमा का निर्माण होता है।

डेबी मिलर ने अपनी किताब *रीडिंग विथ मीनिंग* में लिखा है कि व्यक्ति किसी विषय के बारे में जो भी जानता है, वह उसका स्कीमा होता है। जब व्यक्ति किसी विषय के बारे में अपनी सोच/विचार/समझ में बदलाव करता है, तब उसका स्कीमा भी परिवर्तित होता है। इस तरीक़े से यह कहा जा सकता है कि स्कीमा एक गतिशील अवधारणा है, जो सीखने के नए अवसरों, नए अनुभवों, नई यात्राओं, अध्ययन व संवाद के माध्यम से बनती है और उसमें नई-नई चीज़ें जुड़ती रहती हैं। व्यक्ति जो कुछ भी सुनता, देखता और महसूस करता है, वह जिन जगहों पर घूमने के लिए जाता है, उनसे उसके स्कीमा में स्वतः ही नई चीज़ें शामिल हो जाती हैं। जब व्यक्ति अपने स्कीमा का इस्तेमाल करता है तो उसकी मेमोरी यानि स्मृति सक्रिय हो जाती है। इस तथ्य के आधार पर यह कहा जा सकता है कि स्कीमा व्यक्ति की दीर्घकालीन स्मृति से संबंधित होती है, जहां से यादें पुनः उसकी वर्किंग मेमोरी या शार्ट टर्म मेमोरी में आती हैं।

इस बारे में साइकोलॉजी से जुड़े विशेषज्ञ कहते हैं कि किन्हीं दो व्यक्तियों के स्कीमा का एक जैसा होना संभव नहीं है, क्योंकि हर कोई अलग-अलग चीज़े

करता है, अलग-अलग जगहों पर जाता है, अलग तरह की किताबें पढ़ता है। इसलिए हर किसी का स्कीमा अलग होता है।

**महाभारत से सबक़** (Lesson from Mahabharata) :

अर्जुन ने एक अन्यायपूर्ण युद्ध में निःशस्त्र हुए कर्ण का वध किया। महाभारत के दौरान कर्ण को कृष्ण और इंद्र ने कई बार धोखा दिया था। क्या यह नैतिक रूप से उचित था? चूंकि उन परिस्थितियों में कौरवों द्वारा की गयी निम्नलिखित बातें भी उचित नहीं थीं : लाक्षागृह को जलाकर पांडवों को मारने का प्रयास करना, द्रौपदी का वस्त्रहरण कर उनका अपमान करना और पांडवों के 12 वर्ष का वनवास समाप्त होने के बाद उन्हें उनका राज्य सम्मान के साथ वापस दिए जाने के वादे के विरुद्ध उन्हें 5 गांव भी नहीं देना। कर्ण को दुर्योधन के इन सभी अन्यायपूर्ण क्रिया-कलापों की जानकारी थी, लेकिन उसने दुर्योधन को ऐसा करने से नहीं रोका और उसने दुर्योधन की तरफ़ से लड़ने का फ़ैसला किया। बल्कि कई बार तो कर्ण ने ही दुर्योधन को पांडवों के विरुद्ध उकसाया था। कर्ण में भले ही बहुत से अन्य गुण थे, लेकिन चूंकि धर्म किसी भी चीज़ से ऊपर होता है, इसलिए धर्म की रक्षा के लिए कर्ण का वध करना आवश्यक और उचित था।

**रामायण से सीख** (Lesson from Ramayana) :

रामायण में श्री राम चंद्र ने झाड़ी के पीछे छुपकर बाली का वध किया। क्या यह नैतिक रूप से उचित था? व्यक्ति को हमेशा यह ध्यान रखना चाहिए कि युद्ध में जब उसका विरोधी नियम तोड़ने लगे तो फिर उसके द्वारा स्वयं नियमों का पालन करने का कोई मतलब नहीं होता है। चूंकि बाली दोषपूर्ण व्यक्ति था और मानकों/नियमों से उससे लड़ना न्याय के साथ अन्याय था, इसलिए श्री राम चंद्र द्वारा झाड़ी के पीछे छुपकर बाली का वध करना नैतिक रूप से उचित था।

## निहितार्थ :

आप स्वयं ही विचार कीजिए कि अगर आप जंगल में भटक गए हों और आपके सामने कोई जंगली जानवर आ जाए तो आपको क्या करना चाहिए? क्या आपको उस जंगली जानवर से मानवता की अपेक्षा करनी चाहिए? क्या आपको यह सोचना चाहिए कि चूंकि आपका उद्देश्य उस जानवर को परेशान करना या हानि पहुंचाना नहीं है, इसलिए वह भी आप पर हमला नहीं करेगा और आपको किसी तरह का नुक़सान नहीं पहुंचाएगा? और अगर वह जानवर आपके ऊपर हमला कर देगा तो क्या आपको उस जानवर के द्वारा आपके साथ मानवता पूर्वक व्यवहार नहीं किए

जाने की उससे शिकायत होगी? वास्तव में आपको उससे कोई शिकायत नहीं होनी चाहिए! ऐसा इसलिए क्योंकि व्यक्ति को कभी भी किसी जानवर से मानवता पूर्वक व्यवहार करने की अपेक्षा ही नहीं करनी चाहिए। दरअसल उस जंगली जानवर की जो प्रवृति होगी, वह उसी के हिसाब से व्यवहार करेगा। अब यह आपको सोचना और विचार करना होगा कि वह जानवर आपका नुक़सान नहीं कर पाए, इसके लिए आपका व्यवहार कैसा होना चाहिए। यही बात आपको मनुष्यों के साथ व्यवहार करते समय भी ध्यान रखना चाहिए। चूंकि इस संसार के विभिन्न देशों में और किसी एक देश के विभिन्न क्षेत्रों में लोग अलग-अलग परंपराओं और मान्यताओं को मानते और उनका अनुसरण करते हैं। विभिन्न स्थानों पर रहने वाले लोगों के लिए ग़लत-सही और अच्छाई-बुराई के मायने अलग होते हैं। लोगों की मान्यताएं और उनकी परंपराएं सिर्फ़ स्थान बदलने के साथ ही नहीं बदलती हैं, बल्कि एक स्थान पर निवास करने वाले लोगों की स्वयं की मान्यताएं समय के साथ भी बदल जाती हैं। उदाहरण के लिए अगर हम भारत देश की बात करें तो मुंबई और दिल्ली जैसे मेट्रो शहरों में रहने वाले लोगों के लिए जो बात और व्यवहार सही हैं, हो सकता है कि ग्रामीण परिवेश में रहने वाले लोगों की नज़र में वो बात और व्यवहार ग़लत हो।

वहीं पर उसी ग्रामीण परिवेश में रहने वाले लोगों की नज़र में जो बात आज से 20 वर्ष पूर्व ग़लत थी, उस बात को हो सकता है कि आज के समय में वे स्वीकार कर चुके हों। चूंकि हम जिस भी स्थान पर रहते हैं, जिस परिवेश में पलते-बढ़ते हैं, उसका हमारी सोच और व्यवहार पर गहरा असर पड़ता है। हमारे परिवेश में जिन कार्यों या व्यवहारों को सही और अच्छा करार दिया जाता है, उन्हें हम भी सही मानने लगते हैं। जबकि जिन्हें ग़लत कहा जाता है, उन्हें हम भी ग़लत मान लेते हैं। चूंकि स्कीमा थ्योरी भी यही कहती है कि लोग अपने व्यक्तिगत अनुभवों के आधार पर ज्ञान को इकाइयों के रूप में संग्रहीत और व्यवस्थित करते हैं। इसके अनुसार स्कीमा हमारी दीर्घकालीन स्मृति से संबंधित है, जहां से चीज़ें याद होकर वर्किंग मेमोरी या शार्ट टर्म मेमोरी में आती हैं।

इस बारे में एजुकेशन साइकोलॉजी से जुड़े विशेषज्ञ कहते हैं कि किन्हीं दो व्यक्तियों के स्कीमा का एक जैसा होना संभव नहीं है, क्योंकि हर कोई अलग-अलग चीज़ें करता है, अलग-अलग जगहों पर जाता है, अलग तरह की किताबें पढ़ता है। इसलिए हर किसी का स्कीमा अलग होता है। इसलिए हमें किसी से मिलने और बात-चीत करने से पहले उनकी संस्कृति और मान्यताओं के बारे में जान लेना चाहिए, क्योंकि हर व्यक्ति का व्यवहार उनकी अपनी संस्कृति, परवरिश, उसकी शिक्षा और उसके अनुभवों पर निर्भर करता है।

यह संभव है कि किसी व्यक्ति का कोई व्यवहार हमारी नज़र में भले ही ग़लत प्रतीत हो रहा हो, लेकिन उसका वह व्यवहार उसके स्वयं की मान्यताओं के

अनुसार बिलकुल न्यायसंगत हो। इसलिए हमें किसी भी परिस्थिति को सिर्फ़ अपने नज़रियों से देखने की बजाए सामने वाले व्यक्ति के नज़रिए से भी देखना चाहिए। लेकिन यह तभी संभव हो पाएगा, जब हमें सामने वाले व्यक्ति की संस्कृति और मान्यताओं के बारे में पहले से पता हो। जैसा कि इस कहानी में परदेसी चाचा अपनी मल्टी-नेशनल कंपनी में नौकरी के सिलसिले में विभिन्न देशों की यात्रा कर वहां की संस्थाओं के साथ समझौता करते थे। चूंकि उन्हें उन देशों की संस्कृति और मान्यताओं के बारे में पहले से पता नहीं होता था, इसलिए उन्हें कई बार अप्रत्याशित स्थिति का भी सामना करना पड़ जाता था। जैसा कि परदेसी चाचा की उस अमेरिकी व्यक्ति के साथ में मौखिक सहमति हो जाने के बाद अगले दिन उसने समझौता की शर्तों में कुछ बदलाव करने की बात कही। जबकि इसके विपरीत जापान में जब उन्होंने मौखिक सहमति बन जाने के बाद जब उस जापानी व्यक्ति से समझौते के पक्के दस्तावेज यथाशीघ्र तैयार करने की बात की तब वह नाराज़ होकर उस समझौते से ही पीछे हट गया।

वहीं, सऊदी अरब में समझौते के सभी दस्तावेज़ों पर हस्ताक्षर होने के बाद भी वहां के लोग अगले दिन उस समझौते की शर्तों में कुछ बदलाव करने की बात कहने लगे। परदेसी चाचा को जब इन देशों की अलग-अलग प्रथाओं और संस्कृतियों के हिसाब से व्यवहार करना पड़ा, तब उन्हें कई बार असहजता हुई। ऐसा इसलिए हुआ, क्योंकि परदेसी चाचा को यह लगता था कि विभिन्न देशों के लोगों को एक विशेष सोच और संस्कृति के अनुरूप व्यवहार करना चाहिए। सबसे पहले तो उनका यह मानना था कि जैसा वह सोचते हैं और जो उनकी मान्यताएं हैं, उन्हीं के अनुरूप इस दुनिया के सभी लोगों को व्यवहार करना चाहिए। उसके बाद जब वे अमेरिका गए, तब वहां के अपने अनुभव के आधार पर उन्होंने यह मान लिया कि अन्य देशों के लोग भी उस अमेरिकी व्यक्ति की तरह ही व्यवहार करेंगे। लेकिन उनके जापान और सऊदी अरब के अनुभवों ने उनकी इस सोच को ग़लत साबित कर दिया।

दरअसल, परदेसी चाचा को यह बात समझनी चाहिए थी कि विभिन्न संस्कृतियां और प्रथाएं ग़लत या सही नहीं होती हैं, वे सिर्फ़ भिन्न होती हैं। इसलिए अगर वह किसी भिन्न सभ्यता और संस्कृति वाले देश के लोगों से बातचीत या समझौता कर रहे थे, तब उन्हें उन लोगों के हिसाब से सोचना और व्यवहार करना चाहिए था। इससे हमें यह सीखने को मिलता है कि अगर हम किसी दूसरे देश या क्षेत्र के लोगों के साथ कार्य कर रहे हों तो हमें वहां के लोगों के व्यवहार के बारे में पहले से ही समझ लेना चाहिए और अपना व्यवहार भी उसी के अनुसार करना चाहिए। कभी ऐसा भी होता है कि विभिन्न लोग हमारे आसपास ही रह रहे होते हैं, लेकिन उनका व्यवहार हमारे जैसा नहीं होता है। ऐसी स्थिति में हमें अपने आसपास देखना और समझना चाहिए कि हमारे आसपास के लोगों का व्यवहार किस संस्कृति

और सभ्यता से मेल खाता है और हमें भी उनके साथ वैसा ही व्यवहार करना चाहिए, क्योंकि वह उसी के पात्र होते हैं।

जैसा कि महाभारत (उद्योगपर्व : 178/53) में कहा गया है कि

*'यो यथा वर्तते यस्सिंस्तस्मिन्नेव प्रवर्तयन् नाधर्म समवाप्नोति न चाश्रेयश्च विन्दति'*

अर्थात् 'किसी व्यक्ति के साथ, जिसका वह पात्र है, उसके जैसा ही व्यवहार करने से ना तो कोई पाप होता है और ना ही कोई हानि होती है।'

अगर कोई व्यक्ति हमारे साथ ग़लत व्यवहार कर रहा हो तो हमें भी उसके साथ वैसा ही करना चाहिए, क्योंकि चाणक्य नीति (17/2) में भी कहा गया है कि

*'दुष्टे दोष्ट्यं समाचरेत्'*

अर्थात् दुष्टों से उन्हीं के अनुसार (कठोरता से) निपटा जाना चाहिए।

अगर हम ऐसा नहीं करते हैं तो इस बात की पूरी संभावना रहेगी कि हम स्वयं के साथ ही अन्याय कर लेंगे। यह बात हमें रामायण और महाभारत की कथाओं से भी सीखने को मिलती है, जिसमें भगवान श्री राम ने झाड़ी के पीछे छुपकर बाली का वध किया, क्योंकि बाली से सीधे लड़ कर जीतना असंभव था; और चूंकि वह दोषपूर्ण व्यक्ति था, इसलिए उसके साथ मानकों/नियमों से लड़ने पर न्याय के साथ अन्याय होता। वहीं पर महाभारत में अर्जुन ने एक अन्यायपूर्ण युद्ध में कर्ण को मार डाला, क्योंकि धर्म की रक्षा के लिए कर्ण का वध करना आवश्यक था। इसलिए ध्यान रहे कि हमें लोगों के व्यवहार के अनुरूप ही उनसे व्यवहार करना चाहिए अर्थात् जंगल में भटक जाने पर हमें जानवरों की तरह ही बर्ताव करना चाहिए।

# 12

# मुलाक़ात के अंत में अपना मुख्य उद्देश्य ज़रूर बताएं

## *कहानी : शर्मा जी की पैरवी*

शायर वसीम बरेलवी ने सही ही लिखा है कि 'कौन-सी बात कहां, कैसे कही जाती है, ये सलीक़ा हो, तो हर बात सुनी जाती है।' मतलब कि अगर व्यक्ति को इस बात की समझ हो कि उसे कौन सी बात किस जगह पर और किस प्रकार से रखनी है, तो लोगों पर उसकी बातों का अच्छा प्रभाव पड़ता है। सिर्फ़ यही नहीं बल्कि यह भी महत्त्वपूर्ण होता है कि व्यक्ति को यह भी समझ हो कि उसे अपनी बातों को कब रखना है? भले ही व्यक्ति सही बातों को, सही जगह और सही तरीक़े से रख रहा हो, लेकिन अगर वह अपनी बातों को सही क्रम में नहीं रख पाएगा तो उसकी बातों का प्रभाव मद्धिम पड़ जाएगा।

कई ऐसे लोग होते हैं जिन्हें इन बातों की समझ नहीं होती है जिसके कारण लोगों पर उनकी बातों का कोई असर नहीं पड़ता है। हमारे गांव वाले शर्मा जी भी एक ऐसे ही व्यक्ति थे। शर्मा जी हमारे गांव के एक छुटभइया नेता थे। रोजाना तहसील पर जाना ही उनका एकमात्र काम होता था। दरअसल तहसील के विभिन्न कार्यालयों में सभी प्रशासनिक अधिकारी जैसे कि एसडीएम, लेखपाल बैठ कर उस तहसील क्षेत्र की जनता की समस्याओं को सुनते हैं और उन समस्याओं का निपटारा करते हैं। शर्मा जी चूंकि एक छुटभइया नेता थे, इसलिए वह अपनी नेतागीरी के स्तर में विकास के उद्देश्य से रोज़ाना तहसील जाते थे। वहां वह विभिन्न अधिकारियों से मिलकर क्षेत्र के लोगों की विभिन्न समस्याओं के समाधान के लिए पैरवी किया करते थे। शर्मा जी जब भी किसी अधिकारी से मिलते, तब वह बिना उनके स्वास्थ्य व घर-परिवार का हाल-समाचार पूछे ही लोगों की समस्याएं गिनवाने लगते थे। वे

अधिकारी अभी कुछ समझ ही पाते कि शर्मा जी उनके सामने पांच-दस समस्याएं रख चुके होते थे। शर्मा जी के इस व्यवहार के कारण उन अधिकारियों को थोड़ी असहजता होती थी। इस असहज भाव के साथ जब वे शर्मा जी से अपनी पिछली मुलाक़ात को याद करते, तब भी उन्हें यही ध्यान आता कि पिछली बार भी शर्मा जी ऐसी ही दस शिकायत ले कर आए थे। इन बातों को सोच कर उन अधिकारियों के दिमाग़ में शर्मा जी की छवि एक निहायत स्वार्थी व्यक्ति की बन जाती, जिसकी वजह से उन्हें शर्मा जी से चिड़चिड़ापन महसूस होने लगता। हालांकि शर्मा जी के सत्ता पक्ष के प्रदेश स्तर के कुछ नेताओं से अच्छे संबंध थे, इसलिए सभी अधिकारियों को उनकी बातें मजबूरी में सुननी पड़ती थीं। ऐसा भी नहीं था कि अधिकारियों से मिलने पर शर्मा जी सिर्फ़ अपने काम ही गिनवाते थे। वह एक-दूसरे के घर-परिवार की भी बातें किया करते थे। दरअसल वह अपनी समस्याएं और शिकायतों के बारे में बताने और काम गिनवाने के बाद एक-दूसरे के घर-परिवार की बातें शुरू करते थे। सिर्फ़ घर-परिवार की ही नहीं, बल्कि मुलाक़ात कर के निकलते हुए वह उन अधिकारियों से कुछ राजनीति की बातें भी ज़रूर कर लिया करते थे। इस तरह अधिकारियों से मुलाक़ात के दौरान शर्मा जी अपने काम की बातों के साथ-साथ उनके स्वास्थ्य व घर-परिवार से लेकर राजनीति से संबंधित बातें भी अवश्य करते थे।

इसका मतलब कि शर्मा जी को यह मालूम था कि कौन सी बात, कहां और कैसे कहनी है। उनके साथ समस्या यह थी कि उन्हें इस बात की समझ नहीं थी कि कौन सी बात कब कहनी है, अर्थात् उनकी बातों का क्रम क्या होना चाहिए? इस चीज़ की समझ नहीं होने की वजह से शर्मा जी दो प्रमुख ग़लतियां कर रहे थे। पहली तो यह कि वह अधिकारियों से अपनी मुलाक़ात की शुरुआत में ही ढेर सारे काम और समस्याएं गिना देते थे। इसकी वजह से अधिकारियों के दिमाग़ में उनकी छवि स्वार्थी इंसान की बन गयी। उन्हें लगता था कि शर्मा जी हमेशा सिर्फ़ अपने काम के मतलब से ही मिलने आते हैं। शर्मा जी की दूसरी ग़लती यह थी कि वह अधिकारियों से मुलाक़ात के दौरान अपनी समस्याएं गिनवाने के बाद घर-परिवार और राजनीति से संबंधित बातें करते हुए उसमें ही मग्न हो जाते थे। वह उन बातों में इतना डूब जाते थे, इतनी रुचि लेने लगते थे, कि अधिकारियों को ऐसा प्रतीत ही नहीं होता था कि शर्मा जी समस्याओं के सिलसिले में उनसे मिलने आए थे। इस वजह से उन्हें यह महसूस होता था शर्मा जी द्वारा गिनाई गयी समस्याएं उनके लिए उतनी महत्त्वपूर्ण थी ही नहीं। इसके अलावा शर्मा जी से मिलने के कुछ दिनों बाद जब वे अधिकारी उस मुलाक़ात को याद करते थे, तब उन्हें अंत में शर्मा जी द्वारा की गयी घर-परिवार व राजनीति से संबंधित बातें ही याद आती थीं। इन वजहों से वे शर्मा जी की शिकायतों के निस्तारण को लेकर बहुत गंभीर नहीं रहते थे। इस तरह

शर्मा जी लोगों की समस्याओं का समाधान कराने का अपनी तरफ़ से तो पुरज़ोर पैरवी और प्रयास करते थे। लेकिन कोई भी अधिकारी उनके द्वारा की जा रही पैरवी को गंभीरता से नहीं लेता था। इस वजह से ना तो शर्मा जी लोगों की समस्याओं का समाधान निकालने में उनकी मदद कर सके और ना ही उनकी नेतागीरी का विकास हो पाया। दुःख की बात यह थी कि शर्मा जी को यह बात कभी भी समझ में नहीं आयी कि उनकी सत्ता पक्ष के नेताओं व विभिन्न अधिकारियों से अच्छे संबंध होने और उनके स्वयं द्वारा पूरा प्रयास करने के बावजूद उनकी शिकायतों का त्वरित निस्तारण क्यों नहीं होता था। वह इस बात को सोच कर बहुत आश्चर्य करते थे कि आख़िर सभी अधिकारी उनसे मुलाक़ात के दौरान बातचीत तो बहुत अच्छे से करते थे, लेकिन वह जिन शिकायतों को लेकर उन अधिकारियों से मिलते थे, वे उन शिकायतों का कभी भी समय पर निस्तारण नहीं करते थे।

यहां पर इस कहानी का ज़िक्र इसलिए किया गया है, क्योंकि साइकोलॉजी की कुछ कॉन्सेप्टस भी किसी बातचीत के दौरान बताई गयी या किसी सूची में दी हुई जानकारी को व्यक्ति द्वारा याद रख पाने की संभावना का संबंध उस जानकारी का उस बातचीत या सूची में क्रम (शुरुआत, मध्य या अंत) के साथ होने की बात करती हैं। तो आइए उन कॉन्सेप्ट के बारे में विस्तार से बात करते हैं।

## सम्बंधित कॉन्सेप्ट :

### प्राइमेसी इफ़ेक्ट व रीसेंसी इफ़ेक्ट (Primacy Effect and Recency Effect):

प्राइमेसी इफ़ेक्ट किसी सूची की शुरुआत में दी हुई जानकारी को सूची के मध्य या अंत में दी हुई जानकारी से बेहतर याद रख पाने की प्रवृत्ति को संदर्भित करता है। यह एक संज्ञानात्मक पूर्वाग्रह है। ऐसा माना जाता है कि प्राइमेसी इफ़ेक्ट मानव मस्तिष्क के मेमोरी स्टोरेज सिस्टम के पूर्वाभ्यास करने और संबद्ध करने की प्रवृत्ति से संबंधित है।

प्राइमेसी इफ़ेक्ट के विपरीत, रीसेंसी इफ़ेक्ट किसी सूची में दी हुई सूचनाओं में से उस सूची के अंत में दी हुई सूचनाओं को लोगों द्वारा अधिक आसानी से याद करने की प्रवृत्ति को संदर्भित करता है। रीसेंसी इफ़ेक्ट के मामले में, यह तर्क दिया जाता है कि चूंकि सूची के अंत में दी हुई सूचनाएं व्यक्ति को सबसे अंत में (हाल ही में) प्राप्त हुई होती हैं, इसलिए उन सूचनाओं के व्यक्ति की अल्पकालिक स्मृति में होने की संभावना ज़्यादा रहती है।

**प्राइमेसी इफ़ेक्ट के कारण :**

1. **पूर्वाभ्यास :** इस इफ़ेक्ट का एक मुख्य कारण यह होता है कि लोग किसी सूचना को याद रखने के लिए उसका पूर्वाभ्यास करते हैं। इसका मतलब यह है कि किसी सूची में पहले दी हुई सूचनाओं को याद कर पाने की अधिक संभावना इसलिए होती है, क्योंकि उनका पूर्वाभ्यास सूची के बीच में या सूची के अंत में दी हुई सूचनाओं की अपेक्षा ज़्यादा किया जाता है।
2. **ध्यान अवधि :** इसका दूसरा कारण ध्यान अवधि से भी संबंधित है। लोगों द्वारा सूचनाओं की सूची की प्रस्तुति के आरंभ में और अंत में ध्यान देने की अधिक संभावना होती है, और इसलिए आरंभ और अंत में दी हुई सूचनाओं को याद रख पाने की अधिक संभावना होती है।
3. **स्मृति की सीमाएं :** स्मृति की सीमाओं के कारण भी प्राइमेसी इफ़ेक्ट की संभावना बनी रहती है। कोई व्यक्ति पहले प्राप्त हो रही कुछ सूचनाओं को अपने दीर्घकालिक स्मृति में संग्रहीत करने में सक्षम हो सकता है, और अंत में प्राप्त हो रही कुछ सूचनाओं को अपने अल्पकालिक स्मृति में संग्रहीत करने में सक्षम हो सकता हैं, लेकिन सूची के मध्य में दी हुई सूचनाओं को व्यक्ति के द्वारा अपनी स्मृति में संग्रहीत कर पाने की संभावना बहुत कम होती है।

**रीसेंसी इफ़ेक्ट के कारण :**

रीसेंसी इफ़ेक्ट अल्पकालिक स्मृति पर निर्भर होता है। इस प्रकार की स्मृति को सक्रिय या प्राथमिक स्मृति के रूप में भी जाना जाता है। इस स्मृति द्वारा थोड़े समय के लिए दिमाग़ में कम मात्रा में सूचना संग्रहीत करने की क्षमता होती है। इसके द्वारा संग्रहीत सूचनाओं को उपयोग के लिए सक्रिय रखा जाता है। अल्पकालिक स्मृति, क्षमता और अवधि दोनों के संदर्भ में सीमित होती है। रीसेंसी प्रभाव होने का एक कारण यह होता है कि व्यक्ति उन सूचनाओं को आसानी से याद कर लेता है, जो कुछ समय बीतने के बाद भी उसकी अल्पकालिक स्मृति में थोड़ी सी बची रह गयी होती हैं। हालांकि, यदि व्यक्ति उन सूचनाओं का पूर्वाभ्यास नहीं करता है, तब वे उसकी स्मृति से मद्धिम पड़ जाती हैं और जल्दी ही ग़ायब भी हो जाती हैं।

## निहितार्थ :

साइकोलॉजी की इन कॉन्सेप्ट को हम 'शर्मा जी की पैरवी' कहानी के माध्यम से आसानी से समझ सकते हैं। हमें बचपन के समय में विद्यालयों में शिक्षकों द्वारा नैतिक विज्ञान की कक्षा में सुनाई गई कहानियां तो याद ही रहती हैं। पूर्णतया नहीं

भी याद हों तो कम से कम उन कहानियों द्वारा दर्शाए गए संदेश अवश्य ही स्मृति में अंकित रहते हैं। कहानियां किसी भी जटिल संकल्पना या संदेश को कलात्मक शैली में समझाने का सफल यंत्र होती हैं। ये ना केवल श्रोताओं को लुभाती हैं, बल्कि किसी संकल्पना या संदेश की छाप उनके मन पर छोड़ती हैं। पौराणिक कहानियां भी अलंकार और रूपकों के माध्यम से सूक्ष्म वैदिक ज्ञान को सहजता से प्रस्तुत करती हैं।

केवल कहानी ही नहीं बल्कि उसे कहने की शैली भी महत्त्वपूर्ण होती है। हमारी नैतिक विज्ञान की कक्षा में शिक्षक एक निश्चित शैली के माध्यम से हमें कहानियां सुनाते थे। कहानी की शुरुआत में ही सबसे पहले शीर्षक या उपशीर्षक के माध्यम से उस कहानी में निहित मुख्य नैतिक मूल्यों का विवरण दिया जाता था। उदाहरण के लिए सोने के अंडे वाले बत्तख की कहानी का शीर्षक या उपशीर्षक ही 'लालच बुरी बला है', रख दिया जाता था। कहानी के अंत में पुनः इस कहानी से हमने क्या सीखा? ऐसा पूछकर शिक्षक फिर से उन नैतिक मूल्यों पर चर्चा करते थे। इस शैली का लाभ यह था कि इससे कहानी में निहित मुख्य बात श्रोता की स्मृति में रह जाती थी। साइकोलॉजी से संबंधित प्राइमेसी इफ़ेक्ट भी कुछ ऐसी ही बात कहती है। इसके अनुसार किसी भी बातचीत या सूची की शुरुआत में दी गई जानकारी मनुष्य का ध्यान केंद्रित करती हैं, अतः उसे वह जानकारी अपेक्षाकृत ज़्यादा समय तक याद रहती हैं।

जैसा कि इस कहानी में शर्मा जी अधिकारियों से मिलने पर शुरुआत में दुआ-सलाम करना भी ज़रूरी नहीं समझते थे। वह शुरुआत में ही ढेर सारी शिकायतें और काम उनके सामने रख देते थे। इस वजह से शर्मा जी को देखते ही अधिकारियों के मन में यही भाव उत्पन्न होने लगता था कि वे ज़रूर ही अपनी कुछ शिकायतों और समस्याओं के साथ उनके पास पधारे होंगे। इसलिए सभी अधिकारियों के दिमाग़ में शर्मा जी को लेकर एक स्वार्थी, हमेशा शिकायत करने वाले व समस्या गिनाने वाले व्यक्ति की छवि बन गयी थी। अपनी समस्याओं और शिकायतों को उनके समक्ष रखने के पश्चात शर्मा जी उनके स्वास्थ्य व घर-परिवार की बातें करना शुरू कर देते थे। जबकि मुलाक़ात के अंत में वह उन अधिकारियों से राजनीति से संबंधित बातें करते हुए कार्यालय से बाहर निकलते थे। अंत की इन बातों में शर्मा जी इतनी रुचि लेने लगते थे और इतना मग्न हो जाते थे कि वह मुलाक़ात के अंत में उन अधिकारियों को अपनी शिकायतों और महत्त्वपूर्ण कार्यों के बारे में पुनः याद दिलाना ही भूल जाते थे। जैसा कि रीसेन्सी इफ़ेक्ट बताता है कि किसी व्यक्ति की अल्पकालिक स्मृति में हालिया व्यक्त की गई जानकारी उसे ज़्यादा समय तक याद रहती है। इस कारण जब शर्मा जी उन अधिकारियों से मुलाक़ात कर लौट जाते थे, तब उनके दिमाग़ में शर्मा जी द्वारा मुलाक़ात के अंत में की गयी घर-परिवार व

राजनीति से संबंधित बातें ही ठीक से याद रहती थीं। अगर उन्हे शर्मा जी द्वारा बताई गयी समस्याएं और शिकायतें याद आतीं भी थी, तब उन्हें यही प्रतीत होता था कि शर्मा जी के लिए वो समस्याएं व शिकायतें उतनी महत्त्वपूर्ण नहीं थीं। अधिकारियों को ऐसा इसलिए प्रतीत होता था, क्योंकि उनके स्मृति पटल पर शर्मा जी द्वारा मुलाक़ात के अंत में की गयी घर-परिवार व राजनीति से संबंधित बातों की छाप ज़्यादा गहरी होती थी। जबकि शर्मा जी द्वारा मुलाक़ात की शुरुआत में बतायी गयी विभिन्न समस्याओं और शिकायतों से संबंधित बातें समय बीतने के साथ उनकी स्मृति में मद्धिम पड़ जाती थी। इस तरह से प्राइमेसी इफ़ेक्ट के कारण अधिकारियों को शर्मा जी द्वारा मुलाक़ात के शुरुआत में कही गयी बातें याद रह जाती थीं इसलिए उनके दिमाग़ में शर्मा जी की छवि एक स्वार्थी और हमेशा शिकायत करने वाले व्यक्ति की बन गयी थी। जबकि रीसेंसी इफ़ेक्ट के कारण अधिकारियों के दिमाग़ में शर्मा जी द्वारा मुलाक़ात के अंत में की गयी घर-परिवार व राजनीति से संबंधित बातों की छाप ज़्यादा गहरी होती, इसलिए उन्हें शर्मा जी द्वारा बतायी गयी समस्याएं व शिकायतें ज़्यादा महत्त्वपूर्ण नहीं लगती। इस तरह कभी कुछ बोलने के कारण तो कभी कुछ ना बोलने के कारण शर्मा जी को समस्याओं का सामना करना पड़ा।

जैसा कि मनु स्मृति (8/13) में कहा गया है कि

*'सभां वा न प्रवेश्टव्यं वक्तव्यं वा समञ्जसम् अबुवन्विब्रवन्वापि नरो भवति किल्बिषी'*

अर्थात् या तो सभा में मत जाओ, या जाने का निश्चय कर लो, तो जो उचित हो वही बोलो, बिलकुल नहीं बोलकर या बहुत अधिक बोल कर मनुष्य पाप करता है।

इसलिए हमें इस बात की अच्छी समझ होनी चाहिए कि किस परिस्थिति में हमें बोलना चाहिए और किस में नहीं। हमें यह भी पता होना चाहिए कि किसी व्यक्ति से मिलते वक्त अपनी कौन सी बात हमें कब रखनी है। जैसा कि इस कहानी में अगर शर्मा जी को प्राइमेसी इफ़ेक्ट की सही समझ होती तो शायद वह अधिकारियों से मुलाक़ात करते वक्त शुरुआत में बिना दुआ-सलाम किए ही उनके सामने सिर्फ़ शिकायतों का अंबार लगा कर अपनी छवि ख़राब नहीं करते। जबकि उन्हें रीसेंसी इफ़ेक्ट की समझ होती तो वे अपनी मुलाक़ात के अंत में अधिकारियों को अपनी सारी शिकायतें और सभी कार्यों को एक बार पुनः ज़रूर याद दिला देते। इस तरह अगर हमें भी लोगों का ध्यान किसी विशेष विषय की तरफ़ आकर्षित करना हो तो हमें उस विषय से संबंधित बात को वार्तालाप के या तो शुरुआत में कहना चाहिए या फिर सबसे आखिरी में, और संभव हो तो दोनों समय! दरअसल यही दोनों वह समय होते हैं जब कोई बात कही जाने पर लोगों द्वारा उसे याद रखे जाने की सबसे

अधिक संभावना होती है। यदि हम किसी को कुछ समझाने की कोशिश कर रहे हों, तो अपनी बात को हमें कई बार दोहराना चाहिए, ताकि लोगों को हमारी वह बात याद रहे। इस तरह हम भी लोगों से अपनी मुलाक़ात और वार्तालाप के दौरान प्राइमेसी और रीसेंसी इफ़ेक्ट का ध्यान रखकर अपने कम्यूनिकेशन और बातचीत की प्रक्रिया को असरदार बना सकते हैं।

# 13

# मदद पाने के लिए सामने वाले का भी फ़ायदा दिखाएं

### *कहानी : ट्रैफ़िक जाम और भिखारिन*

अक्सर ऐसा होता है कि जब हम कहीं पहुंचने के लिए थोड़ी जल्दी में होते हैं, तभी किन्हीं वजहों से हमें देरी भी होती है। क्या आपके साथ कभी ऐसा हुआ कि आप कहीं जाने के लिए बहुत जल्दी में हों, तभी ट्रैफ़िक की वजह से जाम लग गया हो? ज़रा सोचिए कि ऐसी स्थिति में कैसा महसूस होता है? सामने ट्रैफ़िक की लाल बत्ती को देख कर मन ऐसे घबराता है जैसे कि वह वेंटिलेटर की लाल बत्ती हो। एक बार की बात है, जब मुन्ना भैया की छोटी बहन मुनिया परीक्षा देने जा रही थी। यह सुनिश्चित करने के लिए कि मुनिया को परीक्षा केंद्र तक जाने में परेशानी नहीं हो, मुन्ना भैया भी उसके साथ जा रहे थे। जब भी कहीं जाने की बात आती है तो पुरुष सामान्यतः जल्दी तैयार हो जाते हैं। जबकि महिलाएं कहीं जाने से पहले ठीक से तैयार होने और थोड़ा-बहुत ख़ुद की साज-सज्जा करने पर अवश्य ध्यान देती हैं। मुनिया ने भी इस प्रथा का अनुसरण करते हुए परीक्षा के दिन भी अपने सौंदर्यीकरण में कुछ समय निवेश कर दिया। इसके फ़लस्वरूप उस दिन परीक्षा केंद्र के लिए घर से निकलने में उन लोगों को थोड़ा विलंब हो गया। देरी हो जाने के कारण मुन्ना भैया रास्ते में ड्राइवर रामू को बार-बार गाड़ी थोड़ा तेज़ चलाने को बोलते। लेकिन मुन्ना भैया के निर्देश के बावजूद रामू गाड़ी को तेज़ चलाने में असमर्थ था, क्योंकि उसके सामने सड़क पर गाड़ियों की लंबी क़तार थी। यह स्पष्ट था कि जब तक उनके आगे खड़ी गाडियां नहीं बढ़ेंगी, तब तक मुन्ना भैया की गाड़ी भी नहीं बढ़ सकेगी। चूंकि परीक्षा केंद्र पर समय से पहुंचना अत्यंत महत्त्वपूर्ण था, इसलिए मुन्ना भैया का मन बेचैन था। वह अपना सिर गाड़ी की खिड़की से बाहर निकाल कर ट्रैफ़िक की

बत्ती के हरा होने की प्रतीक्षा करते हुए नज़र गड़ाए हुए थे। मुन्ना भैया का सिर अभी खिड़की के बाहर ही था, तभी उनके पीछे से आवाज़ आयी, 'भैया'। उन्होंने पीछे देखा तो उन्हें एक भिखारिन दिखी, जो अपनी गोद में एक बच्चा लिए खड़ी थी। मुन्ना भैया को आवाज़ देकर वह भिखारिन, अपनी गोद में लिए बच्चे को खाना खिलाने के लिए, उनसे भीख मांग रही थी। परीक्षा केंद्र पहुंचने में हो रहे विलंब के कारण चूंकि मुन्ना भैया पहले से ही परेशान थे, इसलिए उन्होंने अपने पास में खुले रुपये अर्थात् कम मूल्य वाले सिक्के या नोट नहीं होने का बहाना बनाते हुए, भिखारिन को आगे बढ़ने का इशारा किया। इतने में वह भिखारिन उनकी गाड़ी के बिलकुल नज़दीक आ गयी। उसने मुन्ना भैया से पुनः निवेदन करने के लिए अपना सिर उनकी गाड़ी की खिड़की की तरफ़ झुकाया तो उसे गाड़ी के अंदर मुन्ना भैया की बहन मुनिया दिखी। फिर क्या? बस वह शुरू हो गयी! वह रटने लगी : 'आपकी जोड़ी सलामत रहे! भगवान जल्दी ही आपको दो से तीन करें!।' अब मुन्ना भैया को समझ में नहीं आ रहा था कि वह उस भिखारिन को क्या बोलें? फिर भी उन्होंने शांत भाव से बताया कि गाड़ी में उनकी बहन बैठी है। आज उसका परीक्षा है, इसलिए वह भी उसके साथ जा रहे हैं। इतना सुनते ही वह भिखारिन तत्काल प्रभाव से अपनी आशीर्वाद वाली पोटली में से, उस परिस्थिति के प्रासंगिक, दूसरा आशीर्वाद निकाल लायी। वह अब बार-बार यह रटे जा रही थी कि : 'मेरा बच्चा सुबह से भूखा है, इसको खाना खिलाने के लिए कुछ रुपये दे दो। ये ग़रीब आशीर्वाद दे रही है कि आपकी बहन को परीक्षा में सफलता मिलेगी।' मुन्ना भैया बहुत ही व्यवहारिक व्यक्ति थे, वह पाप-पुण्य और दुआ-बद्दुआ में बहुत विश्वास नहीं करते थे। लेकिन उस समय वह ट्रैफ़िक जाम के कारण विलंब होने से घबराए हुए थे। इसलिए उनके मन में विचार आया कि क्या पता उस भिखारिन की ही दुआ लग जाए और वे परीक्षा केंद्र पर समय से पहुंच जाए... मुनिया पास भी हो जाए।

इसी लालच में मुन्ना भैया अपनी सोच व व्यक्तित्व के विपरीत जाकर, 20 रुपये का नोट उस भिखारिन को पकड़ा दिए। कुछ देर बाद ही ट्रैफ़िक जाम हट गया और गाड़ी चल पड़ी। आगे की पूरी यात्रा में मुन्ना भैया यही सोचते रहे कि उस भिखारिन महिला ने कैसे परिस्थिति को भांपते हुए अपना आशीर्वाद ही बदल दिया था? भिखारिन को जैसे ही पता चला कि गाड़ी में उनकी पत्नी या प्रेमिका नहीं, बल्कि बहन है, और जो परीक्षा देने जा रही है, वैसे ही उसने 'जोड़ी बनी रहे और दो से तीन हो जाएं' वाला आशीर्वाद वापस लेकर 'परीक्षा में सफलता मिलेगी' वाला आशीर्वाद पेश कर दिया। इस तरह अब मुन्ना भैया की गाड़ी तो सड़क के ट्रैफ़िक जाम से बाहर निकल चुकी थी, लेकिन उनका मन विचारों के ट्रैफ़िक जाम में फंस चुका था। वह जब भी भिखारिन की चतुराई और उसकी बुद्धि की तत्परता के बारे में सोचते, तब उनके चेहरे पर मद्धिम सी मुस्कान आ जाती।

यहां पर इस कहानी का ज़िक्र इसलिए किया गया है, क्योंकि साइकोलॉजी की कुछ कॉन्सेप्ट और थ्योरी भी इस बारे में बात करती हैं कि आख़िर किसी प्रस्ताव पर एक व्यक्ति की प्रतिक्रिया कैसी होती है और उस व्यक्ति को सहमत करने के लिए कैसा प्रस्ताव और किस प्रकार से पेश किया जाना चाहिए। तो आइए इन कॉन्सेप्ट और थ्योरी के बारे में विस्तार से बात करते हैं।

## संबंधित कॉन्सेप्ट व थ्योरी :

### इम्प्रेशन मैनेजमेंट (Impression Management) :

इम्प्रेशन मैनेजमेंट एक सचेतन या अवचेतन प्रक्रिया होती है। इसके द्वारा व्यक्ति अन्य लोगों के साथ पारस्परिक विचार-विमर्श के दौरान जानकारियों और सूचनाओं को विनियमित और नियंत्रित करके किसी व्यक्ति, वस्तु या घटना के बारे में अन्य लोगों की धारणाओं को प्रभावित करने का प्रयास करता है। इम्प्रेशन मैनेजमेंट में व्यवहार में अस्वीकृति से बचने के लिए एक नकारात्मक घटना के लिए स्पष्टीकरण प्रदान करना, नकारात्मक परिणामों के लिए ज़िम्मेदारी से इनकार करना, और स्थिति के अनुरूप बोलना और व्यवहार करना आदि तरीक़े शामिल हैं। जो व्यक्ति इम्प्रेशन मैनेजमेंट करते समय ऐसे व्यवहारों और तरीक़ों का उपयोग करता हैं, वह ख़ुद से संबंधित घटनाओं व दूसरों की उसके प्रति धारणाओं को नियंत्रित करने का प्रयास करता है।

### सोशल जजमेंट थ्योरी (Social Judgment Theory) :

सोशल जजमेंट थ्योरी किसी व्यक्ति के सामने कोई सूचना या कोई प्रेरक प्रस्ताव प्रस्तुत किए जाने पर उसकी स्वाभाविक प्रतिक्रिया के बारे में बताता है। इसके अनुसार व्यक्ति के सामने कोई सूचना या प्रस्ताव प्रस्तुत किए जाने पर वह अवचेतन रूप से तुरंत सूचना या प्रस्ताव को समझने और जवाब देने के लिए रास्ता तलाशता है। वह व्यक्ति उस सूचना या प्रस्ताव का मूल्यांकन करता है और अपने पास पहले से मौजूद समझ और अनुभव, जिसे एंकर बिंदु (लंगर/सहारा/बिंदु) कहा जाता है, से तुलना करता है। आने वाली सूचना या प्रेरक प्रस्ताव को समझने का प्रयास करते समय, व्यक्ति मूल्यांकन कर के उनका वर्गीकरण करता है कि क्या वह सूचना उसकी स्वीकृति के क्षेत्र, अस्वीकृति के क्षेत्र, या फिर गैर-प्रतिबद्धता या उदासीनता के क्षेत्र में आती है।

किसी व्यक्ति के लिए स्वीकृति का क्षेत्र वह क्षेत्र होता है, जिसमें आने वाली सूचनाओं को वह प्रसन्नता के साथ स्वीकार कर लेता है। उसके लिए अस्वीकृति का

क्षेत्र वह क्षेत्र होता है जिसमें आने वाली सूचनाओं को वह पूरी तरह अस्वीकार कर देता है। जबकि उसके लिए गैर-प्रतिबद्धता का क्षेत्र वह क्षेत्र होता है जिसके अंदर आने वाली सूचनाओं को लेकर वह असमंजस में होता है। गैर-प्रतिबद्धता के क्षेत्र में आने वाली सूचनाओं के बारे में उसे नहीं समझ आता है कि आख़िर उसे उन सूचनाओं को स्वीकार करना चाहिए या नहीं। किसी भी व्यक्ति के लिए इन तीनों क्षेत्रों का आकार हर विषय पर अलग-अलग हो सकता है। व्यक्ति का अहंकार आम तौर पर इन क्षेत्रों के आकार को निर्धारित करने में सबसे बड़ी भूमिका निभाता है।

किसी व्यक्ति का प्रारंभिक रवैया या एंकर पॉइंट (वह स्थिति/सूचना जो उसे सबसे अधिक स्वीकार्य होती है) उसकी स्वीकृति के क्षेत्र का केंद्र माना जाता है। व्यक्ति अक्सर अपने उस एंकर पॉइंट के समीप आने वाली सूचनाओं को विकृत करके अपनी पसंद के हिसाब से देखता है। यदि वे सूचनाएं उसके स्वीकृति के क्षेत्र के भीतर आती है, तो वह उन सूचनाओं को अपने एंकर पॉइंट से वास्तविकता के अपेक्षाकृत ज़्यादा क़रीब मानता है, और स्वीकार कर लेता है। इसके विपरीत, अगर कोई सूचना उसके अस्वीकृति के क्षेत्र के भीतर आती है, तब वह ख़ुद को समझाता है कि वह सूचना उसके एंकर पॉइंट से बहुत दूर है, और वह उस सूचना को अस्वीकार कर देता है। दरअसल ऐसी स्थिति में उसे अपने एंकर पॉइंट से उस सूचना की दूरी वास्तविकता के अपेक्षाकृत ज़्यादा महसूस होती है। इसलिए किसी व्यक्ति को कुछ समझाने की कोशिश करने से पहले उसकी स्वीकृति, गैर-प्रतिबद्धता और अस्वीकृति के औसत क्षेत्रों को समझना महत्त्वपूर्ण होता है।

यदि किसी व्यक्ति के एंकर पॉइंट को बदलना हो तो उसको समझाने या प्रेरित करने के लिए ऐसी सूचना का प्रयोग करना चाहिए जो उस व्यक्ति के स्वीकृति के अक्षांश की सीमा के निकट हो। बार-बार किसी व्यक्ति के स्वीकृति क्षेत्र के अक्षांश की सीमा के निकट में सूचनाओं/विचारों का सुझाव देने (प्रयोग करने) से व्यक्ति धीरे-धीरे अपने एंकर पॉइंट को समायोजित कर लेता हैं, जबकि उसके अस्वीकृति क्षेत्र और यहां तक कि गैर-प्रतिबद्धता क्षेत्र में सूचनाओं/विचारों का सुझाव (प्रयोग) व्यक्ति के एंकर पॉइंट को नहीं बदल पाता है।

### सोशल एक्सचेंज थ्योरी (Social Exchange Theory) :

सोशल एक्सचेंज थ्योरी, मानवीय बातचीत और व्यवहार को एक प्रकार के परिणाम-संचालित सामाजिक व्यवहार के रूप में देखती है। यह थ्योरी लागत और पुरस्कार की अवधारणा पर आधारित है। इसका मतलब है कि लागत की इनाम से तुलना के परिणाम ही मानवीय निर्णयों और व्यवहार को संचालित करते हैं। यह थ्योरी कहती है कि व्यक्ति अपने निर्णय लेने से पहले उस निर्णय के परिणामों के

बारे में सोचते हैं। वे उन परिणामों के आधार पर ही अपना निर्णय लेते हैं। लागत, किसी निर्णय की नकारात्मक पहलू होती है, जैसे समय, धन और ऊर्जा का ख़र्च। जबकि पुरस्कार किसी निर्णय के सकारात्मक परिणाम होते हैं। इसलिए, आमतौर पर, स्वीकृत विचार यह है कि अपने निर्णय के मूल्य की गणना करने के लिए लोग मिलने वाले पुरस्कारों के मूल्य में से ख़र्च होने वाली लागत घटाते हैं।

उदाहरण के लिए, लोग अपने निर्णय की वजह से सबसे अधिक लाभ, पुरस्कार, सकारात्मक परिणाम और दीर्घकालिक लाभ की अपेक्षा करते हैं। वे अपने उस निर्णय को भी पसंद करते हैं जिसके परिणामस्वरूप उन्हें सबसे अधिक सुरक्षा, सामाजिक अनुमोदन और स्वतंत्रता मिलती है। इसके विपरीत वे उन निर्णयों का भी चयन करते हैं जिसमें कम से कम लागत की आवश्यकता होती है और जिनके परिणामों से कम से कम सामाजिक अस्वीकृति की संभावना होती है।

## निहितार्थ :

इन कॉन्सेप्ट और थ्योरी को हम 'ट्रैफ़िक जाम और भिखारिन' कहानी के माध्यम से आसानी से समझ सकते हैं। हालांकि इस कहानी के बारे में बात करने से पहले हमें यह समझना होगा कि इस दुनिया में कोई भी व्यक्ति दूसरों के मदद के बिना जीवित नहीं रह सकता है। जन्म के बाद से ही सभी को दूसरे व्यक्ति की किसी न किसी प्रकार से ज़रूरत पड़ती ही है। इसलिए हमारा यह प्रयास होना चाहिए कि हम ज़रूरतमंद लोगों की मदद करने का प्रयास करें।

दूसरों की मदद करने के साथ-साथ हमें स्वयं भी दूसरों से मदद मांगने में किसी प्रकार का संकोच नहीं करना चाहिए। हम सभी सामाजिक प्राणी हैं और इस समाज में हम एक-दूसरे की मदद कर के ही सभी के सुख-दुःख में हिस्सेदार बनते हैं। लेकिन इस मदद के लेन-देन की प्रक्रिया में शामिल कुछ व्यक्तियों को यह शिकायत रहती है कि वे दूसरों की मदद तो तत्परता से कर देते हैं, लेकिन ज़रूरत पड़ने पर उनकी मदद करने के लिए अन्य लोग अपेक्षाकृत कम आगे आते हैं, कम तत्पर रहते हैं। उन व्यक्तियों के साथ दूसरे लोगों द्वारा इस तरह का व्यवहार करने के पीछे के कारण का उन्हें पता नहीं चल पाने और उनकी इस शिकायत का निवारण नहीं हो पाने के कारण, वे धीरे-धीरे दूसरों की मदद करने से ही परहेज़ करने लगते हैं। दरअसल, इन व्यक्तियों के साथ ऐसा इसलिए होता है, क्योंकि वे इस बात को नहीं समझ पाते हैं कि दूसरों से मदद मांगने का भी एक सलीका होता है और मदद मांगते समय कुछ ज़रूरी बातों का ख़याल रखा जाता है। दरअसल, किसी से मदद मांगते वक्त हमें बिना बोले ही सामने वाले व्यक्ति को बताना होता है कि आख़िर वह हमारी मदद क्यों करे? क्योंकि यदि हमारी सहायता करने से

किसी व्यक्ति को तत्काल या भविष्य में आर्थिक, सामाजिक या मानसिक लाभ और सुख मिलने की आशा होती है, तभी वह हमारी सहायता करने के लिए प्रेरित होता है। यह स्वाभाविक भी है क्योंकि सभी के पास स्वयं की प्राथमिकताओं पर ख़र्च करने के लिए समय, ऊर्जा और संसाधन सीमित होते हैं। ऐसे में व्यक्ति के मन में दूसरों की सहायता के लिए स्वयं का समय और ऊर्जा ख़र्च करने के एवज़ में कोई लाभ प्राप्त करने की लालसा जन्म ले ही लेती है। इसलिए किसी से मदद के लिए अनुरोध करते समय हमें उस व्यक्ति को यह बताने और समझाने का प्रयास करना चाहिए कि हमारी मदद करने से उस व्यक्ति को भी कुछ लाभ अवश्य होगा। लाभ की बात समझ में आते ही हमारी सहायता करने के उस व्यक्ति के इरादे में वृद्धि होने की संभावना बढ़ जाती है।

मान लीजिए कि हमारी मदद से उस व्यक्ति को भौतिक तौर पर फ़ायदा नहीं हो सकता है। ऐसे में हमें उस व्यक्ति को इस बात का भरोसा दिलाना चाहिए कि हमारी मदद कर के उसे ढेर सारी दुआएं मिलेंगी जिसके फलस्वरूप उसका भविष्य उज्ज्वल व सुखमय होगा। जैसा कि पुराने समय में गांवों में वर्षा प्राप्ति के लिए यज्ञ करवाए जाते थे। इसके पीछे की मान्यता यह थी कि देवताओं से कुछ मांगने के लिए उन्हें भी कुछ अर्पित करना होता है। चूंकि लोग देवताओं से वर्षा की प्राप्ति के लिए निवेदन कर रहे होते थे, इसलिए वे यज्ञ कर के उन्हें ख़ुश करने का प्रयास करते थे। हमारे सामाजिक और आर्थिक क्षेत्र, मूल्यों के आदान-प्रदान पर आधारित होते हैं। यज्ञ की ही भांति, सभी लोगों के परस्पर लेन-देन से ही समाज की प्रगति संभव है। कई लोग निश्छलता से, बिना किसी अपेक्षा के, भी दूसरों की सहायता करते हैं। परंतु जैसा कि कर्म का सिद्धांत हमें बताता है कि दान कर्म का भी कोई ना कोई परिणाम अवश्य होगा। यह बात उन लोगों के अवचेतन मन में कहीं ना कहीं अवश्य रहती है।

इस संबंध में महाभारत के शांतिपर्व (111/86) में भी कहा गया है कि

*'कार्यापेक्षा हि वर्तन्ते भावस्निग्धाः सुदुर्लभाः'*

अर्थात् सभी कार्य स्वार्थी उद्देश्यों से किए जाते हैं। निःस्वार्थ कार्य या उद्देश्य बहुत दुर्लभ हैं।

इसलिए हमें किसी से मदद मांगते वक़्त उसे यह बताना चाहिए कि हमारी मदद करने से उसको भी अवश्य लाभ होगा। यही काम यहां तक कि एक भिखारी भी किसी से भीख मांगते वक़्त करता है। वह लोगों से भीख मांगते वक़्त साफ़ तौर पर बताता है कि उसको भीख देने पर उन्हें भविष्य में उस भिखारी की दुआओं से

अनेक प्रकार के लाभ होंगे। वह अपनी बातों को बहुत दृढ़ता से बार-बार बोलते हुए सामने वाले व्यक्ति को अपनी उन बातों पर विश्वास दिलाना चाहता है। जैसा कि इस कहानी में वह भिखारिन अपनी गोद में बच्चा लिए हुए थी, और वह उसको खाना खिलाने के लिए भीख के रूप में लोगों से मदद मांग रही थी। इम्प्रेशन मैनेजमेट थ्योरी भी यही कहती है कि व्यक्ति को अन्य लोगों के साथ पारस्परिक विचार-विमर्श के दौरान स्थिति के अनुरूप बोलना और व्यवहार करना चाहिए। इसलिए अपनी गोद में बच्चे को ले कर उस भिखारिन महिला ने मुन्ना भैया के सामने एक भिखारिन के तौर पर ख़ुद का इम्प्रेशन सही तरीक़े से मैनेज किया और उसे भीख देने के लिए उनको सहमत करने का अच्छा प्रयास किया। गोद में बच्चा लेकर अपना इम्प्रेशन मैनेज करने के अलावा, उसने भीख देने के फ़ायदे भी बहुत दृढ़ता के साथ गिनवाते हुए मुन्ना भैया को 'आपकी जोड़ी सलामत रहेगी, भगवान जल्दी ही आपको दो से तीन करेंगे' वाला अपना आशीर्वाद भी दिया। जैसा कि सोशल एक्स्चेंज थ्योरी कहती है कि व्यक्ति अपने निर्णय लेने से पहले उस निर्णय के परिणामों के बारे में सोचते हैं। वे वही निर्णय लेते हैं जिनकी वजह से उन्हें वर्तमान और भविष्य में सबसे अधिक लाभ और अन्य सकारात्मक परिणाम मिलने की अपेक्षा होती है। इसलिए भिखारिन ने भीख देने के लाभ गिनाते हुए जोड़ी बनी रहने और दो से तीन हो जाने का आशीर्वाद दे कर अपनी समझ से ठीक काम किया था। जब हम दूसरों से मदद मांगते वक्त उनको (हमें मदद करने के एवज़ में) होने वाले लाभ बताते हैं, तब हमें यह सुनिश्चित करना चाहिए कि हमारे द्वारा बताया गया लाभ उनके दृष्टिकोण में भी उतना ही उपयुक्त और मूल्यवान हो।

हमें ना तो किसी विशेष परिस्थिति में सभी व्यक्तियों से एक समान व्यवहार करना चाहिए और ना ही किसी विशेष व्यक्ति से अलग-अलग परिस्थितियों में एक जैसा व्यवहार करना चाहिए। दरअसल हमें सभी को प्रसन्न रखने के लिए अलग-अलग व्यक्तियों से अलग-अलग समय पर भिन्न-भिन्न प्रकार से उचित व्यवहार करने की ज़रूरत होती है।

इस संबंध में अष्टाङ्ग हृदय - 26 में भी कहा गया है कि

*'जनस्याशयमालक्ष्य यो यथा परितुष्यति तं तथैवानुवर्तेत पराराधनपंडितः'*

अर्थात् जो दूसरों को प्रसन्न रखने में निपुण है, उसे सभी को प्रसन्न रखने के लिए अलग-अलग व्यक्तियों से अलग-अलग प्रकार का व्यवहार करना चाहिए।

लेकिन इस कहानी में वह भिखारिन इन बातों को समझने में असफल रही। भीख के फ़ायदे गिनाते हुए, 'जोड़ी बनी रहने और दो से तीन हो जाने' का उसके द्वारा

मुन्ना भैया को दिया गया आशीर्वाद, मुन्ना भैया के दृष्टिकोण से उपयुक्त नहीं था। इस कारण भिखारिन का आशीर्वाद मुन्ना भैया को प्रसन्न करने की बजाए नाराज़ कर रहा था। जैसा कि सोशल जजमेंट थ्योरी भी बताती है कि किसी व्यक्ति के सामने कोई विचार या कोई प्रेरक प्रस्ताव प्रस्तुत किया जाता है, तो वह व्यक्ति उस विचार और प्रस्ताव का मूल्यांकन करता है। वह उसकी तुलना अपने पास पहले से मौजूद समझ और अनुभव से करता है। ऐसे में अगर वह प्रस्ताव उसके स्वीकृति क्षेत्र में आता है, तब उसे वह स्वीकार कर लेता है लेकिन अगर वह विचार उसके स्वीकृति के अक्षांश की सीमा से दूर, उसके गैर-प्रतिबद्धता या अस्वीकृति क्षेत्र में आता है, तब वह उस प्रस्ताव को अस्वीकार कर देता है। इसलिए जैसे ही भिखारिन को इस बात का पता चला कि मुन्ना भैया और मुनिया का रिश्ता भाई-बहन का है, वैसे ही उसने 'जोड़ी बनी रहने और दो से तीन हो जाने' वाला अपना आशीर्वाद वापस ले लिया। उसे समझ आ गया था कि उसका वह आशीर्वाद किसी भी भाई-बहन के अस्वीकृति क्षेत्र के अंदर आएगा, जिसे वे बिलकुल से अस्वीकार कर देंगे। इसके बाद जैसे ही भिखारिन को पता चला कि मुनिया परीक्षा देने जा रही थी, वैसे ही उसने अपने प्रेज़ेन्स ऑफ़ माइंड का इस्तेमाल करते हुए अपनी आशीर्वाद वाली पोटली में से एक नया आशीर्वाद निकल कर उनके समक्ष प्रस्तुत कर दिया। इस बार उसने आशीर्वाद के रूप में 'भीख के बदले मुनिया के परीक्षा में सफल हो जाने' का प्रस्ताव रखा। चूंकि यह आशीर्वाद मुन्ना भैया के स्वीकृति क्षेत्र में आ रहा था, इसलिए यह आशीर्वाद सोशल जजमेंट थ्योरी के हिसाब से भी सही था। जब मुन्ना भैया ने भिखारिन द्वारा दिए गए दूसरे आशीर्वाद को सोशल एक्स्चेंज थ्योरी के माध्यम से देखा तो उन्हें 10-20 रुपये भीख के बदले मुनिया का परीक्षा में पास हो जाने का मिलने वाला आशीर्वाद एक फ़ायदे का सौदा प्रतीत हुआ। इसलिए उन्होंने अपनी पॉकेट से 20 रुपये निकाल कर उस भिखारिन को दे दिए। इस तरह उस भिखारिन ने मुनिया के परीक्षा में सफल हो जाने के आशीर्वाद के माध्यम से मुन्ना भैया को उन्हें होने वाले लाभ के बारे में बता कर उन्हें भीख देने के लिए सहमत कर लिया। इसलिए हमें भी किसी व्यक्ति से मदद मांगते वक्त प्रत्यक्ष या अप्रत्यक्ष रूप से उसे यह बताने और समझाने का प्रयास करना चाहिए कि हमारी मदद करने से उस व्यक्ति को भी अवश्य ही कुछ लाभ होगा।

# 14

# सभी की इ़ज़्ज़त करें पर किसी पर अंधा विश्वास नहीं करे

### *कहानी : अपने साले से पीड़ित सरदार जी*

क्या आपके साथ कभी ऐसा हुआ है कि आपने जिस स्थिति की बिलकुल भी उम्मीद ना की हो, वही आपके सामने प्रकट हो गई हो और उसकी वजह से आप बिलकुल अचंभित हो गए हों? कुछ ऐसा ही सरदार जी के साथ हुआ। दरअसल सरदार जी बहुत शांत स्वभाव के व्यक्ति थे, उनका कभी किसी से कोई विवाद नहीं होता था। वह सिर्फ़ अपने काम से मतलब रखते थे। उन्होंने अपने जीवन में संघर्ष करते हुए जैसे-तैसे कुछ पैसे इकट्ठा कर के शहर में ही एक घर बनवा लिया था और बैंक से कुछ लोन लेकर एक चार पहिया गाड़ी भी ख़रीद ली थी। कुल मिलाकर वह अपने परिवार के साथ ख़ुशहाल थे। सरदार जी के बच्चे भी पढ़-लिख कर बड़े हो गए थे और उनकी नौकरी भी लग गई थी। अब तो उनके बड़े बेटे की शादी की बात भी शुरू हो गई थी।

उनके लड़के की शादी के लिए जब भी कोई व्यक्ति किसी लड़की के बारे में उनसे चर्चा करता, तब सरदार जी पहले तो लड़की के बारे में सब कुछ जान-समझ लेते, और उसके बाद कहते : 'ये सब तो ठीक है, लेकिन ये बताइए कि लड़की का भाई कौन है और वह क्या करता है?' कोई व्यक्ति चाहे कितनी भी अच्छी लड़की का रिश्ता लेकर उनके पास आता, फिर भी सरदार जी उस लड़की के भाई के बारे में अवश्य पूछते थे।

सरदार जी के एक परम मित्र थे मीणा जी। मीणा जी अक्सर सरदार जी के साथ ही रहते थे, इसलिए वह सरदार जी की (लड़की के भाई के बारे में पूछने की) इस आदत से भली-भांति परिचित थे। एक दिन जब वह सरदार जी के साथ बाज़ार

गए थे, तब फिर से एक ऐसा ही वाक़या हुआ। एक व्यक्ति ने सरदार जी से उनके लड़के की शादी के लिए एक सुयोग्य लड़की के बारे में बताना शुरू किया। लड़की के बारे में ढेर सारी तारीफ़ कर थक जाने के बाद वह सरदार जी की प्रतिक्रिया जानने के लिए उत्सुक मन से उनकी तरफ़ देखने लगा।

इस पर कोई प्रतिक्रिया देने की बजाए सरदार जी ने उसके सामने उस लड़की के भाई के बारे में जानने की अपनी इच्छा प्रकट की। फिर उसने बिना रुचि लिए ही लड़की के भाई के बारे में भी थोड़ा-बहुत बताया। इस दौरान मीणा जी इन दोनों लोगों की बातें गौर से सुन रहे थे। जब उन लोगों की बातें पूरी हो गई, तब मीणा जी ने सरदार जी को लोगों के बीच में से थोड़ा किनारे चलने को कहा। किनारे आने पर मीणा जी ने सरदार जी के कान में धीरे से उत्सुकतापूर्वक पूछा कि आख़िर वह हमेशा लड़की के भाई के बारे में जानने के लिए इतना उत्सुक क्यों रहते हैं? मीणा जी के इस सवाल पर सरदार जी की आंखें भर आई। सरदार जी ने बोलने का प्रयास किया तो उनका गला भी भर आया। इस पर मीणा जी ने उनको संभाला, तब उन्हें थोड़ी हिम्मत आई। इसके बाद सरदार जी ने दुःखी मन से अपना दर्द बताना शुरू किया। दरअसल, मसला यह था कि सरदार जी अपने एक बेरोज़गार साले से बहुत पीड़ित थे। उनका साला जब भी उनके घर आता, तब वह उनकी बैंक के लोन से ख़रीदी हुई गाड़ी लेकर बाहर घूमने चला जाता। वह कभी भी किसी से लड़ाई-झगड़ा कर लेता, तो कभी गाड़ी से कहीं टक्कर मार देता। इन सभी क्रिया-कलापों को करने के बाद जब वह वापस घर आता, तब अपनी बहन यानी सरदार जी की पत्नी से खाने-पीने के लिए हज़ार तरीक़े की फ़रमाइशें करता। क्योंकि वह बेरोज़गार था, इसलिए स्वयं का व्यापार शुरू करने के लिए वह सरदार जी से दो-तीन बार 2-2 लाख रुपये भी उधार ले चुका था और उन पैसों को वापस करने का कभी नाम भी नहीं लेता था। इस पर सरदार जी उसको कुछ बोलते तो घर में पत्नी के साथ उनकी कलह होती। अपने ऊपर बीत रहे इसी दर्द और पीड़ा के चलते सरदार जी ने यह तय कर लिया था कि वह अपने लड़के की शादी तय करने से पहले उस लड़की के भाई के बारे में अच्छे से जान-समझ लेंगे। उन्होंने यह निश्चय कर लिया था कि वह यह सुनिश्चित करेंगे कि लड़की का भाई सभ्य और समझदार हो, जिससे कि उनके बेटे को साला-पीड़ित जीवन ना बिताना पड़े। अपने साले से मिल रहे दर्द का सरदार जी के जीवन पर इतना गंभीर असर हुआ था कि वह जिस भी युवा से मिलते थे, उससे वह यह अवश्य कहते थे : 'बेटा जीवन में सुखी रहना चाहते हो तो चाहे जो हो जाए, लेकिन शादी करने से पहले अपने साले के बारे में ज़रूर पता कर लेना'।

शायद ही कोई व्यक्ति यह सोचेगा कि उसके जीवन में उसे अपने साले की वजह से परेशानियों का सामना करना पड़ेगा। लेकिन सरदार जी की इस कहानी

में हमने देखा कि उनके जीवन में समस्या का कारण उनका अपना साला ही था। यहां पर इस कहानी का ज़िक्र इसलिए किया गया है, क्योंकि मैनेजमेंट विषय की एक कॉन्सेप्ट भी इस बारे में बात करती है कि किसी भी व्यक्ति को यह मान कर चलना चाहिए कि उसके जीवन में वे घटनाएं भी घटित हो सकती हैं, जिनके बारे में वह पहले कभी सोच भी नहीं पाया हो। तो आइए इस कॉन्सेप्ट के बारे में हम विस्तार से बात करते हैं।

## संबंधित कॉन्सेप्ट :

### द ब्लैक स्वान मॉडल (The Black Swan Model) :

लेबनान के लेखक एन तालेब की 'ब्लैक स्वान (काला हंस)' थीसिस वास्तव में कोई मॉडल नहीं, बल्कि कारण और प्रभाव सिद्धांत की अस्वीकृति है। जब तक 17वीं शताब्दी में प्रकृतिवादियों ने 'काले हंसों' की नस्ल की खोज नहीं की थी, तब तक पश्चिमी दुनिया में यह हमेशा माना जाता था कि सभी हंस सफ़ेद होते हैं। कुछ समय बाद जब काले हंसों का एक जोड़ा वास्तव में देखा गया तब 'काले हंसों का अस्तित्व' जो तब तक अकल्पनीय था, उसे अचानक से मान लिया गया। काले हंस क्या थे – अप्रत्याशित घटनाएं। एन तालेब इस घटना को हमारी अतीत से भविष्य की भविष्यवाणी करने में अक्षमता कहते हैं। इसलिए किसी भी घटना के घटित होने से पूरी तरह इनकार नहीं किया जा सकता है और हमें यह मान कर चलना चाहिए कि वे घटनाएं भी घटित हो सकती हैं, जिनके बारे में हम कभी सोच भी नहीं पाए हों।

## निहितार्थ :

'अपने साले से पीड़ित सरदार जी' कहानी के माध्यम से हम इस ब्लैक स्वान मॉडल को आसानी से समझ सकते हैं। इसके माध्यम से हम किसी अप्रत्याशित परिस्थिति में सही निर्णय लेने और दूसरों से स्वयं के उचित व्यवहार के बारे में भी सीख सकते हैं। दरअसल, किसी भी व्यक्ति के साथ व्यवहार करते समय हमें उसके बारे में सर्वप्रथम अच्छी धारणा बना कर चलना चाहिए, हमें उसका आदर करने के साथ-साथ उस पर विश्वास भी करना चाहिए। लेकिन इस दौरान हमें इस बात से भी कभी इनकार नहीं करना चाहिए कि हमारा भरोसेमंद व्यक्ति भी हमारे साथ कभी छल कर सकता है।

इस संबंध में महाभारत (शांतिपर्व : 139/29) में भी कहा गया है कि

*'न विश्वसेदविश्वस्ते विश्वस्ते नातिविश्वसेत्'*

अर्थात् जो भरोसे के लायक़ नहीं है, उस पर बिलकुल भरोसा नहीं करना चाहिए। ना ही भरोसे के योग्य व्यक्ति पर बहुत अधिक भरोसा करना चाहिए।

इसलिए हमें अपने भरोसेमंद लोगों पर भी अत्यधिक भरोसा नहीं करना चाहिए। हमें उस परिस्थिति के लिए भी तैयार रहना चाहिए, जब हमारा सबसे विश्वसनीय व्यक्ति ही हमारे ख़िलाफ़ कार्य करने लगे। इसके अलावा जिन लोगों ने हमारे साथ पूर्व में कभी धोखा किया हो, लेकिन बाद में वो हमारे साथ बहुत अच्छा व्यवहार कर रहे हों, उन पर हमें कभी भी पूर्ण विश्वास नहीं करना चाहिए।

इस संबंध में दोहवाली (334) में भी कहा गया है कि

*'मिले जो सरलहि सरल है कुटिल न सहज बिहाइ सो सहेतु ज्यों बक्र गति ब्याल न बिलहिं समाय'*

अर्थात् यदि कोई दुष्ट व्यक्ति बिना किसी (स्पष्ट) उद्देश्य के किसी सज्जन से मिलता है, तो यह निष्कर्ष निकालना चाहिए कि (झूठी) सादगी के पीछे गुप्त उद्देश्य है। जैसे, (किसी उद्देश्य के लिए) छेद में प्रवेश करते समय, सांप को वक्र-जैसी गति की अपनी प्राकृतिक प्रवृत्ति को छोड़ना पड़ता है।

इसलिए जिन लोगों ने हमें एक बार धोखा दिया हो, उन पर हमेशा हमें नज़र बना कर रखनी चाहिए। जबकि अपने आसपास के अन्य लोगों के प्रति हमें अपना नज़रिया तो सकारात्मक रखना चाहिए, लेकिन उन लोगों पर भी कभी अत्यधिक भरोसा नहीं करना चाहिए। जैसा कि निदा फ़ाज़ली ने लिखा है कि हर आदमी में होते हैं 10-20 आदमी, जिसे भी देखना कई बार देखना। लेकिन बात सिर्फ़ आदमी की ही नहीं होती है, यह तो हमारी परिस्थितियों पर भी लागू होती है। हमारी परिस्थिति चाहे जैसी भी हो, हमें उस परिस्थिति के बारे में हर तरीक़े से और उसके हर पहलू के बारे में सोचना चाहिए। उस परिस्थिति में हमारे साथ सबसे अच्छा क्या हो सकता है, यह सोचकर हमें उत्साहित और ख़ुश होना चाहिए। जबकि उस परिस्थिति में हमारे साथ सबसे बुरा क्या हो सकता है, यह सोच कर हमें उससे निपटने के लिए तैयारी भी करनी चाहिए।

जैसा कि शुक्र नीति (3/10) में कहा गया है कि

*'न सर्वत्र विस्त्रबोधो न च शंकिता:'*

अर्थात हमें ना तो हर जगह आस्था रखनी चाहिए और ना ही हर जगह संशय रखना चाहिए।

हमारा कोई परिचित व्यक्ति या हमारी कोई परिस्थिति भले ही बहुत अच्छी क्यों ना हो, लेकिन हमें उसकी अच्छाई में अत्यधिक आस्था नहीं रखनी चाहिए। हमें उस पर अत्यधिक भरोसा नहीं करना चाहिए। उस व्यक्ति या परिस्थिति के कारण हमारा कुछ बुरा होने की संभावना भले ही ना के बराबर हो, फिर भी हमें उसके लिए तैयार रहना चाहिए। लेकिन ऐसा भी नहीं है कि हमें अपनी सभी परिस्थितियों पर संशय ही करना चाहिए, क्योंकि सभी व्यक्तियों और परिस्थितियों पर संशय करने से हमारे लिए समाज में लोगों के साथ जीवनयापन कर पाना कठिन हो जाएगा। इसलिए हमें सभी लोगों व परिस्थितियों के बारे में सर्वप्रथम अच्छी धारणा बना कर चलना चाहिए, लेकिन यह सुनिश्चित करना चाहिए कि कोई व्यक्ति या परिस्थिति हमें आश्चर्यचकित करते हुए हमें परेशानी में ना डाल सके। वैसे तो स्वयं की या स्वयं के बच्चों की शादी के लिए लड़की देखते वक्त लोग सामान्यतः यह सुनिश्चित करते हैं कि जिस लड़की से शादी होने वाली है, जो लड़की उनके घर आने वाली है, उसके बारे में वह भली-भांति जान-समझ लें। लोग सिर्फ़ यह सुनिश्चित करते हैं कि वह लड़की अच्छी हो। वे शायद ही यह समझ पाते हैं कि लड़की का स्वभाव जानने के अलावा, लड़की के भाई से भी उन्हें रूबरू होना चाहिए। हालांकि इस बात की संभावना भी कम ही होती है कि कोई व्यक्ति अपने साले की वजह से परेशान हो जाए। लेकिन जैसा कि इस कहानी में सरदार जी को अपनी पत्नी से कोई परेशानी नहीं थी, लेकिन वह अपनी पत्नी के भाई अर्थात् अपने साले की वजह से बहुत ज़्यादा परेशान थे। ऐसा इसलिए हुआ था, क्योंकि सरदार जी शादी से पहले अपने भावी साले के कारण परेशान होने की संभावना के बारे में बिलकुल भी नहीं सोच पाए थे। जैसा कि ब्लैक स्वान मॉडल भी कहता है कि किसी भी परिस्थिति के उत्पन्न होने की संभावना से इनकार नहीं किया जा सकता है, भले ही उसकी संभावना ना के बराबर ही क्यों ना हो। इसलिए सरदार जी को अपने होने वाले साले की वजह से अपने जीवन में किसी तरह की समस्या उत्पन्न होने की संभावना भले ही ना के बराबर लगी हो, फिर भी उन्हें उस संभावना को बिलकुल से नज़रअंदाज नहीं करना चाहिए था। उन्हें शादी से पहले ही अपने होने वाले साले से एक बार मिल कर उसके बारे में अवश्य जान-समझ लेना चाहिए था। हमें भी यह समझना चाहिए कि हमें अपने जीवन में सबसे अच्छी परिस्थितियों के उत्पन्न होने व उनके बने रहने की अपेक्षा तो करनी ही चाहिए, क्योंकि इससे हमारे अंदर सकारात्मकता बनी रहेगी। लेकिन इसके साथ-साथ हमें सबसे ख़राब परिस्थितियों के घटित होने की संभावनाओं की अनदेखी नहीं करनी चाहिए। बल्कि हमें उनका सामना करने के लिए तैयार रहना चाहिए, जिससे कि भविष्य में वे हमें आश्चर्यचकित करते हुए परेशानी में ना डाल दें।

# 15

# किसी भी बात को अपनी नाक का सवाल ना बनाएं

## *कहानी : मैं और मेरा पहला प्यार*

क्या आप बचपन में अपनी मां या पिताजी के साथ कभी बाज़ार गए हैं? कभी, किसी चीज़ को ख़रीदने के लिए ज़िद की है? जब मैं छोटा था, तब मां के साथ शहर जाने पर मैं अक्सर ऐसा करता था। दरअसल, मेरे जन्म से तीन महीने पूर्व ही मेरे पिता जी का देहांत हो गया था, इसलिए घर की पूरी ज़िम्मेदारी मेरी मां को ही उठानी पड़ रही थी। उस समय घर ख़र्च चलाने के लिए मां के पास बहुत कम पैसे हुआ करते थे। फिर भी उनकी यही कोशिश रहती थी कि वह हम तीन भाई-बहनों की सभी इच्छाएं पूरी कर सकें। वैसे तो, जब भी मां को शहर जाना होता था, तब साज़िश के तहत मुझे खेलने के लिए घर के बाहर कहीं भेज दिया जाता था।

यह साज़िश इसलिए की जाती थी, जिससे कि मैं मां को शहर जाते नहीं देख सकूं, और मेरी उसके साथ बाज़ार घूमने जाने की जिद और साथ नहीं ले जाने पर मेरे रोने-धोने के कार्यक्रम से बचा जा सके। मुझे वापस घर तभी बुलाया जाता था, जब मां शहर के लिए घर से निकल चुकी होती थी। लेकिन अगर ग़लती से कभी मुझे घर वालों की यह साज़िश समझ आ जाती थी, तब मैं मां के साथ बाज़ार जाने की जिद करने लगता, और मां को मजबूरन मुझे अपने साथ लेकर शहर जाना पड़ता था। चूंकि उस समय पैसों की बहुत क़िल्लत रहती थी, इसलिए शहर के बस स्टैंड पर गाड़ी से उतर कर रिक्शा करने की बजाए, मां पैदल ही शहर के अंदर की ओर चल पड़ती थी।

ऐसे में जब मैं भी मां के साथ में होता था, तब वह अपने एक हाथ में झोला पकड़ती और दूसरे में मेरा हाथ। वह तो सीधे चलती जाती, लेकिन मैं चारों तरफ़

देखता-निहारता हुआ चलता। कभी कोई नई चीज़ दिख जाती, तब आगे चलते हुए भी उसे पीछे मुड़-मुड़ कर भी देखता रहता। उसे तब तक देखता, जब तक कि वो चीज़ मेरी आंखों से ओझल नहीं हो जाती। इस तरह पीछे देखते हुए आगे चलने में कभी ठोकर खा कर गिर भी जाता। फिर खड़े होता, धूल को साफ़ करता और चल देता। रास्ते में पड़ने वाली लगभग हर दूसरी वस्तु के बारे में मां से पूछता, लगभग हर तीसरी वस्तु को ख़रीदने का आग्रह करता, हर चौथी के लिए रोता, और किसी एक के लिए, जिस पर दिल ही आ जाता था, उसके लिए ज़मीन पर लोटने लगता। ऐसा ही एक बार छोले-भटूरे के लिए हुआ जब शहर से वापस लौटते समय हम लोग बस स्टैंड पर हमारे गांव को जाने वाली गाड़ी के आने का इंतज़ार कर रहे थे।

हमारी गाड़ी आने ही वाली थी कि मेरी नज़र बस स्टैंड पर ही सड़क के किनारे एक दुकान पर रखे भटूरे पर पड़ गयी। वह गोल-गोल भटूरा, उस पर पड़ रही सूर्य की किरणों की वजह से, चाँदी सा चमक बिखेर रहा था। वह फूल जाने के कारण इतना बड़ा और मनमोहक दिख रहा था कि मुझे इस बात को जानने की बड़ी उत्सुकता हुई कि आख़िर उसके अंदर क्या होगा, और उसे खाने में कितना मज़ा आएगा। मुझे ऐसा अहसास हो रहा था जैसे कि उस भटूरे से मुझे पहली नज़र वाला प्यार हो गया हो। इसके बाद तो बस हमने मां के सामने भटूरे को ख़रीदने की इच्छा प्रकट की, और जैसे ही उन्होंने मना किया वैसे ही हम ज़मीन पर लोट गए। उस भटूरे ने मुझे इतना आकर्षित किया था कि जैसे ही मां ने उसे ख़रीदने से मना किया, वैसे ही तत्काल प्रभाव से हमारी आंखों से आंसुओं की धारा भी निकल पड़ी। चूंकि वह भटूरा सड़क के किनारे की दुकान पर बिक रहा था, इस कारण वह सफ़ाई के लिहाज़ से खाने के लिए उपयुक्त नहीं था, इसलिए मां नहीं चाहती थी कि मैं वह भटूरा खाऊं। मां ने मेरे सामने यह भी प्रस्ताव रखा कि घर चल कर वह मेरे लिए भटूरा बनाएंगी, लेकिन मेरी ज़िद और लोट-पोट के आगे मां को हार माननी पड़ी। मां मुझे भटूरे की उस दुकान के पास ले गयीं। वहां मेरे सामने एक थाली में छोले और दो भटूरे परोसे गए और मैंने त्वरित गति से उन्हें खाना आरंभ भी कर दिया। आधा भटूरा खाने के बाद अब मेरा पेट और मन दोनों भर चुका था। इसलिए मैंने और ना खाने की इच्छा व्यक्त करने के उद्देश्य से मां की तरफ़ देखा, पर मुझे उसके चेहरे पर साफ़-साफ़ गुस्सा दिख रहा था।

हालांकि मां को यह बात समझ आ रही थी कि मैं दोनों भटूरे नहीं खा सकता था, फिर भी चूंकि मेरी ज़िद पर ही वह ख़रीदा गया था, इसलिए मां का कहना था कि मुझे दोनों भटूरे खाने ही होंगे। इसलिए अब मजबूरी वश मैंने खाना जारी रखा। एक-दो टुकड़े और खाने के बाद, बड़ी हिम्मत कर के, मैंने अब नहीं खाने की इच्छा ज़ाहिर की, तब मां ने डांटते हुए कहा : पैसा लगा है, बर्बाद नहीं होना चाहिए। मैंने डर के मारे कोशिश कर के एक-दो टुकड़े और खाए, लेकिन उसके बाद मैंने हाथ खड़े कर दिए और सीधे बोल दिया कि मुझसे अब नहीं खाया जाएगा। फिर क्या,

मेरे कान के नीचे मां का ज़ोरदार थप्पड़ लगा। इसके असर से मुझे थोड़ी और भूख लग गयी और मैंने पुनः उस भटूरे को खाना जारी रखा। मुझे मां की धीमी आवाज़ में बस यही सुनाई दे रहा था कि पैसा लगा है, इसलिए यह बर्बाद नहीं होना चाहिए। इसलिए इसके बाद दोनों भटूरे समाप्त करने के बाद ही मैंने मां की तरफ़ देखा। इस तरह मां का कहा मानने के साथ-साथ मैंने भटूरे ख़रीदने में ख़र्च हुए पैसों के साथ भी न्याय किया। लेकिन घर पहुंचते ही भटूरों ने मेरे साथ अन्याय करना शुरू कर दिया, और मैं बीमार पड़ गया। जितने पैसों के भटूरे थे, उससे कहीं ज़्यादा पैसों की तो मेरे लिए दवाई ख़रीदनी पड़ गयी। मेरे बीमार पड़ने और दवा में पैसे ख़र्च होने के बाद मां को भी यह अहसास हो रहा था कि उन्हें गुस्से में मुझे दोनों भटूरे खाने के लिए डांटना नहीं चाहिए था। हालांकि बाद में मुझे तो यही समझ आ रहा था कि चूंकि भटूरे के लिए मैंने ही ज़िद की थी, इसलिए चाहे तबियत भले ही ख़राब हो जाए लेकिन मुझे दोनों भटूरे खाने ही चाहिए थे।

उस समय मेरी नज़र में उस दिन मां द्वारा डांट कर दोनों भटूरे खाने के लिए कहने की बात सही लग रही थी। ऐसा इसलिए, क्योंकि उस वक्त मेरी समझ यह कहती थी कि अगर कोई व्यक्ति एक बार कोई निर्णय ले लेता है, तब भविष्य में उसे अपनी स्थिति की परवाह किए बग़ैर अपने उस निर्णय पर क़ायम रहना चाहिए। लेकिन मेरी इस सोच में तब बदलाव हुआ, जब मुझे स्वयं द्वारा लिए गए एक निर्णय पर क़ायम रहने की वजह से ही भारी नुक़सान हुआ। दरअसल, जब बड़ा हो कर मैंने स्नातक की पढ़ाई के लिए कॉलेज में दाख़िला लिया, तब मैंने साथ ही साथ अन्य प्रतियोगी परीक्षाओं की तैयारी करनी भी शुरू कर दी।

शुरू में तो मैं स्वयं ही तैयारी कर रहा था, लेकिन जैसे ही परीक्षा नज़दीक आयी, मैंने उसकी तैयारी के लिए एक कोचिंग संस्थान में दाख़िला ले लिया। हालांकि कोचिंग की फ़ीस 10 हज़ार रुपये थी, जो मेरे लिए थोड़ी ज़्यादा थी, फिर भी कुछ दोस्तों से पैसे उधार ले कर मैंने फ़ीस की व्यवस्था कर ली। जब मैंने कोचिंग जाना शुरू किया तो मुझे यह अहसास हुआ कि उस कोचिंग में जो पढ़ाया जा रहा था, उससे मुझे बमुश्किल ही कोई फ़ायदा हो रहा था। एक तो वहां की पढ़ाई से मुझे कोई विशेष फ़ायदा नहीं हो रहा था, और ऊपर से कोचिंग आने-जाने और वहां की कक्षाएं करने में मेरा पूरा दिन भी ख़राब हो रहा था। इसलिए मैंने कई बार कोचिंग छोड़ देने का भी सोचा, लेकिन फिर कोचिंग की फ़ीस के 10 हजार रुपये, जो मैंने दोस्तों से उधार लेकर जमा की थी, वे मुझे याद आने लगते थे। इस तरह उन 10 हज़ार रुपयों की पूरी क़ीमत वसूलने की सोच के कारण मैं लगातार उस कोचिंग सेंटर की उन कक्षाओं को अटेंड करता रहा। इसके परिणाम स्वरूप, मैं अपनी उस परीक्षा की तैयारी ठीक से नहीं कर पाया और अंततः उसमें मुझे असफलता ही हाथ लगी। इस तरह मुझे कोचिंग जाने के अपने निर्णय पर क़ायम रहने की वजह से

भारी नुक़सान हुआ। अब मैं उन बीते हुए कल को पीछे मुड़ कर देखता हूं, तो मुझे समझ में आता है कि भटूरे खाने की ज़िद भले ही मेरी थी और उसे ख़रीदने में पैसे ख़र्च हुए थे, लेकिन मां का यह पछतावा करना सही ही था कि उन्होने गुस्से में मुझे दोनों भटूरे खाने के लिए क्यों डांट दिया। जबकि मुझे स्वयं इस बात का पछतावा होता है कि उस कोचिंग में दाख़िला लेने का निर्णय भले ही मेरा था, लेकिन जब मुझे यह समझ में आ गया था कि उस कोचिंग से मुझे कोई फ़ायदा नहीं हो रहा था बल्कि मेरा समय ही बर्बाद हो रहा है, तब मुझे उसकी फ़ीस के तौर पर जमा किए 10 हज़ार रुपये का मोह नहीं करना चाहिए था और तत्काल प्रभाव से कोचिंग को छोड़ कर ख़ुद ही तैयारी करनी चाहिए थी।

यहां पर इस कहानी का ज़िक्र इसलिए किया गया है, क्योंकि मैनेजमेंट के कुछ कॉन्सेप्ट भी इस बारे में बात करती हैं कि यदि व्यक्ति एक बार कोई निर्णय ले ले, जैसे कि अगर वह किसी कार्य में अपना समय, प्रयास या धन का निवेश कर दे, तो फिर चाहे अपने उस निर्णय की वजह से उसे नुक़सान ही क्यों ना हो रहा हो, वह उस निर्णय पर क़ायम रहता है अर्थात् कि उस कार्य को तब भी जारी रखने का प्रयास करता है। तो आइए इन कॉन्सेप्ट के बारे में हम विस्तार से बात करते हैं।

## संबंधित कॉन्सेप्ट :

### संक कॉस्ट फैलसी (Sunk Cost Fallacy) :

संक कॉस्ट फैलसी, व्यक्ति की उस प्रवृति का वर्णन करती है, जिसके अनुसार यदि उसने पहले से ही किसी कार्य में अपना समय, प्रयास या धन का निवेश कर दिया होता है, तो फिर चाहे उस कार्य की वजह से उसे नुक़सान ही क्यों ना हो रहा हो, वह उस कार्य को तब भी जारी रखने का प्रयास करता है। यहां तक कि उस कार्य को करने की वर्तमान लागत का उससे होने वाले लाभ से अधिक होने के बावजूद व्यक्ति उसे करना जारी रखने का प्रयास करता है।

### एस्कलेशन ऑफ़ कमिट्मेंट (Escalation of Commitment) :

एस्कलेशन ऑफ़ कमिट्मेंट एक मानवीय व्यवहार का प्रतिरूप है जिसमें एक व्यक्ति या समूह अपने किसी निर्णय, कार्य या निवेश से लगातार नकारात्मक परिणाम मिलने के बावजूद अपने उस व्यवहार में बदलाव करने की बजाए उसको जारी रखता है। व्यक्ति ऐसे व्यवहार करता है और ऐसे निर्णय लेता है जो तर्कहीन तो होते हैं लेकिन उसके पिछले निर्णयों और कार्यों के साथ संरेखित होते हैं, अर्थात् वे व्यवहार उसके द्वारा पूर्व में किए गए व्यवहार से मेल खाते हैं।

## निहितार्थ :

मैनेजमेंट की इन कॉन्सेप्ट को हम 'मैं और मेरा पहला प्यार' कहानी के माध्यम से आसानी से समझ सकते हैं। लेकिन उससे पहले हमें यह समझना होगा कि मनुष्य के एक तार्किक प्राणी होने की बात परम सत्य नहीं है। दरअसल जब भी हम किसी एक विशेष परिस्थिति में होते हैं, तब उस परिस्थिति के प्रभाव में हमारे निर्णयों के प्रभावित हो जाने की संभावना बनी रहती है। कई बार ऐसा होता है कि एक समय पर तो हम अपने किसी निर्णय को न्यायोचित मानते हैं, लेकिन धीरे-धीरे समय बीतने के साथ हमें अहसास होने लगता है कि वास्तव में हम अपने उस निर्णय को न्यायोचित और सही ठहराने के लिए जिन तर्कों का सहारा ले रहे थे, वे तर्क अनुचित और निम्न स्तर के थे। इसलिए किसी विशेष परिस्थिति में कोई निर्णय लेते समय हमें स्वयं को मानसिक रूप से उस परिस्थिति से दूर ले जाना चाहिए और फिर स्वयं द्वारा लिए जा रहे निर्णय पर एक पुनः बार विचार करना चाहिए।

इस तरह हमें यह सुनिश्चित करना चाहिए कि हम किसी पूर्वाग्रह से प्रभावित होकर अपना निर्णय नहीं ले रहे हों, क्योंकि पूर्वाग्रहों से प्रभावित होने के कारण अक्सर हमारी प्राथमिकताएं बदल जाती है। इसकी वजह से सबसे गौण बात हमें सबसे महत्त्वपूर्ण लगने लगती है और सबसे महत्त्वपूर्ण बात को हम नज़रअंदाज़ कर देते हैं। एक बार किसी परिस्थिति में पूर्वाग्रहों से प्रभावित हो कर अगर हम कोई निर्णय ले लेते हैं, तब हम अपने एस्कलेशन ऑफ़ कमिट्मेंट के चलते अपने निर्णयों पर क़ायम रहते हैं। इस तरह चाहे हमारे किसी निर्णय की वजह से बाद में हमें नुक़सान हो जाने की संभावना ही क्यों ना हो, लेकिन उस परिस्थिति में हमें वही निर्णय न्यायसंगत लगता है। जैसा कि इस कहानी में सड़क के किनारे दुकान पर बिक रहे भटूरे को खाने के लिए मेरे द्वारा ज़िद करने पर मां ने मुझे 2 भटूरे और छोले दिला दिए।

चूंकि मां के मना करने के बावजूद मैंने जिद करके वह भटूरे ख़रिदवाए थे, इसलिए मां को यह पूर्वाग्रह था कि अब मुझे दोनों भटूरे खाने ही होंगे। यह देखते और जानते हुए कि दोनों भटूरों को खा पाना मेरे बस की बात नहीं थी, उन्होंने अपने निर्णय को बदलने पर विचार नहीं किया। इस कहानी में चूंकि भटूरा ख़रीदने में पैसे ख़र्च हुए थे, इसलिए उन्हें खा कर पूरा ख़त्म करके उस पैसे की पूरी क़ीमत वसूल करने और मेरे द्वारा ज़िद करने व बात मानने से इनकार करने के लिए सबक़ सिखाने के मां के तर्क के सामने उस भटूरे को खाने से मुझे होने वाली स्वास्थ्य समस्याओं की उनकी समझ गौण साबित हो रही थी। ठीक उसी तरह से, बड़ा हो कर जब मैंने प्रतियोगी परीक्षाओं की तैयारी करने के लिए एक कोचिंग संस्थान में दाख़िला लिया, और कुछ समय बाद मुझे यह अहसास हुआ कि उस कोचिंग की

कक्षाओं से मुझे कोई लाभ नहीं हो रहा था। बल्कि वहां आने-जाने और कक्षाओं में उपस्थित रहने के कारण मेरा समय बर्बाद हो रहा था, तब भी चूंकि उस कोचिंग में दाख़िला लेने का निर्णय मेरा स्वयं का था, इसलिए अपने एस्कलेशन ऑफ़ कमिट्मेंट के कारण मैं कोचिंग जाते रहने के अपने निर्णय पर क़ायम रहा। वहीं, मां द्वारा मुझे दोनों भटूरों को खाने के लिए यह तर्क देना कि उनको ख़रीदने में पैसे लगे हैं और मेरे द्वारा दोस्तों से मांग कर कोचिंग की फ़ीस के तौर पर जमा किए गए 10 हज़ार रुपये के मोह में कोचिंग जाना जारी रखना संक कॉस्ट फैलसी को दर्शाता है। चूंकि यह फैलसी भी यही कहती है कि यदि हम पहले से ही किसी कार्य में अपना समय, प्रयास या धन का निवेश कर चुके होते हैं, तो हम उस कार्य को तब भी जारी रखने का प्रयास करते हैं, जब चाहे उस कार्य को करने से हमारा नुक़सान ही क्यों ना हो रहा हो।

लेकिन महाभारत (शांतिपर्व : 33/31) में कहा गया है कि

*'एकं हत्वा यदि कुले शिष्टानां स्यादनामयम्। कुलं हत्वा च राष्ट्रं च न तद् वृत्तोपघातकम्'*

अर्थात् यदि एक व्यक्ति के वध से एक कुल की रक्षा हो सकती है अथवा एक ही कुल के वध से समस्त राज्य की रक्षा हो सकती है, तो ऐसा वध अपराध नहीं होगा।

कुछ इसी तरह की बात रामचरितमानस (अयोध्याकाण्ड : 256/1) में भी कही गयी है। उसमें यह कहा गया है कि

*अरध तजहिं बुध सरबस जाता*

अर्थात् बुद्धिमान लोग जब पूरे को संकट में पाते हैं तो आधा छोड़ देते हैं।

इसलिए हमें यह ध्यान रखना चाहिए कि हम अपने किसी कार्य या वस्तु में भले ही कोई निवेश कर चुके हों, लेकिन अगर बाद में हमें समझ आ जाए कि भविष्य में हमें उस वस्तु से या उस कार्य को जारी रखने में हमें, नुक़सान ही होना है, तब उस वस्तु का त्याग कर देना चाहिए व उस कार्य से स्वयं को अलग कर लेना चाहिए। हमें किसी छोटे से नुक़सान से बचने के लिए अपना बड़ा नुक़सान करने से बचना चाहिए। अगर हमारे पुराने निर्णय और वादे बदले समय के साथ वर्तमान परिस्थिति में हमारे अनुकूल ना रह गए हों, तो हमारे अंदर उनसे पीछे हटने और उन्हें बदलने की हिम्मत और साहस होना चाहिए। हमें अपनी किसी भी बात या कमिट्मेंट को, जो कि परिस्थिति के हिसाब से लाभकारी और न्यायसंगत नहीं हो, अपनी नाक का सवाल नहीं बनाना चाहिए।

# 16

# अपने गॉडफ़ादर के साथ भी अनासक्त भाव से रहें

### *कहानी : मौक़ापरस्त प्रवीण*

हम किसी व्यक्ति के साथ रहें। उसके साथ समय व्यतीत करें। उसके सुख-दुःख का हिस्सा बनें, फिर भी हमें उसके साथ कोई आसक्ति नहीं हो, यह बहुत मुश्किल है। जितना मुश्किल यह है, उतना ही मुश्किल यह भी है कि हम अपनी प्रोफ़ेशनल ज़िंदगी में किसी व्यक्ति का हाथ पकड़ कर चलना सीखें और फिर बाद में जब हम स्वयं के बल पर चलने और दौड़ने का प्रयास करने लगें, तब उस व्यक्ति को कोई तकलीफ़ नहीं हो और वह हमारी प्रगति से ख़ुश हो। दरअसल, अक्सर ऐसा होता है कि हमारी प्रोफ़ेशनल ज़िंदगी में जो व्यक्ति हमारा हाथ पकड़ कर चलना सिखाता है, वह अपनी अंगुली पकड़ा कर हमें अपने मतलब के रास्ते पर ही ले जाना चाहता है। ऐसा बहुत कम ही होता है कि वह व्यक्ति हमें हमारी मंज़िल की ओर जाने वाले रास्ते पर ही लेकर जाए। इसलिए हमें इस बात का ध्यान रखना चाहिए कि उस व्यक्ति के साथ चलते हुए कहीं हम अपनी मंज़िल का रास्ता ही नहीं भूल जाए।

हमें स्वयं के जीवन के लक्ष्य और मंज़िल को प्राप्त करने के लिए यह सुनिश्चित करना चाहिए कि उस व्यक्ति के साथ चलते समय जब हमें यह अहसास हो जाए कि हमारी मंज़िल की ओर जाने वाला आख़िरी मोड़ बीतने वाला है, तब हमें उसका साथ छोड़कर अपनी मंज़िल की ओर मुड़ जाना चाहिए। ऐसा इसलिए, क्योंकि इस दुनिया में हमारा सिर्फ़ एक ही कर्तव्य होता है : स्वयं की मंज़िल तक पहुंचना। ये सारी बातें मुझे मेरे मित्र प्रवीण ने बताई। दरअसल, प्रवीण के परिवार की आर्थिक पृष्ठभूमि बहुत कमज़ोर थी, लेकिन वह स्वयं बचपन से ही बहुत महत्त्वाकांक्षी था।

उसका मानना था कि ईश्वर किसी से कुछ छीनता है तो उसे कुछ देता भी है। ईश्वर कभी भी हमारे सभी दरवाज़े बंद नहीं करता। प्रवीण की बचपन से ही इच्छा थी कि वह आईआईटी से इंजीनियरिंग की पढ़ाई करे, लेकिन उसके घर की आर्थिक स्थिति ऐसी नहीं थी कि आईआईटी की प्रवेश परीक्षा की तैयारी के लिए किसी अच्छे विद्यालय और कोचिंग संस्थान में दाख़िला ले सके। लेकिन ईश्वर के आशीर्वाद से उसका दाख़िला नवोदय विद्यालय में हो गया। चूंकि नवोदय विद्यालय एक आवासीय विद्यालय होता है, जिसमें कोई फ़ीस भी नहीं लगती है और वहां पर दिन की कक्षाएं ख़त्म होने के बाद शाम को भी अलग से पढ़ाई होती है, इसलिए वहां कोचिंग की भी ज़रूरत नहीं होती है। इस तरह प्रवीण ने नवोदय विद्यालय में कक्षा 12वीं तक की पढ़ाई अच्छे से की। उसके बाद स्नातक की पढ़ाई के लिए उसका दाख़िला एक सरकारी इंजीनियरिंग कॉलेज में हो गया। कॉलेज में पढ़ाई के दौरान ही प्रवीण की मुलाक़ात विश्वास जी से हुई। दरअसल, विश्वास जी भी उसी कॉलेज के पूर्व-छात्र थे और वह विदेश से पढ़ाई करने के बाद भारत लौटकर अपने एनजीओ के माध्यम से विभिन्न सामाजिक कार्यों में लगे हुए थे।

विश्वास जी की इस देशभक्ति और समाजसेवा की भावना को देख कर प्रवीण उनसे बहुत प्रभावित था और उन्हें अपना आदर्श मानता था। विश्वास जी से प्रभावित होने की वजह से प्रवीण हमेशा उनसे मिलने और बातचीत करने का प्रयास करता था। ऐसा नहीं था कि सिर्फ़ प्रवीण ही विश्वास जी से प्रभावित था, बल्कि विश्वास जी भी उसकी क़ाबिलियत और उसके सामाजिक कार्यों के प्रति झुकाव को देख कर उससे प्रभावित थे। एक बार विश्वास जी ने प्रवीण से उसकी भविष्य की योजनाओं के बारे में बात करते हुए अपने साथ कार्य करने का प्रस्ताव दिया। जिसे प्रवीण ने तुरंत स्वीकार कर विश्वास जी को धन्यवाद भी दिया। विश्वास जी के साथ कार्य करने के दौरान प्रवीण को पता चला कि विश्वास जी को एक बेटा भी था, जो प्रवीण का हमउम्र ही था। प्रवीण ने देखा कि विश्वास जी अपने बेटे को हमेशा यूपीएससी की परीक्षा की तैयारी करने के लिए प्रोत्साहित करते रहते थे। प्रवीण को यह देख कर बहुत बुरा लगा कि विश्वास जी अपने बेटे को हमेशा दुनियादारी और अन्य कार्यों से दूर रह कर सिर्फ़ यूपीएससी की तैयारी पर ध्यान केंद्रित करने का सुझाव देते रहते थे, जबकि प्रवीण को वह सिर्फ़ अपने एनजीओ के कार्यों में हाथ बंटाने और समाजसेवा करने के लिए प्रोत्साहित करते थे।

विश्वास जी का यह दोहरा चरित्र देखने के बाद प्रवीण ने उनका साथ छोड़ने का निश्चय कर लिया। चूंकि उनके साथ काम करते हुए प्रवीण अक्सर देखा करता था कि विश्वास जी अपने विभिन्न कार्यों के लिए किसी न किसी आईएएस अधिकारी से ही मदद मांगते थे, इसलिए उसने भी किसी आईएएस अधिकारी के साथ काम करने का मन बनाया। सौभाग्य से उसे आईएएस सुशांत जी का साथ मिल गया,

जो एक जिले के जिलाधिकारी थे। हालांकि प्रवीण को उनके साथ काम करने के बदले कोई सैलरी नहीं मिलती थी, फिर भी क्योंकि सुशांत जी ने उसे अपने साथ काम करने का मौक़ा दिया था, इसलिए प्रवीण उनके प्रति बहुत ही कृतज्ञ रहता था। लेकिन प्रवीण को इस बात का दुःख था कि वह बिना सैलरी के ही निःस्वार्थ भाव से उस ज़िले के नक्सल प्रभावित क्षेत्र में शिक्षा के प्रति लोगों को जागरूक करने में सुशांत जी की ही मदद कर रहा था, लेकिन उन्होंने प्रवीण से कभी यह भी नहीं पूछा कि आख़िर उसके रहने, खाने और आने-जाने की कोई व्यवस्था है या नहीं। चूंकि प्रवीण वह सारे कार्य सुशांत जी के मार्गदर्शन में ही कर रहा था, इसलिए उसको लगता था कि आईएएस सुशांत जी को उसके ठहरने और आने-जाने की सुविधाओं के बारे में पूछना चाहिए था और उसका ध्यान रखना चाहिए था। प्रवीण को ज़्यादा दुःख तब हुआ, जब एक दिन वह नक्सल प्रभावित क्षेत्र में किए जा रहे सामाजिक कार्यों के ही सिलसिले में जिलाधिकारी आवास पर सुशांत जी से मिलने पहुंचा। प्रवीण बहुत देर तक सुशांत जी से मिलने के इंतज़ार में बैठा रहा, लेकिन उसके बाद आने वाले कई राजनैतिक व्यक्तियों से सुशांत जी मिलते रहे।

सुशांत जी की प्राथमिकताओं और स्वयं की उपेक्षा देखने के बाद प्रवीण को लगा कि उसे भी किसी राजनैतिक व्यक्ति के साथ ही कार्य करना चाहिए। इसी बीच सुशांतजी का ट्रांसफ़र जिले से सचिवालय में हो गया। इसके बाद मिलने की बात तो दूर, सुशांत जी ने प्रवीण के कॉल उठाना और संदेश का जवाब देना भी बंद कर दिया। यह देख कर प्रवीण सोचने लगा कि जब तक सुशांत जी की पोस्टिंग जिले में थी और उनके लिए प्रवीण की उपयोगिता थी। तब सुशांत जी ख़ुद ही उसे फ़ोन कर लिया करते थे और मिलने भी बुला लेते थे। लेकिन ट्रांसफ़र के बाद जैसे ही उनके लिए प्रवीण की उपयोगिता ख़त्म हो गई, वैसे ही उन्होंने उससे दूरी बना ली और उसका फ़ोन उठाना भी बंद कर दिया।

इस तरह सुशांत जी के साथ कुछ महीनों तक काम करने के बाद प्रवीण का रास्ता उनसे अलग हो गया। हालांकि कुछ महीने बाद जब सुशांत जी का ट्रांसफ़र फिर से एक दूसरे जिले में जिलाधिकारी के तौर पर हुआ, तब उन्हें फिर से प्रवीण की याद आई। उन्होंने पुनः प्रवीण को फ़ोन कर नए जिले में कुछ सामाजिक कार्य शुरू करने के लिए आमंत्रित किया, लेकिन तब प्रवीण को सुशांत जी का पुराना व्यवहार याद आ गया और उसने उनके आमंत्रण को अस्वीकार कर दिया। सुशांत जी के ज़िलाधिकारी रहते हुए जब प्रवीण उनसे मिलने ज़ाया करता था, तब सुशांत जी उससे मिलने की बजाए विभिन्न राजनैतिक व्यक्तियों से मिलते रहते थे और प्रवीण को काफ़ी इंतज़ार करना पड़ता था। इस वजह से उसके मन में किसी राजनैतिक व्यक्ति के साथ कार्य करने की इच्छा थी। सुशांत जी का साथ छूटने के बाद सौभाग्य से उसे एक विधायक जी के साथ कार्य करने का अवसर मिल

गया। विधायक जी के यहां जब कोई व्यक्ति अपना ट्रांसफ़र-पोस्टिंग कराने या कोई सरकारी कॉन्ट्रैक्ट लेने की एवज में उन्हें रिश्वत के तौर पर पैसे देने आता, तब वे उन पैसों को स्वयं नहीं लेते थे। वह उन व्यक्तियों को पैसों की डिलीवरी प्रवीण के हाथ में करने को बोलते थे। ऐसे में प्रवीण को समझ आया कि उसे विधायक जी के साथ काम कर के कुछ भी सीखने को नहीं मिल रहा था और उनके सानिध्य में रहने से उसका फ़ायदा तो नहीं, बल्कि नुक़सान होने की पूरी संभावना थी। इसलिए जल्दी ही उसने विधायक जी का साथ छोड़ने का फ़ैसला कर लिया। इस तरह प्रवीण अपने जीवन में एक जगह से दूसरी जगह कार्य करने का और एक व्यक्ति से दूसरे व्यक्ति के सानिध्य में सीखने का प्रयास करता रहा। प्रवीण की इस जीवन यात्रा को देख कर जब कोई उससे कहता कि वह तो एक मौक़ापरस्त व्यक्ति है, तब वह कहता है कि वास्तव में पूरी दुनिया ही मौक़ापरस्त है, और सभी लोग अपने आगे बढ़ने के लिए मौक़ा मिलने का इंतज़ार कर रहे हैं। लोगों के साथ कार्य करने के कुछ समय बाद ही उनसे अलग होने के आरोप पर वह अपनी सफ़ाई देते हुए कहता है कि किसी भी व्यक्ति के दिल-दिमाग़ को अगर यह समझ में आ जाएगा कि सामने वाला व्यक्ति भी उसका भला ही चाह रहा है, तब वह उसका साथ कभी छोड़ेगा ही नहीं।

इसके तर्क में वह शुक्र नीति (2/157) में भी कही गई बात को दोहराते हुए कहता है कि

*'भृतिदानेन संतुष्टा मानेन परिवर्धिता: सान्त्विता मृदुवाचा ये न त्यजन्त्त्यधिपं हि ते'*

अर्थात वे सेवाधारी, जिन्हें समय पर उचित पारिश्रमिक दिया जाता है, जिनका सम्मान किया जाता है और जिन्हें हल्के शब्दों में सलाह दी जाती है, वे अपने नियोक्ता को नहीं छोड़ते हैं।

इसके अलावा प्रवीण कहता है कि जैसे हम अपने मां-बाप इसलिए नहीं बदलते हैं, क्योंकि कोई दूसरा व्यक्ति हमें उनके जितना प्यार और अपनापन दे ही नहीं सकता है। ठीक उसी प्रकार अगर हमारा कोई गॉडफ़ादर भी हमारा कुछ इस तरह ध्यान रखे कि हमें यह महसूस हो कि उसके जैसा हमारा ध्यान कोई दूसरा व्यक्ति नहीं रख सकता है, तब हम शायद उसे भी कभी नहीं छोड़ेंगे। जब तक लोगों की स्थिति कमज़ोर और ख़राब रहती है और जब लोग अपने किसी गॉडफ़ादर के सानिध्य में कार्य करने के लिए मजबूर रहते हैं। तब तक उनके गॉडफ़ादर सिर्फ़ उनका उपयोग करते हैं और उनका फ़ायदा उठाते हैं। इस दौरान उनके गॉडफ़ादर स्वयं को अत्यंत बुद्धिमान समझते हैं। वे अपने सानिध्य में कार्य करने वाले लोगों की सिर्फ़ उतनी ही मदद करते हैं, जितनी में उन लोगों का उनके साथ में काम करने

का मनोबल और लालच बना रहे। जैसे ही उन गॉडफ़ादर का ही कोई अधीनस्थ व्यक्ति थोड़ी तेज़ी से आगे बढ़ने का प्रयास करने लगता है, तब वह उसको रोकने का प्रयास करने लगते हैं। इस स्थिति को समझने के लिए प्रवीण ने ख़ुद को एक पौधा और अपने गॉडफ़ादर को उस पौधे का माली बताते हुए कहा कि माली कभी यह नहीं चाहता है कि उसकी पौधशाला का कोई पौधा, जिसे उसने सिर्फ़ बेचने के लिए उगाया है, ज़रूरत से ज़्यादा बड़ा हो। लेकिन वह यह भी चाहता है कि उसका वह पौधा हरा-भरा ज़रूर रहे। इसलिए वह माली उस पौधे के विकास पर अपनी नज़र बनाए रखता है, और जैसे ही उसे लगता है कि पौधा अब जड़ पकड़ रहा है, वैसे ही वह उसे जड़ सहित उखाड़ लेता है। चूंकि उस पौधे को हरा-भरा भी रखना होता है, इसलिए उखाड़ने के बाद वह उसे पुनः ज़मीन में उसी स्थान पर गाड़ देता है और यह सिलसिला ऐसे ही चलता रहता है। इस तरह माली का वह पौधा सूखता तो नहीं है, लेकिन वह कभी बड़ा पेड़ भी नहीं बन पाता है।

प्रवीण ने समझाया कि लगभग सभी लोगों के साथ यही काम उनके गॉडफ़ादर भी करते हैं। सभी गॉडफ़ादर अपने साथ काम करने वाले लोगों की मदद तो करते हैं, लेकिन वे उन्हें कभी बहुत प्रगति नहीं करने देते हैं। वहीं, जब अपने गॉडफ़ादर के साथ काम करते हुए धीरे-धीरे किसी व्यक्ति की स्थिति बेहतर हो जाती है और जब वह स्वयं के बल पर आगे बढ़ने के लिए अपने गॉडफ़ादर के रास्ते से अपना रास्ता अलग करने का प्रयास करता है, तब उसके गॉडफ़ादर उस व्यक्ति पर मौक़ापरस्त होने का इल्ज़ाम लगाने लगते हैं। इन सारी बातों को बताते हुए प्रवीण कहता है कि हमें जीवन में सभी के साथ ईमानदार रहना चाहिए अर्थात कि अगर कोई व्यक्ति हमारा भला सोच रहा है, तब हमें भी उसके साथ वफ़ादारी निभानी चाहिए। अगर वह व्यक्ति सिर्फ़ अपना स्वार्थ देख रहा हो, तब, हमें पुनः ईमानदारी का परिचय देते हुए बिना किसी तरह का अन्याय सहे, सही समय देख कर उस व्यक्ति के रास्ते से अपना रास्ता अलग कर लेना चाहिए। ऐसी स्थिति में हमें किसी मोह-माया और मौलिकता-नैतिकता के बारे में नहीं सोचना चाहिए, क्योंकि इनके बारे में सोचने और इन्हें बनाए रखने की ज़िम्मेदारी सभी पक्षों की होती है। प्रवीण कहता है कि अगर हमारे गॉडफ़ादर हमारे साथ मौलिकता और नैतिकता के साथ व्यवहार करेंगे तो उनसे अलग होने का भाव हमारे अंदर कभी आएगा ही नहीं। लेकिन अगर हमारे मन में अपने गॉडफ़ादर के रास्ते से अपना रास्ता अलग करने का भाव आ रहा हो तो हमें समझ जाना चाहिए कि कहीं न कहीं हमारे साथ अन्याय हो रहा है। ऐसी स्थिति में हमें अनासक्ति के भाव से अपने गॉडफ़ादर से अलग होकर स्वयं के रास्ते पर अकेले ही आगे बढ़ना चाहिए।

यहां पर इस कहानी का ज़िक्र इसलिए किया गया है, क्योंकि साइकोलॉजी की एक थ्योरी भी मानवीय बातचीत और व्यवहार को एक प्रकार के परिणाम-

संचालित निर्णय के रूप में देखती है। तो आइए उस थ्योरी के बारे में हम विस्तार से बात करते हैं।

## संबंधित थ्योरी :

### सोशल एक्स्चेंज थ्योरी (Social Exchange Theory) :

सोशल एक्स्चेंज थ्योरी, मानवीय बातचीत और व्यवहार को एक प्रकार के परिणाम-संचालित सामाजिक व्यवहार के रूप में देखती है। यह थ्योरी लागत और पुरस्कार की अवधारणा पर आधारित है। इसका मतलब है कि लागत की इनाम से तुलना के परिणाम ही मानवीय निर्णयों और व्यवहार को संचालित करते हैं। यह थ्योरी कहती है कि व्यक्ति अपने निर्णय लेने से पहले उस निर्णय के परिणामों के बारे में सोचते हैं। वे उन परिणामों के आधार पर ही अपना निर्णय लेते हैं। लागत किसी निर्णय को क्रियान्वित करने के लिए आवश्यक संसाधनों का मूल्य होता है, जैसे समय, धन और ऊर्जा का ख़र्च। अत्यधिक लागत व्यक्ति के लिए हानि का सूचक हो सकती है, जिसे वह एक नकारात्मक परिणाम के तौर पर देखेगा। जबकि अपने निर्णय के कारण प्राप्त होने वाले किसी पुरस्कार को वह व्यक्ति निर्णय के सकारात्मक परिणाम के तौर पर देखेगा। इसलिए, आमतौर पर स्वीकृत विचार यह है कि अपने निर्णय के मूल्य की गणना करने के लिए व्यक्ति मिलने वाले पुरस्कारों में से ख़र्च होने वाली लागत घटाता है।

उदाहरण के लिए, व्यक्ति अपने निर्णय की वजह से सबसे अधिक लाभ, पुरस्कार, सकारात्मक परिणाम और दीर्घकालिक लाभ की अपेक्षा करता है। वह अपने उस निर्णय को भी पसंद करता है, जिसके परिणामस्वरूप उसे सबसे अधिक सुरक्षा, सामाजिक अनुमोदन और स्वतंत्रता मिलती है। इसके विपरीत वह उन निर्णयों का भी चयन करता है, जिनमें कम से कम लागत की आवश्यकता होती है और जिनके परिणामों से कम से कम सामाजिक अस्वीकृति की संभावना होती है।

## निहितार्थ :

'मौक़ापरस्त प्रवीण' कहानी के माध्यम से हम साइकोलॉजी की इस थ्योरी को आसानी से समझ सकते हैं। लेकिन उसके बारे में बात करने से पहले हमें यह बात समझनी होगी कि बिना फ़ादर अर्थात् पिता के इस दुनिया में कोई व्यक्ति नहीं आता है। हर व्यक्ति का कोई न कोई फ़ादर ज़रूर होता है। बायोलॉजिकल फ़ादर के अलावा लगभग हर व्यक्ति का कोई प्रोफ़ेशनल फ़ादर अर्थात् गॉडफ़ादर भी होता ही है, जिसके मार्गदर्शन और सानिध्य में वह व्यक्ति आगे बढ़ता है। ख़ासतौर पर जब

हमारे पारिवार की आर्थिक स्थिति मध्यम दर्जे की या उससे भी कमज़ोर हो और हमारे घर में हमें मार्गदर्शन देने वाला कोई नहीं हो, तो जीवन के शुरुआती दौर में चीज़ों को सीखने, समझने व मार्गदर्शन के लिए हमें किसी दूसरे व्यक्ति की छत्रछाया की ज़रूरत पड़ती ही है। ऐसे में हमें किसी को अपना मार्गदर्शक या गॉडफ़ादर बनाने में कोई शिकायत भी नहीं है। बल्कि इससे यह फ़ायदा होता है कि जो ग़लतियां कर के वह व्यक्ति (मार्गदर्शक या गॉडफ़ादर) सीख ले चुका होता है, वह सीख हमें बिना उस ग़लती को किए ही उसके माध्यम से मिल जाती है। सिर्फ़ यही नहीं, बल्कि उस व्यक्ति ने अपने जीवन में जितने संपर्क बनाए होते हैं, उनका भी हमें लाभ मिल जाता है। लेकिन अपने गॉडफ़ादर का चुनाव करते समय हमें यह ध्यान रखना चाहिए कि हम किसी ऐसे ही व्यक्ति को अपना गॉडफ़ादर बनाएं, जो हमारी वर्तमान परिस्थिति, भविष्य के लक्ष्यों व हमारी महत्त्वाकांक्षाओं के हिसाब से उपयुक्त हो। ऐसा इसलिए, क्योंकि अपने लिए गॉडफ़ादर के ग़लत चुनाव करने की बात व्यक्ति को जल्दी समझ में नहीं आती है। जब तक यह बात उसके समझ में आती है, तब तक उसके समय और ऊर्जा का इतना नुक़सान हो चुका होता है कि उसके लिए अपने जीवन के लक्ष्यों को समय से प्राप्त कर पाना अत्यंत कठिन हो जाता है। इसके अलावा किसी व्यक्ति को अपना गॉडफ़ादर स्वीकार करते समय यह बात भी हमारे ध्यान में रहनी चाहिए कि जो ख़ामियां हमारे गॉडफ़ादर के व्यक्तित्व में होंगी, वे स्वतः हमारे अंदर भी आ जाएंगी, और अगर वह सामाजिक व राजनैतिक परिवेश में पीछे की पंक्ति में खड़ा व्यक्ति होगा, तब वह चाहते हुए भी हमें बहुत आगे नहीं बढ़ा पाएगा। हालांकि अगर हमारे पास मार्गदर्शक के तौर पर उस व्यक्ति से बेहतर विकल्प ना मौजूद हो, तब हमें उस व्यक्ति को ही अपना गॉडफ़ादर स्वीकार कर लेना चाहिए। इसके बाद हमें उनके सानिध्य में पूरी ईमानदारी के साथ बिना किसी छल–कपट के कार्य करते हुए उनसे सीखना चाहिए और उनके मार्गदर्शन में धीरे–धीरे आगे बढ़ना चाहिए।

इस संबंध में रामचरितमानस (किष्किंधाकांड : 23/2) में भी कहा गया है कि

*'स्वामिहि सर्व भाव छल त्यागी'*

अर्थात् बिना किसी छल का सहारा लिए अपने गुरु की अपने पूरे अस्तित्व के साथ (विचार, वचन और कर्म से) सेवा करनी चाहिए।

हालांकि हमें अपने मार्गदर्शक या गॉडफ़ादर के साथ पूरी ईमानदारी और वफ़ादारी के साथ तो रहना चाहिए, लेकिन अपने जीवन की गाड़ी को सिर्फ़ उनके भरोसे नहीं छोड़ देना चाहिए। हमें उसके सानिध्य में काम करते हुए बिना जल्दबाज़ी

दिखाए, सामाजिक व राजनैतिक परिवेश में आगे की पंक्तियों में विराजमान दूसरे लोगों से अपने संपर्क स्थापित करते रहना चाहिए, उनके साथ अपने संबंधों को धीरे-धीरे मज़बूत करना चाहिए। आपने भी ध्यान दिया होगा कि जब हम अपने बचपन के दिनों में विद्यालय जाते थे, तब हमारी छोटी व बड़ी कक्षाओं में पढ़ाने के लिए अलग-अलग अध्यापक होते थे। ऐसा इसलिए था, क्योंकि जैसे ही हम ऊंची कक्षाओं में प्रवेश करते हैं, वैसे ही हमारी छोटी कक्षाओं के अध्यापकों के लिए हमारे नए पाठ्यक्रम को पढ़ा पाना मुश्किल हो जाता है। उनके अंदर उन ऊंची कक्षाओं के पाठ्यक्रम को पढ़ा सकने की क़ाबिलियत नहीं होती है, इसलिए तब हमें दूसरे अध्यापक पढ़ाने के लिए आते हैं। इस तरह विद्यालय में हमारी कक्षा बदलने के साथ हमारे गुरु/मागदर्शक भी बदल जाते हैं। ठीक उसी प्रकार, हम अपने जीवन में एक समय पर जिस भी व्यक्ति के मार्गदर्शन और सानिध्य में कार्य कर रहे हों, तब हमें उसके साथ उस समय ईमानदारी के साथ काम करते रहना चाहिए। लेकिन समय के साथ आगे बढ़ते हुए हमें अपने वर्तमान मार्गदर्शक या गॉडफ़ादर से सामाजिक व राजनैतिक पंक्ति में आगे खड़े व्यक्तियों से संपर्क स्थापित करने का प्रयास करते रहना चाहिए और भविष्य में उन्हें अपना नया गॉडफ़ादर बना लेने का प्रयास करना चाहिए जिससे कि हमें भविष्य में उस नए व्यक्ति के सानिध्य के चलते बेहतर मार्गदर्शन और संसाधन मिल सकें।

जैसा कि जब हम मंदिर में जाते हैं, तब हमारा पहला प्रयास यह होता है कि उस मंदिर के पुजारी से हमारी मुलाक़ात हो जाए, ताकि हम उनका आशीर्वाद ले पाएं और फिर उनके माध्यम से हम उस मंदिर के भगवान के दर्शन कर सकें। वहीं, जब हम भगवान की मूर्ति के सामने हाथ जोड़े खड़े होते हैं, तब शायद ही हमें पुजारी का स्मरण रहता है। ऐसा इसलिए, क्योंकि हमारी आंखों के सामने ही पुजारी भी भगवान के आगे हाथ जोड़े खड़े होते हैं। लेकिन जब हम भगवान के दर्शन कर मंदिर से बाहर निकल रहे होते हैं, तब हम पुनः उन पुजारी का आशीर्वाद लेने का प्रयास करते हैं, जिससे कि उनके साथ भी हमारे संबंध बने रहें। हम ऐसा इसलिए करते हैं, क्योंकि हमें यह बात बहुत अच्छे से पता होती है कि भगवान से संबंधों के मामले में पुजारी की स्थिति हमसे बेहतर होती है। ठीक उसी प्रकार, हम अपने किसी पुराने गॉडफ़ादर को छोड़कर कोई नया गॉडफ़ादर भले ही बना लें, लेकिन हमें अपने किसी भी पुराने गॉडफ़ादर से अपने संबंध ख़राब नहीं करने चाहिए, क्योंकि हमारा नया गॉडफ़ादर भले ही भगवान की स्थिति में हो, लेकिन हमारा वो पुराना गॉडफ़ादर पुजारी की स्थिति में अवश्य होगा।

उससे संबंध ख़राब कर हमें किसी तरह का फ़ायदा तो नहीं होगा, लेकिन नुक़सान होनी की संभावना अवश्य रहेगी। इसलिए हमें जीवन में आगे बढ़ते समय अपने पुराने संबंधों को भी संभाल कर रखना चाहिए। अब रही बात कि हम अपने

जीवन में आगे बढ़ने के लिए अगर किसी बड़े और ताक़तवर व्यक्ति से उसका समय, मार्गदर्शन व संरक्षण प्राप्त करने का प्रयास करेंगे तो आख़िर वह व्यक्ति इसके लिए क्यों तैयार होगा? दरअसल उन बड़े और ताक़तवर लोगों को यह बात अच्छे से पता होती है कि वो अपने जीवन के लक्ष्यों को तभी प्राप्त कर सकेंगे, जब उनके तुच्छ कार्यों को करने के लिए उनके साथ कुछ लोग होंगे। उन्हें ऐसे लोगों की ज़रूरत होती है जो उनके क़ीमती समय और ऊर्जा को बिना नष्ट किए, स्वयं ही पहल करके, उनके तुच्छ कार्यों को उनके लिए करके उनका जीवन आसान बना सकें। जैसा कि सोशल एक्स्चेंज थ्योरी भी कहती है कि लागत और इनाम की तुलना मानवीय निर्णयों और व्यवहार को संचालित करती है। लागत किसी निर्णय के नकारात्मक परिणाम होते हैं, जबकि पुरस्कार निर्णय के सकारात्मक परिणाम होते हैं। अर्थात् किसी बड़े व्यक्ति को यह निर्णय लेना हो कि वह हमें अपने साथ काम करने का मौक़ा प्रदान करे या नहीं करे, तब वह इस बात पर विचार करेगा कि हम उसकी किसी ज़रूरत को पूरा कर सकते हैं या नहीं।

अगर उसे स्वयं के लिए हमारी कोई उपयोगिता समझ में आएगी, तब तो वह हमें अपने साथ कार्य करने का मौक़ा अवश्य प्रदान करेगा, अन्यथा वह मना कर देगा। जैसा कि इस कहानी में विश्वास जी को प्रवीण के व्यक्तित्व में सामाजिक कार्यों के प्रति झुकाव और उसके अंदर कार्यों को पूरा करने की क़ाबिलियत दिखी थी, इसलिए उन्होंने अपने साथ काम करने के लिए स्वयं ही उसके सामने प्रस्ताव रखा। इसलिए अगर हम चाहते हैं कि कोई व्यक्ति हमें अपने साथ काम करने का अवसर प्रदान करे तो हमें उसके सामने अपनी पुरानी उपलब्धियों, वर्तमान की क्षमताओं और उससे किसी प्रकार का अपना संबंध दिखाते हुए, उसके लिए अपनी उपयोगिता और उसके साथ काम करने में अपनी दिलचस्पी दिखाने का प्रयास करना चाहिए। लेकिन उसके साथ काम करते समय हमें यह ध्यान रखना चाहिए कि हम उनके साथ बिलकुल अनासक्ति भाव के साथ काम करें।

जैसा कि सांख्य (2/2) में कहा गया है कि

*'विरक्तस्य तत्सिद्धेः'*

अर्थात् जो अनासक्त हैं, वही मोक्ष प्राप्त कर सकते हैं।

इसलिए, हमें अपने किसी गॉडफ़ादर के साथ काम तो बहुत ईमानदारी और वफ़ादारी के साथ करना चाहिए, लेकिन उनसे बदले में वैसी और उतनी उम्मीद व अपेक्षा नहीं करनी चाहिए। हमें उनके साथ अनासक्त भाव से रहना चाहिए, क्योंकि लगभग सभी गॉडफ़ादर भी अपने सानिध्य में काम कर रहे लोगों के साथ कमोबेश

ऐसा ही व्यवहार करते हैं। जैसा कि इस कहानी में जब आईएएस सुशांत जी का ट्रांसफ़र जिले से सचिवालय में हो गया था, तब प्रवीण की उनके जीवन में कोई उपयोगिता नहीं रह गई थी। इसलिए तब उन्होंने प्रवीण से कभी बातचीत करना भी उचित नहीं समझा और उसके कॉल और संदेश का जवाब देना भी बंद कर दिया। लेकिन जैसे ही फिर से उनका ट्रांसफ़र दूसरे जिले में जिलाधिकारी के तौर पर हुआ, वैसे ही उन्हें एक बार पुनः प्रवीण की याद आ गई। इसलिए हमें यह बात ध्यान में रखना चाहिए कि कोई व्यक्ति अपने जीवन में शायद ही किसी ऐसे व्यक्ति को साथ रखना चाहेगा, जिसकी उसके जीवन में कोई उपयोगिता नहीं हो या फिर जो उसके जीवन को और कठिन बना दे। हर व्यक्ति किसी ऐसे व्यक्ति को अपने साथ रखना चाहता है जिसकी उसके जीवन में कोई न कोई उपयोगिता अवश्य हो और जो उसके जीवन को पहले से सरल बनाए।

हमें यह भी ध्यान रखना चाहिए कि जिस दिन हमारे गॉडफ़ादर को यह अहसास हो जाता है कि उनके जीवन में हमारी कोई उपयोगिता नहीं है या हमारी वजह से उनका जीवन और सरल होने की बजाए कठिन होता जा रहा है, उस दिन उनके घर से हमारी विदाई तय होती है। ऐसा इसलिए होता है, क्योंकि उन्हें भी हमसे व्यक्तिगत तौर पर कोई आसक्ति नहीं होती है। हमें उनके साथ जोड़े रखने वाली एकमात्र चीज़ हमारी उनके जीवन में उपयोगिता ही होती है। इसलिए जिस दिन हमारे गॉडफादर के होते हुए भी हम अपने जीवन में अपेक्षित गति से आगे बढ़ने की बजाए पीछे जाने लगे हों, स्थिर हो गए हों या आगे बढ़ने की गति अत्यंत धीमी हो गई हो, उस दिन हमें यह समझ लेना चाहिए कि अब या तो अपने गॉडफ़ादर को बदलने का वक्त आ गया है या फिर इस जीवन के आंधी-पानी और धूप का सीधा सामना करने का समय आ गया है।

# 17

# स्वयं के साथ कभी अन्याय नहीं करें

### *कहानी : रानी की दुविधा*

रानी नाम की एक होनहार लड़की थी। जब वह छोटी थी, तभी उसके पिता की मृत्यु हो गयी। चूंकि उसके घर में आय का कोई स्रोत नहीं था, इसलिए रानी की मां को उसकी शादी की चिंता लगी रहती थी। मां की इच्छा थी कि रानी की शादी जल्दी कर दी जाए। हालांकि रानी अभी स्नातक की पढ़ाई कर रही थी और वह आगे और पढ़ना चाहती थी। लेकिन परिवार की परिस्थिति को ध्यान में रखते हुए वह शादी के लिए तैयार हो गयी। जल्दी ही उसकी शादी भी अच्छे से संपन्न हो गयी। लेकिन शादी के बाद तो रानी की ज़िंदगी में दुःखों का पहाड़ टूट पड़ा। दरअसल, रानी के पति को शराब की लत थी। वह शराब पीने के लिए पैसे नहीं होने पर घर का सामान तक बेच देता था। रानी विरोध करती तो वह उससे मारपीट करने लगता था। शादी के बाद जैसे-तैसे कुछ महीने बीते। इसके बाद रानी के ससुराल वालों ने अगले ही साल उसकी पढ़ाई छुड़वा दी। वे उसको बच्चा नहीं होने का ताना भी मारने लगे।

इन मुसीबतों से परेशान रानी के मन में पति से तलाक़ लेने का विचार आने लगा। लेकिन तलाक़ लेने पर घर और समाज के लोगों की प्रतिक्रियाओं के बारे में सोच कर उसने अपना विचार बदल लिया। उसको यह सोच कर बुरा लग रहा था कि उसके तलाक़ लेने की वजह से उसके मायके वालों को पड़ोसियों और रिश्तेदारों के सामने हीन भावना का सामना करना पड़ेगा। उसे यह भी ख़याल आया कि उसके दोस्त-मित्र भी उससे तमाम सवाल-जवाब और तरह-तरह की बातें करेंगे। पुरुष प्रधान समाज में पति से अलग हो कर जीवन यापन करने का सोच कर उसे थोड़ा डर भी लग रहा था। इन वजहों से वह कभी अपने पति से अलग होने की हिम्मत

ही नहीं जुटा पायी। वह स्वयं की परिस्थितियों का दोष अपने नसीब को देती रही। इस तरह वह अपनी परिस्थितियों के लिए स्वयं की ज़िम्मेदारी स्वीकार करने और उससे होने वाले अपराधबोध से भी बच गयी। कुछ समय बाद ससुराल वालों के ताने से तंग आ कर उसने बच्चा पैदा करने का निर्णय ले लिया। जल्दी ही उसको बच्चा भी हो गया, और वह बच्चा धीरे-धीरे बड़ा होने लगा। बच्चे को विद्यालय भेजने और उसकी बाक़ी ज़रूरतों के लिए रानी को पैसों की ज़रूरत पड़ने लगी। किसी तरह प्रयास करने पर उसे एक कंपनी में सुरक्षाकर्मी की नौकरी मिली। शुरू में तो रानी के ससुराल वालों ने उसको नौकरी करने से मना कर दिया। बाद में जब रानी ने अपने वेतन में से उन्हें भी हर महीने दो हज़ार रुपये देने की बात कही, तब वे तैयार हो गए। रानी सुबह जल्दी जागकर घर की साफ़-सफ़ाई करती, खाना बनाती, बच्चे को विद्यालय के लिए तैयार करती और फिर नौकरी पर आ जाती। इसी तरह धीरे-धीरे समय बीता और अब रानी की शादी को 10 वर्ष हो गए। इसी के साथ उसको अन्याय सहते हुए भी 10 वर्ष हो गए। अब रानी के पास नौकरी भी थी, उसका बच्चा भी बड़ा हो गया था, लेकिन उसके पति के व्यवहार में कोई परिवर्तन नहीं आया था। एक दिन जब शराब के नशे में रानी का पति उससे मारपीट करने लगा, तब पुनः उसके मन अपने पति से अलग हो जाने का विचार आया। लेकिन इस बार वह सोचने लगी कि अब तो उसकी शादी हुए भी 10 वर्ष हो गए थे और उसका एक बच्चा भी था, इसलिए अब उसका पति से अलग होना उचित नहीं था। इस तरह से रानी के साथ अन्याय होता रहा, और वह उन्हें सहती रही। लेकिन रानी को अंत तक यह समझ में नहीं आया कि उसके साथ अन्याय सिर्फ़ दूसरे लोग कर रहे थे या वह स्वयं ही अपने साथ अन्याय कर रही थी।

यहां पर इस कहानी का ज़िक्र इसलिए हुआ है, क्योंकि दार्शनिक जॉन लॉक भी अपनी फ़िलॉसफ़ी में व्यक्ति को इस बात की चेतावनी देते हैं कि किसी भी व्यक्ति के पास स्वयं के साथ अन्याय करने का अधिकार नहीं है। आइए उनके इस फ़िलॉसफ़ी के बारे में विस्तार से बात करते हैं।

## संबंधित फ़िलॉसफ़ी :

### जॉन लॉक का लॉ ऑफ़ नेचर (John Locke's Law Of Nature) :

जॉन लॉक के लॉ ऑफ़ नेचर द्वारा दिए गए प्रतिबंधों के अनुसार हमारे जो मौलिक अधिकार हैं, हम उन्हें त्याग नहीं सकते, ना ही हम किसी दूसरे व्यक्ति से उसके मौलिक अधिकारों को छीन सकते हैं। जॉन लॉक के इस लॉ ऑफ़ नेचर के तहत, हम किसी और का जीवन, स्वतंत्रता या संपत्ति लेने के लिए स्वतंत्र नहीं हैं, और

ना ही हम अपना जीवन, स्वतंत्रता और संपत्ति को त्यागने के लिए स्वतंत्र हैं। हम स्वतंत्र होते हुए भी इस प्रकृति के नियम का उल्लंघन करने के लिए स्वतंत्र नहीं हैं। हमारे मौलिक अधिकार, अहस्तांतरणीय हैं अर्थात् हम उन्हें स्वयं के लिए रख सकते हैं और उनका इस्तेमाल कर सकते हैं, लेकिन हम उन्हें त्याग नहीं सकते हैं।

## निहितार्थ :

'रानी की दुविधा' कहानी के माध्यम से हम दार्शनिक जॉन लॉक के 'लॉ ऑफ़ नेचर' को आसानी से समझ सकते हैं। दरअसल, जब किसी औपचारिक व्यवस्था में कोई संस्थान, समूह या व्यक्ति हमारे साथ अन्याय करता है, तब उसके रोकथाम के लिए तमाम नियम-क़ानून होते हैं। उन नियमों और क़ानूनों का अनुपालन कराने के लिए प्रवर्तन एजेंसियां होती हैं। ज़रूरत पड़ने पर हम उन एजेंसियों के समक्ष किसी शिकायत के निवारण के लिए अपील भी कर सकते हैं। यह भी संभव है कि हमारे साथ हो रहे किसी अन्याय पर सरकार की कोई प्रवर्तन एजेंसी, मीडिया या न्यायपालिका स्वतः संज्ञान लेते हुए हमारे ऊपर अन्याय करने वाले संस्थान, समूह या व्यक्ति से सवाल-जवाब करे, उन्हें अन्याय करने से रोक दे और उन्हें दंडित भी करे। वहीं, पर जब किसी अनौपचारिक व्यवस्था में कोई व्यक्ति हमारे साथ अन्याय करता है, तब हमें स्वयं ही उस अन्याय के विरुद्ध आवाज़ उठानी पड़ती है या फिर कोई तीसरा व्यक्ति भी हमारे साथ अन्याय कर रहे व्यक्ति को टोक सकता है।

औपचारिक और अनौपचारिक, दोनों व्यवस्थाओं में जब अन्य लोग हमारे साथ अन्याय कर रहे होते हैं, तब उन्हें रोकने की पूरी संभावना होती है। लेकिन ख़तरा तब होता है जब हम स्वयं ही अपने साथ अन्याय कर रहे होते हैं। ऐसी स्थिति में हमारे अलावा किसी दूसरे व्यक्ति को हमारे साथ हो रहे उस अन्याय के बारे में जानकारी ही नहीं होती है। अगर उसके बारे में किसी को पता चल भी जाता है, तब भी वह हमारे व्यक्तिगत जीवन में हस्तक्षेप करने से परहेज़ करते हुए आमतौर पर हमें कोई सुझाव नहीं ही देता है, और इस संदर्भ में हमसे कोई बात करने से बचता है। ऐसे में उस अन्याय को रोक पाना चुनौतीपूर्ण इसलिए हो जाता है, क्योंकि उस अन्याय को करने वाले व्यक्ति भी हम ही होते हैं और उसको रोक पाने में सक्षम व्यक्ति भी हम ही होते हैं।

इस अन्याय को रोकना ज़्यादा मुश्किल इसलिए होता है, क्योंकि इसको रोक पाने के लिए यह आवश्यक होता है कि हम इस बात को स्वीकार करें कि हम स्वयं के साथ अन्याय कर रहे हैं। लेकिन इस बात की संभावना बहुत कम होती है कि हम यह स्वीकार कर लें कि हम स्वयं के साथ अन्याय कर रहे हैं। अगर कभी हमें स्वयं ही इसका अहसास हो जाता है या फिर कोई दूसरा व्यक्ति हमें इसके बारे में

बताने का प्रयास करता है, तब भी हम इसको मानने से परहेज़ करते हैं और स्वयं की परिस्थिति या नसीब को दोष देते हुए स्वयं के साथ अन्याय करना जारी रखते हैं। जैसा कि इस कहानी में रानी अपने पति व ससुराल के लोगों द्वारा किए जा रहे अन्याय को हमेशा सहती रही। ससुराल में उसकी पढ़ाई छुड़वा दी गयी, उसे जल्दी बच्चा नहीं पैदा करने पर ताने सुनने को मिले, घरेलू हिंसा का सामना करना पड़ा, अपने बच्चे की ज़रूरतों को पूरा करने के लिए नौकरी करनी पड़ी। यहां तक कि उसके ससुराल वालों ने उसे नौकरी करने की अनुमति तभी दी, जब उसने हर महीने अपने वेतन में से 2000 रुपये उन्हें भी देने का वादा किया। स्वयं के ऊपर हो रहे अन्याय के ख़िलाफ़ उसने कभी आवाज़ नहीं उठाई और इन्हें वह अपना नसीब मान कर सहती रही।

जैसा कि रामचरितमानस (बालकाण्ड : 281/3) में कहा गया है कि

*'कतहुं सुधाइहु ते बड़ दोषू'*

अर्थात् कभी-कभी नम्रता भी बहुत बुराई को जन्म देती है।

कहीं न कहीं रानी का भी अत्यधिक नम्रता वाला व्यवहार और स्वयं पर हो रहे अन्याय का विरोध नहीं करना ही उस अन्याय को पालता-पोसता रहा। शादी के बाद के शुरुआती दिनों में अपने पति से अलग होने की बात पर वह यह सोच कर असहज हो जाती थी कि इसकी वजह से उसके मायके वालों को हीनता की भावना का सामना करना पड़ेगा और उसके दोस्त-मित्र उससे तरह-तरह का सवाल-जवाब करेंगे। उसे यह भी लगता था कि पुरुष प्रधान समाज में उसके लिए अपने बच्चे को लेकर अकेले जीवन यापन करना अत्यंत कठिन होगा। इस तरह उसे ऐसा प्रतीत होता था कि अन्याय सहने के अलावा उसके पास कोई अन्य विकल्प ही नहीं था और उसे उस अन्याय से छुटकारा मिल ही नहीं सकता था। लेकिन शादी के 10 वर्ष बीतने के पश्चात जब सब कुछ लगभग रानी के नियंत्रण में था, तब भी उसके पति का व्यवहार पहले जैसा ही था। उस समय उसके मन में जब पुनः अपने पति से अलग होने का विचार आया, तब वह सोचने लगी कि अब तो उसकी शादी को 10 वर्ष हो गए थे और उसको एक बच्चा भी था, इसलिए अब अलग होना सही नहीं था।

वह सोचने लगी कि शादी के 10 वर्ष बाद पति से अलग होने की बात सुन कर लोग क्या कहेंगे? कुल मिला कर वह लोग क्या कहेंगे के जाल में फंस चुकी थी। ऐसे में यह प्रतीत होता है कि रानी के पास उस अन्याय की जाल से बाहर निकलने का रास्ता तो था, लेकिन वह उससे बाहर निकलने की बजाए स्वयं के

साथ ही अन्याय करती रही। जैसा कि जॉन लॉक के लॉ ऑफ़ नेचर द्वारा दिए प्रतिबंध कहते हैं कि हमारे जो मौलिक अधिकार हैं, हम उन्हें त्याग नहीं सकते हैं और ना ही हम अपना जीवन, स्वतंत्रता और संपत्ति को त्यागने के लिए स्वतंत्र हैं। लेकिन रानी ने प्रकृति के इस नियम के विरुद्ध जाकर अपने अत्यधिक मृदु व्यवहार के कारण अपनी स्वयं की ख़ुशी और स्वतंत्रता से ज़्यादा महत्त्व अपने मायके वालों व दोस्तों-मित्रों की राय व समाज की रूढ़िवादी परंपराओं को दिया।

जैसा कि चाणक्य नीति में भी कहा गया है कि

*'अतिदाक्षिण्ययुक्तानां शंकितानां पदे पदे परापवादिमीरुणां न भवन्ति विभूतयः'*

अर्थात् जिनका व्यवहार अत्यधिक मृदु होता है, जो पग-पग पर शंकाओं से भरे रहते हैं, और जिन्हें बदनामी से डर लगता है अर्थात् जो इस बात से डरते हैं कि लोग क्या कहेंगे, वो कभी सम्मृद्ध नहीं हो सकते।

लेकिन इन बातों से अनभिज्ञ रानी स्वयं की स्वतंत्रता, ख़ुशियों और ख़ुद की इच्छाओं को पूरा करने के लिए प्रयास करने की बजाए अन्य लोगों को खुश रखने और उनकी नज़र में अच्छा बने रहने का प्रयास करती रही। इसकी वजह से उसे हमेशा अन्याय सहना पड़ा और वह कभी सुखी नहीं रह पायी। दरअसल रानी को अपने अत्यधिक मृदु व्यवहार में बदलाव करना चाहिए था और उसे दूसरे लोगों के मत के बारे में ज़्यादा सोचे बग़ैर अपना जीवन अपने हिसाब से जीना चाहिए था। उसको स्वयं को ख़ुश रखने से अधिक प्राथमिकता इस दुनिया में किसी भी दूसरे चीज़ को नहीं देनी चाहिए थी। लेकिन वह इन बातों को समझने में नाकाम रही और अपने पूरे जीवन काल में स्वयं के साथ ही अन्याय करती रही।

# 18

# व्यक्ति की नीयत ही मायने रखती है

## *कहानी : गोली की पसंदीदा मिठाई 'लमचूस'*

बचपन में हमारी इच्छाएं और महत्त्वाकांक्षाएं बहुत छोटी होती हैं। उस समय हमारे सुखी होने का मानक यह होता है कि दुकानों पर 1–2 रुपये में मिलने वाली मिठाई और चूरन को ख़रीदने में हम सक्षम हैं या नहीं। अगर उन्हें ख़रीदने में हम सक्षम हैं, तब स्वयं को सुखी मानते हैं अन्यथा हमारा जीवन दुःखों से भरा प्रतीत होता है। तब अगर हम मिठाई और चूरन को ख़रीद कर स्वयं खाने के अलावा अपने दोस्तों को भी खिलाने में सक्षम होते हैं, तब हमारे दोस्त हमें अमीर मनुष्य की श्रेणी में रखते हैं। इसकी वजह से वे हमारी इज्जत भी करते हैं। उस समय हमारी नज़र में रुपये की क़ीमत सिर्फ़ इस बात से तय होती है कि कितने रुपये में हमारी मनपसंद मिठाई मिलती है। यह भी सत्य है कि हमें उतने से कम रुपयों में संतोष भी नहीं होता है। कुछ ऐसी ही स्थिति गोली नामक एक लड़की के बचपन के समय में भी थी। उसे भी सिर्फ़ अपनी मनपसंद मिठाई 'लमचूस' ख़रीदने भर के रुपये चाहिए होते थे। गोली को सामान्यतः उसके घर पर आने वाले रिश्तेदारों से ही पैसे मिलते थे। दरअसल, गोली के घर जब कोई रिश्तेदार आता था, तब वह जाते समय मिठाई खाने के नाम पर उसे कुछ रुपये अवश्य देता था। अगर उसका कोई रिश्तेदार उसे बिना पैसे दिए ही चला जाता था, तो गोली उसे बिलकुल भी नहीं पसंद करती थी। चूंकि गोली छोटी बच्ची थी, इसलिए लोगों को उसे जब रुपये देने होते थे तो वह सामान्यतः उसके परिजनों के सामने ही देते थे। उनके द्वारा दिए गए रुपयों में से गोली को सिर्फ़ 1–2 रुपये ही मिलते थे। बचे हुए रुपये उसके परिजन रख लेते थे। हालांकि गोली को इससे फ़र्क़ नहीं पड़ता था, क्योंकि उसको मिले वह 1–2 रुपये भी 'लमचूस' ख़रीदने के लिए काफ़ी होते थे। उन 1–2 रुपयों को लेकर गोली अपने घर के बग़ल की कल्लू की दुकान पर जाती और वहां से 'लमचूस' ले आती।

एक बार का वाक़या है, जब हाल ही में गोली की बुआ की शादी हुई थी। शादी के बाद बुआ के पति यानी उसके नए-नवेले फूफा जी आए हुए थे। कुछ दिनों की मेहमाननवाज़ी का सुख भोगने के बाद जब वह वापस जाने लगे, तब वह गोली के हाथ में 500 रुपये का नोट पकड़ा दिए। पैसे मिलने के बाद गोली की ख़ुशी का ठिकाना नहीं था। अब उसको सिर्फ़ अपने फूफा जी के जल्दी से जाने का इंतज़ार था। उनके घर से निकलते ही गोली अपने हाथ में 500 रुपये का नोट लिए कल्लू की दुकान पर अपनी पसंदीदा मिठाई 'लमचूस' लेने के लिए निकल गयी। उसको तो सिर्फ़ यह पता था कि 500 रुपयों में वह ढेर सारी 'लमचूस' ख़रीद सकती थी। चूंकि उसको उतने रुपयों की क़ीमत का कोई अंदाज़ नहीं था इसलिए उसने वह 500 रुपये दुकानदार कल्लू को दे कर उससे मिठाई देने को कहा। दुकानदार कल्लू, गोली के हाथ में 500 रुपये का नोट देख कर समझ गया कि गोली वे रुपये घर वालों की बिना जानकारी के ही लेकर आयी थी। काफ़ी सोचने-समझने के बाद कल्लू के मन में दो विचार आए... पहला यह कि वह पूरा पैसा रख ले और गोली को मिठाई देकर उसे घर वापस भेज दे। दूसरा यह कि उस मिठाई के पैसे अपने पास रख ले, और बाक़ी बचे पैसे गोली को वापस कर दे। पहले तो कल्लू को लालच आ गया। उसके मन में सबसे पहले तो यही विचार आया कि वह गोली को मिठाई दे कर 500 रुपये रख ले। लेकिन फिर अचानक से उसे ध्यान आया कि अगर यह बात आस-पास के लोगों को पता लग जाएगी तो उसकी बदनामी होगी। इन बातों को सोच कर कल्लू के मन में दुकान के ग्राहक कम होने का डर सताने लगा। कल्लू सोचने लगा कि ग्राहक कम होने से उसको भविष्य में बहुत अधिक नुक़सान हो जाएगा। इसलिए उसने अपनी बदनामी और दुकान के ग्राहक कम होने के ख़तरे को ध्यान में रखते हुए गोली के बचे पैसे उसकी पॉकेट में रख दिए। इस तरह अंत में गोली मुट्ठी भर लमचूस और पॉकेट भर पैसे लेकर अपने घर की ओर वापस चली गयी। दरअसल, कल्लू ने स्वयं की बदनामी होने और अपनी दुकान के ग्राहक कम हो जाने के डर से गोली के बचे रुपये वापस कर दिए थे। लेकिन क्या उसके इस कार्य को सही कार्य कहा जा सकता है। क्या उसके इस कार्य के आधार पर उसे अच्छा व्यक्ति माना जा सकता है?

यहां गोली की पसंदीदा मिठाई 'लमचूस' कहानी का ज़िक्र इसलिए किया गया है, क्योंकि फ़िलॉसफ़र इमानुएल कांट भी इस विषय में बात करते हैं कि आख़िर व्यक्ति द्वारा किए गए किसी कार्य का नैतिक मूल्यांकन उसके कार्य के परिणाम के आधार पर किया जाना चाहिए या फिर उस व्यक्ति के द्वारा उस कार्य को करने के पीछे के उद्देश्य के आधार पर। तो चलिए उनकी फ़िलॉसफ़ी के बारे में हम विस्तार से बात करते हैं।

## संबंधित फ़िलॉसफ़ी :

### इमानुएल कांट की फ़िलॉसफ़ी (Philosophy of Immanuel Kant) :

व्यक्ति द्वारा किए गए किसी कार्य का नैतिक मूल्यांकन उस कार्य के परिणाम के आधार पर होगा या फिर उस व्यक्ति के द्वारा उस कार्य को करने के पीछे के उद्देश्य के आधार पर? इमानुएल कांट अपनी फ़िलॉसफ़ी में इस प्रश्न का उत्तर देते हुए कहते हैं कि एक अच्छा उद्देश्य सिर्फ़ इस आधार पर अच्छा नहीं होता है कि उस उद्देश्य से किसी व्यक्ति को प्राप्त क्या हुआ। एक अच्छा उद्देश्य अपने आप में ही अच्छा होता है। यहां तक कि अगर कोई व्यक्ति एक अच्छे उद्देश्य के लिए कार्य करते हुए अपने अत्यधिक प्रयास से भी कुछ हासिल नहीं कर पाता है, तब भी उसके उस अच्छे उद्देश्य को बुरा नहीं कहा जा सकता है। उसके उद्देश्य का अपने आप में ही एक मूल्य होगा।

## निहितार्थ :

गोली की पसंदीदा मिठाई 'लमचूस' कहानी के माध्यम से हम इमानुएल कांट की इस फ़िलॉसफ़ी को आसानी से समझ सकते हैं। दरअसल, हमारे द्वारा किए जाने वाले किसी भी कार्य का अच्छा या बुरा होने का निर्णय सिर्फ़ उसके परिणाम के आधार पर नहीं किया जा सकता है। इसका निर्णय करने के लिए हमें उस कार्य को करने के पीछे की मंशा को भी समझना ज़रूरी होता है। कभी हमारे कार्य का परिणाम तो अच्छा होता है, लेकिन उस कार्य को करने के पीछे की हमारी नीयत अच्छी नहीं होती है। संभव है कि दूसरे लोगों को हमारी उस ग़लत नीयत के बारे में कभी पता भी नहीं चल पाए। लेकिन हम स्वयं से जब भी पूछेंगे तो हमारा अंतर्मन हमेशा यही बताएगा कि उस कार्य के पीछे की हमारी नीयत सही नहीं थी।

हमारे उस कार्य के अच्छे परिणाम को देख कर दूसरे लोग भले ही हमें बहुत अच्छा व्यक्ति मान लें, लेकिन हम स्वयं की नज़र में हमेशा ग़लत ही होंगे। यह स्थिति शायद हमें ख़ुशी नहीं देगी, क्योंकि हम स्वयं से आंख मिला कर कभी यह नहीं कह पाएंगे कि हम एक अच्छे व्यक्ति हैं। जैसा कि इस कहानी में दुकानदार कल्लू ने गोली के बचे पैसे उसको वापस तो कर दिया, लेकिन उन पैसों को वापस करने के पीछे उसकी जो नीयत थी, वह पवित्र नहीं थी। कल्लू को यह भय था कि अगर सभी को यह बात पता चल जाएगी कि उसने एक नासमझ छोटी बच्ची को मिठाई दे कर उसके 500 रुपये रख लिए हैं तो उसकी स्वयं की बदनामी होगी और उसकी दुकान के ग्राहक कम हो जाएंगे। चूंकि उसके द्वारा पैसे वापस करने का उद्देश्य एक अच्छे इंसान के रूप में ईमानदारी के अपने कर्तव्यों का पालन करना नहीं

था। इसलिए कल्लू द्वारा गोली के पैसे उसे वापस कर देने (जो कि एक अच्छा कार्य प्रतीत हो रहा है) के आधार पर हम उसको एक अच्छा व्यक्ति नहीं मान सकते हैं। यहां तक कि स्वयं कल्लू भी अपने इस कार्य को अच्छा नहीं कह पाएगा, क्योंकि उसको पता था कि रुपये वापस करने के पीछे का उसका उद्देश्य अपवित्र था। इस स्थिति के ठीक उलट, मान लीजिए कि सही नीयत से हमारे द्वारा किया गया कोई कार्य समाज की नज़र में एक ग़लत कार्य प्रतीत होता है और उसकी वजह से लोगों की नज़र में हम एक बुरे व्यक्ति बन जाते हैं; ऐसी स्थिति में दूसरे लोग भले ही हमें ग़लत मान रहे हों, लेकिन चूंकि उस कार्य को करने के पीछे की हमारी नीयत अच्छी थी, इसलिए हम स्वयं की नज़र में ग़लत नहीं होंगे। उदाहरण के लिए मान लीजिए कि कोई ऐसी परिस्थिति उत्पन्न हो गयी है, जब हमें किसी अच्छे उद्देश्य के लिए झूठ बोलना पड़ रहा हो। हम सच्चाई जानते हुए भी झूठ बोल रहे हों तो ऐसे में हमारे इस झूठ बोलने के कार्य को लोग सामान्यतः ग़लत कार्य ही करार देंगे। ऐसा इसलिए, क्योंकि झूठ बोलना हमेशा ही ग़लत कार्य माना जाता है और जो भी व्यक्ति झूठ बोलता है, उसे लोग ग़लत व्यक्ति मान लेते हैं।

लेकिन जैसा कि महाभारत (शांतिपर्व : 262/53) में कहा गया है कि

*'कारणाद् धर्ममन्विच्छेन्न लोकचरितं चरेत्'*

अर्थात् हर किसी को दुनिया की प्रथाओं का आंख बंद करके पालन करने के बजाय, कारणों से निर्देशित होकर अपने कर्तव्य का पालन करना चाहिए।

इसलिए हमारे झूठ बोलने को ग़लत कार्य करार देने से पहले लोगों को यह समझना चाहिए कि आख़िर हम किन परिस्थितियों में झूठ बोला और उस झूठ बोलने के पीछे हमारा उद्देश्य क्या था।

इस संबंध में मनुस्मृति (8/103-104) में भी कहा गया है कि

*'तद्वदन्धर्मतोर्थेषु जानन्नप्यन्याथा नरः न स्वर्गाच्च्यवते लोकाद्दैवी वाचं वदन्ति ताम्*
*यत्रर्तोक्तौ भवेद्वधः तत्र वक्तव्यमनृतं तद्धि सत्याद्विशिष्यते'*

अर्थात् सत्य को जानते हुए भी जो धर्म के लिए असत्य बोलता है, वह स्वर्ग से वंचित नहीं होता है। ऐसी वाणी को दिव्य वाक्य कहा जाता है। वहीं पर जब सच बोलने से किसी की जान जा रही हो, तब झूठ बोलना जायज है, ऐसा झूठ सच से भी बड़ा होता है।

इसके अलावा महाभारत (शांतिपर्व : 329/13) ) में यह भी कहा गया है है कि

*'सत्यस्य वचनं श्रेयः सत्यादपि हितं वदेत्'*

अर्थात् सच बोलना हमेशा उचित होता है। लेकिन जो सच है, उसे बोलने से बेहतर है, कि वह बोला जाए जो हितकारी हो।

इसलिए सिर्फ़ झूठ बोलने या किसी अन्य बुरे कार्य को करने की वजह से लोगों को हमें ग़लत नहीं मान लेना चाहिए। ग़लत-सही का निर्णय करने से पहले उन्हें हमारे झूठ बोलने या किसी बुरे कार्य को करने के पीछे के उद्देश्य को समझना चाहिए। फिर भी अगर लोग हमें ग़लत मान भी लेते हैं, तब भी यह स्थिति हमारी पहले वाली स्थिति (जिसमें लोगों की नज़र में हमारे कार्य तो अच्छे थे, लेकिन उसे करने के पीछे की हमारी नीयत ग़लत थी) से बेहतर ही होगी। ऐसा इसलिए, क्योंकि पहले वाली स्थिति में हम स्वयं की नज़र में ग़लत होंगे, जबकि दूसरी स्थिति में हम ख़ुद की नज़र में सही होंगे। जैसा कि इमानुएल कांट की फ़िलॉसफ़ी भी बताती है कि कोई भी उद्देश्य इसलिए पवित्र नहीं होता है कि उस उद्देश्य से हमें प्राप्त क्या हो रहा है। बल्कि एक पवित्र उद्देश्य का स्वयं में ही अपना मूल्य होता है। इसलिए हमें कोई भी कार्य करते समय सिर्फ़ इस बात की चिंता करनी चाहिए कि उस कार्य को करने के पीछे हमारा उद्देश्य और नीयत क्या है। अगर हमारा उद्देश्य अच्छा है और नीयत सही है तो फिर उस कार्य के परिणाम की हमें चिंता नहीं करनी चाहिए।

यहां तक कि अगर किसी कार्य को करने का हमारा उद्देश्य सही है और अपनी पूरी क्षमता से प्रयास करने के बावजूद हमें उस कार्य में सफलता नहीं मिलती है, तब भी हमें निराश नहीं होना चाहिए, क्योंकि इस संबंध में महाभारत (उद्योगपर्व : 93/6) में कहा गया है कि

*'धर्मकार्यं यतञ्छक्त्या नो चेत् प्राप्नोति मानवः प्राप्तो भवति तत् पुण्यमत्र मे नास्ति संशयः'*

अर्थात् यदि कोई व्यक्ति किसी अच्छे कार्य को करने के लिए अपनी पूरी क्षमता से प्रयास करता है और उसे असफलता मिलती है, तब भी इसमें कोई संदेह नहीं है कि ऐसी विफलता के बावजूद उस कार्य का सुफल उसे मिलता है।

इसलिए किसी कार्य को करते समय हमें उसके परिणाम की चिंता नहीं करते हुए सिर्फ़ इस बात का ध्यान रखना है कि उस कार्य को करने के पीछे हमारा उद्देश्य अच्छा हो और नीयत सही हो।

# 19

# हमेशा सोचे कि क्या होगा, अगर हर व्यक्ति आप जैसा ही हो जाए

## *कहानी : तिवारी जी के अतरंगी विचार*

हमारे गांव में दो महानुभाव थे, तिवारी जी और चौबे जी। ये दोनों लोग हमारे गांव के सबसे तेज़ दिमाग़ वाले व्यक्तियों में शुमार थे। ये दोनों किसी भी मामले में एक-दूसरे से कम नहीं थे। उनके दिमाग़ में हमेशा ही कुछ अजीबो-ग़रीब तरह के अंतरंगी विचार आया करते थे। उनकी बातें हमेशा लोगों को सोचने पर मजबूर कर देती थीं। हमारे गांव के किसी भी व्यक्ति को जब अपनी किसी समस्या का समाधान नहीं सूझता था, तब वह मदद के लिए इन दोनों लोगों में से किसी एक के पास सुझाव लेने के लिए अवश्य जाता था। चूंकि दोनों ही लोगों को यह बात पता थी कि लोग उनकी बुद्धिमता की वजह से उनकी इज़्ज़त करते हैं, इस कारण उन दोनों की आपस में प्रतिद्वंद्विता की भावना रहती थी। तिवारी जी अगर किसी को कोई सुझाव देते, तो चौबे जी उनके उस सुझाव में कोई ख़ामी निकालने का प्रयास ज़रूर करते थे, और ठीक यही कार्य तिवारी जी भी चौबे जी के साथ करते थे। इन दोनों के इस व्यवहार से चूंकि गांव के सभी लोग वाक़िफ़ थे, इसलिए वे इनमें से किसी एक से कोई सुझाव लेने के बाद, दूसरे से उस सुझाव के सर्वोत्तम होने की पुष्टि कराने अवश्य जाते थे। ऐसा बहुत ही कम होता था कि तिवारी जी और चौबे जी एक-दूसरे द्वारा दिए गए किसी सुझाव में कोई ख़ामी नहीं निकालें। लेकिन अगर वह दोनों ही लोग किसी समस्या के समाधान के लिए एक विशेष तरीक़े पर अपनी सहमति जाता देते थे, तब सभी लोग उस तरीक़े को सर्वोत्तम मान लेते थे। हालांकि हमारे गांव के रामू चाचा की इन दोनों के बारे में थोड़ी अलग ही राय थी। उनका मानना था कि अगर कोई व्यक्ति तिवारी जी और चौबे जी, दोनों से ही, अपनी किसी समस्या के समाधान के लिए सलाह लेने का प्रयास करेगा,

तो उसे उसकी समस्या का समाधान तो नहीं ही मिलेगा बल्कि वह व्यक्ति पागल ज़रूर हो जाएगा। मुझे इस बात में बहुत दिलचस्पी थी कि आख़िर उन दोनों के बारे में रामू चाचा का विचार सबसे अलग क्यों था। इसलिए पिछली बार जब मैं अपने गांव गया, तब मैंने जिज्ञासावश रामू चाचा से उनके इस विचार के पीछे का कारण जानना चाहा। इस पर रामू चाचा ने तिवारी जी और चौबे जी के साथ यात्रा करने का अपना एक अनुभव साझा किया। रामू चाचा ने बताया कि एक बार वह, तिवारी जी और चौबे जी के साथ, एक ही कार में यात्रा कर रहे थे। रामू चाचा उस कार को चला रहे थे, जबकि वे दोनों लोग कार की पीछे वाली सीट पर बैठे थे। अपनी जिज्ञासु प्रवृति के कारण रामू चाचा पूरी यात्रा के दौरान, तिवारी जी और चौबे जी से, अपनी अलग-अलग मनगढ़ंत समस्याओं के समाधान पूछते रहे। अन्य लोगों की तरह रामू चाचा भी किसी समस्या का समाधान तिवारी जी और चौबे जी में से किसी एक से पूछते, और फिर उनमें से एक व्यक्ति जो भी समाधान बताता, उसके बारे में वह दूसरे व्यक्ति की राय पूछते। रामू चाचा के अनुसार उनकी पूरी यात्रा के दौरान शायद ही कोई ऐसा बिंदु रहा होगा, जिस पर, तिवारी जी और दुबे जी, दोनों ही लोग सहमत हुए हों। इतना बताने के बाद जब रामू चाचा शांत हो गए, तब मैंने थोड़ा ज़ोर देकर उनसे उनकी नाराज़गी की वजह जाननी चाही तब रामू चाचा ने बताया कि उस यात्रा के दौरान वो लोग आपस में बड़े मज़े से बातचीत कर रहे थे, और उनकी कार आगे की ओर बढ़ रही थी, तभी उन्हें सामने की तरफ़ सड़क के बीचों-बीच 8-10 लोग खड़े दिखे।

जब रामू चाचा ने तिवारी जी से उन लोगों के सड़क के बीचों-बीच खड़े होने का कारण पूछा, तब उन्होंने इस बात की संभावना जताई कि हो सकता है कि बग़ल के गांव में कोई धार्मिक कार्यक्रम या यज्ञ हो रहा हो जिसके लिए वे लोग गाड़ियों को रोक कर चंदा मांग रहे हों। तिवारी जी के इस जवाब पर रामू चाचा ने चौबे जी से उनकी राय जानना चाही। इस पर चौबे जी ने सबसे पहले तो अपनी मंद मुस्कान बिखेरते हुए तिवारी जी के लिए मंदबुद्धि बालक शब्द का प्रयोग किया। इसके बाद उन्होंने बताया कि उस समय चूंकि दशहरा नज़दीक था, इसलिए उस गांव के रामलीला कमिटी वाले लोग सड़क पर आने-जाने वाली गाड़ियों से चंदा वसूल रहे थे। चूंकि चौबे जी का वह उत्तर ज़्यादा सटीक था, इसलिए तिवारी जी लंबी-लंबी सांस ले कर अपने गुस्से को थोड़ा शांत करने का प्रयास करने लगे और चौबे जी गर्व से अपनी शर्ट का कॉलर ठीक करने लगे। रामू चाचा को यह सब देख कर बहुत मज़ा आ रहा था। इसके बाद सड़क पर खड़े लोगों को ध्यान में रखते हुए रामू चाचा ने जब कार की गति को थोड़ा धीमा करने का प्रयास किया, तब उन्हें अहसास हुआ कि उनकी कार का ब्रेक काम ही नहीं कर रहा था। उन्होंने कार का हॉर्न बजाकर सड़क पर खड़े लोगों को हटाने का प्रयास किया। लेकिन

अंततः जब लोग बीच सड़क पर ही खड़े रहे और उनकी कार का ब्रेक भी नहीं लगा, तब उन्होंने घबरा कर चौबे जी से उस समस्या का समाधान पूछा। चौबे जी ने समाधान बताते हुए कार की दिशा बायीं तरफ़ खेत में मोड़ देने का सुझाव दिया। लेकिन चूंकि सड़क के बायीं तरफ़ 4-5 बुज़ुर्ग बैठ कर आपस में बातचीत कर रहे थे, इसलिए रामू चाचा ने चौबे जी से उनके उस सुझाव के पीछे का कारण जानना चाहा। इस पर चौबे जी ने इस फ़िलॉसफ़ी का ज़िक्र किया कि जिस विकल्प को चुनने से सबसे कम हानि हो, हमें वह विकल्प चुनना चाहिए। इस फ़िलॉसफ़ी के माध्यम से उन्होंने बताया कि सड़क पर चूंकि 8-10 लोग खड़े थे, तो अगर कार को सड़क पर ही सीधा जाने दिया जाता तो ज़्यादा लोगों का एक्सिडेंट होता जिसके फलस्वरूप ज़्यादा हानि होती। जबकि सड़क के बायीं ओर खेत में चूंकि 4-5 लोग ही थे, इसलिए वहां कम लोगों का एक्सिडेंट होता और कम हानि होती। हमेशा की तरह चौबे जी एक बार पुनः अपने अंतरंगी विचार प्रस्तुत कर चुके थे। रामू चाचा ने बताया कि अब चूंकि उनकी कार सड़क पर खड़े उन लोगों के बहुत नज़दीक आ चुकी थी, इसलिए उन्होंने चौबे जी के उस सुझाव पर जल्दी से तिवारी जी की राय जाननी चाही। चूंकि चौबे जी के रामलीला कमिटी वाले लोगों द्वारा चंदा वसूलने वाले तर्क से तिवारी जी की हार हो चुकी थी; इसलिए वह काफ़ी गुस्से में थे। इसलिए मन ही मन गुस्सा करते हुए उन्होंने इस बार चौबे जी के उस तर्क के पीछे की फ़िलॉसफ़ी का तो समर्थन किया, लेकिन उन्होंने चौबे जी द्वारा सड़क के बायीं ओर के खेत में बैठे 4-5 बुज़ुर्ग व्यक्तियों की तरफ़ कार की दिशा मोड़ देने वाले सुझाव को नकारते हुए, सड़क के दाहिने तरफ़ दिख रहे एक कंक्रीट के खंभे की तरफ़ कार की दिशा मोड़ने का सुझाव दिया।

रामू चाचा ने बताया कि तिवारी जी का यह सुझाव सुनते ही वह और चौबे जी तिवारी जी की तरफ़ आश्चर्य और गुस्से में देखते हुए उनके उस सुझाव के पीछे का तर्क जानने चाहे। इस पर तिवारी जी ने कहा कि चूंकि सड़क के बीचों-बीच 8-10 लोग खड़े थे, इसलिए चौबे जी ने सड़क के बायीं ओर खेत में बैठे 4-5 बुज़ुर्ग व्यक्तियों की तरफ़ कार की दिशा मोड़ने का सुझाव दिया था। तिवारी जी ने आगे कहा कि चौबे जी के सुझाव के पीछे की फ़िलॉसफ़ी चूंकि कम से कम लोगों का नुक़सान होना सुनिश्चित करना था, इसलिए अगर कार की दिशा सड़क के दाहिने तरफ़ दिख रहे कंक्रीट के खंभे की ओर मोड़ दी जाती तो सबसे कम लोगों को नुक़सान होता, क्योंकि उनकी कार में तो सिर्फ़ 3 लोग, रामू चाचा, तिवारी जी और दुबे जी, ही सवार थे। रामू चाचा ने जैसे ही अपनी यह बात ख़त्म की, वैसे ही मैंने उन्हें अब आगे कुछ नहीं बताने का आग्रह किया। इतनी बात सुनने के बाद अब मुझे समझ आ गया कि आख़िर रामू चाचा का ऐसा क्यों मानना था कि अगर कोई व्यक्ति तिवारी जी और चौबे जी, दोनों से ही, अपनी किसी समस्या के

समाधान के लिए सलाह लेने का प्रयास करेगा तो उसकी समस्या का समाधान तो नहीं मिल पाएगा, लेकिन वह व्यक्ति पागल ज़रूर हो जाएगा।

यहां इस कहानी का ज़िक्र इसलिए किया गया है, क्योंकि मैनेजमेंट विषय और फ़िलॉसफ़ी के कुछ प्रिंसिपल भी इस बारे में बात करते हैं कि आख़िर किसी ज़िम्मेदार व्यक्ति द्वारा बनाया जाने वाले नियम- क़ानून और उसके द्वारा लिए जाने वाले निर्णय कैसे होना चाहिए जिससे कि उन नियम-क़ानूनों व निर्णयों से प्रभावित होने वाले लोगों के साथ न्याय हो सके। तो आइए उन प्रिंसिपल के बारे में विस्तार से बात करते हैं।

## संबंधित प्रिंसिपल :

**प्रिंसिपल ऑफ़ यूनिवर्सल लॉ (Principle of Universal Law) :**
इस प्रिंसिपल के अनुसार जब भी व्यक्ति कोई निर्णय लेने जा रहा हो तब उसे अपने निर्णय को सार्वभौमिक कर देना चाहिए, अर्थात् उसे यह मान लेना चाहिए कि सभी लोग उसकी जैसी परिस्थिति में उसके जैसा ही निर्णय लेंगे। फिर उसे यह विचार करना चाहिए कि अगर सभी लोग इसी तरह, समान परिस्थितियों में उसी प्रकार के निर्णय लेने लगेंगे जैसा निर्णय वह व्यक्ति वर्तमान में ले रहा है, तब क्या उसका समाज न्याय-संगत रहेगा और क्या उसके समाज में रहने वाले सभी लोग ख़ुश रहेंगे? दरअसल यह नीति निर्माण के कार्य का एक तरीक़ा है।

प्रिंसिपल ऑफ़ यूनिवर्सल लॉ को कार्यान्वित करने वाले चार क़दम निम्नलिखित हैं :

1. व्यक्ति को अपनी सोच के अनुसार कार्य करने के लिए कोई सिद्धांत या नीति बनानी चाहिए, जो उसकी सोच के अनुसार कार्य करने के लिए उसे पर्याप्त कारण उपलब्ध कराए।
2. व्यक्ति को अपनी उस नीति या सिद्धांत को प्रकृति का सर्वभौमिक सिद्धांत मान लेना चाहिए जिससे कि सभी लोग उसके जैसी परिस्थिति में उसी सिद्धांत का पालन करते हुए व्यवहार कर सकें।
3. उसके बाद व्यक्ति को यह विचार करना चाहिए कि क्या प्रकृति के इस सिद्धांत द्वारा शासित दुनिया में उसकी नीति की भी कल्पना की जा सकती है।
4. अगर हां तो, व्यक्ति को स्वयं से पूछना चाहिए कि क्या वह ऐसी दुनिया में अपने द्वारा दी हुई नीति के अनुसार तर्कसंगत रूप से कार्य करना चाहेगा या कर सकता है। यदि उसे लगता है कि वह कर सकता है, तब उसका कार्य नैतिक रूप से जायज़ है, अन्यथा नहीं।

**प्रिंसिपल ऑफ़ वेल ऑफ़ इग्नोरेंस** (Principle of the Veil of Ignorance) **:**

प्रिंसिपल ऑफ़ वेल ऑफ़ इग्नोरेंस कहता है कि व्यक्ति दूसरों के लिए जब भी कोई नियम बनाए, तब उसे यह भूल जाना चाहिए कि वे कौन हैं, अर्थात् कि उस नियम का उसके ऊपर क्या प्रभाव पड़ेगा। ऐसा नहीं होना चाहिए कि व्यक्ति वह नियम अपनी सहूलियत के हिसाब से बना रहा हो। व्यक्ति को दूसरों की स्थिति में स्वयं को रख कर ऐसा सोचना चाहिए कि अगर भविष्य में उसकी परिस्थिति, वर्तमान की तुलना में बिलकुल विपरीत हो कर, दूसरों जैसी हो जाए और तब उसके द्वारा बनाए गए नियम उसके ऊपर लागू हों, तब कहीं ऐसा तो नहीं कि उसे पीड़ा होगी। इसलिए किसी भी नियम को बनाते समय व्यक्ति को समाज के सभी वर्गों के हितों को ध्यान में रखना चाहिए।

**प्रिन्सिपल ऑफ वेल ऑफ इग्नोरेंस (Principle of Veil of Ignorance):**

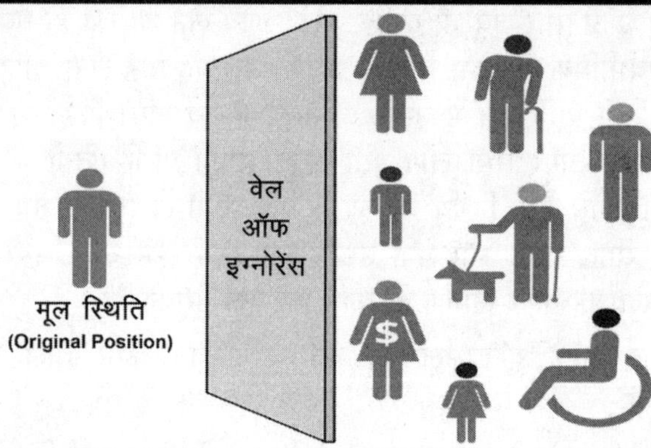


## निहितार्थ :

'तिवारी जी के अतरंगी विचार' कहानी के माध्यम से हम मैनेजमेंट विषय और फ़िलॉसफ़ी के इस प्रिंसिपल को आसानी से समझ सकते हैं। दरअसल हम ख़ुद के व्यवहार को चाहे कितना भी निष्पक्ष करार क्यों ना दें, लेकिन वास्तविकता यह है कि सामान्यतः हम स्वयं के लाभ को ध्यान में रख कर ही अपने निर्णय लेते हैं। हमारे जीवन में कई ऐसी परिस्थितियां आती हैं, जब हमारी यह चाहत तो होती है कि हम किसी के साथ अन्याय नहीं करें, लेकिन उसी समय साथ ही साथ हम स्वयं के लाभ के बारे में भी सोच रहे होते हैं। ऐसी परिस्थितियों में हमें समझ नहीं आ रहा होता है कि हम जो निर्णय ले रहे हैं वह न्यायसंगत है या नहीं। ऐसे में हमारे निर्णयों के पक्षपाती होने और उनकी वजह से दूसरों के साथ अन्याय होने से बचाने

के लिए हमें प्रिंसिपल ऑफ़ यूनिवर्सल लॉ (Principle of Universal Law) की मदद लेनी चाहिए। जब भी हम किसी विशेष परिस्थिति में कोई निर्णय ले रहें हों, तब हमें अपने उस निर्णय को सार्वभौमिक मान लेना चाहिए अर्थात् हमें यह मान लेना चाहिए कि समान परिस्थिति में इस दुनिया का हर मनुष्य हमारे जैसा ही निर्णय लेगा। इसके बाद हमें यह विचार करना चाहिए कि अगर ऐसा हुआ तो हमारा समाज कैसा होगा, क्या सभी लोग ख़ुश होंगे, क्या सभी के साथ न्याय होगा? अगर हमारे इन प्रश्नों का उत्तर हमें सकारात्मक मिले तो हमें अपने उस निर्णय के साथ आगे बढ़ जाना चाहिए, अन्यथा हमें वैसा निर्णय लेने से बचना चाहिए।

वहीं, जब किसी विशेष परिस्थिति में हम कोई निर्णय ले रहे होते हैं या अन्य लोगों के लिए कोई नियम बना रहे होते हैं, तब हम कोई ऐसा ही नियम बनाने का प्रयास करते हैं जिससे हमें ज़्यादा से ज़्यादा लाभ हो। चूंकि अगर सभी लोग अपने अधिकार क्षेत्र के नियमों को अपने सहूलियत के अनुसार बनाने और तोड़ने का प्रयास करने लगेंगे तो हमारे समाज का ग़रीब और कमज़ोर व्यक्ति न्याय से वंचित रह जाएगा। इसलिए ऐसी स्थिति से बचने के लिए हमें प्रत्येक नियम-क़ानून बनाते समय प्रिंसिपल ऑफ़ वेल ऑफ़ इग्नोरेंस की मदद लेनी चाहिए। इस प्रिंसिपल के अनुसार कोई भी नियम बनाते समय हमें अपनी वास्तविक परिस्थिति को भूल जाना चाहिए। हमें बिना पक्षपात किए ऐसे नियम बनाने चाहिए जिससे कि अगर हम स्वयं ही समाज के किसी भी वर्ग, ख़ास तौर पर सबसे कमज़ोर वर्ग का हिस्सा बन जाएं, तब हमें स्वयं द्वारा बनाए गए उस नियम के अनुपालन करने पर स्वयं के साथ अन्याय होने का बोध नहीं हो और हम एक सम्मानजनक जीवन जी सकें।

जैसा कि इस कहानी में चौबे जी ने रामू चाचा को यह सुझाव दिया था कि चूंकि सड़क के बीचों-बीच 8-10 लोग खड़े थे, इसलिए वह गाड़ी की दिशा सड़क की बायीं ओर किनारे पर खड़े 5-6 व्यक्तियों की तरफ़ मोड़ दें। चौबे जी के इस सुझाव के पीछे दरअसल उनकी यह फ़िलॉसफ़ी थी कि हमें ऐसे निर्णय लेने चाहिए जिसमें कम से कम लोगों को हानि और दर्द हो। प्रथम दृष्ट्या तो यह फ़िलॉसफ़ी ठीक ही लगती है। लेकिन अगर हम इस फ़िलॉसफ़ी को प्रिंसिपल ऑफ़ यूनिवर्सल लॉ के अनुसार सार्वभौमिक करते हुए प्रिंसिपल ऑफ़ वेल ऑफ़ इग्नोरेंस के नज़रिए से परखेंगे और स्वयं को सड़क किनारे व्यक्तियों की स्थिति में रख़ कर देखेंगे तो हमें इसमें ख़ामियां नज़र आएंगी। हमें इस फ़िलॉसफ़ी से यह शिकायत होगी कि अगर हम स्वयं को सुरक्षित करने के लिए सड़क के किनारे अकेले खड़े हों, जबकि हमारे सामने सड़क पर कोई दो लोग खड़े हो जाए, तब उन दो लोगों को बचाने के लिए कोई व्यक्ति अपनी गाड़ी को हमारी तरफ़ मोड़ सकता है और हम उस दुर्घटना की चपेट में आ सकते हैं। अगर ऐसा होने लगेगा तो फिर हम स्वयं को किसी भी स्थान पर सुरक्षित महसूस नहीं कर सकेंगे और सिर्फ़ वह जगह

सुरक्षित रह जाएगी, जहां एक समय पर सबसे ज़्यादा लोग उपस्थित होंगे अर्थात् कि बहुसंख्यकों के फ़ायदे के लिए अल्पसंख्यकों के अधिकारों की कुर्बानी दी जाने लगेगी। जैसा कि इस कहानी में जब रामू चाचा ने चौबे जी की फ़िलॉसफ़ी और उस पर आधारित उनके सुझाव के बारे में तिवारी जी की राय जाननी चाही, तब उन्होंने चौबे जी की फ़िलॉसफ़ी पर ही आधारित एक दूसरा बेहतर सुझाव दिया। तिवारी जी ने कहा कि चूंकि सड़क के बीचों-बीच 8-10 लोग खड़े थे, इसलिए चौबे जी ने कम लोगों को हानि और दर्द होने की बात को ध्यान में रखते हुए सड़क के किनारे खड़े 4-5 लोगों की तरफ़ कार की दिशा मोड़ने का सुझाव दिया था। इसलिए अगर कार को सड़क के दाहिने तरफ़ दिख रहे कंक्रीट के खंभे की ओर मोड़ दिया जाता है, तब तो सबसे कम लोगों को हानि और दर्द होता, क्योंकि उनकी कार में तो सिर्फ़ 3 लोग, रामू चाचा, तिवारी जी और दुबे जी, ही सवार थे। हालांकि तिवारी जी का यह सुझाव तो चौबे जी के फ़िलॉसफ़ी और नियम पर ही आधारित था, लेकिन इस सुझाव को सुन कर चौबे जी चिंतित और असहज हो गए थे। ऐसा इसलिए था, क्योंकि चौबे जी ने जब अपना वह नियम बनाया था, जब अपनी वह फ़िलॉसफ़ी दी थी, तब उन्होंने स्वयं को सड़क किनारे खड़े व्यक्ति की स्थिति में रख कर नहीं सोचा था। उन्होंने अपने नियम को सार्वभौमिक कर के नहीं सोचा था। इसलिए हमें अपने सभी निर्णयों को सार्वभौमिक मान कर विचार करना चाहिए और कोई भी नियम बनाते समय हमें सिर्फ़ स्वयं के स्वार्थ का ध्यान नहीं रखना चाहिए। बल्कि हमें एक बार यह ज़रूर विचार करना चाहिए कि अगर भविष्य में हमारी परिस्थिति आज की अपेक्षा बिलकुल विपरीत हो तो उस नियम के अनुसार हमें स्वयं के साथ अन्याय होने का बोध तो नहीं होगा। हमें हमेशा यह सोचना चाहिए कि अगर हर व्यक्ति हमारे जैसा ही हो जाए और हमारे जैसे निर्णय ही लेने लगे तो यह समाज कैसा होगा।

# 20

# सकारात्मक रहें और दूसरों की छोटी लाइन के सामने अपनी बड़ी लाइन खीचें

### *कहानी : बांसगांव के बाबू साहब सोनल सिंह*

हमारे आस-पास कुछ ऐसे लोग होते हैं जिनके पास स्वयं की कोई योजना नहीं होती है। वे सिर्फ़ दूसरों के कार्यों को देखते हैं। दूसरों जैसा ही कुछ करने का प्रयास करते हैं और हमेशा किसी ना किसी से प्रतिद्वंद्विता में लगे रहते हैं। दूसरों की नक़ल करने की आदत के कारण वह अन्य लोगों के जीवन में परेशानी का सबब बन जाते हैं। इसकी वजह से उनका अन्य लोगों से बैर भी हो जाता है। वहीं, कुछ ऐसे भी लोग होते हैं जो दूसरों के जीवन में अनजाने में भी किसी तरह की कोई समस्या खड़ी नहीं करना चाहते हैं। वे नहीं चाहते कि किसी भी दूसरे व्यक्ति के जीवन में उनकी वजह से असहजता हो। वे किसी से कोई प्रतिद्वंद्विता नहीं करते हैं। ऐसे लोगों के पास अपनी स्वयं की योजना होती है और वे उस पर ही ध्यान केंद्रित करते हैं। इस कारण से इनका किसी से कोई बैर भी नहीं होता है और वे अन्य लोगों की मदद करने के लिए भी आगे रहते हैं। ऐसा नहीं है कि सिर्फ़ वे ही दूसरों की मदद करते हैं, बल्कि उनके अच्छे व्यवहार के कारण अन्य लोग भी उनकी हर संभव मदद करने के लिए तैयार रहते हैं। ऐसे ही हैं हमारे मित्र और बांसगांव के बाबू साहब सोनल सिंह। सोनल सिंह कुछ समय पहले तक गांव में ही सिर्फ़ खेती-बाड़ी का कार्य किया करते थे। उनको अपने गांव में रहने और घर के अन्य लोगों की देखभाल करने में बहुत मन लगता था। उन्होंने तय किया था कि वह गांव में ही रहेंगे और स्वयं के जीवन-यापन के लिए कृषि कार्यों के साथ-साथ बिज़नेस करेंगे। उनकी इस सोच को गांव के सभी लोगों की तरफ़ से काफ़ी सराहना भी मिली। उनके कई शुभचिंतकों ने गांव के ही किसी दूसरे व्यक्ति के बिज़नेस का उदाहरण

देते हुए, वैसा ही बिज़नेस शुरू करने का उन्हें सुझाव भी दिया। लेकिन सोनल सिंह तो सर्वजन हिताय- सर्वजन सुखाय विचारधारा वाले व्यक्ति थे। उनका सोचना था कि अगर वह भी अपने आसपास के किसी व्यक्ति के बिज़नेस जैसा कोई काम शुरू करेंगे तो उस व्यक्ति के बिज़नेस और आमदनी पर नकारात्मक प्रभाव पड़ेगा। उन्हें लगा कि बिज़नेस से होने वाली आमदनी घटने से उस व्यक्ति को पारिवारिक ज़िम्मेदारियों के निर्वहन करने में समस्या उत्पन्न हो सकती है। इन बातों को ध्यान में रखते हुए सोनल ने अपने शुभचिंतकों के उन सुझावों को स्वीकार नहीं किया। वह अपने खेती-बाड़ी के कार्य में ही लगे रहे। सोनल की इच्छा थी कि वह कोई ऐसा बिज़नेस शुरू करें, जैसा कि उनके आसपास के अन्य लोग नहीं कर रहे हों। इस दिशा में सोचते हुए उन्हें इलेक्ट्रिक गाड़ियों का शोरूम खोलने का विचार आया। इस विचार को उन्होंने अन्य लोगों से साझा किया और स्वयं भी इसके फ़ायदे-नुक़सान के बारे में विचार किया।

अन्य लोगों ने सोनल के इस विचार को सराहा और स्वयं सोनल को भी यह बिज़नेस लाभदायक नज़र आया। इसलिए बहुत जल्दी ही उन्होंने अपने इस विचार को अमली जामा भी पहना दिया। इस तरह आसपास के क्षेत्र में इलेक्ट्रिक गाड़ियों का पहला शोरूम सोनल सिंह ने ही शुरू किया। उनके यहां आने वाला ग्राहक पूर्व में (इलेक्ट्रिक गाड़ियों के) किसी दूसरे शोरूम का ग्राहक नहीं था। इसके कारण अन्य किसी भी व्यक्ति से उनकी बिज़नेस में प्रतिद्वंद्विता नहीं थी। इस तरह उनका यह बिज़नेस जल्दी ही अच्छे से स्थापित भी हो गया। सोनल कभी भी किसी व्यक्ति का बुरा नहीं चाहते थे, इसलिए कोई भी उनके बिज़नेस की बुराई नहीं करता था। सोनल के अच्छे व्यवहार के कारण उनके शोरूम के प्रचार और इलेक्ट्रिक गाड़ियों के लाभ के बारे में जनता को बताने का ज़िम्मा उनके दोस्त-मित्र व अन्य लोगों ने अपने कंधों पर उठा रखा था। इस तरह सोनल सिंह का बिज़नेस दिन-प्रतिदिन आगे बढ़ता रहा।

यहां इस कहानी का ज़िक्र इसलिए किया गया है, क्योंकि किसी बाज़ार में प्रतिस्पर्धा करने वाली विभिन्न कंपनियां भी प्रतिस्पर्धात्मक लाभ हासिल करने के लिए प्रयास करते समय मुख्य रूप से दो तरह की रणनीतियों का प्रयोग करती हैं। उन रणनीतियों में से एक रणनीति कुछ हद तक सोनल के विचारों से मेल खाती है। तो आइए उन रणनीतियों के बारे में अब विस्तार से बात करते हैं।

## संबंधित कॉन्सेप्ट :

**ब्लू ओशन व रेड ओशन रणनीति** (Blue Ocean and Red Ocean Strategy) :

**रेड ओशन रणनीति :** रेड ओशन रणनीति प्रतियोगियों का एक-दूसरे के साथ प्रतिस्पर्धा करने के लिए पारंपरिक मार्केटिंग रणनीति को संदर्भित करती है। इस रणनीति का प्रदर्शन तब होता है, जब कई कंपनियां मौजूदा बाज़ार में प्रतिस्पर्धात्मक लाभ हासिल करने के लिए प्रयास करती हैं। इस स्थिति में एक कंपनी अपनी विरोधी कंपनियों को मात देने के लिए एक ही बाज़ार में प्रतिस्पर्धा करती हैं। रेड ओशन रणनीति को अपनाकर कोई भी कंपनी अपने ग्राहकों को अन्य प्रतिद्वंद्वी कंपनियों के अपेक्षा बेहतर सेवा प्रदान करने का प्रयास करती है। हर कंपनी अपने ख़रीदारों को बेहतर सेवा प्रदान कर उन्हें प्रभावित करने का प्रयास करती है। यह रणनीति मुख्य रूप से नए ग्राहक बनाने की बजाए मौजूदा ग्राहकों और ख़रीदारों पर ध्यान केंद्रित करने की सलाह देती है। इसलिए, सभी कंपनियां ग्राहकों को आकर्षित करने के लिए बेहतर सेवाएं और उत्पाद प्रदान करने का प्रयास करती हैं। रेड ओशन नाम का संकेतात्मक अर्थ, एक समुद्र में रहने वाली मछलियों का आपस में प्रतिस्पर्धा करते हुए एक-दूसरे पर किए गए आक्रमण के फलस्वरूप लहू बहने से उस समुद्र का रंग लाल (रेड) हो जाना है।

**ब्लू ओशन रणनीति :** ब्लू ओशन रणनीति का तात्पर्य निर्विरोध मार्केटिंग नीति से है। इस रणनीति के अनुसार कोई भी कंपनी अपने व्यापार को बढ़ाने और बड़ा करने के लिए, दूसरी कंपनियों से प्रतिस्पर्धा करने की तुलना में नवाचार पर अधिक ध्यान केंद्रित करती है। डब्ल्यू. चान किम और रेनी मौबोर्गने ने मिलकर 2005 में ब्लू ओशन रणनीति को परिभाषित किया। यह रणनीति व्यापार के लिए एक नया बाज़ार खोलने और ग्राहकों में नई मांग पैदा करने की समकालिक प्रक्रिया है, इसलिए इस रणनीति में एक कंपनी की दूसरी कंपनी से प्रतिस्पर्धा नहीं रहती है। ब्लू ओशन का संकेतात्मक अर्थ यह है कि एक मछली अपने तालाब में रहने वाली अन्य मछलियों से प्रतिस्पर्धा करने की बजाए किसी दूसरे साफ़ नीले तालाब, जो कि कम प्रतिस्पर्धा के कारण अभी लाल नहीं हुआ है, की ओर चली जाती हैं।

## निहितार्थ :

'बांसगांव के बाबू साहब सोनल सिंह' कहानी के माध्यम से हम ब्लू ओशन और रेड ओशन रणनीति के प्रभाव व अपने प्रतिद्वंद्वियों से निपटने के तरीक़ों को अच्छे से समझ सकते हैं। अगर हम दूसरों के मार्ग में बाधा उत्पन्न करने की कोशिश करने वाले को देखते हैं तो समझ आता है कि उस व्यक्ति द्वारा उसके स्वयं के विकास के

लक्ष्य को प्राप्त करने की संभावना बहुत कम होती है। ऐसा इसलिए होता है क्योंकि किसी भी व्यक्ति के जीवन में समय और ऊर्जा सीमित होती है, और अगर वह व्यक्ति अपने सीमित समय और ऊर्जा को किसी अन्य व्यक्ति के मार्ग में अवरोध उत्पन्न करने के कार्य में लगा देगा, तो कहीं न कहीं उसे स्वयं के लक्ष्यों के साथ समझौता करना ही पड़ेगा।

इस संबंध में रामचरितमानस (लंकाकांड : 92/2) में भी कहा गया है कि

*'बिफल होहिं सब उद्यम ताके जिमि परद्रोह निरत मनसा के'*

अर्थात् जिस मनुष्य का मन सदा दूसरों को हानि पहुंचाने में लगा रहता है, उसके सारे प्रयत्न विफल हो जाते हैं।

इसलिए हमें अपने प्रतिद्वंद्वियों को हानि पहुंचाने या उनके रास्ते में बाधा उत्पन्न करने की बजाए हमेशा स्वयं के लक्ष्यों पर ध्यान केंद्रित करते हुए उन्हें प्राप्त करने के लिए परिश्रम करना चाहिए। इसके अलावा यह भी सत्य है कि अगर कोई व्यक्ति हमारे मार्ग में बाधा उत्पन्न करने का प्रयास करेगा, तो वह कभी भी ना तो स्वयं कोई बड़ा लक्ष्य प्राप्त कर सकेगा और ना ही अपने जीवन में बहुत सफल हो सकेगा। इसलिए जिस व्यक्ति को अपने जीवन में सफल होने और कोई बड़ा लक्ष्य हासिल कर पाने की कोई संभावना ही नहीं हो, तो फिर उस व्यक्ति से हमें घबराने की ज़रूरत ही नहीं होती है। जो व्यक्ति अपने जीवन में स्वयं ही कोई बड़ा कार्य नहीं कर सकेगा, वह आख़िर हमारा कितना ही नुक़सान कर पाएगा? ऐसे लोग स्वयं के विकास पर ध्यान केंद्रित नहीं कर दूसरों को रोकने का प्रयास करते रहते हैं, और अंततः उन्हें जीवन में कुछ हासिल नहीं होता है। ऐसा इसलिए, क्योंकि जब व्यक्ति स्वयं के विकास पर ध्यान केंद्रित करता है, तब उसका ध्यान सिर्फ़ एक बिंदु पर होता है। लेकिन जब वह दूसरे लोगों के रास्ते में बाधाएं उत्पन्न करने का प्रयास करता है, तब उसका ध्यान स्वयं के प्रगति के कार्यों और लक्ष्यों पर नहीं होता। इसकी वजह से उसकी ऊर्जा और संसाधन कई दिशाओं में बिखर जाते हैं। ऐसे में वह ना तो स्वयं के लक्ष्यों को प्राप्त कर पता है, ना ही दूसरों को रोक पाता है, और आख़िर में उसे कुछ हासिल नहीं होता है। इसलिए हमें कभी भी किसी दूसरे की खींची गई बड़ी लाइन को मिटाने और छोटा करने का प्रयास नहीं करना चाहिए। दूसरों का नुक़सान करने का सोचने की बजाए हमें अपने दिमाग़ को नए विचारों के लिए खुला रख कर स्वयं के विकास पर अपना ध्यान केंद्रित करना चाहिए। हमें दूसरों की छोटी लाइन के समानांतर स्वयं की बड़ी लाइन खींचने का प्रयास करना चाहिए। जैसा कि इस कहानी में सोनल सिंह को जब बिज़नेस शुरू करने का मन हुआ तो उन्होंने ब्लू ओशन रणनीति का प्रयोग किया। उन्होंने स्वयं के बिज़नेस को

शुरू करने व उसको आगे बढ़ाने के लिए दूसरे लोगों के बिज़नेस से प्रतिस्पर्धा करने से परहेज़ किया। उन्होंने अपने आसपास के लोगों द्वारा विभिन्न क्षेत्रों में किए जा रहे बिज़नेस की नक़ल करने की बजाए स्वयं के बिज़नेस के लिए एक ऐसे उत्पाद का चुनाव किया जो उनके आसपास के क्षेत्र के लिए बिलकुल नया था। इसकी वजह से उनके यहां आने वाला ग्राहक पूर्व में (इलेक्ट्रिक गाड़ियों के) किसी दूसरे शोरूम का ग्राहक नहीं था। जैसा कि इस कहानी में बताया गया है कि उनको अपनी इस ब्लू ओशन रणनीति जैसे व्यवहार के कारण कभी भी अपने शोरूम और इलेक्ट्रिक गाड़ियों के फ़ायदे बारे में स्वयं प्रचार करने की ज़रूरत ही नहीं पड़ी। इस काम का ज़िम्मा उनके दोस्त–मित्र व अन्य लोगों ने ले रखा था। इसलिए हमें भी अपने जीवन में सकारात्मक रहना चाहिए और दूसरों की छोटी लाइन के सामने अपनी बड़ी लाइन खींचने का प्रयास करना चाहिए।

# 21

# ध्यान रहे!! हर व्यक्ति आप जैसा नहीं हो सकता

## *कहानी : समझदार सिंह की बेवक़ूफ़ी*

स्वयं की तुलना दूसरों से करना मानवीय प्रवृत्ति है। हम किसी क्षेत्र में स्वयं की क़ाबिलियत और कौशल की तुलना दूसरों से करके स्वयं की स्थिति जानने का प्रयास करते हैं। हम स्वयं से ज़्यादा क़ाबिल लोगों को देखकर प्रभावित होते हैं और उनसे सीखने का प्रयास करते हैं। जबकि स्वयं से कम क़ाबिल लोगों को देख कर हमें आत्मसंतुष्टि और गर्व का अनुभव होता है। हम ऐसे लोगों को ज़्यादा मेहनत करने के लिए प्रेरित करते हैं और उन्हें ज़रूरी कौशल भी सिखाने का प्रयास करते हैं। इस तरह दूसरों को बेहतर बनाने में योगदान दे कर हमें संतुष्टि मिलती है। इससे हम यह समझ सकते हैं कि किसी भी क्षेत्र और किसी भी समय कुछ लोग हमसे आगे रहेंगे और कुछ हमसे पीछे। अपने से आगे वालों को देख कर हमें प्रेरित होना चाहिए और आगे बढ़ने का प्रयास करना चाहिए। जबकि अपने से पीछे वालों को देख कर हमें संतुष्टि का अनुभव करना चाहिए और उन्हें आगे बढ़ने के लिए प्रेरित करना चाहिए। कुछ ऐसे भी लोग होते हैं, जिन्हें ऐसा लगता है कि इस संसार के हर व्यक्ति में एक समान कौशल होता है और हर व्यक्ति समान स्तर की मेहनत भी कर सकता है। ऐसे लोग जब अपनी तुलना अपने सहकर्मियों से करते हैं और उसके पश्चात जब उन्हें ज्ञात होता है कि उनका कोई सहकर्मी उनकी तुलना में निम्न स्तर का कार्य कर रहा है, तब वे असहज हो जाते हैं। हमारी जान पहचान में भी एक ऐसे ही व्यक्ति थे, समझदार सिंह।

दरअसल, समझदार सिंह के व्यक्तित्व में दो अच्छी बातें थी। पहली यह कि वह जो भी कार्य करते थे, उसकी वह अच्छी समझ रखते थे, और दूसरी यह कि

वह बहुत मेहनती व्यक्ति भी थे। उनके इस प्रतिभाशाली व मेहनती व्यक्तित्व के कारण संस्थान में जब कोई कठिन समस्या आती थी, तब समाधान के लिए उनके सहकर्मियों के साथ-साथ उनके सीनियर भी उनकी ओर ही रुख़ करते थे। कठिन से कठिन समस्या का समाधान समझदार सिंह बस चुटकियों में बता दिया करते थे। इसलिए सभी लोग उनकी इज्जत के साथ-साथ उन पर भरोसा भी करते थे। लेकिन समझदार सिंह के साथ एक समस्या भी थी। वह हमेशा इस बात से दुःखी रहते थे कि उनके संस्थान में काम करने वाले अन्य लोग उनकी तुलना में कम मेहनती थे। उन्हें यह भी लगता था कि अन्य लोगों का दिमाग़ भी इनके जितना तेज़ नहीं चलता था। समझदार सिंह को जिस भी कार्य की ज़िम्मेदारी मिलती उसे वह बिलकुल एकाग्र हो कर जोश और जुनून से करते। अपनी एकाग्रता, जुनून और कौशल की मदद से वह अपने हिस्से का कार्य कम समय में ही पूरा कर लेते थे। काम करते वक्त उनकी टीम का कोई साथी अगर धीमी गति से कार्य करता, जिसकी वजह से टीम का काम समय पर पूरा नहीं हो पाता, तब समझदार सिंह उस साथी को देख कर असहज होने लगते थे। वह यह सोच कर उदास हो जाते थे कि महीने की तनख़्वाह तो टीम के सभी सदस्यों को लगभग बराबर ही मिलती थी, लेकिन टीम के अन्य सदस्य उनके जितने ना तो प्रतिभावान थे और ना ही वे उतनी मेहनत करते थे। कभी-कभी तो उनकी असहजता इतनी बढ़ जाती कि वह सहकर्मियों के बारे में टिप्पणी करने लगते कि अगर वे जीवन में ऐसे ही कामचोरी करने का प्रयास करेंगे तो वे कभी प्रगति नहीं कर पाएंगे।

इस तरह समझदार सिंह दूसरों के क्रिया-कलापों में हद से ज़्यादा दिलचस्पी लेने और अपनी तुलना उनसे करने के कारण ख़ुद तनाव में रहते और सहकर्मियों को भी बुरा-भला कहते। चूंकि वह अपने तेज़ दिमाग़ और कौशल से स्वयं के कार्यों को करने के अलावा दूसरों के कार्यों में भी मदद करते थे, इसलिए अन्य लोग उनकी बातों का ज़्यादा बुरा नहीं मानते थे। समझदार सिंह के बारे में एक और अनोखी बात यह थी कि हर दिन जब वह पूरी एकाग्रता के साथ अपने हिस्से का काम पूरा कर लेते थे, उसके बाद भी उनकी एकाग्रता उनका साथ नहीं छोड़ती थी। अपना काम ख़त्म करने के बाद वे एकाग्रता के साथ अकेले में चाय पीते हुए ख़ुद से ही बातें करते थे। अकेले में बैठे हुए वह एक हाथ से चाय का गिलास व दूसरे से अपना सिर पकड़ कर बैठे हुए सहकर्मियों को कोसते रहते थे। समझदार सिंह का इस तरह मन ही मन सभी को कोसने का सिलसिला तब तक चलता रहता, जब तक कि उनके घर जाने का समय नहीं हो जाता था।

वह हमेशा इसी बात से परेशान रहते थे कि सभी लोग उनके जितने मेहनती और प्रतिभावान क्यों नहीं थे? वह जिसको भी देखते थे, उसके बारे में जोड़-घटाना करने लगते कि इसके अंदर प्रतिभा तो है लेकिन आलसी है, या उसको केवल

गधे की तरह मेहनत करना आता है लेकिन दिमाग़ से पैदल है। इस तरह समझदार सिंह अपनी नासमझी के कारण सभी लोगों में समान प्रतिभा होने और सभी के द्वारा समान स्तर का मेहनत करने की अपेक्षा करते रहे जिसके कारण वे अपने जीवन में हमेशा चिंतित व परेशान ही रहे।

यहां इस कहानी का ज़िक्र इसलिए किया गया है, क्योंकि मैनेजमेंट विषय की कुछ कॉन्सेप्ट और थ्योरी इस बारे में बात करती हैं कि किसी भी क्रिया के विभिन्न संभावित परिणामों में से अधिकतर परिणाम एक-दूसरे से मिलते-जुलते ही होते हैं और बिलकुल से भिन्न परिणामों की संख्या बहुत ही कम होती है। तो आइए इन कॉन्सेप्ट और थ्योरी के बारे में हम विस्तार से बात करते हैं।

## संबंधित कॉन्सेप्ट व थ्योरी :

### बेल कर्व का कॉन्सेप्ट (Bell Curve Concept) :

बेल कर्व के कॉन्सेप्ट का उपयोग किसी क्रिया के संभावित परिणामों की भिन्नता/वितरणशीलता को दर्शाने के लिए किया जाता है। उस क्रिया के औसत संभावित परिणाम से अन्य संभावित परिणामों की भिन्नता एक बेल कर्व आकार की आकृति का निर्माण करती है। बेल कर्व मूल रूप से प्रॉबबिलिटी विषय में प्रसिद्ध नॉर्मल डिस्ट्रीब्यूशन ग्राफ़ के कर्व को कहा जाता है जो कि एक घंटे के आकार जैसा प्रतीत होता है। बेल कर्व पर उच्चतम बिंदु, क्रिया की एक श्रंखला में उसके सबसे संभावित परिणाम को दर्शाता है, जबकि अन्य सभी संभावित परिणामों को मध्य के चारों ओर समान रूप से वितरित किया जाता है। ऐसे में शिखर के दोनों तरफ़ नीचे की ओर ढलान वक्र बनता है। माना जाता है कि दैनिक क्रियाओं की संभावनाओं के विश्लेषण करने पर हमें बेल कर्व जैसा आकार ही प्राप्त होता है। इसीलिए इसे नॉर्मल (सामान्य) डिस्ट्रीब्यूशन कर्व कहा जाता है।

उदाहरण के लिए मान लें कि किसी कंपनी में 100 कर्मचारी हैं। वर्ष के अंत में सभी कर्मचारियों के कार्य का मूल्यांकन हुआ। मूल्यांकन में प्रत्येक कर्मचारी को अधिकतम 10 अंक में से कार्य के अनुरूप अंक मिले। मूल्यांकन का परिणाम आने के बाद हम एक ग्राफ़ में एक क्षितिज के समानांतर रेखा पर बढ़ते क्रम में उनके द्वारा प्राप्त अंत चिह्नित करेंगे और खड़ी रेखा पर कर्मचारियों की संख्या, जिन्हें वह विशिष्ट अंक प्राप्त हुआ (जिसे प्रॉबबिलिटी विषय में फ़्रिक्वेन्सी कहा जाता है)। जब एक निश्चित अंक प्राप्त करने वाले कर्मचारियों की संख्या को उस ग्राफ़ में प्राप्त अंक के सामने बिंदु के रूप में प्रदर्शित किया जाएगा, और फिर सभी प्रदर्शित बिंदुओं को मिलाया जाएगा, तो एक बेल कर्व की आकृति बनेगी।

बेल कर्व में हमें चार बातें पता चलती है :

1. बेल कर्व का सबसे ऊपरी बिंदु औसत अंक और उसे प्राप्त करने वाले लोगों की संख्या बताता है।
2. औसत अंक के दोनों तरफ़ (बाएं/कम और दाहिने/ज़्यादा) जाने पर कर्मचारियों की संख्या घटने लगती है।
3. औसत अंक से कम और ज़्यादा अंक पाने वाले कर्मचारियों की संख्या आदर्श स्थिति में बराबर होती है।
4. सबसे ज़्यादा और सबसे कम अंक पाने वाले कर्मचारियों की संख्या सबसे कम होती है।

**बेल कर्व का कॉन्सेप्ट (Concept of Bell Curve)**

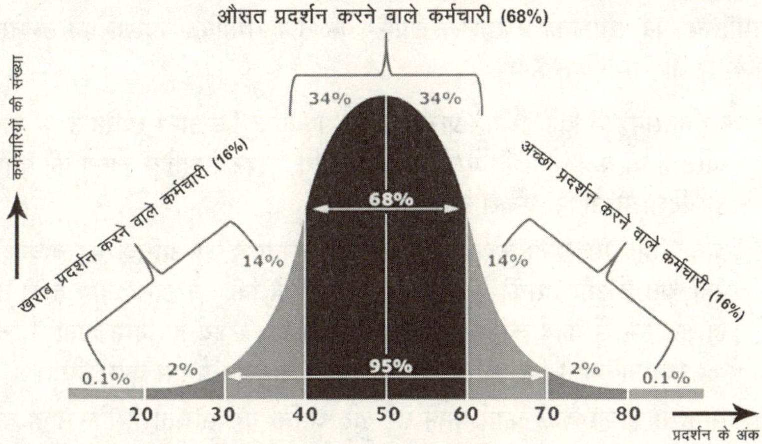


## सोशल लोफ़िंग का कॉन्सेप्ट (Concept of Social Loafing):

अक्सर देखा गया है कि जब व्यक्ति किसी कार्य को अकेले करने का प्रयास करता है, तब वह उस कार्य को जवाबदेही और ज़िम्मेदारी के साथ पूरा करने का प्रयास करता है। लेकिन जब वही व्यक्ति एक समूह में कार्य करता है, तब वह अपने ऊपर उतनी जवाबदेही नहीं लेता है। परिणाम यह होता है कि समूह में उस कार्य को करते समय व्यक्ति का कार्य निष्पादन कम हो जाता है। शोधकर्ता लताने ने इस घटना को सोशल लोफ़िंग कहा है। इसे शोधकर्ता मायर्स के शब्दों में इस प्रकार परिभाषित किया जा सकता है, 'सामाजिक (मक्कारी) श्रमावनयन से तात्पर्य, लोगों की उस

प्रवृत्ति से होता है जिसमें वे किसी सामूहिक लक्ष्य की प्राप्ति के लिए कार्य करने पर अपेक्षाकृत उतना प्रयास नहीं करते हैं जितना वे उस कार्य के लिए अकेले उत्तरदायी होने की स्थिति में करते।'

सोशल लोफ़िंग की उक्त परिभाषा से यह स्पष्ट है कि उसकी निम्नांकित विशेषताएं हैं-

(1) सोशल लोफ़िंग की घटना के लिए सम्मिलित सामूहिक क्रिया का होना आवश्यक है।

(2) अन्य लोगों की सामाजिक उपस्थिति से व्यक्ति अपना व्यक्तिगत प्रयास सामूहिक लक्ष्य की प्राप्ति में व्यक्तिगत कार्य की तुलना में कम करता है। वैयक्तिक प्रयास में कमी का मुख्य कारण यह होता है कि अन्य लोगों की उपस्थिति से सामूहिक लक्ष्य की प्राप्ति के लिए कार्य करने का सामाजिक दबाव कम हो जाता है या बंट जाता है।

सामाजिक मनोवैज्ञानिकों ने सोशल लोफ़िंग के तीन संभावित कारणों का उल्लेख किया है जो निम्नांकित हैं-

1. व्यक्ति समूह में होने पर यह प्रत्यक्षण कर सकता है कि अन्य व्यक्ति उससे कम प्रेरित हैं या कम योग्य हैं। ऐसा सोचकर व्यक्ति अपने सामूहिक लक्ष्य की प्राप्ति की दिशा में अपना प्रयास कम कर देता है।
2. प्रायः समूह में व्यक्ति कुछ ऐसे लक्ष्यों को चुनता है जो अधिक महत्त्वाकांक्षी नहीं होते हैं और उसकी पूर्वकल्पना यह होती है कि जब अन्य लोग है ही तो निश्चित रूप से कार्य करना आसान ही होगा। जब लक्ष्य ही निम्न होता है, तो यह स्वाभाविक है कि व्यक्ति उसे प्राप्त करने के लिए प्रयास कम करेगा।
3. समूह में होकर कोई कार्य करने पर यदि व्यक्ति यह सोचता है कि समूह का अंतिम लक्ष्य उनके द्वारा किए गए प्रयास से बहुत अधिक संबंधित नहीं है, तो वह उस लक्ष्य की प्राप्ति के लिए प्रयास करना कम कर देता है। फलतः सोशल लोफ़िंग की परिस्थिति उत्पन्न हो जाती है।

### मोटिवेशन की इक्विटी थ्योरी (Equity Theory of Motivation) :

इस थ्योरी के मूल में मोटिवेशन, जैसे कि इनाम की पेशकश (किसी कार्य को करने के लिए भुगतान) जैसा कुछ भी नहीं है। इक्विटी थ्योरी की दृष्टि सिर्फ़ किसी व्यक्ति तक सीमित नहीं होती है, बल्कि इसकी दृष्टि के दायरे में व्यक्ति का परिवेश भी आता है। इस थ्योरी के अनुसार किसी व्यक्ति के परिवेश में कुछ ऐसे कारक मौजूद होते हैं जिनके साथ तुलना किए जाने के माध्यम से व्यक्ति की प्रेरणा प्रभावित हो

सकती है। यह थ्योरी स्पष्ट रूप से यह बताती है कि व्यक्ति अपने सहकर्मियों से अपनी तुलना करता है। वह उनके और अपने द्वारा किए गए कार्यों और उसके एवज़ में प्राप्त हुए लाभ अर्थात् उस कार्य में मेहनत के तौर पर लगाए गए इनपुट और लाभ के तौर पर उस कार्य से प्राप्त हुए आउटपुट के अनुपात की तुलना करता है। इस तुलना के माध्यम से अगर उसे स्वयं के साथ न्याय होने का आभास होता है, तब वह अधिक प्रेरित होता है। जबकि दूसरी ओर अगर उसे अपने किसी सहकर्मी की तुलना में स्वयं के साथ अन्याय होने का बोध होता है, तब उसकी प्रेरणा का स्तर कम हो जाता है।

## निहितार्थ :

'समझदार सिंह की बेवकूफ़ी' कहानी के माध्यम से हम इन कॉन्सेप्ट व थ्योरी को आसानी से समझ सकते हैं। उससे पहले हमें यह समझना होगा कि जिस प्रकार हाथ की पांचों अंगुलियां बराबर नहीं हो सकती हैं, ठीक वैसे ही हमारे परिवार, कार्यस्थल और सामाजिक परिवेश में रहने वाले लोगों का व्यक्तित्व भी एक जैसा नहीं हो सकता है। किसी संस्था में भी विभिन्न प्रकार के लोग हो सकते हैं। कुछ तेज़ बुद्धि के लेकिन कम मेहनती, कुछ उद्यमशील लेकिन सीमित वैचारिक क्षमता वाले और कुछ समझदार सिंह की ही भांति प्रतिभावान व मेहनती लेकिन हमेशा परेशान रहने वाले। इसलिए हमें किसी संस्थान या टीम के सभी सदस्यों के एक समान होने, व किसी कार्य को करने के दौरान एक समान प्रदर्शन करने की उम्मीद नहीं करनी चाहिए। चूंकि टीम के विभिन्न सदस्यों का अपना अलग व्यक्तित्व होता है, इसलिए उसी के अनुसार ही टीम में उनकी भूमिका निर्धारित की जानी चाहिए और वैसी ही उनसे अपेक्षा की जानी चाहिए। जबकि टीम के प्रत्येक सदस्य के तरफ़ से भी यह प्रयास होना चाहिए कि उनकी टीम को उनसे जो भूमिका अपेक्षित है, उसे वह सर्वश्रेष्ठ तरीक़े से निभाए। अगर हम अपनी टीम के अन्य सदस्यों की तुलना में बेहतर हैं, तो हमारी ज़िम्मेदारी है कि हम टीम के उन सदस्यों, जो हमसे कम प्रतिभावान हों लेकिन जिनमें सीखने की इच्छा हो, को ज़रूरी कौशल सिखाएं। वैसे भी अगर हम मानसिक व शारीरिक रूप से दूसरों से बेहतर हैं, हमें कोई भी चीज़ दूसरों की अपेक्षा जल्दी समझ आ जाती हैं, हम कोई भी कौशल जल्दी सीख लेते हैं, या फिर हम बहुत मेहनती हैं, तो हम अपने इन गुणों का श्रेय स्वयं नहीं ले सकते।

दरअसल हमारे इन गुणों का श्रेय काफ़ी हद तक हमारे जींस (माता-पिता को) को जाता है, क्योंकि यह सभी गुण हमें आनुवंशिक रूप से मिलते हैं। इन्हें हम पूरी तरीक़े से स्वयं नहीं विकसित कर सकते हैं। हमें स्वयं से कमतर प्रदर्शन करने वाले व्यक्तियों को कम सफल बिलकुल नहीं मानना चाहिए, क्योंकि संभव है कि

हमारा कोई साथी जो हमारे जितना अच्छा प्रदर्शन नहीं कर पा रहा हो, वह अपने पूरे गांव में स्नातक तक की पढ़ाई करने वाला पहला व्यक्ति हो। अगर ऐसा है तो हमारे उस साथी ने टीम के अन्य सदस्यों की अपेक्षा अपने जीवन में बड़ा मुक़ाम हासिल किया है। हमें यह भी ध्यान रखना चाहिए कि हमें अपने टीम के सभी सदस्यों की परिस्थिति के बारे में बहुत कम ही पता होता है। हमें नहीं पता होता है कि सभी के जीवन में क्या चल रहा है। किसके घर में कौन सी समस्या है? कौन अपने जीवन साथी से अलग हो गया है, किसके माता-पिता या बच्चों की तबियत ख़राब है? इसलिए हमारी टीम का कोई साथी अच्छा प्रदर्शन नहीं कर पा रहा हो तो हमें उसकी हर संभव मदद करने का प्रयास करना चाहिए। वहीं, अगर हम स्वयं ही टीम के अन्य सदस्यों की अपेक्षा कमतर प्रदर्शन कर रहें हों तो हमें निराश नहीं होना चाहिए। बल्कि हमें अच्छा प्रदर्शन करने वाले अन्य सदस्यों से लगातार सीखते रहने का प्रयास करना चाहिए, क्योंकि हर कोई कभी न कभी किसी न किसी दूसरे व्यक्ति से ही सीखता है।

जैसा कि इस कहानी में समझदार सिंह हमेशा यह अपेक्षा करते थे कि उनकी टीम के सभी सदस्य एक समान प्रतिभावान व मेहनती होंगे। वे सभी के व्यक्तित्व व कार्यशैली की तुलना ख़ुद से करते रहते थे और दूसरों का प्रदर्शन कमतर होने पर नाराज़गी व्यक्त करते थे। दरअसल, समझदार सिंह यह समझने में असफल रहे थे कि संस्थान के सभी सदस्य समान प्रतिभा के नहीं हो सकते थे। जैसा कि नॉर्मल डिस्ट्रीब्यूशन कर्व या बेल कर्व का कॉन्सेप्ट भी यही सुझाता है कि सामान्य परिस्थिति में किसी भी समूह या संस्थान में अधिकतर कर्मचारी औसत दक्षता का ही प्रदर्शन करते हैं। शीर्ष प्रदर्शन करने वाले व्यक्तियों की संख्या अत्यंत कम ही होती है। इसलिए समझदार सिंह को यह समझना चाहिए था कि वह संस्थान में शीर्ष प्रदर्शन करने वाले कर्मचारी थे और सभी कर्मचारियों द्वारा उनके जैसा प्रदर्शन कर पाना संभव नहीं था। इसके अलावा उनकी टीम के किसी सदस्य की ग़लती की वजह से अगर टीम का कोई कार्य अपने निश्चित समय से पूरा नहीं हो पाता था तब वह टीम की उस असफलता का पूरा दोष अपने उस सहकर्मी के सिर पर मढ़ देते थे। वह उस असफलता की ज़िम्मेदारी स्वयं बिलकुल भी नहीं लेते थे। जबकि उन्हें यह समझना चाहिए था कि अगर वह टीम के अन्य सदस्यों की अपेक्षा स्वयं को ज़्यादा कुशल और प्रतिभाशाली व्यक्ति मानते थे, तो उन्हें विषम परिस्थितियों में भी कार्य करने और टीम के लक्ष्यों को समय पर हासिल करना सुनिश्चित करने में सक्षम होना चाहिए था।

अपनी टीम द्वारा किसी कार्य को समय पर पूरा करने में असफल होने का दोष उन्हें सिर्फ़ अपनी टीम के कम प्रतिभावान सदस्यों पर नहीं डालना चाहिए था। इस असफलता के लिए उन्हें स्वयं को भी ज़िम्मेदार मानना चाहिए था। उन्हें अपनी

टीम में कम प्रतिभाशाली सदस्यों के साथ सुचारू रूप से बिना गतिरोध के किसी भी काम को समय पर पूरा करना सुनिश्चित करना चाहिए था। अगर समझदार सिंह ऐसा नहीं कर सकते थे, तो उन्हें स्वयं को सबसे कुशल और प्रतिभाशाली व्यक्ति मानने का कोई अधिकार नहीं था।

जैसा कि भगवद्गीता (3/21) में कहा गया है कि

*'यद्यदाचरति श्रेष्ठस्तत्तदेवेतरो जनः*
*स यत्प्रमाणं कुरुते लोकस्तदनुवर्तते'*

अर्थात् जो कुछ महान् मनुष्य करता है, वही दूसरे मनुष्य भी करते हैं; वह जो भी मानक स्थापित करता है, अधिकतर मनुष्य उसी का पालन करते हैं।

इसलिए अगर हम स्वयं के व्यक्तित्व को अन्य लोगों की तुलना में महान मानते हैं, तब हमें स्वयं की तुलना बिना दूसरों से किए अपना सर्वश्रेष्ठ प्रदर्शन करना चाहिए। हमें अपनी टीम की असफलताओं की ज़िम्मेदारी लेने में सबसे आगे रहते हुए व सफलताओं का श्रेय टीम के अन्य सदस्यों को देकर समाज के अन्य लोगों के लिए मानक स्थापित करना चाहिए। चूंकि तुलना सिर्फ़ सामान्य लोगों की जा सकती है, इसलिए जैसे ही कोई व्यक्ति स्वयं के व्यक्तित्व के महान होने की बात करता है, वैसे ही उसका स्वयं का दूसरों के साथ तुलना करने का अधिकार समाप्त हो जाता है।

हालांकि तुलना करना स्वभाविक मानवीय व्यवहार है, परंतु हर समय अत्यधिक तुलना करने से ना केवल हमरा मुख्य कार्य से ध्यान भटकता है, बल्कि अगर हमें लगता है कि दूसरों की तुलना में हमारे ऊपर कार्यों का अधिक भार है या फिर हमें हमारे द्वारा किए जा रहे कार्यों के अनुपात में कम श्रेय मिल रहा है, तो हमें असंतुष्टि और अन्याय का बोध होता है।

जैसा कि समझदार सिंह जब स्वयं की तुलना टीम के अन्य सदस्यों से करते थे, तब उन्हें यह महसूस होता था कि महीने की तनख़्वाह तो सभी सदस्यों को लगभग एक समान मिलती थी, लेकिन अन्य सदस्य उनके जितना ना तो प्रतिभावान थे और ना ही उनके जितना मेहनत करते थे। चूंकि मोटिवेशन की इक्विटी थ्योरी भी यही बताती है कि इस तरह की तुलना जिसमें व्यक्ति स्वयं का दूसरों से आकलन में स्वयं को निम्न स्तर पर पाता है, अर्थात जब उसे यह लगता है कि उसके प्रदर्शन के अनुरूप उसे श्रेय और इनाम नहीं मिल रहा है, तब कार्य के प्रति उसकी प्रेरणा में कमी आ जाती है।

समझदार सिंह इस तथ्य से अनभिज्ञ रहकर अपनी तुलना दूसरों से करते रहने के कारण स्वयं को ही कष्ट देते रहे। हालांकि यहां ग़लती सिर्फ़ समझदार सिंह की ही नहीं थी। बल्कि उनके संस्थान को भी इन बातों का ध्यान रखना चाहिए था कि उनके संस्थान में कार्यरत किसी भी कर्मचारी को स्वयं के साथ अन्याय होने का बोध नहीं हो।

जैसा कि शुक्रनीति (2/149) में कहा गया है कि

*'मन्दो मध्यस्थता शीघ्रस्त्रिविधं भृत्य उच्यते*
*समा मध्या च श्रेष्ठा च भृतिस्तेषां क्रमात्स्मृता'*

अर्थात् कार्य करने की गति के आधार पर कर्मचारी तीन प्रकार के होते हैं : धीमे, मध्यम और तेज़। उनके लिए क्रमशः कम, मध्यम और बेहतर मुआवज़े की दर उचित है।

इसलिए संस्थान के ह्यूमन रिसोर्स मैनेजमेंट के लिए ज़िम्मेदार व्यक्ति को यह सुनिश्चित करना चाहिए कि उसके सभी कर्मचारियों को उनके प्रदर्शन के अनुरूप ही श्रेय और पुरस्कार मिले और उनके कार्य दायित्व के बंटवारे के समय उनके कौशल व क़ाबिलियत को ध्यान में रखा जाए।

इस संबंध में रामायण (अयोध्याकांड : 100/25) में भी कहा गया है कि

*'कच्चिन्मुख्या महत्सवेव मध्यमेषु च मध्यमा:*
*जघन्याश्च जघन्येषु भृत्यास्ते योजिताः'*

अर्थात् क्या आपने प्रमुख व्यक्तियों को मुख्य कार्यों पर, औसत नौकरियों पर औसत दर्जे के व्यक्तियों को और कम महत्त्वपूर्ण कार्यों पर औसत से नीचे के व्यक्तियों को प्रतिनियुक्त किया है?

हालांकि संस्थान द्वारा न्यायसंगत कार्यप्रणाली सुनिश्चित करने के सभी प्रयासों के बावजूद भी यदि एक कर्मचारी के तौर पर कभी हमें स्वयं के साथ अन्याय होने का बोध हो तो हमें दूसरों से तुलना करते हुए स्वयं को कष्ट देने की बजाए, संस्थान में सक्षम व्यक्ति के समक्ष बात रखनी चाहिए। क्योंकि स्वयं की दूसरे लोगों से तुलना करते रहने और उसके पश्चात स्वयं के साथ अन्याय होने का अहसास होने से हमें सिर्फ़ कुंठा होगी, शिकायतों का निवारण नहीं। हमें ध्यान रखना चाहिए कि एक आदर्श व्यक्ति और आदर्श कर्मचारी बनने के प्रयास में हम स्वयं के साथ ही अन्याय नहीं कर बैठें।

जैसा कि सोशल लोफ़िग कॉन्सेप्ट के अनुसार जब एक व्यक्ति किसी कार्य को अकेले करने का प्रयास करता है, तब वह उस कार्य को ज़िम्मेदारी और जवाबदेही के साथ पूरा करने का प्रयास करता है। लेकिन जब वही व्यक्ति एक समूह में होकर उसी कार्य को करता है, तब वह अपने ऊपर उतनी ज़िम्मेदारी नहीं लेता है। इसलिए हमारी स्वयं की टीम के कुछ सदस्यों में यह प्रवृत्ति आ जाने पर हमारे स्वयं व टीम के अन्य सदस्यों का कार्यभार बढ़ जाता है। इसलिए हमें यह भी समझना चाहिए कि यह ज़रूरी नहीं है कि हमारे साथ कार्य करने वाले हर व्यक्ति की नीयत पवित्र ही होगी। संभव है कि हमारा कोई सहकर्मी किसी कार्य को करने में सक्षम होने के बावजूद अपनी ज़िम्मेदारियों का बोझ हमारे ऊपर डाल रहा हो और उसकी ज़िम्मेदारियों का निर्वहन कर के हम स्वयं के साथ अन्याय कर रहे हों। लेकिन ऐसा भी नहीं होना चाहिए कि हम अपने किसी भी सहकर्मी की मदद नहीं करें। चूंकि हर व्यक्ति हमारे जैसा नहीं हो सकता है, इसलिए हमें उन लोगों की मदद करनी चाहिए जो कुछ सीखना चाहते हैं और अपने जीवन में आगे बढ़ना चाहते हैं। लेकिन इसके साथ ही हमें अपने कार्य को कर सकने में सक्षम लोगों का भार अनावश्यक तौर पर स्वयं के ऊपर लेने से भी बचना चाहिए।

# 22

# दूसरों की भी प्राथमिकताएं समझें

## *कहानी : विधायक जी के ड्राइवर रामू*

मनुष्य स्वभाव से ही स्वार्थी होता है। उसे अपना दुःख और दूसरे का सुख ज़्यादा बड़ा लगता है जबकि अपना सुख और दूसरे का दुःख छोटा समझ आता है। वह अपने कम महत्त्वपूर्ण कार्यों को भी अधिक तवज्जो देता है, जबकि दूसरे के अतिमहत्त्वपूर्ण कार्यों की गंभीरता का अहसास उसे नहीं हो पाता है। उसके इस स्वभाव के कारण कभी वह अन्य लोगों की प्राथमिकता और व्यस्तता को नहीं समझ पाता और अपने कम महत्त्वपूर्ण कार्य पर सभी का ध्यान आकर्षित करना चाहता है। ऐसे में अगर अन्य लोग स्वयं की व्यस्तताओं के कारण उस व्यक्ति की बातों को अनदेखा करते हैं, तब उसे बुरा भी लगता है। कुछ ऐसा ही रामू ड्राइवर के जीवन में भी हुआ।

दरअसल, रामू ड्राइवर विधायक जी की गाड़ी चलाता था। चूंकि किसी भी ड्राइवर की ज़िंदगी में सबसे प्यारी और महत्त्वपूर्ण चीज़ उसकी गाड़ी ही होती है, इसलिए रामू को भी अपनी गाड़ी सबसे प्यारी थी। वह सुबह जगने के बाद सबसे पहले अपनी गाड़ी की साफ़-सफ़ाई करता था। वह ख़ूब मन लगा कर गाड़ी की धुलाई करता था। उसे यह काम कभी बोझ नहीं लगता। बड़े शौक़ से गाने गुनगुनाते हुए अपनी गाड़ी को झाड़ते-पोंछते वक्त जैसे ही उसकी नज़र गाड़ी के पुराने टायरों पर पड़ती, वैसे ही उसके चेहरे की चमक फीकी पड़ जाती। दरअसल, मामला यह था कि विधायक जी की उस गाड़ी के, जिसे रामू चलाता था, टायर काफ़ी पुराने हो चुके थे।

ड्राइवर रामू जब भी गाड़ी का टायर बदलवाने जाना चाहता था, तब विधायक जी उसे गाड़ी लेकर किसी अन्य जगह चलने को बोल देते थे। इस तरह विधायक

जी की गाड़ी में नया टायर लगने का संयोग ही नहीं बन पा रहा था। ऐसा नहीं था कि विधायक जी जानबूझ कर टायर नहीं बदलवाना चाहते थे। उनके साथ समस्या यह थी कि चुनाव नज़दीक होने की वजह से उन्हें क्षेत्र का बहुत दौरा करना पड़ रहा था। इस कारण उनको ख़ुद भी नहीं पता होता था कि उनको कब और कहां जाना पड़ जाएगा। लेकिन रामू ठहरे शौक़ीन ड्राइवर। विधायक जी द्वारा मना किए जाने की बात उनको बहुत बुरी लग जाती थी। स्थिति तब ज़्यादा बुरी हो जाती थी, जब कोई अन्य व्यक्ति पुराने हो चुके गाड़ी के टायर बदलने का सुझाव रामू को दे देता था। रामू जब कभी अकेले में बैठता तब यही सोचता रहता था कि आख़िर गाड़ी का टायर बदलने की बात भी तो वह विधायक जी के भले के लिए ही बोलता है। फिर पुराने समय को याद करते हुए वह सोचने लगता था कि पहले उसके एक बार कहने पर ही गाड़ी के काम के लिए विधायक जी तुरंत हामी भर देते थे। इस तरह अपनी सोच में डूबे हुए वह विधायक के व्यवहार में अचानक हुए इस परिवर्तन के पीछे के कारणों के बारे में विचार करने लगता था।

जब उसे कुछ समझ नहीं आता, तब वह मन ही मन गुस्सा होता। गुस्से में ख़ुद से बात करते हुए वह कहता कि पुराने हो चुके टायर की वजह से जिस दिन गाड़ी फिसलेगी उस दिन विधायक जी को समझ में आएगा। ख़ैर! रामू का इस तरह नाराज़ होना तो लगभग रोज़ की ही बात थी। अब चुनाव बिलकुल नज़दीक आ चुका था और विधायक जी अपना टिकट सुनिश्चित करने के लिए दिल्ली का चक्कर लगा रहे थे। एक दिन वह पार्टी अध्यक्ष से मिलने दिल्ली स्थित पार्टी के राष्ट्रीय कार्यालय गए हुए थे। लेकिन वहां पर अध्यक्ष जी से मुलाक़ात नहीं होने के कारण विधायक जी पार्टी कार्यालय का चक्कर लगा कर, थक-हार कर, वापस होटल में आ गए। अध्यक्ष जी से मुलाक़ात नहीं हो पाने के कारण विधायक जी बहुत निराश थे।

इसी बीच, रामू ड्राइवर ने दिल्ली में गाड़ी का टायर सस्ता मिलने की बात विधायक को याद दिलाते हुए टायर बदलवाने जाने की इजाज़त मांगी। चूंकि विधायक जी पहले से ही अत्यंत निराश थे, इसलिए उन्हें रामू की बात पर बहुत तेज़ गुस्सा आ गया। इस पर खीझते हुए उन्होंने रामू को पैसे देकर टायर बदलवाने के लिए भेज दिया। विधायक जी को गुस्से में देख कर रामू को थोड़ा डर भी लग रहा था, लेकिन गाड़ी के लिए नया टायर लेने जाने की बात सोच कर वह मन ही मन बहुत ख़ुश भी हो रहा था। अंततः वह विधायक जी से पैसे लेकर टायर ख़रीदने मार्केट की तरफ़ चल दिया। रामू को गाड़ी लेकर होटल से निकले अभी कुछ मिनट ही हुए थे कि विधायक जी के पास पार्टी कार्यालय से उनके किसी शुभचिंतक का फ़ोन आ गया। उसका कहना था कि अध्यक्ष जी कुछ देर के लिए पार्टी कार्यालय आए हुए थे, इसलिए अगर विधायक जी 15 मिनट में कार्यालय आ जाते तो अध्यक्ष जी से मुलाक़ात हो सकती है।

अब विधायक जी को तुरंत पार्टी कार्यालय पहुंचने के लिए गाड़ी की ज़रूरत थी, लेकिन रामू गाड़ी को लेकर टायर बदलवाने जा चुका था। विधायक जी ने रामू को फ़ोन करने का प्रयास किया तो उसका फ़ोन बंद था। फिर उन्होंने जल्दी से होटल के बाहर आ कर टैक्सी खोजने का प्रयास किया तो उन्हें उस समय कोई टैक्सी भी नहीं मिली। इस तरह उस दिन अध्यक्ष जी से मिलने का अंतिम मौक़ा विधायक जी के हाथ से निकल चुका था और इस मौक़े के साथ ही उनके हाथ से निकल चुका था चुनाव लड़ने का टिकट। अगर कोई ख़ुश था तो वह रामू था, जिसकी गाड़ी में पुराना टायर बदल कर नया टायर लग चुका था। लेकिन रामू भी तभी तक ख़ुश था, जब तक कि उसे यह बात समझ नहीं आ गयी कि विधायक जी अगर पूर्व विधायक हो गए तो रामू भी पूर्व विधायक जी का ड्राइवर हो जाएगा। थोड़ी देर में उसे समझ आ गया कि अभी तक जो वह अपना परिचय, विधायक जी का ड्राइवर रामू, बता कर दूसरों के सामने रौब झड़ता था, बाद में उसका भी वैसा रुतबा नहीं रह जाएगा। इस तरह ड्राइवर रामू द्वारा विधायक जी के अतिमहत्त्वपूर्ण कार्य को गंभीरता से नहीं लेने और सिर्फ़ अपने मनपसंद कार्य को प्राथमिकता देने के कारण बहुत जल्द ही विधायक जी को पूर्व शब्द से सुशोभित होना पड़ा। पूर्व शब्द से सुशोभित होने के बाद विधायक जी जल्दी ही आत्मनिर्भर भी हो गए और अपनी गाड़ी स्वयं ही चलाने लगे। हालांकि रामू को विधायक जी से पहले की तरह टायर नहीं बदलवाने की शिकायत तो नहीं थी, लेकिन उसके पास ना तो वो पहले जैसा विधायक जी के ड्राइवर वाला रुतबा ही था और ना ही कोई नौकरी ही थी।

यहां पर इस कहानी का ज़िक्र इसलिए किया गया है, क्योंकि मैनेजमेंट विषय के कुछ कॉन्सेप्ट और थ्योरी भी विभिन्न परिस्थितियों में व्यक्ति द्वारा स्वयं की व अपने संस्थान की प्राथमिकताओं को निर्धारित करने के विषय में ही बात करती हैं। तो चलिए इनके बारे में हम विस्तार से बात करते हैं।

## संबंधित थ्योरी व कॉन्सेप्ट :

### ऐब्सोल्यूट प्राइऑरिटी का नियम (The Absolute Priority Rule) :

ऐब्सोल्यूट प्राइऑरिटी का नियम, कॉर्पोरेट पुनर्गठन के आधुनिक क़ानून की थ्योरी है। इसके अनुसार यदि एक लेनदार की प्राथमिकता दूसरे लेनदार से ज़्यादा है, तो दूसरे लेनदार को कुछ भी भुगतान करने से पूर्व पहले लेनदार को पूरा भुगतान किया जाना चाहिए। अपनी प्रकृति के अनुसार, प्राथमिकता का निर्णय करने के लिए दावों के पदक्रम की आवश्यकता होती है। ऐसी स्थितियों में जहां बकाया देनदारियों के लिए परिसंपत्तियों का परिसमापन करना पड़ता है, वहां यह स्पष्टता होनी चाहिए कि बिक्री से प्राप्त किसी भी लाभ को कौन प्राप्त करेगा? ऐसी स्थिति में ऐब्सोल्यूट

प्राइऑरिटी का नियम की अवधारणा प्रयोग में आती है। ऐब्सोल्यूट प्राइऑरिटी का नियम कहता है कि परिसमापन के उपरांत परिसंपत्तियों को शेयरधारकों के बीच विभाजित किए जाने से पूर्व लेनदारों के किसी भी दावे को प्राथमिकता दी जानी चाहिए।

किसी मालिक की मृत्यु के बाद संपदा का निपटान करते समय भी ऐब्सोल्यूट प्राइऑरिटी का नियम लागू होता है। निष्पादक/मैनेजर पर संपत्ति के संसाधनों से सभी बकाया ऋणों को निपटाने की ज़िम्मेदारी होती है। यदि नक़द जमा सभी लेनदारों को भुगतान करने के लिए पर्याप्त हैं तब तो ठीक। यदि नहीं, तो अन्य परिसंपत्तियों को नक़दी में बदल कर ऋणों का निपटान करना चाहिए और उसके बाद बची हुई संपत्तियों को मृतक की इच्छा के अनुसार वितरित किया जाना चाहिए।

**प्राइऑरिटी मैनेजमेंट की कॉन्सेप्ट (Concept of Priority Management) :**

प्राइऑरिटी मैनेजमेंट एक ऐसी प्रथा है जिसमें हम अधिक मूल्य वाली परियोजनाओं और दीर्घकालिक लक्ष्यों को प्रभावित करने वाले कार्यों के लिए, समय और संसाधनों को जुटाने और आवंटित करने का काम करते हैं। यह प्राइऑरिटी मैनेजमेंट, टाइम मैनेजमेंट और प्रोजेक्ट मैनेजमेंट का एक अनिवार्य हिस्सा है। प्रोजेक्ट मैनेजर सही समय पर और निश्चित दायरे में प्रोजेक्ट को पूरा करने के लिए रिसोर्स व टाइम के आवंटन की प्राथमिकता तय करता है।

प्रभावी प्राइऑरिटी मैनेजमेंट के लिए क़दम :

1. **कंपनी के शीर्ष उद्देश्यों को समझना :** किसी कंपनी में कोई भी टीम ऐसी नहीं होनी चाहिए, जो एक दर्जन नए उत्पादों को बाज़ार में लाने में समय बिता रही हो, जबकि कंपनी का मालिक अपने प्रमुख उत्पाद में पुनर्निवेश में अधिक रुचि रखता हो। यदि टीम लीडर कंपनी के बिज़नेस के समग्र लक्ष्यों के बारे में स्पष्ट नहीं है, तो उसे साहस दिखाते हुए उसके बारे में पूछना और जानना चाहिए।
2. **कंपनी के उद्देश्यों की दिशा में टीम के लक्ष्यों को मोड़ना :** हार्वर्ड बिज़नेस रिव्यू के एक अध्ययन के अनुसार, एक कंपनी के 95 प्रतिशत कर्मचारी अपनी कंपनी की रणनीतिक योजना से या तो अनजान थे या वे उसे पूरी तरह समझते ही नहीं थे। इसलिए एक टीम लीडर को अपनी कंपनी के बिज़नेस के समग्र लक्ष्यों की दिशा के बारे में स्पष्टता प्राप्त करने के बाद अपनी टीम के सभी सदस्यों को उस दिशा में कार्य करने के लिए प्रेरित करना चाहिए।
3. **कार्य अनुरोधों को मानकीकृत करना :** कंपनी के उद्देश्यों की प्राप्ति के लिए निर्धारित की गयी सामान्य कार्य प्रक्रियाओं को व्यवस्थित तरीक़े से करने के लिए उन प्रक्रियाओं को मानकीकृत किया जाना चाहिए। प्रक्रियाओं को

मानकीकृत करने से समय की बचत होती है। टीम लीडर द्वारा अपनी टीम को ज़रूरी गैर महत्त्वपूर्ण कार्यों के बजाए महत्त्वपूर्ण कार्यों को प्राथमिकता देने के लिए प्रोत्साहित करना चाहिए।

**कॉन्टिजेन्सी थ्योरी :**

कॉन्टिजेन्सी थ्योरी एक संगठन से संबंधित थ्योरी है, जो दावा करती है कि किसी संगठन को व्यवस्थित करने, उसका नेतृत्व करने या निर्णय लेने के लिए किसी एक विशिष्ट तरीक़े को सर्वश्रेष्ठ नहीं माना जा सकता है। ऐसा इसलिए है, क्योंकि किसी भी कार्य को करने के तरीक़े की प्रभावशीलता उस समय की परिस्थितियों (आंतरिक और बाहरी कारकों) पर निर्भर होती है। यह थ्योरी इस बात पर ज़ोर देती है कि, मैनेजर द्वारा लिए गए निर्णय वर्तमान परिस्थितियों पर आधारित होते हैं, ना कि 'एक आकार सभी पर फ़िट बैठता है' मॉडल पर। वर्तमान स्थिति की महत्त्वपूर्ण विशेषताओं के आधार पर मैनेजर द्वारा उचित निर्णय लिया जाता है। परिस्थितियों में आए परिवर्तन के कारण मैनेजर को अपनी कार्य योजना में भी उचित परिवर्तन करना होता है।

**निहितार्थ :**

'विधायक जी के ड्राइवर रामू' कहानी के माध्यम से हम इन थ्योरी व कॉन्सेप्ट को आसानी से समझ सकते हैं। चूंकि हमारी परिस्थितियों के बदलने के साथ ही हमारी प्राथमिकताएं भी बदल जाती हैं। इसलिए यह संभव है कि सामान्य परिस्थितियों में हमारे द्वारा किया गया व्यवहार और हमारे द्वारा लिए गए निर्णय, किसी विशेष परिस्थिति के हमारे व्यवहार और निर्णय से बिलकुल अलग हों। ऐसे में अगर हमारी बदली हुई परिस्थिति की जानकारी और समझ हमसे जुड़े दूसरे लोगों को नहीं होगी, तो हो सकता है कि वे लोग हमारे बदले हुए व्यवहार और निर्णय को ग़लत करार दें।

ऐसे में हमारे लिए यह ज़रूरी हो जाता है कि हम स्वयं के अधीनस्थ कार्य करने वाले लोगों (जिनके रोज़मर्रा के कार्यक्रम हमारे निर्देशों के आधार पर तय होते हों) को अपनी प्राथमिकताओं के बारे में हमेशा अवगत कराते रहें। यह इसलिए महत्त्वपूर्ण होता है, क्योंकि हमारी टीम के सभी सदस्यों को हमारी वर्तमान प्राथमिकताएं ठीक से पता होने पर वे अपना समय और ऊर्जा सही दिशा में लगा पाते हैं। हमारा कोई अधीनस्थ कर्मचारी जब भी हमारे साथ कार्य कर रहा होता है, तब हमारे ढेर सारे कार्यों में से किसी एक कार्य को करने की ज़िम्मेदारी उसकी हो सकती है। ऐसा भी संभव है कि हमारे जिस कार्य की ज़िम्मेदारी उस अधीनस्थ कर्मचारी के पास हो, वह कार्य हमारे लिए कम महत्त्वपूर्ण हो या फिर बिलकुल भी

महत्त्वपूर्ण नहीं हो। चूंकि उस कर्मचारी की ज़िम्मेदारी तो सिर्फ़ उसी एक कार्य की होगी, इसलिए उसके लिए तो वही कार्य सबसे महत्त्वपूर्ण होगा। यही विसंगति कि एक ऐसा कार्य जो हमारी प्राथमिकता की सूची में बिलकुल नीचे के दर्जे का हो, जबकि हमारे किसी अधीनस्थ कर्मचारी के लिए वही कार्य सर्वोच्च प्राथमिकता का हो; उस काम को लेकर हमारे स्वयं की और हमारे उस अधीनस्थ कर्मचारी की प्राथमिकताओं में ज़मीन-आसमान का अंतर पैदा कर देती है। इसलिए हमें किसी भी व्यक्ति के साथ व्यवहार करते समय इस बात को ध्यान में रखना चाहिए कि भले ही जो विषय हमारी प्राथमिकता का नहीं हो, वही विषय हो सकता है कि सामने वाले व्यक्ति के लिए सर्वोच्च प्राथमिकता का हो।

वहीं, अगर हम स्वयं किसी दूसरे व्यक्ति (टीम लीडर) के अधीनस्थ कार्य करते हैं तो यह संभव है कि कभी टीम लीडर की प्राथमिकताओं में अंतर आने की वजह से उसके किसी व्यवहार व निर्णय हमें ग़लत और अन्यायपूर्ण लगें। ऐसी स्थिति में हमें यह समझना चाहिए कि किसी व्यक्ति का व्यवहार व उसके द्वारा लिए जाने वाले निर्णय उसकी वर्तमान परिस्थितियों पर आधारित होते हैं। परिस्थितियों के साथ व्यक्ति और संस्थान की प्राथमिकताएं भी बदल जाती हैं, इसलिए हमें यह मान कर नहीं चलना चाहिए कि व्यक्ति हर परिस्थिति में समान व्यवहार करेगा और एक जैसा निर्णय लेगा। टीम लीडर के उस व्यवहार और निर्णय के न्यायपूर्ण होने के बारे में उसके द्वारा हमें समझाने के बावजूद भी, अगर हमें उसके व्यवहार और निर्णय ग़लत प्रतीत हो रहे हों, तब हमें थोड़ा अलग तरीक़े से सोचना चाहिए।

हमें इस बात पर भी विचार करना चाहिए कि हमारे टीम लीडर का जो व्यवहार और निर्णय हमें ग़लत प्रतीत हो रहे हैं, कहीं उनका आकलन हम सामान्य परिस्थितियों के आधार पर तो नहीं कर रहे, जब कि उसका वह व्यवहार और निर्णय किसी विशेष परिस्थिति की उपज हों। यहाँ तक कि उसकी वह परिस्थिति भी अगर हमें सामान्य प्रतीत हो रही हो, तब हमें इस बिंदु पर भी विचार करना चाहिए कि कहीं ऐसा तो नहीं कि अपनी उस परिस्थिति से संबंधित अन्य बिंदुओं को हमारा टीम लीडर और संस्थान हमसे साझा करना ज़रूरी नहीं समझ रहे हों या फिर हम परिस्थिति को उस नज़रिए से देख पाने में सक्षम नहीं हों जैसा टीम लीडर और संस्थान देख रहे हैं।

इसलिए ऐसी स्थिति में हमें अधिक सवाल-जवाब करने से बचना चाहिए और अपने टीम लीडर व संस्थान के सुझावों व निर्देशों का पालन करना चाहिए।

जैसा कि महाभारत (शांतिपर्व : 265/20) में कहा गया है कि

*'यदन्यैर्विहितं नेच्छेदात्मनः कर्म पुरुषः'*

अर्थात् इंसान को कभी भी दूसरों के साथ ऐसा नहीं करना चाहिए, जो दूसरों के द्वारा उसके साथ किए जाने पर उसे नापसंद हो।

इसलिए अगर हम स्वयं टीम लीडर हों तो हमें ख़ुद को अपने अधीनस्थ कर्मचारियों की जगह पर रख कर विचार करना चाहिए कि अगर हम उनकी जगह पर होते तो टीम लीडर से कैसे व्यवहार की अपेक्षा करते? वही पर जब हम किसी टीम लीडर के अधीनस्थ काम कर रहे हों तब हमें ख़ुद को टीम लीडर की जगह रख कर सोचना चाहिए कि आख़िर उस व्यक्ति पर कितनी ज़िम्मेदारियां हैं?

वह अपनी सारी बातें और भावनाएं ठीक से व्यक्त कर पाए, यह उसके लिए हमेशा संभव नहीं होगा। इस तरह जब हम स्वयं को दूसरों की परिस्थिति में रख कर भी सोचना शुरू करते हैं, तब जा कर कहीं न कहीं हमें इस बात की बेहतर समझ विकसित होती है कि आख़िर हमें दूसरों के साथ कैसा व्यवहार करना चाहिए?

जैसा कि इस कहानी में रामू ड्राइवर द्वारा गाड़ी का टायर बदलने के लिए बार-बार किए जा रहे निवेदन को विधायक जी अनदेखा कर रहे थे। हालांकि सामान्य परिस्थिति में विधायक जी गाड़ी के मरम्मत से संबंधित किसी भी कार्य के लिए हामी भर देते थे। लेकिन बाद में परिस्थितियां बदल चुकी थीं और चुनाव नज़दीक थे। ऐसे में विधायक जी अपना टिकट सुनिश्चित करने और अन्य तैयारियों के लिए कहीं न कहीं के दौरे पर ही रहते थे। उन्हें नहीं मालूम होता था कि उन्हें कब और कहां जाना पड़ जाएगा। जैसा कि कॉन्टिजेन्सी थ्योरी भी यही कहती है कि व्यक्ति द्वारा लिए गए निर्णय वर्तमान परिस्थितियों पर आधारित होते हैं, ना कि 'एक आकार सभी पर फ़िट बैठता है' मॉडल पर। इसलिए विधायक जी, सामान्य परिस्थिति के विपरीत, चुनाव का समय नज़दीक आ जाने पर, वक्त के तक़ाज़े को देखते हुए टायर बदलने के रामू के निवेदन की अनदेखा कर रहे थे।

जैसा कि कॉर्पोरेट पुनर्गठन के संदर्भ में ऐब्सोल्यूट प्राइऑरिटी का नियम भी यही कहता है कि परिसमापन के उपरांत परिसंपत्तियों को शेयरधारकों के बीच विभाजित किए जाने से पूर्व लेनदारों के किसी भी दावे को प्राथमिकता दी जानी चाहिए। उसी प्रकार से विधायक जी ने किसी अन्य कार्य की अपेक्षा सिर्फ़ ऐसे कार्यों को प्राथमिकता दी, जो सीधे तौर पर उनके चुनाव के लिए ज़रूरी थे। अर्थात वह गाड़ी का टायर बदलने के रामू के निवेदन को अनदेखा कर चुनाव के कार्यों से किसी भी वक्त जाने के लिए तैयार रह कर सही काम कर रहे थे। जैसा कि प्राइऑरिटी मैनेजमेंट के अंतर्गत कोई भी प्रोजेक्ट मैनेजर सही समय पर और निश्चित दायरे में प्रोजेक्ट को पूरा करने के लिए अपने संसाधनों व समय के आवंटन की प्राथमिकता तय करता है। उसे अपने इस प्राइऑरिटी मैनेजमेंट को अधिक प्रभावी बनाने के लिए टीम के लक्ष्यों को कंपनी के उद्देश्यों की दिशा में मोड़ना चाहिए और कंपनी

के उद्देश्यों को कर्मचारियों को समझाना चाहिए। लेकिन इस कहानी में विधायक जी इन बात को समझने में असफल रहे। वह ड्राइवर रामू को यह छोटी सी बात नहीं समझा पाए कि उस वक्त उनकी सर्वोच्च प्राथमिकता चुनाव का टिकट सुनिश्चित कराना था ना कि टायर बदलवाना। दरअसल उन्हें रामू को समझाना चाहिए था कि गाड़ी का टायर तो उनके चुनाव का टिकट सुनिश्चित होने के बाद भी बदला जा सकता था, लेकिन अगर टिकट सुनिश्चित नहीं हुआ तो गाड़ी का भी कोई विशेष काम नहीं रह जाएगा। प्राइऑरिटी मैनेजमेंट के कॉन्सेप्ट को नहीं समझ पाने और रामू द्वारा बार-बार किए जा रहे निवेदन से परेशान होने के कारण अंततः विधायक जी ने अपने दिल्ली प्रवास के दौरान रामू को गाड़ी का टायर बदलवाने भेज दिया। इस तरह ज़रूरत के समय पर गाड़ी नहीं उपलब्ध होने के कारण उनकी पार्टी अध्यक्ष जी से मुलाक़ात नहीं हो पायी और उनके टिकट कन्फ़र्म हो पाने की अंतिम उम्मीद भी ख़त्म हो गयी। अंत में टिकट नहीं मिलने के कारण विधायक जी को अपनी विधायकी और रामू ड्राइवर को अपनी नौकरी से हाथ धोना पड़ा। हालाँकि स्वयं की और विधायक जी की इस स्थिति के लिए रामू भी कोई कम ज़िम्मेदार नहीं था।

जैसा कि मनु स्मृति (8/25) में कहा गया है कि

*'बाह्यैर्विभावयेल्लिङ्गेवमन्तर्गतं नृणाम् स्वरवर्णैंगिताकारैश्चक्षुषा चेष्टितेन च'*

अर्थात् बाहरी संकेतों जैसे उनकी आवाज़, शब्द, हावभाव, मुद्रा, आंखों की गति और कार्यों आदि के माध्यम से दूसरों की आंतरिक भावनाओं को जानें।

इसके अलावा रामायण के किष्किन्धा कांड (2/18) में भी कहा कि

*'बुद्धिविज्ञान सम्पन्न इङ्गितैः सर्वमाचर'*

अर्थात् आप बुद्धि और ज्ञान से दूसरों के मन को उनके अशाब्दिक संकेतों से समझ कर उसके अनुसार आवश्यक कार्य करें।

लेकिन ड्राइवर रामू इस बात को नहीं समझ पाया और वह विधायक जी की प्राथमिकताओं से हमेशा अनभिज्ञ रहा। गाड़ी का टायर बदलवाने के निवेदन को विधायक जी द्वारा अनदेखा करने के बावजूद रामू का उनको बार-बार याद दिला कर परेशान करना ही उनके चुनाव के टिकट कटने का कारण बना और इसी के चलते वे ऐसी दुःखद स्थिति में पहुंच गए। इसलिए हमें स्वयं के प्राइऑरिटी मैनेजमेंट के साथ-साथ दूसरों की प्राइऑरिटी का भी ध्यान रखना चाहिए, जिससे कि हम विधायक जी या रामू की तरह किसी भी अनचाहे दुःखद परिणाम को गले लगाने से बच सकें।

## 23

# लोगों का व्यवहार वास्तविकता से ज़्यादा उनकी धारणाओं पर निर्भर करता है

### *कहानी : बड़े जीजा जी और उनकी सरलता*

क्या आपके साथ कभी ऐसा हुआ कि आपने किसी व्यक्ति के पहनावे व क्रिया-कलापों के आधार पर उसके बारे में जो धारणाएं बनाई हों, वह बाद में ग़लत साबित हुई हों? ऐसा ही एक वाक़या हमारी छोटी बहन की शादी में हुआ। शादी में तमाम रिश्तेदार घर आए हुए थे। उनमें से एक हमारी बड़ी बहन के पति अर्थात् हमारे बड़े वाले जीजा जी भी थे। जीजा जी अत्यंत सरल स्वभाव के व्यक्ति थे और वह ज़्यादा दिखावे में विश्वास नहीं रखते थे।

वह हमारे घर के दामाद होते हुए भी बड़ी सादगी से रहते हुए कुछ भी खा-पी लेते और कहीं भी सो लेते। यहां तक कि शादी के दिन जब बड़ी दीदी ने जीजा जी को नए कपड़े पहनने का आग्रह किया, तब उन्होंने उसकी बात को यह कह कर टाल दिया कि कृपया उन्हें रिश्तेदार नहीं माना जाए। उन्होंने दीदी से कहा कि वह सूट-बूट पहन कर शादी का नजारा देखने के लिए नहीं आए थे। जीजा जी ऐसा इसलिए कह रहे थे, क्योंकि उनका मानना था कि वे शादी के कार्यक्रम के विभिन्न कार्यों में सहयोग करने व हाथ बंटाने के लिए आए हुए थे। उसकी इन बातों को सुन कर दीदी ने उनसे ज़्यादा बहस ना करना ही बेहतर समझा। इस तरह जीजा जी ने द्वारपूजा (शादी के कार्यक्रम का पहला पड़ाव) से लेकर शादी की अन्य सभी रस्मों को भी रोज़मर्रा के कपड़ों में निपटा दिया। जीजा जी वैसे भी बहुत फुर्तीले व्यक्ति थे, लेकिन शादी के दिन हाफ़ पैंट और टी-शर्ट पहने हुए वह बिलकुल एथलीट लग रहे थे। वह, छोटे से छोटे और बड़ा से बड़ा, लगभग हर काम स्वयं ही करने का प्रयास कर रहे थे।

किसी भी कार्य को करने में उन्हें कोई झिझक नहीं हो रही थी। शादी के कार्यक्रम में अपने व्यक्तित्व के अनुरूप जीजा जी सभी के खान-पान का भी पूरा ध्यान रख रहे थे। वह शादी के मंडप में बैठे बारातियों के लिए बीच-बीच में ख़ुद ही कभी मिठाई तो कभी कोल्ड ड्रिंक ले आते। उन्हें अगर बारातियों में से कोई व्यक्ति शादी के मंडप में खड़ा दिखाई पड़ जाता तो उसको बैठने के लिए कुर्सी भी लेते आते। जीजा जी का यह कार्यक्रम बारात को मिठाई खिलाने से खाना खिलाने तक और फिर अगले दिन सुबह उन्हें नाश्ता कराने तक चलता रहा। शादी का कार्यक्रम ख़त्म होने के बाद अब अगले दिन सुबह बारात वापस होने का समय आ गया था।

दरअसल, हमारे यहां शादियों में एक रिवाज यह होता है कि लड़की और लड़के पक्ष के तरफ़ से जो भी सहायक व्यक्ति, जैसे कि नाऊ, कुंभकार, धोबी आदि, उस शादी के कार्यक्रम में सहायता करते हैं, उन्हें भेंट के तौर पर कुछ मेहनताना दिया जाता है। यह भेंट एक पक्ष के अभिभावक दूसरे पक्ष के लोगों (सहायक व्यक्तियों) को देते हैं अर्थात् लड़के पक्ष के सहायक व्यक्तियों को लड़की के अभिभावक वह भेंट देते हैं। जबकि लड़की के पक्ष के सहायक व्यक्तियों को लड़के के अभिभावक देते हैं। यह भेंट आमतौर पर अंग-वस्त्र और पैसे के रूप में ही होती है। इस तरह लड़के के पिता जी हमारे पक्ष के सभी सहायक व्यक्तियों को एक-एक करके भेंट देने के लिए बुलाने लगे। हमारे पक्ष के नाऊ, कुंभकार, धोबी आदि लोग अपनी-अपनी भेंट ले चुके थे। इसके बाद लड़के की तरफ़ से बारात में आए हुए एक व्यक्ति ने, जिनको बड़े जीजा जी रात में शादी के मंडप में बैठने के लिए कुर्सी दी थी, हमारे बड़े जीजा जी (जो कि शादी के मंडप से थोड़ी दूरी पर खड़े थे) की तरफ़ इशारा किया। उन्होंने इशारा करते हुए लड़के के पिता का ध्यान हमारे जीजा जी की तरफ़ आकर्षित किया और उनसे बोले कि : 'कृपया हाफ़ पैंट और टी-शर्ट पहने इन भाई साहब को भी 100 रुपये दीजिए, क्योंकि कल से ही ये बहुत मेहनत कर रहे हैं।' चूंकि लड़के के पिता जी भी हमारे जीजा जी को रातभर मेहनत करते हुए देख रहे थे, इसलिए उन्होंने अपना सिर हिला कर उस व्यक्ति के सुझाव पर अपनी सहमति व्यक्त की।

इसके बाद उन्होंने 100 रुपये की जगह 200 रुपये का नोट जीजा जी को देने के लिए आगे बढ़ाया। क्योंकि जीजा जी रात में शादी के मंडप में मौजूद सभी बारातियों का ही ख़याल रख रहे थे, इसलिए जैसे ही लड़के के पिता जी ने 200 रुपये का नोट उन्हें देने के लिए आगे बढ़ाया, वैसे ही एक व्यक्ति उस नोट को लेकर उनकी तरफ़ बढ़ा और 2 अन्य लोग जीजा जी को बलपूर्वक पकड़ कर शादी के मंडप के क़रीब ले आए। जब तक जीजा जी और लड़की पक्ष यानी हमारे घर के लोग कुछ बोल पाते, तब तक शादी के मंडप में मौजूद बारातियों के सामूहिक प्रयास से जीजा जी की टीशर्ट के जेब में 200 रुपये की उस नोट के माध्यम से गांधी जी

प्रवेश कर चुके थे। यहां पर बड़े जीजा जी को अपने पद और रिश्ते के प्रतिकूल काम करने के कारण ना चाहते हुए भी 200 रुपये से सम्मानित हो कर शर्मिंदा होना पड़ा।

यहां पर इस कहानी का ज़िक्र इसलिए किया गया है, क्योंकि साइकोलॉजी और मैनेजमेंट विषय की कुछ कॉन्सेप्ट और थ्योरी भी इस बारे में बात करती हैं। वे कहती हैं कि व्यक्ति स्वयं को जानने के लिए अपने दृष्टिकोण व क्षमताओं की तुलना अपने आसपास के लोगों से करता है। इस तुलना के माध्यम से वह स्वयं को अन्य लोगों से बेहतर, बराबर व कमतर महसूस करता है और फिर अपने इस भावना के आधार पर ही वह उन लोगों से व्यवहार करता है। तो आइए इन कॉन्सेप्ट व थ्योरी के बारे में विस्तार से बात करते हैं।

## संबंधित कॉन्सेप्ट व थ्योरी :

**सोशल कंपेरिजन थ्योरी (Social Comparison Theory) :**

सोशल कंपेरिजन थ्योरी में व्यक्ति दूसरों के मुक़ाबले अपने दृष्टिकोण, क्षमताओं और मान्यताओं का मूल्यांकन करके स्वयं को जानने का प्रयास करता है। ज़्यादातर मामलों में, व्यक्ति अपने सामाजिक समूह में अपनी तुलना उन लोगों से करने की कोशिश करता है जिनको वह अपने समान या अपने से ऊपर मानता है।

सोशल कंपेरिजन तीन प्रकार की होती है :

**1) अपवर्ड (ऊपर की ओर) सोशल कंपेरिजन :** सोशल कंपेरिजन थ्योरी का मानना है कि अपवर्ड (ऊपर की ओर) तुलना व्यक्ति के अंदर हीनता की भावना को बढ़ावा देती है। इस प्रकार की तुलना आत्म-अवधारणा में नकारात्मक परिवर्तनों से जुड़ी होती है। हालांकि, शोध से यह भी पता चलता है कि परिस्थितियों के आधार पर अपवर्ड (ऊपर की ओर) सोशल कंपेरिजन व्यक्ति की प्रेरणा में भी बढ़ोतरी कर सकती है और उसके आत्म-अवधारणा में सकारात्मक परिवर्तनों से जुड़ी हो सकती है। उदाहरण के लिए, जब हम उन लोगों के साथ अपनी तुलना करते हैं, जिन्हें हम स्वयं से बेहतर मानते हैं, तब यह अपवर्ड (ऊपर की ओर) सामाजिक तुलना अक्सर हमारे वर्तमान स्तर की क्षमता में सुधार करने की इच्छा पर केंद्रित होती है। जब हम अपनी तुलना हमसे बेहतर परिणाम प्राप्त कर रहे व्यक्ति से करते हैं, तब हम उस तुलना के माध्यम से उन तरीक़ों की तलाश करते हैं, जिनको अपना कर हम भी उस व्यक्ति के समान परिणाम प्राप्त कर सकें।

**2) डाउनवर्ड (नीचे की ओर) सोशल कंपेरिजन :** जब हम अपनी तुलना उन लोगों से करते हैं, जो हमसे भी खराब स्थिति में होते हैं, तब इस तरह की तुलना

को डाउनवर्ड (नीचे की ओर) सोशल कंपेरिजन कहा जाता है। ऐसी तुलना का उद्देश्य अक्सर हमारी क्षमताओं के बारे में हमें बेहतर महसूस करना होता है। हम किसी क्षेत्र में महान भले ही नहीं हों, लेकिन कम से कम उस क्षेत्र के किसी न किसी व्यक्ति से बेहतर तो ज़रूर होंगे, इसी भाव की वजह से हम डाउनवर्ड (नीचे की ओर) तुलना करते हुए बेहतर महसूस करते हैं।

**3) लैटरल (बराबर की) सोशल कंपेरिजन :** जब हम अपनी तुलना किसी ऐसे व्यक्ति के साथ करते हैं, जिसको हम अपने समान मानते हैं, तब ऐसी तुलना को लैटरल (बराबर की) तुलना करना बोलते हैं। ऐसे में हम ख़ुद की तुलना उन दूसरे लोगों से करते हैं, जिन्हें हम ख़ुद से कमोबेश बराबर मानते हैं।

### ब्रांड डाइल्यूशन की कॉन्सेप्ट (Concept of Brand Dilution) :

ब्रांड एक ऐसे नाम, डिज़ाइन अथवा किसी ऐसे विशेष लक्षण को कहा जाता है, जो कि किसी एक विक्रेता के उत्पाद को दूसरे से अलग करता हो। ब्रांड का प्रयोग व्यापार, मार्केटिंग व प्रचार में किया जाता है। मूलतः किसी भी ब्रांड की अवधारणा उन उपभोक्ताओं के उस ब्रांड की मूल्य की अनुभूति पर आधारित होती है। ब्रांड डाइल्यूशन या ब्रांड कमज़ोर पड़ने की स्थिति, तब होती है जब किसी ब्रांड का कोई उत्पाद उसके ग्राहकों की अपेक्षा से कम प्रभावी और कम मूल्यवान बन जाता है। ऐसी स्थिति तभी उत्पन्न होती है, जब उस उत्पाद का प्रभाव व मूल्य उसके ब्रांड के अनुकूल नहीं होता है।

ग्राहकों की हर एक उत्पाद से संबंधित कोई ना कोई पूर्वधारणा होती है, जो उस उत्पाद के ब्रांड की विशेषता और उसकी ब्रांड इक्विटी अर्थात् वाणिज्यिक मूल्य निर्धारित करती है। ब्रांड कमज़ोर पड़ना तब कहा जाता है, जब ब्रांड से जुड़े उन ग्राहकों की सकरात्मक पूर्वधारणाएं हल्की पड़ जाती हैं या बदल जाती हैं। जब कोई उत्पाद किसी ब्रांड से अपेक्षित विशेषता या अन्य संबंधित मापदंडों पर पर खरा नहीं उतरता है, तब ग्राहक निराश या भ्रमित हो जाते हैं और इससे उनके दिमाग़ में उस ब्रांड की छवि ख़राब हो जाती है। जब ऐसा प्रभाव कई ग्राहकों पर पड़ने लगता है, तब इसी प्रभाव को ब्रांड कमज़ोर पड़ना कहते हैं।

## निहितार्थ :

इन कॉन्सेप्ट व थ्योरी को हम 'बड़े जीजा जी और उनकी सरलता' कहानी के माध्यम से आसानी से समझ सकते हैं। हमें इस बात का ध्यान रखना चाहिए कि हम ताक़तवर लोगों के सामने स्वयं को कमज़ोर ना प्रतीत होने दें, क्योंकि अगर हम

कमज़ोर प्रतीत होंगे तो ताक़तवर लोग हमसे सम्मानपूर्वक व्यवहार करने की बजाए हमें हीनता की नज़र से देखेंगे।

जैसा कि भर्तृहरि नीति शतक (51) में भी कहा गया है कि

*'यं यं पश्यसि तस्य तस्य पुरतो मा ब्रूहि दीनं वचः'*

अर्थात् आप जिस किसी से भी मिलें, ऐसे शब्द नहीं बोलें जो आपकी लाचारी को दर्शाते हों।

ऐसा इसलिए भी, क्योंकि हम जब भी किसी से मिलते हैं, तब सामने वाला व्यक्ति हमारे हावभाव, पहनावा और हमारे व्यवहार के आधार पर हमारे प्रति अपनी एक धारणा बनाता है। फिर वह उसी धारणा के आधार पर हमसे व्यवहार करता है। इसलिए हमें यह भी ध्यान रखना चाहिए कि हमारा पहनावा भी अच्छा हो और वह हमारे उम्र व परिस्थिति के हिसाब से ठीक हो।

इस संबंध में विदुर नीति (2/47) में कहा गया है कि

*'जिता सभा वस्त्रवता'*

अर्थात् एक अच्छे पोशाक वाला व्यक्ति सभा पर प्रभाव डालता है।

इसके अलावा कननकया सूत्र में भी कहा गया है कि

*'वयोनुरुपो वेषः'*

अर्थात् पहनावा उम्र के हिसाब से होना चाहिए।

हालांकि सबसे पहले हमारा पहनावा देख कर ही कोई व्यक्ति हमारे बारे में अपनी राय बनाता है, लेकिन ऐसा भी नहीं है कि सिर्फ़ हमारा पहनावा ही महत्त्वपूर्ण होता है। कोई भी व्यक्ति जब हमसे मिलता है, तब वह इस बात को समझने और उसकी गणना करने की कोशिश करता है कि आख़िर उसे हमें कितना सम्मान देना चाहिए। इसकी गणना करने और समझने के दौरान अगर उस व्यक्ति को हमसे दो शब्द बात करने का मौक़ा मिल जाता है, तब वह हमारा पूरा नाम पूछने के बहाने हमारी जाति पूछ लेता है और वह हमारा पेशा पूछने के बहाने हमारी औक़ात पूछ लेता है।

जैसा कि इस कहानी में बड़े वाले जीजा जी अपने सरल व्यक्तित्व के कारण शादी के दिन हाफ़ पैंट व टी-शर्ट पहने हुए ही सभी तरह का काम कर रहे थे। ऐसे में जब जीजा जी के पहनावे और उनके द्वारा किए जा रहे कार्यों को देख कर

बारातियों ने स्वयं की तुलना उनसे की तो वह (जीजा जी) उन्हें किसी सहायक व्यक्ति या सेवक जैसे नाऊ, कुंभकार आदि की तरह प्रतीत हुए।

बारातियों की नज़र में जीजा जी का ऐसा प्रतीत होने के पीछे दो कारण थे : पहला तो यह कि शादी-विवाह के अवसर पर सामान्यतः सहायक व्यक्ति और सेवक लोग ही कुर्सी देने, पानी पिलाने आदि का काम करते हैं; और दूसरा कारण यह था कि शादी-विवाह के अवसर पर घर के किसी सम्मानित व्यक्ति (ख़ास तौर पर कोई रिश्तेदार) का पोशाक हाफ़ पैंट और टी-शर्ट नहीं होता है। जैसा कि सोशल कंपेरिजन थ्योरी बताती है कि व्यक्ति स्वयं से मज़बूत लोगों से, स्वयं के बराबर के लोगों से और स्वयं से कमज़ोर प्रतीत होने वाले लोगों से स्वयं की तुलना कर के अलग-अलग भावों का अहसास करता है। सोशल कंपेरिजन थ्योरी में डाउनवर्ड सोशल कंपेरिजन (नीचे की ओर सामाजिक तुलना) के अंतर्गत बताया जाता है कि व्यक्ति अपने से कमज़ोर और ख़राब स्थिति में जीवनयापन कर रहे लोगों को देखता है तो उसे थोड़ा बेहतर महसूस होता है। ठीक वैसे ही बारातियों में से उस व्यक्ति ने (जिसने सबसे पहले जीजा जी को 100 रुपये देने का सुझाव दिया था) स्वयं की तुलना जीजा जी से की, क्योंकि जीजा जी ने शादी वाली रात में उस व्यक्ति के बैठने के लिए कुर्सी की व्यवस्था कर उसकी मदद की थी और उनका पहनावा भी किसी ग़रीब व्यक्ति की तरह ही था, इसलिए उस व्यक्ति की नज़र में जीजा जी एक सेवक/मज़दूर की भूमिका में प्रतीत हो रहे थे।

इस वजह से वह व्यक्ति स्वयं को जीजा जी से ताक़तवर और बेहतर स्थिति में महसूस कर रहा था। शादी के अगले दिन सुबह स्वयं के तुलनात्मक रूप से बड़ा और संपन्न होने के भाव से उस व्यक्ति ने जीजा जी के उस (कुर्सी उपलब्ध करने के) कार्य की सराहना व प्रशंसा करते हुए उन्हें पुरस्कृत करने के लिए लड़के के पिता जी से नाऊ, कुंभकार आदि के साथ-साथ जीजा जी को भी 100 रुपये देने का आग्रह किया। उस व्यक्ति के इस आग्रह को सुनने के बाद अन्य लोगों ने भी स्वयं की तुलना जीजा जी से की। उस डाउनवर्ड (नीचे की ओर) तुलना के दौरान उन लोगों ने भी जीजा जी को स्वयं से छोटा/कमज़ोर व्यक्ति ही समझा और रातभर उनके द्वारा की गई मेहनत को 200 रुपये के बराबर तौल दिया।

यहां पर जीजा जी वैसे तो घर के एक सम्मानित रिश्तेदार थे, लेकिन जैसा कि ब्रांड डाइल्यूशन कॉन्सेप्ट भी यही बताती है कि अगर हमारा कार्य व वेशभूषा हमारी परिस्थिति के अनुरूप नहीं होगा, तब लोगों की नज़र में निश्चित ही हमारा ब्रांड डाइल्यूट होगा। ठीक वैसा ही हुआ हमारे जीजा जी के साथ। अपने क्रिया-कलापों और पहनावे की वजह से जीजा जी का ब्रांड डाइल्यूट हो गया था और बारातियों की नज़र में उनकी छवि एक सहायक व्यक्ति और सेवक की बन गई थी। इसलिए हमें अपने ब्रांड और छवि का ध्यान रखना चाहिए, अन्यथा लोगों की नज़र में हमारा भी ब्रांड डाइल्यूट हो जाने का ख़तरा रहेगा।

दूसरे लोग वास्तव में भले ही हमसे बेहतर स्थिति में ना हों, लेकिन अगर वे स्वयं की तुलना हमसे करेंगे और ख़ुद को बेहतर स्थिति में महसूस करेंगे तो वे हमारा सहयोग करने के लिए भी आगे आ जाएंगे। ऐसे में ना चाहते हुए भी मदद और प्रोत्साहन राशि प्राप्त कर लेने की स्थिति हमारे लिए असहज हो सकती है। इसलिए ऐसी किसी घटना को हम कभी भी वास्तविकता में घटित होते देखना नहीं चाहेंगे।

इन बातों के अलावा यह भी बहुत हद तक सत्य है कि इस दुनिया में लोगों का हमारे प्रति व्यवहार इस बात पर निर्भर करता है कि हमारी स्वयं की परिस्थिति कैसी है।

इस संबंध में पंचतंत्र (1) में भी कहा गया है कि

*'इह लोके हि धनिनां परोऽपि स्वजनायते। स्वजनोऽपि दरिद्राणां सर्वदा दुर्जनायते'*

अर्थात् इस संसार में धनी और ताक़तवर व्यक्ति के संबंध में जो उसके अपने नहीं हैं, वे भी उसे अपना बनाने के लिए लालायित रहते हैं। इसके विपरीत, निर्धन और कमज़ोर व्यक्ति के साथ उसके अपने लोग भी ऐसा व्यवहार करते हैं जैसे वह उनका अपना नहीं है।

हालांकि यह भी पूरी तरह से सत्य नहीं है कि हमारी परिस्थिति अच्छी होगी तो लोग हमारा सम्मान करेंगे या बुरी होगी तो वे हमें हीनता की नज़र से देखेंगे। सत्य तो यह है कि हमारी वास्तविक परिस्थिति से लोगों को कोई मतलब नहीं होता है। उन्हें सिर्फ़ इस बात से मतलब होता है कि उन्हें क्या लग रहा है अर्थात् कि हमारी स्थिति के बारे में उनकी क्या धारणा है। भले ही हम बहुत समृद्ध और संपन्न व्यक्ति हों, लेकिन अगर लोगों की हमारे प्रति धारणा (पर्सेप्शन) एक कमज़ोर और ग़रीब व्यक्ति की है, तो वे हमारे साथ अपनी धारणा (पर्सेप्शन) के अनुसार ही व्यवहार करेंगे। जबकि हमारी स्थिति भले ही उतनी मज़बूत ना हो, लेकिन अगर लोगों की यह धारणा (पर्सेप्शन) होगी कि हम बहुत समृद्ध और ताक़तवर व्यक्ति है, तो वे अपनी इस धारणा (पर्सेप्शन) को वास्तविकता मानेंगे और हमें भरपूर सम्मान देंगे।

इसलिए हमारी कोशिश तो यह भी होनी चाहिए कि हम समय और परिस्थिति के अनुसार अपने अच्छे पहनावे और व्यवहार के माध्यम से अपनी वास्तविक स्थिति से भी बेहतर स्थिति में दिखें। जिससे कि लोग जब भी स्वयं की तुलना हमसे करें, तब वे हमें हमारी वास्तविक स्थिति से बेहतर स्थिति में पाए। ऐसा इसलिए, क्योंकि लोगों का व्यवहार वास्तविकता से ज़्यादा उनकी धारणा (पर्सेप्शन) पर निर्भर करता है और उनकी नज़र में जो हमारी स्थिति होगी, उसी के अनुसार वे हमसे व्यवहार करेंगे और हमें उचित स्थान देंगे।

# 24

# मनुष्य एक तार्किक प्राणी है, यह बात परम सत्य नहीं है

## *कहानी : दशहरे का मेला*

मनुष्य के जीवन में ऐसा भी समय आता है, जब वास्तविकता से वाक़िफ़ होते हुए भी वह उसे अनदेखा करता है और ऐसे अतार्किक निर्णय लेता है, जिससे उसका स्वयं का नुक़सान होता है। यहां तक कि कोई दूसरा व्यक्ति भी अगर उसे तर्कों के आधार पर समझाने का प्रयास करता है, तब वह उसकी बातों को भी अनसुना कर देता है। वह ग़लत होते हुए भी स्वयं को सही मानता है और उसे अपनी परिस्थिति व अपने निर्णयों पर कोई अफ़सोस भी नहीं होता है।

कुछ इसी तरह का वाक़या तब हुआ, जब मैं दशहरा की छुट्टी में अपने गांव गया हुआ था। हमारे गांव के मकान की पुताई हुए काफ़ी समय बीत गया था। इसकी वजह से उसका रंग फीका पड़ने लगा था। इसलिए मैंने इस दशहरे की छुट्टी में उसकी पुताई कराने का निश्चय कर लिया था। चूंकि इस बार मेरी छुट्टी कम ही दिनों की थी, इसलिए मैंने गांव के अपने मित्र दरोगा सिंह के माध्यम से पुताई करने वाले 2 कारीगरों, सोनू और मोनू, को पहले से ही सूचित कर रखा था। इससे मुझे यह सुविधा हुई कि जिस दिन मैं गांव पहुंचा, उसके अगले ही दिन से पुताई का कार्य शुरू हो गया। अगले 3 दिनों में दोनों ने मिल कर काफ़ी तेज़ी से पुताई के कार्य को आगे बढ़ाया।

इसके बाद अब अगले दिन दशहरा का पर्व था। इसलिए उससे एक दिन पहले ही, दोनों कारीगरों ने दशहरा मेला देखने जाने की बात कहकर काम बंद करने की बात की। मैंने उनसे कहा कि अब उनकी उम्र बच्चों जैसी तो थी नहीं, फिर भी वे मेला देखने जाने के लिए इतने उत्साहित क्यों थे। मैंने उन्हें फिर समझाया कि वे

दशहरे के दिन भी काम कर के उस दिन की मज़दूरी के पैसों से अपने बच्चों के लिए कुछ ख़रीद कर ले जा सकते थे। चूंकि मेरी दशहरा की छुट्टियां बस कुछ ही दिनों की बची थी, इसलिए मेरी इच्छा थी कि छुट्टियां ख़त्म होने से पहले ही मकान की पेंटिंग का काम पूरा हो जाए। मैं उन दोनों को दशहरा के दिन भी काम करने के लिए बहुत देर तक समझाता रहा, लेकिन मेरे समझाने के बाद तो जैसे उनकी मेला देखने की इच्छा पहले से भी ज़्यादा प्रबल हो गई। वे मेला देखने जाने के लिए अड़ गए। मुझे यह बिलकुल भी समझ नहीं आ रहा था कि वयस्क हो जाने के बावजूद भी उन लोगों के अंदर समझदारी क्यों नहीं थी। ख़ैर कोई बात नहीं! अब अगले दिन जब वो दोनों मेला जाने के लिए तैयार हो गए, तब वो मुझसे मेला का पैसा मांगने लगे। दरअसल हमारे गांवों में यह प्रथा थी कि जब भी कोई छोटा व्यक्ति दशहरे के मेले में जाता था, तब उससे बड़े लोग उसे उस मेला में खाने-पीने की चीज़ें ख़रीदने के लिए कुछ पैसे देते थे, जिसे 'मेले का पैसा' नाम से संबोधित किया जाता था। सोनू और मोनू भी मुझसे वही 'मेले का पैसा' मांग रहे थे।

काम में हो रही देरी की वजह से मैं ऐसे ही थोड़ा परेशान था, ऊपर से उन्हें मेला देखने का पैसे भी देने पड़ रहे थे, इसलिए मुझे थोड़ा गुस्सा भी आ रहा था। उन्हें पैसे देने के लिए जब मैंने अपनी जेब में हाथ डाला, तो मुझे 10-20 रुपये के 6-7 नोट मिले, जिनको जोड़ने पर कुल 100 रुपये हुए। मैंने वे पूरे रुपये सोनू के हाथ में देते हुए आपस में बांट लेने को कह दिया। लेकिन तभी मोनू स्वयं के लिए अलग से 100 रुपये मांगने लगा। मैंने थोड़ा गुस्सा होते हुए उसी 100 रुपये को आपस में बांट लेने की बात फिर से दोहराई। लेकिन मोनू मुझसे निवेदन करते हुए बोलने लगा : 'साहब पैसे का बंटवारा आप ही कर दीजिए, नहीं तो सोनू मेरे साथ बेइमानी करेगा और मुझे बहुत कम रुपये देगा'।

मोनू की बात सुनकर मुझे भी सोनू की नीयत पर थोड़ी शंका हुई, इसलिए मैंने उन दोनों के बीच में किसी तरह के विवाद को उत्पन्न होने से रोकने के लिए उस पैसे को उनके बीच बांटने के लिए हामी भर दी। मैंने उस 100 रुपये का बंटवारा करने के लिए दोनों के सामने यह शर्त रखी कि सोनू को मिले उस 100 रुपये में से, सोनू जितने रुपये मोनू को देगा, उतने रुपये अगर मोनू ख़ुशी से रख लेगा, तब तो उतने रुपये मोनू के हो जाएंगे, और सोनू के पास बचे हुए रुपये सोनू के हो जाएंगे। लेकिन अगर उस 100 रुपये में से सोनू द्वारा मोनू को दिए जाने वाले रुपये को मोनू लेने से मना कर देगा, तो सारे पैसे अर्थात् पूरे 100 रुपये मैं वापस ले लूंगा। मेरी इन शर्तों को सुनने और समझने के बाद, सोनू ने उस 100 रुपये में से मोनू को देने के लिए 30 रुपये उसकी तरफ़ बढ़ाए। सोनू के हाथ से रुपये लेकर गिनने के बाद जब मोनू को पता चला सोनू अपने पास तो 70 रुपये रखे हैं, जबकि उसे वह सिर्फ़ 30 रुपये दे रहा है, तब मोनू ने वे 30 रुपये सोनू के मुंह पर फेंक दिए।

इसके बाद उस बंटवारे की शर्त के अनुसार मैंने उनसे पूरे 100 रुपये वापस ले लिए। इस तरह दोनों की आपस में लड़ाई हो गई और गुस्से में मेला देखने जाने का प्लान उन्होंने स्वयं ही रद्द कर दिया। चूंकि दोनों अब घर पर ही थे, इसलिए मैंने उनके लिए घर पर ही मिठाई आदि मंगवा दी और उन्हें खाने में स्वादिष्ट व्यंजन होने की बात भी बताई। खाने के साथ मिठाई ग्रहण करने के बाद उनका गुस्सा थोड़ा शांत हुआ। इसके पश्चात वे दशहरा के दिन भी पेंटिंग का काम करने के लिए तैयार हो गए। उस दिन दशहरा का त्योहार अच्छी तरह से बीता और पुताई का काम भी ठीक-ठाक हुआ। लेकिन मुझे उस रात अच्छे से नींद नहीं आई। मैं रात भर यही सोचता रहा कि आख़िर मोनू को मेरे द्वारा 'मेले का पैसा' के नाम पर दिए गए उस 100 रुपये में से फ्री के 30 रुपये मिल रहे थे, फिर भी वे उसने लेने से मना क्यों कर दिया। अगर वह उन 30 रुपयों को रख लेता तो उसे कम से कम 30 रुपये तो मिल ही जाते। लेकिन उसके द्वारा उस 30 रुपये को लेने से मना कर देने से उसे 30 रुपये का नुक़सान तो हुआ ही। मेरे लिए आश्चर्य की बात यह भी थी कि जब अगले दिन मैं मोनू से उसके 30 रुपये के नुक़सान होने की बात याद दिलाई तो उसे इस बात का बिलकुल भी अफ़सोस नहीं था। वह तो बल्कि इस बात से ख़ुश था कि उसके द्वारा 30 रुपये लेने से मना कर देने से सोनू से भी उसके 70 रुपये वापस ले लिए गए थे।

यहां पर इस कहानी का ज़िक्र इसलिए किया गया है, क्योंकि साइकोलॉजी की कुछ कॉन्सेप्ट और थ्योरी भी इस बारे में बातें करती हैं कि मनुष्य हमेशा तार्किक निर्णय नहीं लेता है। उन कॉन्सेप्ट और थ्योरी के अनुसार मनुष्य अपने निर्णय लेते समय व्यवस्थित रूप से ऐसे भी विकल्प चुनता हैं, जो किसी तर्क पर आधारित नहीं होते हैं। तो आइए, इन कॉन्सेप्ट और थ्योरी के बारे में हम विस्तार से बात करते हैं।

## सम्बंधित कॉन्सेप्ट व थ्योरी :

### संज्ञानात्मक पूर्वाग्रह की कॉन्सेप्ट (Concept of Cognitive Biases) :

पूर्वाग्रह, किसी व्यक्ति की सोच के एक तरीक़े की ओर (या उससे दूर) झुकाव को कहा जाता है, जो अक्सर उसकी अंतर्निहित विकृतियां/पूर्वधारणाओं पर आधारित होता है। संज्ञानात्मक पूर्वाग्रह किसी व्यक्ति के निर्णय लेने और सूचना प्रसंस्करण में आईं त्रुटियों को कहते हैं। यह त्रुटि उस व्यक्ति की स्मृति, सामाजिक परिस्थिति और सांख्यिकीय त्रुटियों के कारण होती है। संज्ञानात्मक पूर्वाग्रह दर्शाता है कि मनुष्य निर्णय लेते समय व्यवस्थित रूप से ऐसे भी विकल्प चुनता है, जो किसी तर्क पर आधारित नहीं होते हैं। संज्ञानात्मक पूर्वाग्रह सभी मनुष्यों के लिए सामान्य होते हैं और उनमें से कई पूर्वानुमान और स्पष्ट प्रतिरूप का पालन करते हैं। किसी व्यक्ति

में यह दोष तब आता है, जब वह व्यक्ति अपने आसपास की दुनिया में सूचनाओं का प्रसंस्करण और व्याख्या कर रहा होता हैं। यह दोष उस व्यक्ति द्वारा लिए जाने वाले निर्णयों को प्रभावित करते हैं।

**रैशनल चॉइस थ्योरी** (Rational Choice Theory) **:**

रैशनल चॉइस थ्योरी बताती है कि व्यक्ति रैशनल चॉइस के लिए तर्कसंगत गणनाओं का उपयोग करते हैं और ऐसे परिणाम प्राप्त करने का प्रयास करते हैं, जो उनके अपने व्यक्तिगत उद्देश्यों के अनुरूप होते हैं। ये परिणाम उस व्यक्ति के स्वार्थ को ज़्यादा से ज़्यादा पूरा करने से जुड़े होते हैं। रैशनल चॉइस थ्योरी के अनुसार कोई व्यक्ति अपने पास उपलब्ध सीमित विकल्पों में से उस विकल्प का चुनाव करता है, जिसके माध्यम से उसे ऐसे परिणाम प्राप्त होने की उम्मीद होती है, जो उसे सबसे अधिक लाभ और संतुष्टि प्रदान करता हो।

## निहितार्थ :

साइकोलॉजी की इन कॉन्सेप्ट और थ्योरी को हम 'दशहरा का मेला' कहानी के माध्यम से आसानी से समझ सकते हैं। इसमें कोई दो राय नहीं है कि कभी मनुष्य ऐसे भी निर्णय लेता है जो किसी तर्क पर आधारित नहीं होते हैं। तो अब हमारे सामने यह प्रश्न उठता है कि अगर कोई व्यक्ति अपने अतार्किक निर्णयों के आधार पर कोई कार्य करना चाह रहा हो, तो उसे वह कार्य करने से कैसे रोका जा सकता है। ख़ास तौर पर तब जब वह व्यक्ति सभी तर्कों को अनसुना कर रहा हो और कुछ भी सुनने को तैयार नहीं हो, तब उससे किस प्रकार निपटा जाए।

ऐसे में हमें ध्यान रखना होगा कि अगर हमें उस व्यक्ति को किसी विशेष कार्य को करने से रोकना है तो हमें यह कोशिश करनी चाहिए कि हम उस व्यक्ति को उस कार्य को करने से मना करने और उसके नकारात्मक परिणामों को बताने पर ही सिर्फ़ बल नहीं दें। बल्कि हमें उस व्यक्ति को किसी दूसरे कार्य को करने के लाभ बताने चाहिए और उसे उस दूसरे कार्य में व्यस्त करके, उसका ध्यान पहले वाले कार्य से हटाने का प्रयास करना चाहिए।

हमारी इस रणनीति से उस व्यक्ति को यह अहसास नहीं होगा कि उसे किसी कार्य को करने से मना किया जा रहा है। ऐसा इसलिए, क्योंकि जब हम किसी व्यक्ति को कोई काम करने से मना करते हैं, तब उस व्यक्ति के मस्तिष्क में बार-बार यही बात घर करने लगती है कि उसे किसी विशेष कार्य को करने से रोकने का प्रयास किया जा रहा है। इससे एक तो उसे वह कार्य बार-बार याद आता है और दूसरा उसे यह प्रतीत होता है कि उसकी स्वतंत्रता उससे छीनी जा रही है। इस

कारण उस मना किए हुए कार्य को करने की उसकी इच्छा पहले की अपेक्षा और बढ़ जाती है।

इस संबंध में कथा सरित्सागर (6/5) में भी कहा गया है कि

*'वार्यमाणस्य वांछा हि विषयेश्वभिवर्धते'*

अर्थात् अगर किसी व्यक्ति को किसी चीज़ के लिए मना किया जाता है, तो उस चीज़ के लिए उसकी इच्छा बढ़ जाती है।

जैसा कि इस कहानी में भी सोनू-मोनू की इच्छा थी कि वे दशहरे का मेला देखने जाएं। लेकिन मेरे द्वारा उन्हें मेला देखने जाने से मना करने पर उनकी वह इच्छा पहले की अपेक्षा और भी बढ़ गई और वे मेला जाने के लिए बिलकुल से अड़ गए। उस दिन मैं अगर उन्हें दशहरा का मेला देखने नहीं जाने का सुझाव देने की बजाए पेंटिंग का काम ख़त्म होने पर कहीं घूमने जाने जैसा कोई सुझाव देता, तो शायद वे मेरे इस सुझाव पर विचार करते। लेकिन दशहरे का मेला देखने जाने से मना करने पर उन्हें शायद यह महसूस हुआ कि मैं उनकी स्वतंत्रता उनसे छीन रहा हूं। इस कारण वो मेला देखने जाने के लिए बिलकुल अड़ से गए। इसलिए हमें यह ध्यान रखना चाहिए कि कोई व्यक्ति अगर किसी एक चीज़ के लिए ज़िद कर रहा हो, तो उसे उस चीज़ के लिए सीधा मना करने की बजाए, हमें उसके सामने कोई दूसरा प्रस्ताव रख देना चाहिए। इससे उस व्यक्ति को यह अहसास नहीं होगा कि किसी भी प्रकार से उसकी स्वतंत्रता उससे छीनी जा रही है। चूंकि मनुष्य किसी भी क़ीमत पर अपनी स्वतंत्रता सुनिश्चित करना चाहता है, इसलिए हमें यह देखने को मिलता है कि लोगों को जिन कार्यों को करने की मनाही होती है, उन्हीं कार्यों को कर के वे रोमांचित महसूस करते हैं।

इस संबंध में कथा सरित्सागर (5/3) में भी कहा गया है कि

*'प्रायो वारितकामा हि प्रवृत्तिर्मनसो नृणाम्'*

अर्थात् व्यक्तियों में अक्सर उन कार्यों में लिप्त होने की प्रवृत्ति होती है, जो निषिद्ध होते हैं।

यह तो हम अपने घरों में भी देखते हैं कि अगर कोई छोटा बच्चा किसी ऐसी चीज़ को देखने के बाद उसे पाने के लिए ज़िद करने लगता है, जो उसे नहीं दी जा सकती है, तब घर के लोग उस चीज़ को छिपा कर किसी दूसरी चीज़ को बच्चे के सामने रख देते हैं। ऐसे में दूसरी चीज़ को देख कर बच्चा उसमें व्यस्त हो जाता

है और उसका ध्यान पहली चीज़ से हट जाता है। वह बच्चा उस पहली चीज़ को, जिसके लिए वह ज़िद कर रहा होता है, भूल जाता है। ठीक इसी तरह से हम वयस्क लोगों के साथ भी इस टैक्टिक को व्यवहार में ला सकते हैं। हालांकि कुछ ऐसे भी लोग होते हैं, जिन्हें कोई चाहे कितना भी समझा ले, लेकिन वे अपने निर्णय बिना किसी तर्क के आधार पर ही लेते हैं। अपनी इस प्रवृति के कारण वे स्वयं का ही नुक़सान करा लेते हैं। ऐसे लोगों से हमें सावधान रहना चाहिए और उनसे किसी प्रकार की दोस्ती करने से परहेज़ करना चाहिए। ऐसे किसी दोस्त से अच्छा तो तर्कसंगत निर्णय लेने वाला स्वार्थी दुश्मन ही होता है, जो स्वयं के लाभ के लिए सोचता है और यह प्रयास करता है कि उसकी ख़ुद की हानि ना हो। दरअसल, अगर कोई व्यक्ति तर्कसंगत होता है और स्वयं के लाभ के बारे में सोचता है तब उससे दुश्मनी करना भी आसान होता है, क्योंकि ऐसे व्यक्ति के बारे में हम इस बात का अंदाज़ लगा पाते हैं कि वह अपने तर्कों के आधार पर स्वयं के लाभ के लिए हमारे ख़िलाफ़ कौन से क़दम उठा सकता है। लेकिन नासमझ और ग़ैरतर्कसंगत निर्णय लेने वाले अपने दोस्त के बारे में तो हम कुछ भी अंदाज़ नहीं लगा सकते, क्योंकि संभव है कि वह कभी स्वयं का और हमारा ही नुक़सान करने वाला क़दम उठा ले, जिसकी ना तो हमें उम्मीद होगी और ना ही बाद में उसे अहसास होगा।

जैसा कि किसी व्यक्ति की मृत्यु के पश्चात, उसके मरने का आभास, उसे नहीं हो पता है, उसकी मृत्यु का आभास और दुःख सिर्फ़ उसके आसपास के लोगों को ही महसूस हो पता है। ठीक उसी तरह नासमझ और ग़ैरतर्कसंगत व्यक्ति के व्यवहार से होने वाली हानि का अहसास उसे नहीं हो पाता है। उसका अहसास सिर्फ़ उसके साथ के लोगों को ही होता है। लेकिन हमारे लिए यह पहचानना भी एक बड़ी चुनौती होती है कि आख़िर कौन व्यक्ति समझदार व तर्कसंगत है और कौन नहीं है। अपनी नासमझी और कुतर्कों की वजह से कुख्यात लोगों को छोड़ दिया जाए तो बाक़ी नासमझ और ग़ैरतर्कसंगत महानुभाव लोग अचानक ही प्रकट होते हैं और हमें आश्चर्यचकित कर देते हैं। वे सामान्य मनुष्यों की तरह ही दिखते हैं और सामान्य व्यवहार भी करते हैं। हालांकि उन्हें ख़ुद भी अपनी बिना तर्क के निर्णय लेने की क़ाबिलियत और नासमझी के कौशल का पता नहीं होता है। लेकिन वे अपनी इस क़ाबिलियत और कौशल का प्रदर्शन कुछ विशेष मौक़ों पर अवश्य कर देते हैं।

वैसे तो अर्थशास्त्र की रैशनल चॉइस थ्योरी यही बताती है कि कोई भी व्यक्ति हमेशा तार्किक होता है और वह कोई भी निर्णय लेते समय सिर्फ़ यह देखता है कि उस निर्णय से उसे लाभ हो रहा है या हानि। इस थ्योरी के अनुसार अगर किसी व्यक्ति को यह लगता है कि किसी निर्णय से उसे लाभ हो सकता है, तब वह अपने उस निर्णय के साथ आगे बढ़ जाता है, लेकिन अगर उसे हानि होने की संभावना दिख रही होती है तब वह अपने उस निर्णय से पीछे हट जाता है। जबकि

इस कहानी में मेरे द्वारा मेला देखने के लिए दिए गए 100 रुपये में से, सोनू द्वारा मोनू को दिए जाने वाले 30 रुपये, अगर मोनू स्वीकार कर लेता, तब उसे 30 रुपये का फ़ायदा ही होता। लेकिन मोनू ने उस 30 रुपये को अस्वीकार कर के 30 रुपये की हानि सहने का चुनाव किया। अब यह स्थिति तो रैशनल चॉइस थ्योरी के बिलकुल विपरीत है। इसलिए इस स्थिति को हम संज्ञानात्मक पूर्वाग्रह की कॉन्सेप्ट के माध्यम से समझने का प्रयास करेंगे। इस कॉन्सेप्ट के अनुसार व्यक्ति जब किसी स्थिति में कोई निर्णय ले रहा होता है, तब तर्कों के साथ-साथ कुछ संज्ञानात्मक पूर्वाग्रह भी उसे प्रभावित कर रहे होते हैं। इन संज्ञानात्मक पूर्वाग्रहों के कारण कभी-कभी व्यक्ति की प्राथमिकताएं भी बदल जाती हैं। ऐसा इसलिए होता है, क्योंकि वह व्यक्ति परिस्थितियों के प्रभाव में आने के कारण एक अलग मनःस्थिति में होता है, जहां तर्क बहुत कमज़ोर अवस्था में पाया जाता है। इसलिए हमें जीवन में रणनीति बनाते समय कभी भी यह नहीं मान लेना चाहिए कि इस दुनिया में सभी लोग तार्किक ही होते हैं या फिर कोई एक व्यक्ति हर समय और हर परिस्थिति में तार्किक और समझदार ही होगा। इस बात की संभावना बहुत ही कम होती है कि कोई भी व्यक्ति सभी परिस्थितियों में तार्किक निर्णय ही लेगा और स्वयं के लाभ के बारे में ही सोचेगा।

जैसा कि इस कहानी में जब मैं सोनू-मोनू को मेला देखने नहीं जाने के लाभ के बारे में समझाने का प्रयास कर रहा था, तब उन्हें मेला जाने की ज़िद थी। उस वक्त हालांकि मैं उनके ही फ़ायदे की बात समझा रहा था, लेकिन उनको मेरी बात समझ नहीं आई। बाद में मेला देखने के पैसे का बंटवारा हुआ तब सोनू ने मेरे द्वारा दिए गए 100 रुपये में से मोनू को 30 रुपये देने का प्रयास किया। मेरे द्वारा उस पैसे के बंटवारे के लिए बताई गई शर्त के अनुसार सोनू द्वारा दिए जा रहे उस 30 रुपये को मोनू अगर स्वीकार नहीं करता, तब उसे एक भी रुपया नहीं मिलता। इसलिए इस तर्क के आधार पर मोनू को वो 30 रुपये ले लेने चाहिए थे। लेकिन सोनू द्वारा दिए जा रहे उन 30 रुपये को मोनू अगर स्वीकार कर लेता, तो सोनू के पास बचे 70 रुपये, सोनू के हो जाते, अर्थात् सोनू को मोनू से ज़्यादा रुपये मिल जाते। इस तरह मोनू ने मेला देखने के लिए उसे मिल रहे 30 रुपये को स्वीकार करने से मना कर के स्वयं का 30 रुपये का नुक़सान होना स्वीकार करते हुए सोनू का 70 रुपये का नुक़सान होना सुनिश्चित किया। बाद में अगर मोनू स्वयं से पूछेगा कि उसे वे 30 रुपये नहीं लेने से क्या फ़ायदा हुआ तो शायद उसके पास यही जवाब होगा कि फ़ायदा तो कुछ नहीं हुआ, लेकिन 30 रुपये का नुक़सान अवश्य हुआ।

ऐसा ही हम सभी के भी जीवन में होता है, जब हम किसी परिस्थिति के प्रभाव और विभिन्न संज्ञानात्मक पूर्वाग्रहों के कारण ग़ैरतार्किक निर्णय लेते हैं, जिससे हमारा स्वयं का ही नुक़सान हो जाता है। इसलिए हमें अपने निर्णय लेते समय हमेशा

एक बार आत्मनिरीक्षण कर लेना चाहिए और किसी भी तरह के गैरतर्कसंगत निर्णय लेने से बचना चाहिए। इसके अलावा हमें यह भी मान कर चलना चाहिए कि हमारे जीवन पर जिन लोगों के निर्णयों की वजह से प्रभाव पड़ सकता है, वे भी किसी भी समय कोई ग़ैरतार्किक निर्णय ले सकते हैं। इसलिए हमें दूसरों के द्वारा लिए जाने वाले ग़ैरतार्किक निर्णयों की वजह से उत्पन्न होने वाली परिस्थितियों से निपटने के लिए भी हमेशा तैयार रहना चाहिए।

# 25

# क़रीब होने के लिए लोगों को यक़ीन दिलाएं कि आप उनके बहुत क़रीबी हैं

### *कहानी : शर्मा जी का मिशन संपर्क*

हमारे आसपास कुछ ऐसे लोग मिलते हैं, जिनकी अन्य लोगों से चाहे जितनी बार भी मुलाक़ात क्यों ना हो जाए, लेकिन वह उनसे बहुत घनिष्ठ संबंध नहीं बना पाते हैं। वहीं दूसरी ओर कुछ ऐसे भी लोग होते हैं, जो अन्य लोगों से अपनी पहली ही मुलाक़ात में उनसे घनिष्ठ संबंध बना लेते हैं। अन्य लोगों को उनके साथ अपनी व्यक्तिगत बातों को भी साझा करने में किसी प्रकार का कोई संकोच नहीं होता है। दरअसल, हमारे गांव के शर्मा जी भी एक ऐसे ही व्यक्ति थे। लोगों के साथ अपने संबंध गढ़ने में शर्मा जी बहुत माहिर थे। हालांकि मैं अपने गांव के लोगों से ज़्यादा बातचीत नहीं करता था, लेकिन शर्मा जी ने अपने वार्तालाप कौशल की मदद से मुझसे भी अच्छे संबंध बना लिए थे। शर्मा जी को मैं जब भी गांव में दिख जाता, तब वह पहले दुआ-सलाम करते, उसके बाद वह स्वयं के व मेरे पूर्वजों की पुरानी बातें बताने लगते। इन पुरानी बातों के माध्यम से वह हमेशा मुझे यह विश्वास दिलाना चाहते थे कि पहले के समय में उनके और हमारे पूर्वजों के बीच अत्यंत घनिष्ठ संबंध थे।

हालांकि मुझे इसका बिलकुल भी अंदाज़ नहीं था कि उनकी बातों में कितनी सच्चाई थी, लेकिन उनकी इन बातों को सुनकर धीरे-धीरे मेरे मन में भी उनके प्रति अपनेपन का भाव ज़रूर आ गया था। शर्मा जी की यह ख़ासियत थी कि वह चाहे जिससे भी मिलें, उससे वह अपना कोई न कोई संबंध अवश्य जोड़ लेते थे। उनकी इस क़ाबिलियत की वजह से उनका सामाजिक नेटवर्क काफ़ी बड़ा और मज़बूत हो गया था। वह जब भी किसी नए व्यक्ति से मिलते थे, तब वह उससे किसी ऐसे दूसरे

व्यक्ति के बारे में बात करने का प्रयास करते थे, जिसको वह व्यक्ति भी जानता हो। चूंकि शर्मा जी ज़्यादा पढ़े-लिखे भी नहीं थे और उनकी पारिवारिक पृष्ठभूमि भी बहुत अच्छी नहीं थी, इस कारण उनका संभ्रांत और ऊंचे पदों पर बैठे लोगों से कोई व्यक्तिगत संबंध नहीं था। लेकिन उनके अंदर बड़े लोगों से मिलने और उनके साथ अच्छे संबंध विकसित करने की प्रबल इच्छा थी। इसलिए मैं जब भी गांव जाता था तब वे तहसील स्तर के कुछ अधिकारियों से उनकी मुलाक़ात कराने के लिए मुझसे निवेदन करने लगते थे। एक बार की बात है, जब मैं गांव गया हुआ था, तब वह ऐसे ही किसी अधिकारी से मिलवाने के लिए मुझसे कहने लगे। चूंकि मुझे अगले ही दिन गांव से वापस आना था, इसलिए मैंने उन्हें अपने तहसील के एसडीएम चुन्नीलाल का नाम बताते हुए, अगली बार गांव आने पर उनसे उनकी मुलाक़ात कराने का आश्वासन दे दिया। उस दिन तो शर्मा जी ने मेरे द्वारा दिए गए आश्वासन को संतोष के भाव से स्वीकार कर लिया। लेकिन लोगों से मिलने की अपनी प्रबल इच्छा और अपने अधीर स्वभाव के कारण, वह बहुत दिनों तक संतोष नहीं कर पाए। अपनी असंतोष प्रवृति के कारण एक दिन वह स्वयं ही चुन्नीलाल से मिलने पहुंच गए। चूंकि चुन्नीलाल तो शर्मा जी को जानते नहीं थे, इसलिए शर्मा जी ने एक काग़ज़ की पर्ची पर अपना और मेरा नाम लिख कर चुन्नीलाल के कार्यालय के बाहर खड़े चपरासी को देकर मुलाक़ात कराने के लिए निवेदन किया। उस पर्ची पर मेरा नाम पढ़ कर एसडीएम चुन्नीलाल ने शर्मा जी को मिलने के लिए अंदर भी बुला लिया। लेकिन इसके बाद अब शर्मा जी के साथ दूसरी समस्या यह थी कि वह ख़ुद भी चुन्नीलाल के बारे में कुछ नहीं जानते थे। इस कारण अब उन्हें यह समझ नहीं आ रहा था कि आख़िर वह चुन्नीलाल से बात क्या करें। इस दौरान वहां चुन्नीलाल अपनी कुछ फ़ाइल निपटा रहे थे और उनका चपरासी शर्मा जी से चाय और कॉफ़ी में से कोई एक विकल्प चुनने के लिए निवेदन कर रहा था। ऐसे में बिना देर किए शर्मा जी ने चाय का विकल्प चुन लिया और थोड़ी देर में उनके सामने की टेबल पर चाय आ भी गई थी। इसके बाद एसडीएम चुन्नीलाल ने शर्मा जी से चाय ग्रहण करने के लिए निवेदन करते हुए उनसे मिलने आने की वजह जाननी चाही। चूंकि शर्मा जी के पास उनसे मिलने की कोई ख़ास वजह तो थी नहीं, इसलिए उन्होंने बस मेरा नाम लेते हुए चुन्नीलाल से कहा कि मैंने उनकी (चुन्नीलाल की) और उनकी कार्यशैली की बहुत तारीफ़ की थी, इसलिए उनके मन में ऐसे अधिकारी से एक बार मिलने की इच्छा थी। यह बताने के बाद शर्मा जी ने क्षेत्र में चल रहे विभिन्न विकास कार्यों के लिए चुन्नीलाल की तारीफ़ करना शुरू कर दिया। चूंकि चुन्नीलाल भी अपने व्यक्तित्व और क़ाबिलियत को भली-भांति जानते थे, इसलिए अपनी झूठी तारीफ़ सुनकर जब वे थक गए, तब अंततः उनकी अंतरात्मा जगी और उन्होंने क्षेत्र में चल रहे सभी विकास कार्यों का श्रेय अपने जिलाधिकारी को दे दिया। चुन्नीलाल ने शर्मा

जी से जिलाधिकारी की तारीफ़ करते हुए उनके शानदार व्यक्तित्व के 1-2 उदाहरण भी दिए। उन्होंने बताया कि वह तो स्वयं जिलाधिकारी के व्यक्तित्व से प्रभावित हैं और उनके ही मार्गदर्शन में सभी कार्य करते हैं। अपनी पूरी मुलाक़ात के दौरान शर्मा जी चुन्नीलाल की बातें सुनते हुए सिर्फ़ उनकी हां में हां मिलाते रहे और जब मौक़ा मिला तब चुन्नीलाल की बेहतरीन कार्यशैली के क़सीदे पढ़ते रहे। इस तरह शर्मा जी के मिशन संपर्क का पहला पड़ाव पूरा हो चुका था। अब शर्मा जी जब भी तहसील पर किसी काम से जाते, वह चुन्नीलाल से मिलने का भरसक प्रयास करते। चूंकि चुन्नीलाल द्वारा की गई जिलाधिकारी की तारीफ़ शर्मा जी के दिमाग़ में बैठ गई थी, इसलिए वह अब यथाशीघ्र जिलाधिकारी से मिलकर अपने मिशन के अगले पड़ाव में प्रवेश करना चाहते थे। शर्मा जी बहुत जल्दी ही जिलाधिकारी से भी मिलने पहुंच गए। जिलाधिकारी महोदय ने जब शर्मा जी से मिलने आने की वजह पूछी तब उन्होंने कहा कि वह अपने जीवनकाल में पहले ऐसे अधिकारी से मिल रहे हैं, जिसके अधीनस्थ दूसरे अधिकारी भी उसकी तारीफ़ करते हों। शर्मा जी ने कहा कि जिस दिन से उन्होंने एसडीएम चुन्नीलाल से उनकी (जिलाधिकारी की) तारीफ़ सुनी, उस दिन से उनकी इच्छा थी कि वह यथाशीघ्र उनसे मिले। इस तरह शर्मा जी के मुंह से अपनी तारीफ़ सुनकर जिलाधिकारी महोदय गद्‌गद्‌ हो रहे रहे थे। अंत में जब शर्मा जी वापस आने लगे तब उन्होंने जिलाधिकारी के साथ एक तसवीर लेने का आग्रह किया, जिसके लिए वह तैयार भी हो गए। सिर्फ़ यही नहीं, बल्कि जिलाधिकारी महोदय ने ख़ुद ही अपना मोबाइल नंबर शर्मा जी को बताया और कोई समस्या होने पर उनसे संपर्क करने की बात कही। इस तरह शर्मा जी अपने मिशन संपर्क का अगला पड़ाव भी पार कर चुके थे। अब वे जिलाधिकारी से मोबाइल के माध्यम से सीधे जुड़ चुके थे। अब वे जब भी एसडीएम चुन्नीलाल से मिलने जाते तब वह उन्हें स्वयं की जिलाधिकारी के साथ की तसवीर दिखाते और फ़ोन का स्पीकर ऑन कर के जिलाधिकारी को कॉल कर देते। वह जिलाधिकारी से बात करते हुए उनकी कुशलक्षेम पूछते और साथ ही चुन्नीलाल के कार्य प्रणाली की भी थोड़ी तारीफ़ कर देते। अब जिलाधिकारी से अच्छा संबंध विकसित होने के बाद से धीरे-धीरे शर्मा जी और चुन्नीलाल के संबंधों का समीकरण भी बदल चुका था। अब अगर शर्मा जी को तहसील आए ज़्यादा दिन हो जाते तो एसडीएम चुन्नीलाल ख़ुद ही उन्हें फ़ोन कर के चाय पर आमंत्रित कर देते। कुछ समय बाद तो शर्मा जी से मिलने के लिए ख़ुद चुन्नीलाल उनके ही घर पहुंचने लगे। अब शर्मा जी जब भी चुन्नीलाल से मिलते तो उनके सामने वह बार-बार जिलाधिकारी का नाम लेते और अपने मोबाइल में उनसे की गई बातचीत का कोई मैसेज दिखाते। इस तरह समय बदलने के साथ ही शर्मा जी का चुन्नीलाल के साथ बात करने का अंदाज़ भी बदल चुका था। अब उनके द्वारा बात-बात में जिलाधिकारी का नाम

लेने का उद्देश्य चुन्नीलाल को यह बताना होता था कि वह उनके वरिष्ठ अधिकारी के संपर्क में हैं। शर्मा जी, चुन्नीलाल को बताया करते थे कि किसी दिन चाय पर जिलाधिकारी के यहां चर्चा हो रही थी, तब वे उनकी (चुन्नीलाल की) काफ़ी तारीफ़ कर रहे थे। शर्मा जी यह इसलिए बताते थे ताकि चुन्नीलाल को यह पता रहे कि वह जिलाधिकारी महोदय के संपर्क में हैं और चुन्नीलाल का फ़ीडबैक भी वह जिलाधिकारी तक पहुंचा रहे हैं। एक दिन का वाक़या है, जब किसी बात पर नाराज़ होकर शर्मा जी ने एसडीएम चुन्नीलाल की शिकायत जिलाधिकारी से कर दी। जिसकी वजह से जिलाधिकारी एसडीएम चुन्नीलाल से नाराज़ हो गए। अब अपने ऊपर कार्रवाई की तलवार लटकती देख चुन्नीलाल ने मुझसे संपर्क किया और शिकायत करते हुए मुझसे कहा कि शुरू में उन्होंने मेरी वजह से शर्मा जी से बात की और इज़्ज़त दी और अब शर्मा जी उनके ही पीछे पड़े हैं। एसडीएम चुन्नीलाल की बात सुन कर मैं इस सोच में पड़ गया कि आखिर मैंने तो शर्मा जी को कभी चुन्नीलाल से मिलवाया ही नहीं, तो वह उनसे मिले कैसे। तब चुन्नीलाल ने मुझे शर्मा जी द्वारा पर्ची पर अपना व मेरा नाम लिख कर भेजने व उनकी ख़ूब तारीफ़ करने के वाक़्ये के बारे में बताया। संयोगवश, उस समय के जिलाधिकारी भी हमारे परिचित व्यक्ति ही थे। जब मैंने उनसे शर्मा जी और चुन्नीलाल के प्रकरण के बारे में बात की, तब मुझे शर्मा जी के इस मिशन संपर्क के बारे में पता चला। लेकिन जब तक इस बारे में हमें पता चला तब तक गंगा में बहुत पानी बह चुका था और शर्मा जी का मिशन बहुत आगे बढ़ चुका था। अब वह प्रदेश स्तर के कई अधिकारियों के साथ भी अच्छा संपर्क स्थापित कर चुके थे। मुझे तब और भी आश्चर्य हुआ, जब यह पता चला कि कई जिला स्तर के अधिकारी भी अपनी ट्रांसफ़र-पोस्टिंग के लिए शर्मा जी से पैरवी करते थे। इस तरह शर्मा जी कहीं न कहीं अपने मिशन संपर्क में सफल हो चुके थे।

यहां इस कहानी का ज़िक्र इसलिए किया गया है, क्योंकि साइकोलॉजी की कुछ कॉन्सेप्ट और थ्योरी भी इस बारे में बात करती हैं कि आख़िर लोगों से वार्तालाप के दौरान कोई व्यक्ति किस प्रकार से उनके साथ स्वयं की निकटता ज़ाहिर करते हुए उनके मन-मस्तिष्क में जगह बना सकता है और उनके सामने प्रभावकारी दिख सकता है। तो आइए इस कॉन्सेप्ट और थ्योरी के बारे में विस्तार से बात करते हैं।

## संबंधित कॉन्सेप्ट व थ्योरी :

**नेम ड्रापिंग कॉन्सेप्ट (Concept of Name Dropping) :**

नेम ड्रापिंग किसी बातचीत के दौरान किन्हीं महत्त्वपूर्ण लोगों या संस्थानों का संदर्भ देने की प्रथा को कहते हैं। यह प्रथा एक विशेष समूह के आंतरिक सदस्य के रूप में अपनी स्थिति को बताने का एक आसान तरीक़ा है। इसका उपयोग एक सामाजिक व्यवस्था के अंदर अपनी वास्तविक स्थिति को बढ़ाकर दिखाने और उसके फलस्वरूप लोगों के बीच अपने लिए एक श्रेष्ठता का भाव पैदा करने के लिए किया जाता है। इसके माध्यम से व्यक्ति कुछ संभ्रांत (elite) और शक्तिशाली लोगों के साथ अपना संपर्क और निकटता बता कर दूसरों के सामने प्रभावकारी दिखने और अपने आत्मसम्मान को बढ़ाने का प्रयास करता है।

**हाईडर की बैलेन्स थ्योरी (Heider's Balance Theory) :**

मोटिवेशन की साइकोलॉजी के अंतर्गत, बैलेन्स थ्योरी, फ्रिट्ज हाइडर द्वारा प्रस्तावित दृष्टिकोण परिवर्तन की एक थ्योरी है। यह संज्ञानात्मक स्थिरता को मनोवैज्ञानिक संतुलन के लिए एक सकारात्मक कारक के तौर पर बताती है। संज्ञानात्मक स्थिरता को इस अवधारणा के रूप में परिभाषित किया जा सकता है कि सभी लोग ऐसी स्थितियों को प्राथमिकता देते हैं, जिसमें उनकी सोच/मान्यताओं/ज्ञान/विचारों/दृष्टिकोणों और इरादों के बीच अनुरूपता हो, जिसका अर्थ यह है कि उस स्थिति में वे एक-दूसरे का खंडन नहीं करते हों। बैलेन्स थ्योरी की केंद्रीय धारणा यह है कि व्यक्तियों और वस्तुओं के बीच कुछ मनोवैज्ञानिक संरचनाएं संतुलित होती हैं, जबकि अन्य संरचनाएं असंतुलित होती हैं; और संतुलित संरचनाएं आमतौर पर असंतुलित संरचनाओं के अपेक्षा ज़्यादा पसंद की जाती हैं। बैलेन्स थ्योरी का दावा है कि असंतुलित संरचनाएं नकारात्मक प्रभाव की असहज भावना से जुड़ी होती हैं और यह नकारात्मक भावना लोगों को संतुलित संरचनाओं के लिए प्रयास करने और असंतुलित संरचनाओं से बचने के लिए प्रेरित करती हैं।

**संतुलित संरचना (Balanced Structured) का उदाहरण :** जब हमारा सबसे अच्छा दोस्त भी हमारे पसंदीदा रॉक बैंड को पसंद करता है तब हमारे और उसके बीच एक संतुलित संरचना का निर्माण होता है। बैलेंस थ्योरी के अनुसार, ऐसी स्थिति में हमें अच्छा महसूस होता है।

**असंतुलित संरचना (Imbalanced Structure) का उदाहरण :** जब हमारा सबसे अच्छा दोस्त हमारे पसंदीदा रॉक बैंड को नापसंद करता है तब हमारे और उसके

बीच एक असंतुलित संरचना का निर्माण होता है। बैलेंस थ्योरी के अनुसार, ऐसी स्थिति में हमारे अंदर एक असहजता की भावना पैदा हो जाती है।

## बैलेंस थ्योरी (Balance Theory)

हम किसी व्यक्ति को तब पसंद करते हैं जब विभिन्न चीजों के प्रति हमारा और उसका दृष्टिकोण एक जैसा होता है।

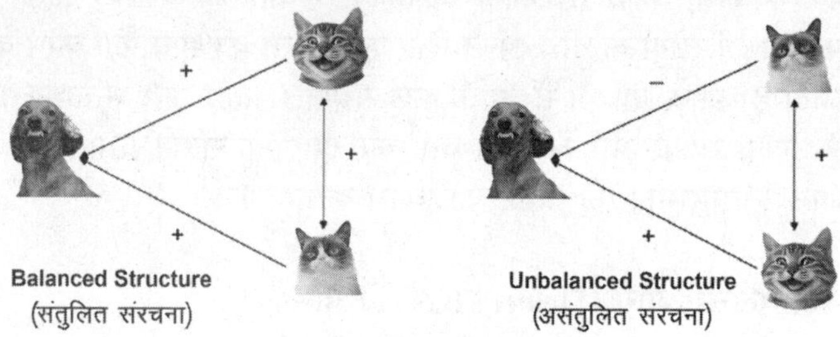


दृष्टिकोण परिवर्तन की प्रक्रिया

**मनोवैज्ञानिक दूरी का कॉन्सेप्ट (Concept of Psychological Distance) :** मनोवैज्ञानिक दूरी किसी व्यक्ति की इस विषय पर धारणा होती है कि कोई वस्तु या व्यक्ति उसके कितना क़रीब या दूर है, किसी घटना के घटित होने की कितनी संभावना है और वह वर्तमान से कितने समय बाद घटित हो सकती है। इसलिए मनोवैज्ञानिक दूरी व्यक्तिपरक और स्व केंद्रित होती है। यह हमेशा वर्तमान, यहां और स्वयं से शुरू होती है। किसी एक व्यक्ति, वस्तु या घटना की किसी दूसरे व्यक्ति से दूरी विभिन्न रूपों से हो सकती है; जैसे कि समय, स्थान, सामाजिक या काल्पनिक रूप से। ये अलग-अलग दूरियां मनोवैज्ञानिक दूरी के विभिन्न आयामों का गठन करती हैं, और क्रमशः सामयिक, स्थानिक, सामाजिक और काल्पनिक दूरी कहलाती है।

**मनोवैज्ञानिक दूरी (Psychological Distance) के प्रकार :**

**सामयिक (Temporal Distance) दूरी :** सामयिक दूरी उन घटनाओं को संदर्भित करती है, जो वर्तमान समय से दूर होती हैं। उदाहरण के लिए, यदि कोई व्यक्ति चार महीने बाद होने वाली किसी घटना के बारे में सोचता है, तो वह घटना अगले सप्ताह घटित होने वाली किसी घटना के बारे में सोचने की तुलना में अधिक सामयिक दूरी पर है।

**स्थानिक (Spatial) दूरी :** किसी व्यक्ति और उस स्थान, जहां विचाराधीन घटना हो रही हो, के बीच की भौतिक दूरी को स्थानिक दूरी कहते हैं। कॉन्स्ट्रुअल लेवल थ्योरी के अनुसार, किसी निकट स्थान पर होने वाली घटना को दूर स्थान पर होने वाली घटना की तुलना में अधिक ध्यान से देखा जाता है।

**सामाजिक (Social) दूरी :** यह दूरी, दो या दो से अधिक सामाजिक समूहों या व्यक्तियों का एक-दूसरे से जुड़े होने के स्तर को बताती है। यह एक व्यक्ति की भावना होती है कि वह अपने समूह के अन्य सदस्यों के साथ कैसे संबंध अथवा जुड़ाव रखता है। समूह के सदस्यों में जितनी अधिक समानताएं होती हैं, उनके बीच की सामाजिक दूरी उतनी ही कम होती है। सामाजिक दूरी तब अधिक होती है, जब किसी समूह के सदस्य की उस समूह के अन्य सदस्यों से कोई समानता नहीं हो पाती है।

**काल्पनिक (Hypothetical) दूरी :** काल्पनिक दूरी किसी घटना के घटित होने की संभावना को दर्शाती है। एक ऐसी घटना जिसके घटित होने की अत्यधिक संभावना होती है, उसके लिए काल्पनिक दूरी कम होती है और अगर किसी घटना के घटित होने की संभावना कम है, तब ऐसी स्थिति में वह घटना काल्पनिक रूप से बहुत दूर होती है। काल्पनिक दूरी दर्शाती है कि कोई घटना वास्तविकता के कितने क़रीब है। कॉन्स्ट्रुअल लेवल थ्योरी के अनुसार, काल्पनिक रूप से निकट की घटनाओं को निम्न स्तर पर और काल्पनिक रूप से दूर की घटनाओं को उच्च स्तर पर कल्पना की जा सकती है। काल्पनिक दूरी में आशावाद की भूमिका होती है और यह भविष्य के लिए योजना बनाने में किसी व्यक्ति को प्रभावित कर सकती है।

## मनोवैज्ञानिक दूरी का कॉन्सेप्ट (Concept of Psychological Distance):

## कॉन्स्ट्रुअल लेवल थ्योरी (Construal Level Theory) :

कॉन्स्ट्रुअल लेवल थ्योरी, मनोवैज्ञानिक दूरी और व्यक्ति की (किसी वस्तु या घटना के बारे में) सोच के अमूर्त या स्पष्ट होने के बीच के संबंध का वर्णन करने का प्रयास करती है। यह थ्योरी बताती है कि व्यक्ति उन वस्तुओं के बारे में अधिक भावात्मक रूप से सोचता है, जो उससे अधिक दूर होती है, जबकि उन वस्तुओं के बारे में अधिक ठोस व स्पष्ट रूप से सोचता है, जो उसके ज़्यादा क़रीब होती है। यह थ्योरी इस बात की व्याख्या करती है कि व्यक्ति अमूर्त मानसिक संरचना बनाकर भविष्य की स्थिति या अन्य लोगों के दृष्टिकोण के बारे में सोचता है और फिर उसके अनुसार अपनी योजना बनाता है। कॉन्स्ट्रुअल शब्द लोगों द्वारा अपने आसपास के वातावरण को महसूस करने, समझने और व्याख्या करने की प्रक्रिया को संदर्भित करता है। कॉन्स्ट्रुअल उन स्थितियों में महत्त्वपूर्ण भूमिका निभाता है, जहां व्यक्ति को उसके पास उपलब्ध जानकारी से परे देखने और सोचने की आवश्यकता होती है। व्यक्ति की यादें, अटकलें और भविष्यवाणियां, सभी उसकी मानसिक संरचनाएं होती हैं। मानसिक संरचनाओं के माध्यम से कोई भी व्यक्ति भविष्य की कल्पना कर सकता है या अपने अतीत को याद कर सकता है अथवा किसी घटना या वस्तु के प्रति अन्य लोगों की प्रतिक्रियाओं की कल्पना कर सकता है। व्यक्ति की मानसिक संरचनाएं, वर्तमान परिदृश्य पर क़ाबू पाने और मनोवैज्ञानिक रूप से दूर की वस्तुओं की कल्पना करने में उसकी सहायता करती हैं।

## संरचना (Construal) का स्तर :

कोई भी व्यक्ति अपने निकट की घटनाओं का वर्णन करने के लिए विशिष्ट और निम्न-स्तर के संरचनाओं का उपयोग करता है, जबकि दूर घट रही घटनाओं के लिए अमूर्त और उच्च-स्तरीय संरचनाओं का उपयोग करता है।

निम्न-स्तरीय संरचनाएं, कम संरचित और अधिक प्रासंगिक होती हैं और इसमें घटनाओं की अधीनस्थ और आकस्मिक विशेषताएं शामिल होती हैं। दूसरे शब्दों में, निम्न स्तर की संरचना तब बनती है, जब व्यक्ति किसी घटना के बारे में विस्तार से सोचता है और उस घटना की द्वितीयक विशेषताओं, जो घटना को समझने के लिए अतिमहत्त्वपूर्ण नहीं होती है, पर भी अपना ध्यान केंद्रित करता है।

इसके विपरीत उच्च-स्तरीय संरचनाएं व्यक्ति की कल्पना में योजनाबद्ध रूप में होती हैं और यह व्यक्ति के लिए उपलब्ध जानकारी का सार होती हैं। इस स्तर पर सोचने वाला व्यक्ति किसी घटना की बड़ी तसवीर को देखता, और उसके विवरण पर ध्यान केंद्रित नहीं करता है।

इस प्रकार, यह देखा जा सकता है कि निकट भविष्य की घटनाओं का स्पष्ट विवरण के माध्यम से वर्णन किया जाता है और उस वर्णन में उस घटना की द्वितीयक और आकस्मिक विशेषताओं पर गहनता से बात होती है, जबकि दूर की घटनाओं को अमूर्त विवरण के माध्यम से द्वितीयक और आकस्मिक विशेषताओं के एक सार के रूप में वर्णित किया जाता है।

## सिमिलैरिटी अट्रैक्शन थ्योरी (Similarity Attraction Theory) :

सिमिलैरिटी अट्रैक्शन थ्योरी यह मानती है कि व्यक्ति उन दूसरे लोगों को ज़्यादा पसंद करता है और उनके प्रति ज़्यादा आकर्षित होता है, जो उसके ख़ुद के समान प्रतीत होते हैं, ना कि उस से भिन्न। व्यक्ति उन लोगों से ज़्यादा संबद्ध होना पसंद करता है जिनका दृष्टिकोण, व्यक्तित्व या शारीरिक विशेषताएं उसके जैसी होती हैं।

एलेन बर्सचीड और ऐलेन एच. वाल्स्टर (1969) और डॉन बायर्न (1971) के अध्ययनों के अनुसार : सामान्य तौर पर व्यक्ति उन लोगों के प्रति ज़्यादा आकर्षित होता है, जो उसके जैसा दृष्टिकोण साझा करते हैं। यहाँ तक कि अगर कुछ लोग उस व्यक्ति के ऐसे दृष्टिकोण (उदाहरण के लिए, किसी सामान्य वस्तु के प्रति दृष्टिकोण) को साझा करते हैं, जो उस व्यक्ति के लिए कम महत्त्वपूर्ण होता है तो उनकी तुलना में उस व्यक्ति का उन दूसरे लोगों के प्रति आकर्षित होने की ज़्यादा संभावना होती है, जो उसके किसी महत्त्वपूर्ण दृष्टिकोण (उदाहरण के लिए, घर और परिवार से संबंधित दृष्टिकोण) को साझा करते हैं।

व्यक्ति द्वारा दूसरों को, जिनसे उसकी समानता होती है, पसंद करने के अन्य संभावित कारण निम्नलिखित हो सकते हैं :

(1) समान दृष्टिकोण का ज्ञान व्यक्ति को दूसरों के भविष्य के व्यवहार की भविष्यवाणी करने में मदद कर सकता है।

(2) व्यक्ति द्वारा यह मानने की अधिक संभावना हो सकती है कि अन्य लोग, जो उसके समान दृष्टिकोण रखते हैं, उनका उसके प्रति आकर्षित होने की अधिक संभावना होती है।

## निहितार्थ :

'शर्मा जी का मिशन संपर्क' कहानी के माध्यम से हम इन कॉन्सेप्टस और थ्योरी को आसानी से समझ सकते हैं। लेकिन इनके बारे में बात करने से पहले हमें यह समझना होगा कि हमें किसी व्यक्ति के साथ जल्द क़रीबी बढ़ानी हो तो हमें उसके साथ एक क़रीबी की तरह व्यवहार करना चाहिए। दरअसल, जब हम किसी व्यक्ति

से पहली बार मिलते हैं तब उस व्यक्ति से कोई बात करते समय हम काफ़ी सोच-विचार करते हैं। वहीं जब कुछ समय बाद उस व्यक्ति से हमारे संबंध बेहतर हो जाते हैं और उससे हमारी घनिष्ठता बढ़ जाती है, तब उससे बातचीत करते समय हम ज़्यादा सहज महसूस करते हैं। घनिष्ठता बढ़ने के बाद हम उससे कोई बात कहने में संकोच नहीं करते हैं और ना ही बहुत सोच-विचार करते हैं। घनिष्ठता बढ़ने के साथ ही हम एक-दूसरे से कुछ हँसी-मज़ाक़ की बातें भी करने लगते हैं। ऐसा इसलिए होता है, क्योंकि हम दोनों समय बीतने के साथ एक-दूसरे को ज़्यादा क़रीब महसूस करने लगते हैं। इससे यह बात समझ में आती है कि अगर हम सामने वाले व्यक्ति को जल्दी ही स्वयं के क़रीब महसूस करा दें तो हम उसके साथ जिस प्रकार का व्यवहार काफ़ी समय के बाद कर पाने की स्थिति में होते हैं, वैसा व्यवहार हम उसके साथ तुलनात्मक रूप से जल्दी कर पाने की स्थिति में होंगे। यह बात भी बहुत हद तक सच है कि जब तक किसी व्यक्ति को हमसे बात करने में कोई रुचि नहीं होती है या उसकी नज़र में हमारी कोई उपयोगिता नहीं होती है, तब तक वह हमसे बात करने में किसी तरह की दिलचस्पी नहीं दिखाता है। लेकिन अगर हम उस व्यक्ति को किसी तरह यह समझा पाने में सफल हो पाते हैं कि हमसे अच्छे संबंध बनाए रखने पर उसका भी कुछ फ़ायदा हो सकता है या हमारे साथ संबंध ख़राब होने पर उसका कुछ नुक़सान भी हो सकता है, तब हमारे में उस व्यक्ति की दिलचस्पी बढ़ जाती है। वह स्वयं ही हमारे साथ घनिष्ठता बढ़ाने का प्रयास करने लगता है। जब हम किसी व्यक्ति के साथ अपने संबंधों की शुरुआत करते हैं, तब आमतौर पर कोई एक कारक होता है, जो हमारे संबंधों को जोड़ता है। लेकिन समय के साथ हमें यह प्रयास करना चाहिए कि हमारे और उस व्यक्ति के संबंधों को जोड़ने के लिए एक से ज़्यादा कारक मौजूद हों। दरअसल, हमारे व किसी अन्य व्यक्ति के बीच के संबंधों को जोड़ने के लिए जितने ज़्यादा कारक मौजूद होते हैं, उतने ही हमारे और उस व्यक्ति के बीच के संबंध ज़्यादा मज़बूत होते हैं। ऐसा इसलिए होता है, क्योंकि जब किसी एक विषय (कारक) को लेकर उस व्यक्ति और हमारे बीच के संबंध ख़राब होने के कगार पर पहुंच जाते हैं, तब हम स्वयं और वह व्यक्ति, अन्य विषयों (कारकों) को ध्यान में रख कर हमारे बीच के संबंधों को ख़राब होने से बचाते हैं। दूसरे शब्दों में कहें तो किसी व्यक्ति के लिए जब हमारे संबंधों को जोड़ने वाला कोई एक कारक अप्रासंगिक हो जाता है या उसके लिए उस कारक का कोई महत्त्व नहीं रह जाता है, तब अन्य दूसरे कारक हमारे संबंधों को टूटने से बचाते हैं। इसलिए हमें अपने संबंधों को मज़बूत करने के लिए सामने वाले व्यक्ति को यह बताना चाहिए कि हम विभिन्न प्रकार से उससे कैसे जुड़े हुए हैं, हमारे और उसके बीच में कितनी समानताएं हैं; वे समानताएं हमारी जाति, धर्म, भाषा, क्षेत्र, व्यवसाय, नौकरी, विद्यालय या कॉलेज की या फिर किसी विचारधारा

के आधार पर हो सकती हैं। हमें किसी व्यक्ति के साथ इन आधारों पर अपने संबंध को मज़बूत करना किसी भी तरह से ग़लत नहीं होता है, बशर्ते कि हम किसी दूसरे व्यक्ति के साथ इन आधारों पर किसी प्रकार का भेदभाव नहीं करे। जैसा कि इस कहानी में मेरे गांव जाने पर जब भी शर्मा जी की मुझसे मुलाक़ात होती थी, तब वे अपने व हमारे पूर्वजों के घनिष्ठ संबंध होने की पुष्टि करने वाले ढेर सारे किस्से मुझे सुनाते थे। मुझे उन किस्सों को सुनाने के पीछे शर्मा जी का यह मक़सद होता था कि मुझको यह आभास हो कि हमारे और शर्मा जी के घर के संबंध पूर्व में भी काफ़ी अच्छे रहे थे। इस तरह उनका यह प्रयास होता था कि वह मुझे यह अहसास कर पाए कि वह मुझसे बहुत सिमिलर हैं अर्थात् वह मेरे अपने व क़रीबी व्यक्ति हैं। चूंकि सिमिलैरिटी अट्रैक्शन थ्योरी भी यही कहती है कि लोग उन दूसरे लोगों को ज़्यादा पसंद करते हैं और उनसे ज़्यादा आकर्षित होते हैं, जो उनके ख़ुद के समान प्रतीत होते हैं, इसलिए मेरे स्वयं के मन में भी यह भाव आने लगा था कि शर्मा जी अपने घर के ही व्यक्ति हैं। सिर्फ़ यही नहीं, बल्कि कॉन्स्ट्रुअल लेवल थ्योरी की निम्न-स्तरीय संरचनाएं भी यही बताती हैं कि जब कोई व्यक्ति किसी माध्यम (परिचित व्यक्ति, विचारधारा, संस्थान, क्षेत्र आदि) से स्वयं को हमारे नज़दीक पाता है अर्थात् उसे यह महसूस होता है कि हमारे और उसके बीच की सामाजिक दूरी (Social Distance) कम है और उसके और हमारे बीच काफ़ी समानताएं हैं, तब उस व्यक्ति की हमारे में रुचि बढ़ जाती है और वह हमसे वार्तालाप करने में ज़्यादा सहज हो जाता है। इसीलिए जब शर्मा जी ने एसडीएम चुन्नीलाल से मिलने जाने पर अपनी पर्ची पर अपने नाम के नीचे मेरा नाम भी लिखा और उनसे बात करते वक्त मेरा जिक्र किया तब चुन्नीलाल इस बात से सहमत हो गए कि शर्मा जी उनके जान-पहचान के ही व्यक्ति हैं। वही पर जिलाधिकारी से मिलते वक्त शर्मा जी ने चुन्नीलाल से अपनी मुलाक़ात और उनके द्वारा की गई जिलाधिकारी की तारीफ़ का जिक्र किया, तब जिलाधिकारी को भी यह अहसास हुआ कि चुन्नीलाल उनके लिए कोई अजनबी व्यक्ति नहीं हैं।

इस तरह शर्मा जी से मिलकर और बातचीत करके चुन्नीलाल व जिलाधिकारी, दोनों को ही, यह महसूस हुआ था कि शर्मा जी उनके काफ़ी नज़दीकी व्यक्ति हैं। चुन्नीलाल से मिलने पर शर्मा जी ने मेरा नाम लिया, जबकि जिलाधिकारी से मिलने पर उन्होंने चुन्नीलाल का, इसलिए हम कह सकते हैं कि उन दोनों ही लोगों से अपने संबंधों को मज़बूत करने के लिए शर्मा जी ने नेम ड्रापिंग का सहारा लिया। हालांकि, लोगों के साथ अपने संबंध बनाने और अपनी स्थिति को मज़बूत करके प्रदर्शित करने के लिए यह नेम ड्रापिंग की स्ट्रैटेजी ठीक होती है; लेकिन ऐसे में हमें यह ध्यान रखना चाहिए कि हम किसी व्यक्ति से अपनी निकटता बढ़ाने के लिए किसी ऐसे दूसरे व्यक्ति से अपने संबंध होने की बात नहीं करने लगें, जिसके साथ

सामने वाले व्यक्ति का संबंध ख़राब हो। जैसा कि बैलेन्स थ्योरी का दावा है कि असंतुलित संरचनाएं नकारात्मक प्रभाव की असहज भावना से जुड़ी होती हैं, और यह नकारात्मक भावना लोगों को संतुलित संरचनाओं के लिए प्रयास करने और असंतुलित संरचनाओं से बचने के लिए प्रेरित करती है। इसलिए अगर हमें किसी दूसरे व्यक्ति से अपने संबंध अच्छे बनाए रखने हैं या मज़बूत करने हैं तो हमें उसके सामने कोई ऐसी बात नहीं बोलनी चाहिए, जो उसे असहज कर दे अन्यथा इसकी वजह से उसके और हमारे बीच के संबंधों का संतुलन बिगड़ सकता है। किसी व्यक्ति के साथ अपने संबंधों को मज़बूत करने का एक जांचा-परखा तरीक़ा उस व्यक्ति की तारीफ़ करना भी है।

व्यक्ति चाहे कोई भी हो पर उसे अपनी प्रशंसा सुनना अच्छा लगता ही है। कोई दूसरा व्यक्ति अगर उसकी प्रशंसा करता है तो उस व्यक्ति में उसकी रुचि बढ़ ही जाती है। जैसा कि इस कहानी में शर्मा जी सभी अधिकारियों की प्रशंसा करके ही स्वयं में उनकी रुचि बढ़ाने का प्रयास करते थे। शर्मा जी कभी भी किसी अधिकारी द्वारा कही जा रही किसी बात को काटते नहीं थे। चाहे वो एसडीएम चुन्नीलाल हों या जिलाधिकारी महोदय, वो लोग जो भी बात कहते थे, उसमें शर्मा जी सिर्फ़ उनकी हां में हां मिलते थे। चूंकि बैलेन्स थ्योरी भी यही कहती है कि व्यक्तियों और वस्तुओं के बीच कुछ संरचनाएं संतुलित होती हैं, जबकि अन्य संरचनाएं असंतुलित होती हैं; और संतुलित संरचनाएं आमतौर पर असंतुलित संरचनाओं की अपेक्षा ज़्यादा पसंद की जाती हैं। इसलिए जब शर्मा जी अधिकारियों की सभी बातों को पूरी तरह स्वीकार कर लेते थे और उनके व्यक्तित्व व कार्यशैली को सर्वोत्तम करार देते थे, तब उन अधिकारियों के मन में शर्मा जी के प्रति संतुलित संरचनाओं का निर्माण होता था, जिसकी वजह से वे शर्मा जी से मिलना और बात करना पसंद करते थे। वहीं शर्मा जी जिलाधिकारी से हुई अपनी किसी मुलाक़ात व बातचीत के बारे में एसडीएम चुन्नीलाल से बता कर वह अपनी छवि और ताक़त को बढ़ा-चढ़ा कर प्रस्तुत करने का प्रयास करते थे।

शर्मा जी द्वारा चुन्नीलाल से बात करते हुए उनके वरिष्ठ अधिकारी का नाम लेकर अपनी स्थिति को मज़बूत प्रदर्शित करने के प्रयास को नेम ड्रापिंग भी कहा जाता है। इसके माध्यम से शर्मा जी चाहते थे कि एसडीएम चुन्नीलाल को यह बात समझ में आ जाए कि शर्मा जी का समय बदल चुका था और वह उनका फ़ायदा और नुक़सान दोनों ही करने की स्थिति में आ चुके थे। दरअसल, जब व्यक्ति ऐसी स्थिति में होता है तब दूसरे लोग स्वयं ही उससे अच्छे संबंध बनाए रखना चाहता है। इस वजह से जब बाद में शर्मा जी का जिलाधिकारी महोदय व अन्य वरिष्ठ अधिकारियों के साथ घनिष्ठ संबंध हो गए तब चुन्नीलाल स्वयं ही शर्मा जी से अपने संबंध को अच्छा बनाए रखने और उन संबंधों को और भी मज़बूत करने के लिए

उनके घर भी पधारने लगे थे। इस तरह इस कहानी में शर्मा जी ने सर्वप्रथम, मुझसे क़रीब होने के लिए अपने व हमारे पूर्वजों के घनिष्ठ होने के किस्से सुनाए, फिर मुझसे अच्छे संबंध होने की बात कर के एसडीएम चुन्नीलाल से क़रीबी बढ़ाई, और फिर जिलाधिकारी महोदय व अन्य बड़े अधिकारियों की तारीफ़ कर के व उनसे भी एक क़रीबी व्यक्ति की तरह व्यवहार करके उनके क़रीब आए व अपने संबंधों को मज़बूत बना लिए। इसलिए किसी व्यक्ति के क़रीब होने के लिए हमें उसे यक़ीन दिलाना चाहिए, हम पहले से ही उसके बहुत क़रीबी हैं।

# 26

# सिर्फ़ एक भगवान के भरोसे नहीं रहें!

### *कहानी : मंत्री जी के पीए बनवारी लाल*

**क्या** आपका पाला किसी बड़े साहब के पीए से पड़ा है? ऐसा अक्सर होता है कि बड़े साहब भले ही नरम दिल वाले हों, लेकिन उनके पीए थोड़े रौब वाले होते हैं। ऐसे ही थे, मंत्री जी के पीए बनवारी लाल। पीए बनवारी लाल, ख़ुद को मंत्री जी के बराबर नहीं तो उनसे कम भी नहीं समझते थे। उनको लगता था कि चूंकि वे मंत्री जी के साथ काम कर रहे थे इसलिए उन्हें अन्य व्यक्तियों से संबंध बनाने की कोई ज़रूरत नहीं थी। अपनी इसी सोच के कारण वह किसी से मिलने में ज़्यादा रुचि नहीं दिखाते और घमंड में रहते। यहां तक कि मंत्री जी से मिलने के लिए जब कोई उनके पास आता, तब उस व्यक्ति को वह अपने ही कार्यालय में बैठाए रखते और उसे बताते कि मंत्री जी व्यस्त हैं। इसके बाद भी अगर वह आगंतुक मंत्री जी से मिलने के लिए उनसे बहुत निवेदन करता तो वह उसे मिलवा तो देते, लेकिन उस व्यक्ति को यह अहसास ज़रूर करा देते कि वह उसकी बहुत बड़ी मदद कर रहे हैं। इस तरह बनवारी लाल दिनभर अफ़सरों, उद्योगपतियों और पत्रकारों से घिरे रहते। वे लोग त्योहारों पर उपहार लेकर मंत्री जी से मिलने आते, तब वे बनवारी लाल से भी अवश्य मिलते। कई लोगों से इस तरह का सम्मान मिलने के कारण बनवारी लाल को इस बात की ग़लतफ़हमी हो गयी थी कि उनका लोगों के साथ का नेटवर्क काफ़ी अच्छा और वृहद् हो गया है। सिर्फ़ बनवारी लाल ही नहीं, बल्कि उनसे संबंधित अन्य लोगों को भी यह लगने लगा था कि बनवरी की जान-पहचान बहुत लोगों से है।

ऐसा ही वर्षों तक चलता रहा, फिर एक दिन अचानक से किसी बात पर मंत्री जी बनवारी लाल से नाराज़ हो गए। मंत्री जी की नाराज़गी का आलम यह था कि

उन्होंने बनवारी लाल को अगले ही दिन अपने ऑफ़िस से विदा कर दिया। मंत्री जी के कार्यालय से निकाले जाने के बाद लोग किसी कार्य के लिए जब भी बनवारी लाल से संपर्क करते, तब वह उनको बताते कि वह अब मंत्री जी के ऑफ़िस में कार्यरत नहीं हैं। क्योंकि लोग बनवारी लाल को सिर्फ़ अपने स्वार्थ के चलते संपर्क करते थे, इसलिए इतना सुनते ही कि मंत्री जी के कार्यालय से बनवारी लाल की विदाई हो चुकी है, लोगों का प्रयास होता था कि वो जल्दी से फ़ोन रख कर मंत्री जी से संपर्क करने का कोई दूसरा रास्ता खोजें। जो अधिकारी दुआ-सलाम के लिए फ़ोन किया करते थे, वो अब बनवारी लाल के फ़ोन करने पर भी जवाब नहीं दे रहे थे। पहले की तरह त्योहारों पर कोई उपहार तो लाना दूर, बनवारी लाल को कोई शुभकामना संदेश भी नहीं भेज रहा था। बनवारी लाल का अच्छा और वृहद् नेटवर्क ग़ायब हो चुका था और इसी के साथ ग़ायब हो चुका था उनका रौब। जिनको बनवारी लाल मंत्री जी से मिलवाने से पहले अपने कार्यालय में घंटों इंतज़ार करवाया करते थे, वे लोग भी मन ही मन में यही कह रहे थे कि सही हुआ इसके (बनवारी लाल) साथ। अब बनवारी लाल का समय जा चुका था और दूर हो चुका था उनका भ्रम, कि उनका नेटवर्क काफ़ी बड़ा और मज़बूत है।

यहां इस कहानी का ज़िक्र इसलिए किया गया है, क्योंकि मैनेजमेंट और साइकोलॉजी की कुछ कॉन्सेप्ट भी इस बारे में बात करती हैं कि आख़िर व्यक्ति को अन्य लोगों के साथ किस प्रकार अपना नेटवर्क बनाना चाहिए और एक सफल व्यक्ति अपने समय का कितना प्रतिशत भाग लोगों से मिलने जुलने पर ख़र्च करता है। तो आइए इन कॉन्सेप्ट के बारे में हम विस्तार से बात करते हैं।

## संबंधित कॉन्सेप्ट :

### लूथन्स के कार्य (Luthans' Work):

लूथन्स (1988) ने विश्व की कुछ सबसे बड़ी कंपनियों के सीईओ पर उनके टाइम मैनेजमेंट से संबंधित एक अध्ययन किया। उन्होंने अपने अध्ययन में सीईओ को मैनेजर कहा और उन्हें तीन भागों में विभाजित किया; औसत मैनेजर, प्रभावी मैनेजर और सफल मैनेजर। लूथन्स के अनुसार औसत मैनेजर वो लोग थे, जिनका एक मैनेजर के तौर पर कार्य और उनका स्वयं का करियर ग्रोथ औसत दर्जे का था। प्रभावी मैनेजर वो लोग थे, जिनका कार्य तो बहुत ही प्रभावी था, लेकिन उनका करियर ग्रोथ औसत दर्जे का था। जबकि सफल मैनेजर वो लोग थे, जिनका कार्य तो औसत दर्जे का था, लेकिन उनका करियर ग्रोथ अव्वल दर्जे का था।

लूथन्स ने अपने अध्ययन में पाया कि सभी मैनेजर निम्नलिखित चार प्रमुख प्रबंधकीय गतिविधियों में संलग्न रहते थे :

1. **ट्रेडिशनल मैनेजमेंट** (Traditional Management) **:** इस गतिविधि में योजना बनाना, निर्णय लेना और नियंत्रण करना शामिल होता है। औसत मैनेजर अपना 32% समय इस गतिविधि को करने में बिताते थे, जबकि सफल मैनेजर 13% और प्रभावी मैनेजर अपना 13% समय इस गतिविधि में व्यतीत करते थे।

2. **कम्यूनिकेशन** (Communication) **:** इस गतिविधि में नियमित सूचनाओं का आदान–प्रदान और काग़ज़ी कार्यवाही की प्रक्रिया शामिल होती है। औसत मैनेजर अपना 29% समय इस गतिविधि को करने में लगाते थे, जबकि सफल मैनेजर 28% और प्रभावी मैनेजर अपना 44% समय इस गतिविधि में व्यतीत करते थे।

3. **ह्यूमन रिसोर्स मैनेजमेंट** (Human Resource Management) **:** इस गतिविधि में प्रेरणा, अनुशासन, कॉन्फ़्लिक्ट मैनेजमेंट, स्टाफ़िंग और ट्रेनिंग शामिल होती है। औसत मैनेजर अपना 20% समय इस गतिविधि को करने में लगाते थे, जबकि सफल मैनेजर 11% और प्रभावी मैनेजर अपना 26% समय इस गतिविधि में लगाते थे।

4. **नेटवर्किंग** (Networking) **:** इस गतिविधि में सामाजिकता, राजनीति करना और बाहरी लोगों के साथ बातचीत करना शामिल होता है। औसत मैनेजर अपने समय का 19% इस गतिविधि को करने में व्यतीत करते थे, जबकि सफल मैनेजर 48% और प्रभावी मैनेजर अपना 11% समय इस गतिविधि में व्यतीत करते थे।

यह पाया गया कि सफल मैनेजरों ने सामाजिकता, कम्यूनिकेशन और नेटवर्किंग में अधिक समय और प्रयास लगाया। उन्होंने ट्रेडिशनल मैनेजमेंट गतिविधियों या ह्यूमन रिसोर्स मैनेजमेंट गतिविधियों में अपना अधिक समय नहीं लगाया।

## Effective vs Successful Managerial Activities :

### गतिविधियों के अनुसार समय का आवंटन

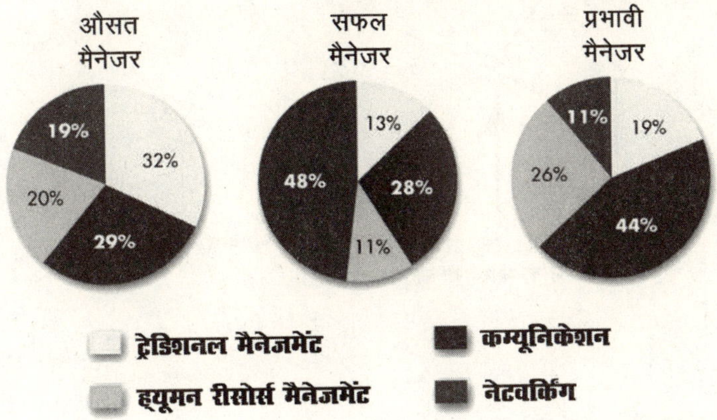


**द फ़ैमिली ट्री मॉडल (The Family Tree Model) :**

यह मॉडल इस विचार पर आधारित है कि मनुष्य मूल रूप से सामाजिक व संवादात्मक प्राणी हैं। इस मॉडल के सहयोग से हम अपने मित्रों और परिचितों के समूह से अपने संबंधों/जुड़ाव की मज़बूती का आकलन कर सकते हैं। इसके लिए हमें इस बारे में सोचना होगा कि हमारे मित्रों और परिचितों का समूह हमसे किस तरह से जुड़ा है। हम अपने अधिकांश मित्रों से किस व्यक्ति के माध्यम से मिले थे? क्या हम अभी भी उस व्यक्ति के मित्र हैं, जिसके माध्यम से हम अधिकांश मित्रों से मिले थे? एक पेड़ के आकार में हमें अपने दोस्तों और परिचितों से जुड़ाव की संरचना बनाना चाहिए। उसके बाद हमें देखना चाहिए कि कोई व्यक्ति कैसे और किसके माध्यम से, हमारा मित्र बना था। हमें उस संरचना में लोगों को जोड़ने के लिए जितनी अधिक शाखाएं बनानी होंगी, हमारी मित्र मंडली की संरचना उतनी ही विविध व मज़बूत मानी जाएगी। जिस पेड़ से ढेर सारी शाखाएं निकलेंगी, उसके टूटने पर हमें उतना ही ज़्यादा नुक़सान का जोखिम रहेगा अर्थात् जिस व्यक्ति के माध्यम से हम ढेर सारे लोगों से मिले होंगे, उससे हमारे संबंध ख़राब होने पर हमें ज़्यादा नुक़सान होने का जोखिम रहेगा।

## फैमिली ट्री मॉडल (Family Tree Model) :

### निहितार्थ :

'मंत्री जी के पीए बनवारी लाल' कहानी के माध्यम से हम इन कॉन्सेप्ट को आसानी से समझ सकते हैं। उससे पहले हमें यह समझना होगा कि मनुष्य एक सामाजिक प्राणी है। हम सभी को किसी न किसी की मदद की ज़रूरत पड़ती ही है। इसीलिए जब मनुष्य के पास संचित विभिन्न प्रकार की पूंजियों की बात होती है तब उसमें आर्थिक, मनोवैज्ञानिक, मानव के अलावा सामाजिक पूंजी का भी ज़िक्र होता है। यह इसलिए, क्योंकि सामाजिक पूंजी किसी भी व्यक्ति की बहुत बड़ी ताक़त होती है।

जैसा कि हितोपदेश (1/53) में भी कहा गया है कि

*'यानि कानि च मित्राणि कर्त्तव्यानि शतानि च'*

अर्थात् व्यक्ति को विभिन्न हैसियत और तबके के व्यक्तियों के साथ अपनी मित्रता बढ़ानी चाहिए।

ऐसा इसलिए भी है, क्योंकि हमें नहीं पता होता है कि हमारे जीवन में कब, कौन सी मुसीबत प्रकट हो जाएगी और उस समय हमें किससे मदद मांगनी पड़ जाएगी। हमारे जीवन में कभी ऐसी भी स्थिति आती है, जब हम किसी से कोई कार्य पैसे देकर नहीं करा सकते हैं, लेकिन अगर उस व्यक्ति से हमारे संबंध अच्छे होते हैं, तब वह उस कार्य में हमारी मदद कर देता है। इसलिए हमें लोगों से अच्छे संबंध बना कर रखना चाहिए। लूथन्स के अध्ययन में भी यही बात पाई गई कि सफल प्रबंधकों ने अपने समय का अधिकांश हिस्सा सामाजिकीकरण, बातचीत और

नेटवर्किंग से संबंधित गतिविधियों में लगाया। उन्होंने ट्रेडिशनल मैनेजमेंट गतिविधियों या ह्यूमन रीसोर्स मैनेजमेंट गतिविधियों में अधिक समय नहीं ख़र्च किया। जबकि इस कहानी में पीए बनवारी लाल इस बात का ध्यान नहीं रख पाए। उन्होंने केवल मंत्री जी के साथ काम करने और उनके साथ स्वयं के अच्छे संबंध होने के घमंड में अपने अच्छे दिनों में अन्य लोगों से सिर्फ़ ज़रूरत भर का ही मतलब रखा। अपने इस व्यवहार के चलते होने वाली हानि का अहसास उन्हें तब हुआ, जब उनका मंत्री जी से संबंध ख़राब हो गया और सभी लोग उनसे दूर हो गए। जीवन का यह भी एक यथार्थ सच है कि यहां सभी अकेले आते हैं और अकेले ही जाते हैं। किसी का किसी के साथ जीवनभर का रिश्ता नहीं होता है। ख़ासतौर पर जब हम प्रोफ़ेशनल रिश्तों की बात करते हैं, तब यह बात और भी सच साबित हो जाती है। प्रोफ़ेशनल रिश्तों में तो हमारा रिश्ता किससे और कब ख़राब हो जाए, आज का हमारा कौन सा मित्र कल को हमारा शत्रु बन जाए, हमें कुछ नहीं पता होता है।

जैसा कि महाभारत (शांतिपर्व : 80/8-9) में भी इस संबंध में कहा गया है कि

> *'असाधुः साधुतामेति साधुर्भवति दारुणः अरिश्च मित्रं भवति मित्रं चापि प्रदुष्यति अनित्यचित्तः पुरुषः'*

अर्थात् एक दुष्ट व्यक्ति ईमानदारी का वेश धारण करता है और जो ईमानदार होता है वह अन्यथा बन जाता है। शत्रु मित्र बन सकता है और मित्र शत्रु। एक आदमी हमेशा एक ही दिमाग़ का नहीं हो सकता।

कभी-कभी तो ग़लती किसी की भी नहीं होती है और सिर्फ़ कुछ ग़लतफ़हमियों के कारण ही बहुत मज़बूत रिश्ता भी टूट जाता है। इसलिए हमें यह मान कर चलना चाहिए कि हमारा सबसे निकट और विश्वसनीय व्यक्ति भी कभी पराया हो सकता है। ऐसे समय में किसी विकट परिस्थिति से बचने में फ़ैमिली ट्री मॉडल की अवधारणा हमारी मदद कर सकती है। दरअसल, फ़ैमिली ट्री मॉडल हमें यह सुझाव देता है कि जब भी हम अपना सामाजिक दायरा बढ़ाएं और विभिन्न लोगों से अपना संबंध स्थापित करें, तब हमें यह ध्यान रहे कि हम अपने अधिकांश संबंध किसी एक व्यक्ति के माध्यम से नहीं बनाए। ऐसा इसलिए क्योंकि अगर हमारे अधिकांश संबंध किसी एक व्यक्ति के माध्यम से होंगे, तो उस व्यक्ति से किसी कारणवश हमारे संबंध ख़राब हो जाने की स्थिति में उसके माध्यम से अन्य लोगों से बने हमारे संबंधों पर भी नकारात्मक प्रभाव पड़ेगा। जैसा कि इस कहानी में पीए बनवारी लाल के अधिकांश संबंध उनके मंत्री जी के माध्यम से ही थे। अधिकतर लोगों से उनके संबंध, मंत्री जी के संबंध पर ही टिके हुए थे। इसलिए जब मंत्री जी से उनका संबंध

ख़राब हुआ तब उनके अन्य लोगों के साथ संबंध पूरी तरह नष्ट हो गए या फिर बहुत कमज़ोर हो गए। इसलिए हम जब भी किसी एक व्यक्ति के साथ कार्य कर रहे हों, तब हमें उसके साथ पूरी ईमानदारी और कर्तव्यनिष्ठा से कार्य करते रहना चाहिए। लेकिन हमें उस व्यक्ति के साथ काम करते हुए अपनी सामाजिक पूंजी को बढ़ाने का प्रयास करते रहना चाहिए। इस दौरान हमें यह ध्यान रखना चाहिए कि अपनी सामाजिक पूंजी को बढ़ाने के लिए हम सिर्फ़ उसी व्यक्ति को माध्यम नहीं बना रहे हों अर्थात् हमें दूसरे लोगों से अपने सामाजिक संबंध सिर्फ़ उसी व्यक्ति के माध्यम से नहीं बनाने चाहिए। अगर किसी एक व्यक्ति के माध्यम से हमारा अन्य दूसरे लोगों से संपर्क हो, तब हमें कि उन लोगों से यथाशीघ्र अपना सीधा संपर्क स्थापित करने का प्रयास करना चाहिए। दूसरे शब्दों में कहें तो जब भी कोई व्यक्ति हमें किसी दूसरे व्यक्ति से मिलाए तो हमें यह कोशिश करनी चाहिए कि दूसरे वाले व्यक्ति से हम व्यक्तिगत तौर पर भी मिलें और किसी तरह उसकी नज़र में स्वयं की उपयोगिता सिद्ध कर पाएं, जिससे की हम उसके सीधे संपर्क में आ सकें। इससे वो व्यक्ति हमारे संबंधों के फ़ैमिली ट्री मॉडल में पहले व्यक्ति (पेड़) की शाखा नहीं हो कर एक दूसरे पेड़ का रूप ले लेगा और हमसे सीधा जुड़ जाएगा। इस तरह हम पहले व्यक्ति से अपने संबंध ख़राब होने की स्थिति में भी उसके माध्यम से जिन अन्य लोगों से मिले होंगे, उनसे अपने संबंधों को सुरक्षित रख पाएंगे। इन बातों को पीए बनवारी लाल अपने जीवन में लागू नहीं कर पाए और सिर्फ़ एक भगवान (मंत्री जी) के भरोसे अपना जीवन छोड़े रखे। इसकी वजह से बाद में उनके भगवान अर्थात् मंत्री जी से संबंध ख़राब होने के कारण उन्हें भारी नुक़सान हुआ। इसलिए हमें अपने जीवन में सिर्फ़ एक भगवान के भरोसे नहीं रहना चाहिए।

# 27

# लोगों की नज़रों में बने रहें

## *कहानी : कन्हैया पेंटर की व्यस्तता*

एक कारीगर व्यक्ति अपने कार्य में इतना माहिर होता है कि सभी लोग उसी से अपना काम करवाना चाहते हैं। ऐसे में उस कारीगर के पास इतना अधिक काम रहता है कि वह हमेशा काम के बोझ तले दबा रहता है। वहीं दूसरी ओर एक दूसरे प्रकार का कारीगर होता है। इसके पास काम करने का कौशल तो औसत दर्जे का ही होता है, लेकिन इसके पास भी कभी काम की कमी नहीं रहती है। इसके पास भी हमेशा एडवांस में ही काम रहता है। दरअसल, इस व्यक्ति की अपने आसपास के लोगों से बहुत अच्छी जान-पहचान होती है; इसलिए उन लोगों को जब भी कोई काम होता है या उनसे अगर दूसरे लोग किसी कारीगर के बारे में पूछते हैं, तब उन्हें सबसे पहले यही कारीगर याद आता है। इस तरह औसत दर्जे का कौशल होने के बावज़ूद इस कारीगर के पास भी काम की भरमार रहती है। क्या आप इस दूसरे प्रकार वाले किसी व्यक्ति को जानते हैं?

मैं जब पिछले वर्ष दीपावली में अपने गांव के घर की पुताई कराने के लिए कोई पेंटर खोज रहा था तब एक ऐसे ही व्यक्ति से मेरी मुलाक़ात हुई। दरअसल, पिछले वर्ष जब मैं अपने गांव गया था तब वहाँ के घर की पुताई कराने के लिए मैंने कई लोगों से किसी अच्छे पेंटर का नाम पूछा। मुझे तब बहुत आश्चर्य हुआ, जब अधिकतर लोगों ने मुझे कन्हैया पेंटर का ही नाम सुझाया। उसके बाद जब मैंने कन्हैया पेंटर से बात की तो पता चला कि वह अगले कुछ महीनों तक अन्य लोगों के यहां कार्यों में व्यस्त है। हालांकि मुझे कई अन्य पेंटर तो मिल रहे थे। लेकिन चूंकि अधिकतर लोगों ने मुझे कन्हैया पेंटर का ही नाम सुझाया था; इसलिए मुझे उन्हीं से पेंटिंग कराने में दिलचस्पी थी। कन्हैया पेंटर से मैंने एक बार पुनः बातचीत

कर उन्हें काम के लिए सहमत करने का प्रयास किया। मेरे दोबारा प्रयास से अंततः वह इस बात के लिए तैयार हुए कि वह दिन में किसी अन्य के यहां अपना काम करने के बाद शाम को मेरे घर की पुताई करेंगे। इस तरह अगले दिन से हमारे घर की पुताई का काम शुरू हो गया। कन्हैया के पेंटिंग करने का कौशल मुझे औसत दर्जे का ही लग रहा था; इसलिए मुझे यह बात नहीं समझ आ रही थी कि आख़िर अच्छे पेंटर के नाम पर अधिकतर लोगों ने मुझे कन्हैया का ही नाम क्यों सुझाया था? ख़ैर धीरे-धीरे पेंटिंग का काम कुछ आगे बढ़ा। काम शुरू हुए अभी कुछ ही दिन हुए थे तभी एक दिन कन्हैया हमारे यहां काम करने को लेकर अफ़सोस ज़ाहिर करने लगे। उनका कहना था कि उनकी दिनचर्या में पहले शाम के समय बाज़ार में लोगों के साथ चाय-पानी और बातचीत करने का कार्यक्रम शामिल था। रोज़ाना शाम को पुताई का काम ख़त्म करने के बाद वह लोगों के साथ चाय-पानी करने बाज़ार ज़रूर जाते थे। लेकिन हमारे यहां काम करने से उनका वह कार्यक्रम प्रभावित हो रहा था। उनके द्वारा अफ़सोस किए जाने पर मैंने उनसे पूछा कि क्या वह सिर्फ़ लोगों के साथ चाय-पानी और बातचीत नहीं कर पाने की वजह से इतना अफ़सोस कर रहे हैं?

तब कन्हैया ने मुझे विस्तार से बताते हुए कहा कि वह हर रोज़ शाम के समय में चाय पीने के बहाने लोगों से मिलते-जुलते रहते थे। चूंकि वह हमेशा लोगों के संपर्क में रहते थे; इसलिए अगर किसी के यहां कोई पेंटिंग का काम होता था, तो वह सबसे पहले कन्हैया को ही बता दिया करते थे। इस वजह से कन्हैया के पास लगभग अगले 2 महीने का काम पहले से ही रहता था। पिछले कुछ दिनों से शाम के समय हमारे घर पर पेंटिंग में व्यस्त होने के कारण उनकी किसी से मुलाक़ात नहीं हो पा रही थी, इसलिए वह परेशान थे। उन्हें यह भय था कि उनकी अनुपस्थिति में लोग पेंटिंग के लिए किसी अन्य (कारीगर) व्यक्ति से संपर्क करना शुरू कर देंगे। कन्हैया के अफ़सोस करने का कारण सुन कर अब मुझे समझ में आ चुका था कि कन्हैया पेंटर के पास औसत दर्जे का कौशल होने के बाद भी लोगों को उनका नाम क्यों याद रहता था? और आख़िर अधिकतर लोगों ने मुझे कन्हैया पेंटर का ही नाम क्यों सुझाया था? इन सभी प्रश्नों का उत्तर यह था कि कन्हैया आसपास के लोगों के साथ हमेशा संपर्क में रहते थे, इसलिए लोग जब भी पेंटिंग के बारे में सोचते थे तब उन्हें सबसे पहले कन्हैया का ही नाम ध्यान आता था। शायद इसी वजह से हमारे गांव में पेंटर मतलब सिर्फ़ कन्हैया पेंटर ही होता था। कन्हैया पेंटर की इस बुद्धिमता पर जब हमने उनकी सराहना की तब उन्होंने मुझे बताया कि कुछ समय के अंतराल पर वह ख़ुद ही लोगों से उनके यहां कोई पेंटिंग का कार्य होने की बात पूछ लेते थे। इस पर जब मैंने उनसे यह पूछा कि पेंटिंग का कोई कार्य होने की बात बार-बार लोगों से पूछने पर कहीं वे नाराज़ तो नहीं हो जाते थे? इस पर कन्हैया का जवाब था कि उनके ऊपर तो कभी कोई व्यक्ति नाराज़ नहीं हुआ। उन्होंने अपना

अनुभव साझा करते हुए बताया कि अक्सर लोग ही भूल जाया करते थे कि उन्हें घर की पुताई कराए हुए बहुत समय हो गया या कोई त्योहार भी नज़दीक आ गया। इसलिए पुताई के लिए याद दिलाए जाने पर वे लोग कन्हैया के प्रति आभार ही प्रकट करते थे। इस तरह कन्हैया से बातचीत करते हुए धीरे-धीरे मेरे घर की पुताई का कार्य भी पूरा हो गया।

यहां पर इस कहानी का ज़िक्र इसलिए किया गया, क्योंकि मैनेजमेंट और साइकोलॉजी की कुछ कॉन्सेप्ट भी किसी ब्रांड या व्यक्ति का अन्य लोगों के दिमाग़ पर पड़ रहे प्रभाव और उसके पीछे के कारण के बारे में बात करती हैं। तो आइए अब उन कॉन्सेप्ट के बारे में हम विस्तार से बात करते हैं।

## संबंधित कॉन्सेप्ट :

### टॉप-ऑफ़-माइंड अवेयरनेस (Top-Of-Mind Awareness - TOMA) :

टॉप-ऑफ़-माइंड अवेयरनेस इस बात का एक माप होता है कि किसी भी ब्रांड का उसके ग्राहकों के दिमाग़ पर कितना प्रभाव है। मार्केटिंग में, टॉप-ऑफ़-माइंड अवेयरनेस एक ग्राहक द्वारा किसी विशेष या किसी श्रेणी के उद्योग के बारे में सोचते समय किसी एक ब्रांड या विशिष्ट उत्पाद को संदर्भित करता है, जो उसके दिमाग़ में सबसे पहले आता है।

**टॉप-ऑफ-माइन्ड अवेयरनेस (TOMA) :**

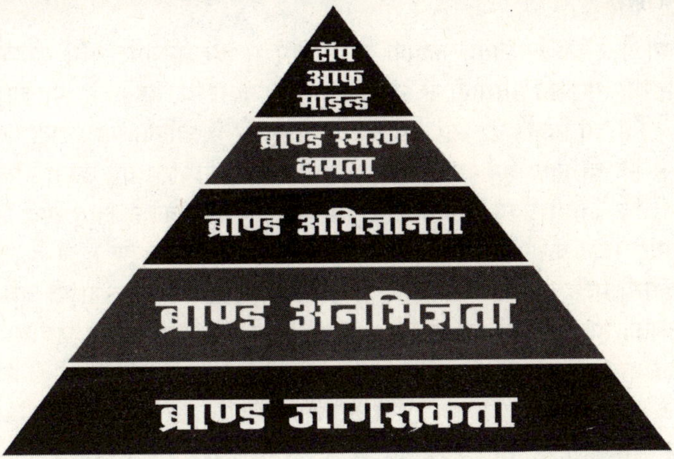

**रीसेन्सी इफ़ेक्ट (Recency Effect) :**

रीसेन्सी इफ़ेक्ट, किसी सूची में दी हुई विभिन्न सूचनाओं में से अंत में दी गयी सूचनाओं को लोगों द्वारा अधिक आसानी से याद करने की प्रवृत्ति को संदर्भित करता है। रीसेन्सी इफ़ेक्ट के मामले में तर्क दिया जाता है कि चूंकि किसी सूची में दी हुई सूचनाओं को पढ़ते समय उस सूची के अंत में दी गयी सूचनाओं को व्यक्ति ने सबसे हाल ही में पढ़ा (प्राप्त किया) होता है, इसलिए उस सूचना का उस व्यक्ति के अल्पकालिक स्मृति में होने की संभावना ज़्यादा रहती है।

**रीसेन्सी इफ़ेक्ट के कारण :**

रीसेन्सी इफ़ेक्ट अल्पकालिक स्मृति पर निर्भर होता है। इस प्रकार की स्मृति को सक्रिय या प्राथमिक स्मृति के रूप में भी जाना जाता है। इस स्मृति द्वारा थोड़े समय के लिए मस्तिष्क में अपेक्षाकृत कम मात्रा में सूचना संग्रहीत करने की क्षमता होती है। मस्तिष्क में संग्रहित इन सूचनाओं को उपयोग के लिए सक्रिय रखा जाता है, लेकिन इसमें हेरफेर नहीं किया जाता है। अल्पकालिक स्मृति, अपनी क्षमता और अवधि दोनों के संदर्भ में सीमित होती है। रीसेन्सी प्रभाव होने का एक कारण यह हो सकता है कि व्यक्ति उन सूचनाओं को आसानी से याद कर लेते हैं, जो कुछ समय बीतने के बाद भी उनकी अल्पकालिक स्मृति में थोड़ी सी बची रह गयी होती है। हालांकि यदि व्यक्ति उस जानकारी का पूर्वाभ्यास नहीं करता है, तो यह उनकी स्मृति से मद्धिम पड़ जाती है और जल्दी ही ग़ायब हो जाती है।

## निहितार्थ :

'कन्हैया पेंटर की व्यस्तता' कहानी के माध्यम से हम मैनेजमेंट और साइकोलॉजी की इन कॉन्सेप्ट को आसानी से समझ सकते हैं। जैसा कि यह उतना महत्त्वपूर्ण नहीं होता है कि हम कितने ढेर सारे बड़े लोगों को जानते हैं, बल्कि यह ज़्यादा महत्त्वपूर्ण होता है कि वो लोग हमें जानते हैं या नहीं? ठीक उसी तरह यह उतना ज़रूरी नहीं होता है कि किसी प्रकार की ज़रूरत पड़ने पर हमें ऐसे कितने लोग याद आते हैं, जो हमारी मदद करने में सक्षम हों? बल्कि यह ज़्यादा महत्त्वपूर्ण होता है कि अगर कोई हमारी मदद करने की स्थिति में हो, और वह हमारी मदद करना भी चाहता हो, तब उसको हमारा ध्यान आ रहा है या नहीं? ऐसा इसलिए क्योंकि जब हम किसी से मदद मांगते हैं तब यह ज़रूरी नहीं होता है कि वह व्यक्ति उस समय हमारी मदद करने की स्थिति में हो ही। यह संभव है कि वह व्यक्ति उस समय हमारी मदद करने में असमर्थता ज़ाहिर करते हुए, भविष्य में हमारी मदद करने का आश्वासन दे। ऐसे में अब हमारे सामने यह चुनौती रहेगी कि हम हर दूसरे दिन उस व्यक्ति को उसके

द्वारा दिए गए आश्वासन की याद तो दिला नहीं सकते। ऐसा इसलिए, क्योंकि हमारी मदद करने के लिए किसी भी व्यक्ति की हमारे प्रति कोई प्रतिबद्धता तो होती नहीं है। ऐसी स्थिति में यह ज़रूरी हो जाता है कि हम उस व्यक्ति के टॉप ऑफ़ द माइंड में बने रहें। जैसा कि हर कंपनी अपने ग्राहकों के 'टॉप-ऑफ़-माइंड अवेयरनेस' का ख़ासा ध्यान रखती है। हर कंपनी कोशिश करती है उसके उद्योग से संबंधित उत्पादों के बारे में सोचते समय ग्राहकों के दिमाग़ में सबसे पहले उसकी ब्रांड का उत्पाद आए। इसके लिए सभी कंपनियां विज्ञापन का सहारा लेती हैं। ठीक उसी तरह से हमें भी अन्य लोगों के ध्यान में बने रहने के लिए किसी न किसी माध्यम से उनसे संपर्क में रहना चाहिए। इससे हम यह सुनिश्चित कर पाएंगे कि जब वे लोग हमारी मदद करने की स्थिति में हों, उन्हें हमारी मदद करने की इच्छा भी हो, तब हम उनके ध्यान में आ सकें और वो हमारी मदद कर सकें। हम उन लोगों के टॉप ऑफ़ द माइंड में बने रहना अर्थात् ध्यान में बने रहना सुनिश्चित करने के लिए विभिन्न त्योहारों और पर्वों पर मुलाक़ात करके या टेलीफ़ोन से बधाई व शुभकामनाएं दे सकते हैं। जैसा कि रीसेन्सी इफ़ेक्ट भी व्यक्तियों द्वारा उन जानकारियों को अधिक आसानी से याद करने की प्रवृत्ति को संदर्भित करता है, जिनको व्यक्ति के समक्ष सबसे अंत में प्रस्तुत किया गया होता है।

हमें भी यह सुनिश्चित करना चाहिए कि हमें जिन लोगों से भी मदद की उम्मीद हो उनसे हम किसी ना किसी माध्यम से संपर्क में रहें। इसके अलावा हमें यह भी प्रयास करना चाहिए कि उन लोगों से जब भी हम मिलें तब उनसे अपनी अपेक्षाओं के बारे में ज़रूर याद दिला दें। जैसा कि इस कहानी में कन्हैया ने बताया कि उसके द्वारा लोगों को पुताई के लिए बार-बार याद दिलाने पर वे कभी उसके ऊपर नाराज़ नहीं हुए। हालांकि वहां तो कन्हैया उन्हीं लोगों के काम की बात (घर की पुताई) याद दिलाता था। लेकिन सामान्य स्थिति में हम ऐसा सोच सकते हैं कि अगर किसी व्यक्ति से हमें (किसी प्रकार की मदद के लिए) आश्वासन मिला हो तो उस व्यक्ति को बार-बार उस आश्वासन का स्मरण कराने पर वह नाराज़ हो सकता है। लेकिन वास्तविकता इसके बिलकुल विपरीत होती है। अगर हम किसी से मदद मांगते हैं और उस व्यक्ति ने हमारी मदद करने का आश्वासन भी दिया है, तो उस व्यक्ति को बार-बार याद दिला कर हम उसका काम आसान कर रहे होते हैं। चूंकि उस व्यक्ति के जीवन की प्राथमिकताओं में विभिन्न दूसरे कार्य होंगे, जिनको उसे याद रखना होगा। जबकि उससे जो मदद हमें चाहिए होगी वह हमारे लिए तो अत्यंत महत्त्वपूर्ण होगी, लेकिन ऐसा संभव है कि उस (मदद करने वाले) व्यक्ति के लिए वह कार्य (हमारी मदद करना) निम्न प्राथमिकता वाला कोई बहुत ही छोटा सा कार्य हो। इसलिए समय पर यह बात (कि उसे हमारी मदद करनी है) उसके ध्यान में रहे, यह ज़रूरी नहीं है। इसलिए जब भी कोई व्यक्ति हमें मदद का आश्वासन दे तब एक

निश्चित अंतराल पर हमें उसे उसके आश्वासन के बारे में याद दिलाते रहना चाहिए। हमें यह बात भी समझनी चाहिए कि किसी की मदद करना किसी व्यक्ति के लिए प्रतिबद्धता नहीं होती है। अगर किसी ने हमारी मदद करने के लिए पहले आश्वासन दे भी दिया हो और बाद में उसका मन बदल गया हो तो वह हमारे द्वारा भेजे गए किसी संदेश को अनदेखा कर के, हमसे मिलने से मना कर के या अन्य विभिन्न तरीक़ों से हमें प्रत्यक्ष या अप्रत्यक्ष रूप से सूचित कर देगा। इसलिए हमें यह समझना चाहिए कि अगर किसी व्यक्ति ने हमारी मदद का आश्वासन दिया है तो उस व्यक्ति को हम बार-बार याद दिला कर उसका काम आसान कर रहे होते हैं। इसलिए जीवन में हमें लाभ और प्रगति के अवसर प्राप्त होते रहें और लोग जब हमारी मदद करना चाहें तब हम उनकी ध्यान में आ सकें, इसके लिए हमें लोगों की नज़रों में हमेशा बने रहना चाहिए।

# 28

# एक छोर पर हार संभावित हो तो कोई दूसरा छोर खोल दें

***कहानी : दीदी की बारात***

मान लीजिए कि आपके ऊपर एक ऐसे कार्य को पूरा करने की ज़िम्मेदारी है, जिससे ढेर सारे लोग लाभान्वित होने वाले हैं। चूंकि वे सभी उस कार्य से लाभान्वित होने वाले है, इसलिए वे उसके समय से पूरा होने की प्रतीक्षा कर रहे हैं। लेकिन उस कार्य को पूरा करने की समय सीमा के बहुत नज़दीक होने के कारण आपके लिए उसे तय सीमा में पूरा कर पाना असंभव लग रहा है। अब ऐसी स्थिति में आपको क्या करना चाहिए?

दरअसल, मेरी बहन की शादी के दिन भी कुछ ऐसी ही परिस्थिति उत्पन्न हुई थी। उस दिन हमारे घर पर शादी की सभी तैयारियां पूरी हो चुकी थीं। लेकिन जैसा कि आमतौर पर लड़की के घर वाले अपनी तरफ़ से सभी तैयारियां पूरी कर लेने के बावजूद एक बात को लेकर हमेशा चिंतित रहते हैं, उनके दिमाग़ में अपने यहां बारात के समय से पहुंच जाने की चिंता बनी रहती है। चूंकि हमारे यहां बारात भी नज़दीक के ही एक गांव से आने वाली थी, इसलिए हम लोगों को बारातियों के समय से पहुंचने को ले कर भी कोई ख़ास चिंता नहीं थी। इस बात से निश्चिंत हो कर पूरा दिन हम लोग दूसरे कार्यों में व्यस्त रहे। हमें समय का बिलकुल भी पता ही नहीं चला और देखते ही देखते पूरा दिन बीत गया। धीरे-धीरे सूरज ढलने लगा और गांव के बाहर की तरफ़ एक खेत में लगा शामियाना (टेंट-तंबू लगा कर बारातियों के ठहरने के लिए बनाया गया स्थान) ट्यूब लाइट के प्रकाश से जगमग होने लगा। चूंकि मेरी बहन बचपन में अक्सर बोला करती थी कि उसकी शादी में भुक-भुकिया (रंग-बिरंग प्रकाश करने वाली बत्तियां) लगेंगी, इसलिए हमने उसकी

इस दिली इच्छा को ध्यान में रखते हुए शामियाने से लेकर अपने घर तक के पूरे रास्ते में भुक-भुकिया लगवाना सुनिश्चित किया। शाम होने के साथ ही शामियाने में धीरे-धीरे बाराती आना शुरू हुए। लड़के के पिता जी की तरफ़ से हमें इस बात के लिए आश्वस्त किया गया था कि बारातियों की अधिकतम संख्या 150 ही होगी। हम लोगों ने उनके बताए संख्या के हिसाब से बारातियों के ठहरने और खाने-पीने की तैयारी कर रखी थी। चूंकि बारात नज़दीक के ही एक गांव से आने वाली थी, इसलिए कुछ लोग सिर्फ़ भोज (किसी सुख-दुःख के अवसर पर लोगों का एक साथ बैठ कर भोजन करने की प्रथा) खाने के ध्येय से भी हमारे यहां पहुंचने लगे। शुरुआत में तो बारातियों की संख्या अनुमान के हिसाब से सही थी। लेकिन भोज का समय होते ही उनकी संख्या 300 के आसपास पहुंच गयी। हम लोगों ने बारातियों की बढ़ती संख्या को देख कर टेंट हाउस वाले व्यक्ति को बोल कर उनके लिए तुरंत अतिरिक्त बिस्तर की व्यवस्था करायी। इसी बीच कुछ बाराती भोज में बने पकवान के बारे में भी पूछ-ताछ करने लगे। कुछ बाराती इस बात को लेकर भी सजग थे कि कहीं ऐसा ना हो कि भोज खाते समय उनका पेट भर जाए, लेकिन मन नहीं भर पाए। ऐसी किसी भी स्थिति से स्वयं को बचाने के लिए वे लोटा (पानी रखने का बर्तन) में पानी लेकर अपना पेट ख़ाली करने बग़ल के खेत में चले गए। शामियाने में सभी बाराती भोज खाने चलने का बेसब्री से प्रतीक्षा कर रहे थे, जबकि इधर हमारे लिए अनुमानित संख्या से दो गुना लोगों (बारातियों) के लिए समय पर भोजन की व्यवस्था सुनिश्चित कर पाना लगभग असंभव प्रतीत हो रहा था।

उस परिस्थिति की गंभीरता को देखते हुए हमारे घर के राजन चाचा ने तुरंत मोर्चा संभाला। उन्होंने शामियाने में बारातियों के लिए तत्काल प्रभाव से पर्दे वाले सिनेमा की व्यवस्था करने को कहा अर्थात् उन्होंने प्रोजेक्टर के माध्यम से शामियाने में ही किसी पर्दे पर सिनेमा दिखाने की व्यवस्था करने की बात कही। उनके सुझाव पर अमल हुआ और शामियाने में सिनेमा लगा। जल्दी ही वहां मनोज तिवारी की फ़िल्म 'धरती करे पुकार' का प्रदर्शन शुरू हो गया। उस समय, मनोज तिवारी की भोजपुरी फ़िल्में लोगों को बहुत पसंद आती थीं। फिर क्या था? सिनेमा देखने में सभी बाराती इतना मग्न हो गए कि वे बारात में आने का अपना मुख्य उद्देश्य ही भूल गए। अब बारातियों का ध्यान, भोज खाने से हट कर, सिनेमा देखने पर केंद्रित हो चुका था। शामियाने में सोने के लिए जिन भी लोगों को सिनेमा के पर्दे यानी स्क्रीन के सामने लगा बिस्तर मिल गया था, वे अपना बिस्तर छोड़ना नहीं चाह रहे थे। उन लोगों से जब हम लोग भोज खाने चलने के लिए निवेदन करते तब उनको अपनी जगह के हाथ से निकल जाने का डर सताने लगता। उन सभी लोगों ने गर्मी के मौसम के कारण तबियत ख़राब हो जाने का हवाला दे कर, खाना खाने से ही मना कर दिया। वहीं पर जिन लोगों को सिनेमा के पर्दे यानी स्क्रीन के सामने लगा

बिस्तर नहीं मिला था उन लोगों ने भी भोज़ में कोई ख़ास रुचि नहीं दिखाई। वे लोग भी उस फ़िल्म को देखने के बाद ही खाने के लिए जाने की बात कहने लगे। मनोज तिवारी की वह फ़िल्म लगभग अगले 2 घंटे तक चली और सभी बाराती पूरे समय एकाग्रता से उसे देखते रहे। बारातियों के सिनेमा देखने में व्यस्त होने के कारण हमें तय संख्या से अधिक आए लोगों के लिए खाना बनवाने के लिए 2 घंटे का अतिरिक्त समय मिल गया। लगभग 2 घंटे बाद जब वह फ़िल्म ख़त्म हुई तब भी 300 बारातियों में से बमुश्किल 200 बाराती ही खाना खाने के लिए तैयार हुए। बचे हुए 100 बाराती वही लोग थे, जिन्हें शामियाने में सोने के लिए सिनेमा के पर्दे के सामने जगह मिली थी। वे अपनी जगह की सुरक्षा करते हुए अगली फ़िल्म प्रदर्शित करने के लिए निवेदन करते रहे। इस तरह मेरी बहन की शादी में राजन चाचा के सुझाव ने हमारी इज़्ज़त बचा ली।

यहां पर इस कहानी का ज़िक्र इसलिए किया गया है, क्योंकि मैनेजमेंट की कुछ कॉन्सेप्ट भी इस बारे में बात करती हैं कि कोई भी ज़रूरत पड़ने पर किसी अन्य व्यक्ति या समूह का ध्यान किसी विशेष बिंदु या क्षेत्र से हटाने का प्रयास कर के एवं जानबूझकर या अवचेतन रूप से किसी मुश्किल निर्णय को लेने या अप्रिय कार्यों को करने में देरी कर के व्यक्ति किसी विशेष समस्या से निपटने का प्रयास करता है। तो आइए इन कॉन्सेप्ट के बारे में हम विस्तार से बात करते हैं।

## संबंधित कॉन्सेप्ट :

### भटकाव की रणनीति (Strategy of Distraction):

भटकाव वह रणनीति है, जिसके द्वारा किसी व्यक्ति या समूह का ध्यान किसी विशेष बिंदु या क्षेत्र से हटाने का प्रयास किया जाता है, जिससे कि किसी वांछित जानकारी को उस व्यक्ति तक पहुंचने से अवरुद्ध या कम किया जा सके।

भटकाव के निम्नलिखित कारण होते हैं :

1) व्यक्ति की ध्यान देने की क्षमता में कमी।
2) ध्यान देने की वस्तु में रुचि की कमी।
3) ध्यान की वस्तु के अलावा किसी अन्य वस्तु में अपेक्षाकृत ज़्यादा तीव्रता या नवीनता या आकर्षण होना।

भटकाव, बाहरी स्रोतों और आंतरिक स्रोतों दोनों से हो सकते हैं और यह व्यक्ति के ध्यान केंद्रित करने में हस्तक्षेप कर सकते हैं। बाहरी भटकाव के कारकों में उत्प्रेरक दृश्य, सामाजिक संपर्क, संगीत, लिखित संदेश और फ़ोन कॉल आदि शामिल हैं।

भूख, थकान, बीमारी, चिंता और दिवास्वप्न जैसे कारक आंतरिक भटकाव के कारण होते हैं।

**देरी की रणनीति (Delaying Tactic) :**

देरी की रणनीति किसी व्यक्ति द्वारा भविष्य के संभावित ख़तरों का सामना करने के लिए उसके शरीर की प्राकृतिक स्वचालित प्रतिक्रिया का एक हिस्सा है। देरी की रणनीति का प्रयोग व्यक्ति जानबूझकर या अवचेतन रूप से किसी मुश्किल निर्णय को लेने या अप्रिय कार्यों को करने से बचने के लिए करता है। किसी व्यक्ति के लिए ख़ासकर जब कोई बदलाव अवांछित होता है तब वह उस बदलाव पर नियंत्रण बनाए रखने और उससे बचने के लिए देरी की रणनीति का प्रयोग करता है। व्यक्ति अपने किसी निर्णय को लेने में देरी कर के कोई ऐसा कार्य करने से बचता है, जिससे उसकी स्वायत्तता सीमित होने या उसके द्वारा किसी स्थिति पर नियंत्रण खोने की संभावना होती है। जब कोई व्यक्ति उसके पास उपलब्ध किसी विशिष्ट विकल्प को चुनने की बजाय अनिर्णय की स्थिति में रहने का प्रयास करता है, तब इस तरह की देरी की रणनीति को प्रतिबद्धता के डर के रूप में देखा जाता है।

## निहितार्थ :

इन कॉन्सेप्ट को हम 'मेरी बहन की बारात' कहानी के माध्यम से आसानी से समझ सकते हैं। दरअसल, व्यक्ति के जीवन में कभी ऐसी भी परिस्थिति उत्पन्न हो जाती है, जिसमें चीज़ें उसके नियंत्रण में नहीं होती हैं। उसके हाथ में करने के लिए बहुत कुछ नहीं होता है। तब उसे यह अहसास हो जाता है कि वह चाहे जितना भी प्रयास कर ले फिर भी उसकी हार निश्चित है। ऐसे में व्यक्ति को अपने मनोबल को कम होने से बचाने का प्रयास करना चाहिए, जिससे कि वह ऊंचे मनोबल की मदद से निश्चित हो चुकी अपनी हार को टालने के लिए सकारात्मक सोच के साथ प्रयास कर सके। इसके लिए व्यक्ति को यह स्वीकार करना चाहिए कि इस दुनिया में चूंकि सब कुछ प्रारब्ध के अनुसार होता है; इसलिए वह प्रारब्ध द्वारा निश्चित किसी क्रिया को होने से नहीं रोक सकता है। इस तरह वह अपनी ख़राब परिस्थिति और निश्चित हो चुकी हार को अपना प्रारब्ध मान कर उस परिस्थिति और हार का दोषी स्वयं को मानने से बच सकेगा।

इसके फलस्वरूप वह हार की संभावना से उपजने वाली आत्म ग्लानि और निराशा के बोध से भी ख़ुद को बचा कर स्वयं के मनोबल को कम होने से रोक सकेगा। हालांकि वास्तविकता से मुंह मोड़ कर सिर्फ़ ऊंचे मनोबल से किसी भी समस्या का समाधान नहीं निकाला जा सकता है। इसलिए ऐसी परिस्थिति में व्यक्ति

को यह भी ध्यान रखना चाहिए कि वह कुतर्कों और बहानों के माध्यम से सिर्फ़ स्वयं को निर्दोष बताने का ही प्रयास नहीं करता रहे। अन्यथा वह अपनी कठिन परिस्थितियों और समस्याओं के समाधान के बारे में सोचने और उन पर कार्य करने की बजाए, स्वयं की ग़लती नहीं होने के सबूत जुटाने और स्वयं को निर्दोष सिद्ध करने में ही अपनी पूरी ऊर्जा व समय नष्ट कर देगा। इसलिए व्यक्ति द्वारा किसी वाद-विवाद करने, युद्ध के मैदान में लड़ाई लड़ने या फिर किसी अन्य कार्य को करने के दौरान की स्थिति का उसके नियंत्रण से बाहर निकल जाने का कारण चाहे जो भी हो, लेकिन उसकी ज़िम्मेदारी व्यक्ति को स्वयं भी लेनी चाहिए। ऐसा इसलिए, क्योंकि यह ज़िम्मेदारी व्यक्ति की होती है कि वह अपने भविष्य की तैयारी इतनी अच्छी करे कि भविष्य में उसके समक्ष कोई अप्रत्याशित स्थिति पैदा ही नहीं हो।

अपनी तरफ़ से पूरी सतर्कता बरतने के बावजूद भी अगर किसी छोर पर व्यक्ति की स्थिति कमज़ोर पड़ने लगे और उसकी हार निश्चित लगने लगे, तब उसे कोई दूसरा छोर खोल देना चाहिए। ऐसा इसलिए, क्योंकि जब किसी एक छोर पर व्यक्ति की स्थिति उसके नियंत्रण से बाहर चली जाती है और वहां उसे अपनी हार संभावित लगने लगती है, तब वह दो चीज़ों के लिए प्रयास करता है; पहला तो यह कि उस स्थिति या छोर को संभालने और तैयारी करने के लिए उसे कुछ अतिरिक्त समय मिल जाए; दूसरा यह कि उस स्थिति में या उस छोर पर उसके समक्ष जो समस्या हो उसकी तीव्रता को थोड़ी कम की जा सके। इन दोनों चीज़ों को सुनिश्चित करने के लिए व्यक्ति एक दूसरा छोर खोल कर भटकाव की रणनीति और देरी की रणनीति का इस्तेमाल कर सकता है। एक दूसरा छोर खोल कर व्यक्ति अपने प्रतिद्वंद्वी के सामने कोई ऐसी समानांतर स्थिति उत्पन्न करने का प्रयास कर सकता है जो कि उसके प्रतिद्वंदी का ध्यान अपनी तरफ़ आकर्षित करे। जिसके फलस्वरूप व्यक्ति का प्रतिद्वंद्वी, अपना कुछ ध्यान, समय और संसाधन पहले वाले छोर से हटा कर दूसरे वाले छोर पर लगाए। इस तरह पहले छोर से प्रतिद्वंद्वी का ध्यान भटकने और उसके समय व संसाधनों का दो छोरों के मध्य विभाजन होने से, पहले छोर पर उपजी समस्या (जहां हार संभावित थी) की तीव्रता में भी कमी आ सकती है और व्यक्ति को उस समस्या का समाधान करने के लिए अधिक समय भी मिल सकता है।

इस पाठ के शुरुआत में बताई गयी स्थिति में आपके किसी कार्य से लाभान्वित होने वाले ढेर सारे लोग उस कार्य के पूरा होने की प्रतीक्षा कर रहे होते हैं। लेकिन आपको उस कार्य को तय समय-सीमा में पूरा कर पाना असंभव प्रतीत होता है। ऐसी स्थिति में आप भी भटकाव की रणनीति और देरी की रणनीति का इस्तेमाल करते हुए स्वयं को उस स्थिति से बाहर निकाल सकते हैं। आप देरी की रणनीति का इस्तेमाल कर के सबसे पहले यह प्रयास कर सकते हैं कि आप उस कार्य को पूरा करने की समय-सीमा को किसी तरह थोड़ा आगे बढ़ा सकें। इसके माध्यम से

आप उस कार्य को पूरा करने के लिए कुछ अतिरिक्त समय प्राप्त करने का प्रयास कर सकते हैं। इसके बाद आप भटकाव की रणनीति का इस्तेमाल कर के उस कार्य से लाभान्वित होने वाले लोगों का ध्यान उस कार्य से भटकाने का भी प्रयास कर सकते हैं। इसके माध्यम से आप उन लोगों का ध्यान उस कार्य से हटा कर अन्य दूसरी चीज़ों की तरफ़ मोड़ने का प्रयास कर सकते हैं। उस कार्य से हट कर दूसरी चीज़ों की तरफ़ आकर्षित हो जाने और उनमें व्यस्त हो जाने के कारण लोगों को उस कार्य से होने वाला लाभ ग़ैर-महत्त्वपूर्ण प्रतीत हो सकता है। इसकी वजह से वे लोग उस कार्य व उसके परिणाम को अनदेखा/नज़रंदाज़ कर सकते हैं। इससे आपको (कार्य को पूरा करने के लिए ज़िम्मेदार व्यक्ति को) यह लाभ हो सकता है कि आपके कार्य के लाभार्थियों की संख्या घट जाएगी, जिससे आपके कार्य का भार कम हो जाएगा। जबकि कुछ अन्य लोगों का कार्य से ध्यान भटकने के कारण उस कार्य से होने वाला लाभ उनकी प्राथमिकता की सूची में नीचे जा सकता है, जिसकी वजह से उस कार्य के पूरा होने और उससे लाभ प्राप्त करने की उन अन्य लोगों की बेसब्री और बेताबी में कमी आ सकती है। इस कारण उस कार्य के पूरा होने की समय-सीमा को लेकर उनका व्यवहार भी थोड़ा लचीला हो सकता है। इससे आपको अपने उस कार्य को पूरा करने के लिए अतिरिक्त समय मिल जाएगा।

जैसा कि इस कहानी में मेरी बहन की बारात में बारातियों की 150 की अनुमानित संख्या से दोगुना हो जाने के कारण उनके लिए समय पर भोजन की व्यवस्था सुनिश्चित किए जाने को लेकर हम लोग चिंतित थे। समय पर अनुमान से दोगुने लोगों के लिए भोजन की व्यवस्था कर पाना तो हमारे लिए कठिन था ही, ऊपर से बारातियों में ढेर सारे ऐसे भी योद्धा थे, जो सिर्फ़ भोज खाने के ही उद्देश्य से आए हुए थे। चूंकि वे लोग अपना पेट भी ख़ाली कर चुके थे, और बार-बार भोज के पकवान के बारे में जानने के लिए उत्सुक भी थे, इसलिए हम लोगों की चिंता और भी बढ़ गयी थी। उस परिस्थिति में हमारे राजन चाचा ने मोर्चा संभालते हुए शामियाने में बारातियों के लिए पर्दे वाला सिनेमा लगाने का सुझाव दिया। उस समय चूंकि गांव के लोगों के लिए पर्दे पर कोई सिनेमा देखना बड़ी बात हुआ करती थी, और अगर मनोज तिवारी की कोई फ़िल्म हो फिर तो सभी लोग उससे चिपक जाते थे। इसलिए शामियाने में जैसे ही मनोज तिवारी की फ़िल्म 'धरती करे पुकार' प्रदर्शित होना शुरू हुई, वैसे ही सभी बारातियों का ध्यान भोज खाने से हट कर सिनेमा देखने पर केंद्रित हो गया। उस पर्दे के सिनेमा के माध्यम से हमने दो रणनीतियों का प्रयोग किया, जिनसे हमें फ़ायदा भी हुआ। दरअसल, शामियाने में सोने के लिए जिन बारातियों का बिस्तर सिनेमा वाले पर्दे के नज़दीक था, उन्हें अब भोज खाना अर्थात भोजन करना महत्त्वपूर्ण नहीं लग रहा था। भोजन करने को लेकर उन्हें अब इस बात का भय था कि जैसे ही वह भोजन के लिए जाएंगे,

वैसे ही उनके बिस्तर पर कोई अन्य व्यक्ति क़ब्ज़ा कर लेगा। इसलिए उन्होंने भोजन करने की तुलना में स्वयं के बिस्तर की सुरक्षा करना ज़्यादा महत्त्वपूर्ण समझा। इस तरह राजन चाचा के पर्दे का सिनेमा लगाने के सुझाव के माध्यम से, भटकाव की रणनीति के प्रयोग से लगभग 100 बारातियों का मुख्य उद्देश्य भोज खाने से भटक कर सिनेमा देखना हो गया था। इसलिए हमें 150 की अनुमानित संख्या से सिर्फ़ 50 अधिक लोगों के भोजन की व्यवस्था करनी पड़ी। इस तरह भटकाव की रणनीति का प्रयोग कर के हम लोग अनुमान से ज़्यादा बारातियों के लिए तय समय-सीमा में पर्याप्त भोजन की व्यवस्था करने में सफल हुए। वहीं जिन बारातियों का बिस्तर पर्दे से दूर था, उन्होंने भी भोजन करने के प्लान को 'धरती करे पुकार' फ़िल्म के ख़त्म हो जाने तक टाल दिया। इस तरह उस सिनेमा के माध्यम से हम देरी की रणनीति का भी प्रयोग करने में सफल रहे और हमें अतिरिक्त भोजन की व्यवस्था करने के लिए 2 घंटे का अतिरिक्त समय मिल गया। इस तरह 300 बारातियों में से 100 ने गर्मी के कारण पेट ख़राब हो जाने का बहाना बना कर भोजन ही नहीं किया, जबकि 200 बारातियों ने 2 घंटे देरी से भोजन किया। इस तरह बारातियों की संख्या अनुमान से दोगुना होने के बावजूद भी हमें कोई विशेष समस्या नहीं हुई। ऐसे ही कोई भी व्यक्ति स्वयं के एक छोर पर हार संभावित होने पर कोई दूसरा छोर खोल कर पहले छोर की चुनौती का सामना कर सकता है। वह भटकाव की रणनीति के सदुपयोग से अपने समक्ष उपजी किसी समस्या की तीव्रता को कम कर सकता है, जबकि देरी की रणनीति की मदद से वह समस्या का समाधान करने के लिए अतिरिक्त समय प्राप्त कर सकता है।

## 29

# खोजने पर भगवान भी मिल सकते हैं

### *कहानी : समस्या की दुकान परेशान सिंह*

जीवन में जिस समय हमें जिस चीज़ की ज़रूरत होती है उस समय उसके मिल जाने की संभावना बहुत कम होती है। किसी विशेष परिस्थिति में जब हमें किसी मदद की ज़रूरत होती है तब हमें लगता है कि हम ऐसे किसी उपयुक्त व्यक्ति को जानते ही नहीं हैं, जो उस परिस्थिति में हमारी मदद कर सके। भले ही ऐसे किसी व्यक्ति से हमारा संपर्क हो, लेकिन ज़रूरत के समय वह व्यक्ति हमें याद नहीं आता है। जबकि ज़रूरत नहीं होने पर या फिर हमारी ज़रूरत पूरी हो जाने पर, वह व्यक्ति हमेशा ही हमारे ध्यान में रहता है। कुछ ऐसा ही वाक़या सरकार सिंह के लड़के परेशान सिंह के साथ अक्सर हुआ करता था। दरअसल, सरकार सिंह की एक आउट्सोर्सिंग एजेंसी कंपनी थी। कंपनी के माध्यम से वह विभिन्न संस्थानों में मैन पावर (कर्मचारी) सप्लाई का कार्य करते थे। उनके इस बिज़नेस में उनके दोनों लड़के, परेशान सिंह और गब्बर सिंह भी मदद करते थे। परेशान सिंह और गब्बर सिंह दोनों का पालन-पोषण सरकार सिंह ने ही किया था, लेकिन उन दोनों का व्यक्तित्व एक-दूसरे से बहुत ही भिन्न था। एक तरफ़ जहां परेशान सिंह अपने आप में ही समस्या की एक दुकान थे, तो दूसरी तरफ़ गब्बर सिंह को कभी कोई समस्या ही नहीं होती थी। परेशान सिंह छोटी से छोटी बात पर परेशान हो जाते थे, जबकि गब्बर सिंह को किसी बात की कोई चिंता ही नहीं होती थी। दरअसल, सरकार सिंह का बड़ा बेटा परेशान सिंह, जब भी अपनी कंपनी के काम से किसी दूसरे शहर जाता था, तब वह यह सोच कर परेशान होने लगता था कि वह तो उस शहर में किसी को जानता ही नहीं है। वह इस सोच में पड़ जाता कि अगर उस अंजान शहर में उसे किसी तरह की कोई समस्या हो गई तब वह आख़िर किससे संपर्क करेगा और वहां कौन उसकी मदद करेगा? सरकार सिंह, जब भी कभी परेशान सिंह से अपनी

आउटसोर्सिंग एजेंसी कंपनी में चतुर्थ श्रेणी की नौकरी जैसे कि सुरक्षाकर्मी के लिए कोई उपयुक्त व ज़रूरतमंद व्यक्ति खोजने के लिए कहते थे, तब वह कम पढ़े-लिखे लोगों के संपर्क में नहीं होने की बात कह कर हाथ खड़े कर देता था। दूसरी ओर, मैनेजर जैसे किसी बड़े पद के लिए व्यक्ति खोजने के लिए कहने पर परेशान सिंह कहता था कि मैनेजर के पद के लायक़ क़ाबिल और पढ़े-लिखे व्यक्ति आख़िर उसके संपर्क में कहाँ से होंगे? दरअसल, परेशान सिंह ना तो लोगों के संपर्क में था, और ना ही वह उनसे अपने संपर्क स्थापित करने की कोशिश ही करता था। उसके इसी व्यवहार के कारण उसका सामाजिक दायरा अत्यंत छोटा था। वह हमेशा इस बात को लेकर परेशान भी रहता कि उसके संपर्क में बहुत कम लोग हैं और वह बहुत कम लोगों को जानता है। वहीं पर सरकार सिंह के छोटे बेटे गब्बर सिंह के साथ एक अलग तरह की समस्या थी। परेशान सिंह ज़्यादा यात्रा करना पसंद नहीं करता था; इसलिए अगर किसी ऐसे स्थान पर, जहां उनकी एजेंसी मैन पावर सप्लाई करती थी, जायज़ा लेने जाना होता था, जिसकी दूरी ज़्यादा होती थी तो सरकार सिंह अपने छोटे बेटे गब्बर सिंह को ही भेजते थे। उन संस्थानों में जायज़ा लेने के दौरान गब्बर सिंह को जिस भी कर्मचारी की शिकायत मिलती थी, उसको वह तत्काल प्रभाव से नौकरी से निकाल देता था। यही नहीं, अगर उस संस्थान के लोगों पर गब्बर सिंह किसी बात को लेकर नाराज़ हो जाता था तब वह उनको भी बुरा-भला बोल कर अपने संबंध ख़राब कर लेता था। दरअसल, गब्बर सिंह के इस व्यवहार के पीछे का कारण यह था कि उसे लगता था कि उसके ढेर सारे लोगों से अच्छे संबंध हैं, वह बहुत सारे लोगों को जानता है। अपनी इस सोच के कारण गब्बर सिंह किसी भी व्यक्ति से अपने संबंध ख़राब कर लेता था। वह सोचता था कि 2-4 लोगों से संबंध ख़राब भी हो गए तो उसके जीवन पर कोई फ़र्क़ नहीं पड़ेगा। गब्बर को लगता था कि वह कई प्रभावशाली लोगों के संपर्क में था इसलिए वह कभी-कभी स्वयं से भी ज़्यादा प्रभावशाली लोगों से बहस कर लेता था। गब्बर की इन हरकतों से सरकार सिंह को भी परेशानी होती थी। गब्बर सिंह जब विभिन्न संस्थानों का जायज़ा लेकर लौटने पर सरकार सिंह को सारी बातें बताता था तब सरकार सिंह उसके क्रिया-कलापों को सुनकर सिर पकड़ कर बैठ जाते थे। गब्बर सिंह की इन हरकतों के लिए सरकार सिंह को उन संस्थानों के लोगों को फ़ोन कर माफ़ी मांगनी पड़ती थी। चूंकि सरकार सिंह के पास इतना ज़्यादा समय नहीं होता था कि वह उन संस्थानों में बिगड़ी हुई व्यवस्थाओं और संबंधों को ठीक करने के लिए जा सकें इसलिए वह इसकी ज़िम्मेदारी परेशान सिंह को दे देते थे। अब दूसरे शहर जाने की बात पर सुनकर परेशान सिंह को फिर से वही चिंता होने लगती थी कि उस शहर में उनका कोई संबंधी नहीं था तो वहां कोई समस्या होने पर आख़िर कौन उसकी मदद करता? इसके अलावा उसे इस बात की भी चिंता लगी रहती

थी कि गब्बर सिंह जिन लोगों को नौकरी से निकाला था, उनकी जगह पर काम करने के लिए वह उपयुक्त लोगों को कहां से लाता? परेशान सिंह हर छोटी बात को लेकर चिंतित हो जाता था, जबकि गब्बर सिंह को किसी बात की चिंता ही नहीं होती थी। इस तरह दोनों बेटों की सोच बिलकुल दो छोर पर होने का खामियाज़ा सरकार सिंह को भुगतना पड़ता था।

यहां इस कहानी का ज़िक्र इसलिए किया गया है, क्योंकि मैनेजमेंट विषय की एक कॉन्सेप्ट भी इस विषय में बात करती है कि आख़िर इस संसार में कोई भी एक व्यक्ति किसी दूसरे अनजान व्यक्ति से किस प्रकार जुड़ा हो सकता है। यह कॉन्सेप्ट बताती है कि इस संसार के किन्हीं दो सुदूर जगहों पर रहने वाले कोई भी दो अनजान लोग एक दूसरे से कितने अंश की दूरी पर हो सकते हैं। तो आइए उस कॉन्सेप्ट के बारे में हम विस्तार से बात करते हैं।

## संबंधित कॉन्सेप्ट :

### द स्मॉल वर्ल्ड मॉडल (The Small-World Model) :

वर्ष 1967 में, सामाजिक मनोवैज्ञानिक स्टेनली मिलग्राम ने दावा किया कि दुनिया में हर व्यक्ति किसी भी दूसरे व्यक्ति से मात्र कुछ अंश की दूरी पर जुड़ा हुआ है। उनके अनुसार, यह दूरी अधिकतम छह अंश की हो सकती है। दो व्यक्तियों के सीधे संपर्क को 1 डिग्री कनेक्शन कहा जाता है, जबकि अगर एक व्यक्ति को हम किसी दूसरे व्यक्ति के माध्यम से जानते हैं तब वह पहला व्यक्ति हमसे 2 डिग्री की दूरी पर माना जाएगा और इसी तरह यह दूरी बढ़ती जाएगी। लेकिन यह दूरी अधिकतम 6 डिग्री तक ही हो सकती है। इस तरह हम व्यावहारिक रूप से दुनिया के किसी भी प्रसिद्ध व्यक्ति से 6 डिग्री या उससे कम दूरी पर जुड़े हो सकते हैं।

## निहितार्थ :

मैनेजमेंट विषय के इस कॉन्सेप्ट को हम 'समस्या की दुकान परेशन सिंह' कहानी के माध्यम से आसानी से समझ सकते हैं। लेकिन इस कॉन्सेप्ट के बारे में बात करने से पहले हम आपको एक हिंदी फ़िल्म के एक सीन के बारे में बताते हैं। दरअसल, कुछ दिन पहले टीवी पर चैनल बदलते समय एक चैनल पर प्रसारित हो रही फ़िल्म को देखकर मैं थोड़े समय के लिए उसी चैनल पर ठहर गया। वैसे तो मैं समाचार देखने के लिए चैनल बदल रहा था, लेकिन उस फ़िल्म का एक सीन कुछ दिलचस्प लगा तो मैं रुक गया। वह फिल्म थी, 'हीरो नंबर वन।' उसके उस सीन में मुख्य नायक के पिता अपने बेटे के रिश्ते का प्रस्ताव लेकर लड़की के घर जा रहे थे। वह अपनी

गाड़ी को तेज़ गति से चलाते हुए, जिस रास्ते से जा रहे थे उस पर बारिश की वजह से पानी का भराव हो गया था। इस कारण जैसे ही उनकी गाड़ी तेज़ गति से वहां से गुजरी, वैसे ही सड़क के कीचड़ के छींटे उनकी गाड़ी के पास से गुज़र रहे एक बुज़ुर्ग व्यक्ति पर पड़ गए। गाड़ी चला रहे नायक के पिता इसके लिए उस व्यक्ति से क्षमा भी मांगी, लेकिन वह बुज़ुर्ग व्यक्ति इतने क्रोध में थे कि वह उनकी एक नहीं सुन रहे थे। वह उनको भला-बुरा कहते हुए थाने में शिकायत करने की बात कहने लगे। बुजुर्ग व्यक्ति द्वारा पुलिस थाने में शिकायत करने की बात सुन कर नायक के पिता को भी गुस्सा आ गया। दरअसल, उनको लग रहा था कि उस बुज़ुर्ग व्यक्ति की वजह से उनके शुभ कार्य के लिए जाते समय थोड़ी देर की अनावश्यक रुकावट आ गयी थी। इस कारण गुस्से में वह भी उस बुज़ुर्ग व्यक्ति को शिकायत करने की चुनौती देते हुए आगे बढ़ गए। ख़ैर! अपने इस गुस्से को मन में लिए हुए वे अपने होने वाले समधी के घर पहुंच गए। वहां पहुचने के बाद पहले तो उन्होंने लड़की के घर के सभी सदस्यों से दुआ-सलाम की, उसके बाद फिर शादी-ब्याह की बातचीत शुरू हुई। शादी की बातचीत सकारात्मक दिशा में ही बढ़ रही थी और दोनों ही पक्षों को लगभग सबकुछ पसंद भी आ गया था। अब लड़की के घर वालों को बस लड़की के दादा जी के घर वापस आने का इंतज़ार था। दरअसल, दादा जी कहीं गए हुए थे इसलिए लड़की के घर वालों की इच्छा थी कि दादा जी वापस आ जाएं तब शादी पक्की करने की औपचारिकताएं पूरी की जाएं। कुछ समय इंतज़ार करने के बाद लड़की के दादा जी भी वापस आ गए। उन्होंने जैसे ही घर में प्रवेश किया वैसे ही उनका सामना नायक के पिता से हुआ। एक-दूसरे से आमना-सामना होते ही दोनों को अहसास हुआ कि कुछ समय पहले भी उन दोनों की मुलाक़ात हो चुकी थी। दरअसल, नायक के पिता की गाड़ी से जिस बुज़ुर्ग व्यक्ति के ऊपर कीचड़ के छींटे पड़े थे, वह लड़की के दादा जी ही थे। जैसे ही दादा जी को यह अहसास हुआ कि यह वही व्यक्ति है, जिसने उनको भला-बुरा बोला था, उन्होंने रिश्ते के प्रस्ताव को ठुकरा दिया। इसके बाद नायक के पिता के बार-बार क्षमा मांगने पर भी लड़की के दादा जी रिश्ते के लिए तैयार नहीं हुए। हालांकि फ़िल्म 'हीरो नंबर वन' का यह सीन हास्यपूर्ण था और इस तरह की घटना की संभावना भी बहुत कम होती है, पर इससे मुझे यह अहसास हुआ कि यह दुनिया बहुत ही छोटी है। हम वर्तमान में जिससे भी मिल रहे हों, वह हो सकता है कि हमारे जीवन के किसी महत्त्वपूर्ण मोड़ पर दोबारा हमसे टकरा जाए। इसीलिए कहा जाता है कि पहाड़ और जीवन की ऊंचाइयों पर चढ़ते समय, अपने अच्छे दिनों में, हमें कोशिश करनी चाहिए कि हम अपने रास्ते में मिलने वाले लोगों से अच्छा व्यवहार करें। ऐसा इसलिए, क्योंकि भविष्य में जब कभी हमारा समय ख़राब होगा और हम ऊंचाई से नीचे की ओर गिर रहे होंगे तब वही लोग उस रास्ते पर हमें पुनः मिलेंगे। ऐसे में अगर हमने पूर्व

में उन लोगों से ठीक से व्यवहार नहीं किया होगा तो वे लोग भी हमारे उस कठिन समय में हमारी मदद करने से परहेज़ करेंगे। दरअसल, मैनेजमेंट विषय का स्माल वर्ल्ड मॉडल भी यही कहता है कि हम दुनिया के किसी भी व्यक्ति से अधिकतम 6 डिग्री के फ़ासले से ही जुड़े हो सकते हैं। इसलिए दूसरों के साथ हमारे संबंधों का हमारे जीवन पर प्रभाव, हम जितना सोचते हैं उससे कहीं अधिक, पड़ सकता है। जैसा कि उपरोक्त कहानी में परेशान सिंह और गब्बर सिंह दोनों ही स्माल वर्ल्ड मॉडल से अनभिज्ञ थे। परेशान सिंह को लगता था कि उसका सामाजिक संपर्कों का दायरा अत्यंत ही छोटा है। इसलिए वह ना तो सुरक्षाकर्मी के पद और ना ही मैनेजर के पद के लिए कोई उपयुक्त व्यक्ति का नाम सुझा पाता था।

जैसा कि हितोपदेश (1/53) में कहा गया है कि

*'यानि कानि च मित्राणि कर्त्तव्यानि शतानि च'*

अर्थात् किसी भी व्यक्ति को विभिन्न हैसियत और तबके के लोगों के साथ मित्रता विकसित करनी चाहिए।

इसलिए अगर परेशान सिंह ने भी हर तरह के लोगों के साथ अपना संपर्क स्थापित किया होता तो उसे अपने पिता की मैन पावर एजेंसी कंपनी में कार्य करने के लिए उपयुक्त लोग मिल जाते। यह बात सही है कि उसके सीधे संपर्क में उतने लोग नहीं थे, लेकिन वह अपने जानने वाले अन्य लोगों के माध्यम से भी उपयुक्त व्यक्तियों को तलाशने का प्रयास नहीं करता था। जबकि वह अपने सामाजिक संपर्क के दायरे पर ध्यान देता और उसका इस्तेमाल करता, तो वह अपने किसी सीधे संपर्क में होने वाले व्यक्ति या कई व्यक्तियों की कड़ी से उपयुक्त व्यक्तियों की व्यवस्था ज़रूर कर लेता। सोशल मीडिया के इस युग में तो यह कार्य पहले की तुलना में और भी अधिक सुगमता से किया जा सकता है। वहीं गब्बर सिंह को लगता था कि उसका सोशल नेटवर्क इतना बड़ा था कि कुछ लोगों से उसके संबंध ख़राब हो जाने से उसका कुछ नुक़सान नहीं हो सकता था। उसका सोचना था कि वह ढेर सारे प्रभावशाली लोगों के संपर्क में है इसलिए कभी-कभी वह यहां तक कि स्वयं से भी ज़्यादा प्रभावशाली लोगों से भी लड़ाई कर लेता था।

इस संबंध में विदुरनीति (1/37) में कहा गया है कि

*'बलवन्तं च यो द्वेष्टि तमाहुर्मुढचेतसम्'*

अर्थात् जो व्यक्ति स्वयं से मज़बूत लोगों के साथ संघर्ष को पोषित करता है, उसे मूर्ख कहा जाता है।

गब्बर सिंह भी प्रभावशाली लोगों के साथ अपने संबंध ख़राब कर के कहीं न कहीं मूर्खता वाला ही काम कर रहा था। वह इस तथ्य पर विचार नहीं कर रहा था कि भले ही वह बहुत सारे प्रभावशाली व्यक्तियों के संपर्क में था, लेकिन जिन भी लोगों से वह अपना संबंध ख़राब कर रहा था वे लोग भी तो उन प्रभावशाली व्यक्तियों के संपर्क में हो सकते थे। और यह भी संभव था कि गब्बर सिंह की अपेक्षा उसके विरोधियों के उन प्रभावशाली व्यक्तियों से ज़्यादा अच्छे संबंध हों। ऐसे में वे प्रभावशाली लोग ज़रूरत के समय गब्बर सिंह की मदद नहीं करते हुए विपक्ष के लोगों के साथ खड़े हो सकते थे। इस तरह स्माल वर्ल्ड मॉडल और 'समस्या की दुकान परेशान सिंह' कहानी के माध्यम से हमें समझ आता है कि ये दुनिया बहुत छोटी है; इसलिए हमें किसी भी व्यक्ति से अपने संबंध ख़राब करने से बचना चाहिए। अगर हम ध्यान से अपने सामाजिक नेटवर्क को देखेंगे तो पता चलेगा कि हर व्यक्ति किसी न किसी माध्यम से हमसे जुड़ा हुआ है। इसलिए ज़रूरत पड़ने पर अगर हम प्रयास करेंगे तो हमें उपयुक्त आदमी के अलावा भगवान भी मिल सकते हैं। यह सब समझदारी दिखा कर हम 'हीरो नंबर 1' फ़िल्म में नायक के पिता, गब्बर सिंह और परेशान सिंह को हुई परेशानियों से खुद को बचा सकते हैं।

# 30

# कम महत्त्वपूर्ण कार्यों को स्वयं नहीं करें

### *कहानी : अखंड आदर्शवादी व्यक्ति*

### *आईएएस सज्जन सिंह*

संभव है कि आप कुछ ऐसे लोगों को जानते हों, जो बहुत ही आदर्शवादी बातें करते हों। लेकिन क्या आप किसी ऐसे व्यक्ति को भी जानते हैं, जो अपने व्यवहार में भी अखंड आदर्शवादी हो? मेरी मित्र आरती के पतिदेव, सज्जन सिंह, भी एक ऐसे ही व्यक्ति थे। उनका व्यवहार अखंड आदर्शवादी प्रवृत्ति का था। उनकी परवरिश बहुत ही सभ्य परिवार में हुई थी। अपने जीवन के शुरुआती दिनों में, विद्यालय से लेकर कॉलेज तक, सभी जगह सज्जन सिंह सिर्फ़ स्वयं के कार्यों से ही मतलब रखते थे। वह हर समय अपनी पढ़ाई-लिखाई पर ही ध्यान देते थे। उनकी इच्छा थी कि भविष्य में उनका नाम एक संपूर्ण एवं अखंड आदर्श व्यक्ति के तौर पर गिना जाए, इसलिए वह अपने सभी कार्यों को सर्वोत्तम तरीक़े से करने का प्रयास करते थे। कुछ बड़ा करने की सोच के साथ, उन्होंने अपनी शुरुआती पढ़ाई पूरी करने के बाद, यूपीएससी परीक्षा में हाथ आज़माने का निर्णय लिया। सौभाग्य से उन्हें जल्दी ही उसमें सफलता भी मिल गई। अब सज्जन सिंह आईएएस अफ़सर बन चुके थे। कुछ सालों बाद उनके पास जिलाधिकारी के तौर पर एक जिले की ज़िम्मेदारी भी थी। ऐसे में भी सज्जन सिंह जीवन को आदर्शवादी तरीक़े से ही जीने का यथासंभव प्रयास कर रहे थे। जिलाधिकारी रहते हुए भी सज्जन सिंह सरकारी आवास पर भोजन पकाने और घर की साफ़-सफ़ाई करने के लिए किसी सहयोगी की सेवा नहीं ले रहे थे। वे घर के सभी लोगों के लिए स्वयं ही खाना बनाते, और अपने आवास की साफ़-सफ़ाई भी स्वयं ही करते। एक जिलाधिकारी के तौर पर उनके पास जितने भी विभागों की ज़िम्मेदारी थी, वह उन सभी विभागों के कार्यालयों

का मुआयना करने स्वयं ही जाते। मीटिंग चाहे जैसी भी हो, अगर उसमें उनका रहना अपेक्षित होता तो, वह उसमें ज़रूर शामिल होते। वह चाहते तो ज़िले के कम महत्त्वपूर्ण विभागों की मीटिंग की ज़िम्मेदारी किसी अधीनस्थ अधिकारी को भी दे सकते थे। लेकिन सज्जन सिंह का हमेशा यही प्रयास रहता था कि सभी मीटिंग में वह स्वयं शामिल हों। इन वजहों से वह रोज़ाना रात के 10 बजे तक मीटिंग ही करते रहते। हालांकि उन्हें अक्सर यह महसूस होता था कि उनकी मेहनत के अनुपात में उन्हें परिणाम नहीं मिल रहा था। कभी-कभी उन्हें यह भी लगता था कि विभिन्न विभागों की बैठकों में शामिल होने की वजह से उनका काफ़ी समय यूं ही व्यतीत हो रहा था, जिसके कारण उन्हें ज़िले के विकास के लिए अन्य ज़रूरी प्लानिंग करने के लिए समय नहीं मिल पा रहा है। एक दिन उन्होंने गौर किया तो पाया कि वह जितने विभागों से संबंधित मीटिंग करते थे, उनमें से सिर्फ़ 20% विभाग ही जिले के विकास में बड़ा योगदान (लगभग 80%) देते थे। ख़ैर आदत से मजबूर सज्जन सिंह के जीवन की गाड़ी ऐसे ही आगे बढ़ती रही। यह भी एक बात गौर करने वाली थी कि सुबह से लेकर रात 10 बजे तक अपनी नौकरी का काम करने के बावजूद सज्जन सिंह की आदर्शवादिता उनके पारिवारिक जीवन में भी उतनी ही झलकती थी। उनकी धर्मपत्नी आरती अगर उनसे कोई गुज़ारिश कर दे तो उसको पूरा करने के लिए सज्जन सिंह धरती-आसमान एक कर देते थे। छुट्टी के दिन तो वह आरती के आगे-पीछे ही घूमते रहते थे।

हालांकि सज्जन सिंह इस तरह से आरती के समक्ष अपना प्रेम ज़ाहिर करने का प्रयास करते थे, लेकिन उनकी इन आदतों से आरती बहुत ख़ुश नहीं रहती थी। उसे सज्जन सिंह की इन हरकतों से चिढ़ हो जाती थी। एक दिन का वाक़या है, जब सज्जन सिंह को किसी मामले में हाईकोर्ट में व्यक्तिगत तौर पर हाज़िर होना था। चूंकि जिस दिन सज्जन सिंह को कोर्ट जाना था उसी दिन उनकी शादी की वर्षगांठ भी थी। इसलिए आरती की इच्छा थी कि उस दिन कुछ अच्छा खाना बने। चूंकि सज्जन सिंह अच्छा खाना नहीं बना पाते थे, इसलिए आरती ने सज्जन सिंह के सामने प्रस्ताव रखा कि उस दिन खाने में कुछ अच्छा व्यंजन वह स्वयं बनाएगी। आरती का सोचना था कि चूंकि हाईकोर्ट दूसरे शहर में था, इसलिए उसके भोजन पकाने से सज्जन को अपनी तैयारी करने का समय मिल जाएगा, जिससे वह समय से कोर्ट के लिए रवाना हो सकेंगे। अपने इस भोजन पकाने के प्रस्ताव के अंत में आरती ने सज्जन सिंह के सामने एक इच्छा भी प्रकट की। उसने कहा, जब शाम को सज्जन सिंह कोर्ट से वापस आएंगे तब वह उसे सिनेमा दिखाने ले चलेंगे। सज्जन सिंह ने आरती के सिनेमा देखने ले चलने की बात तो स्वीकार ली। लेकिन आरती द्वारा भोजन बनाने के प्रस्ताव को स्वीकार करने में उन्हें अपने आदर्श जीवन जीने की कुछ क़समें टूटती नज़र आयीं। इसलिए उन्होंने आरती से निवेदन किया कि वह कृपया

खाना बनाने व साफ़-सफ़ाई करने का मौक़ा उनसे नहीं छीने। अगर आरती उनके इस निवेदन को स्वीकार नहीं करती, तो उसे सज्जन सिंह से एक आदर्श पति से संबंधित दर्शन सुनना पड़ता। इसलिए आरती ने उनसे फ़ालतू की बहस नहीं करते हुए उनके उस निवेदन को स्वीकार कर लिया। इस तरह अगले दिन शादी की वर्षगांठ के उपलक्ष्य में सज्जन सिंह ने ही भोजन बनाया। उस दिन वह अपनी पत्नी आरती के लिए भोजन में 1-2 व्यंजन ज़्यादा पकाने लगे, जिसके कारण कोर्ट पहुंचने में देर हो गयी। कोर्ट में देर से पहुचने पर जज साहब ने उनसे देर होने का कारण पूछा। चूंकि सज्जन सिंह एक आदर्श व्यक्ति थे, इसलिए जज साहब के सवाल का भी उन्होंने सही-सही जवाब दिया। उन्होंने देर से पहुंचने का कारण अपनी धर्मपत्नी के लिए लज़ीज़ खाना पकाने में हुई देरी ही बताया। सज्जन सिंह के इस जवाब को सुन कर जज साहब निःशब्द हो गए। उन्होंने उस समय तो सज्जन सिंह को कोई फटकार नहीं लगाई, लेकिन दंड के तौर पर उन्हें अगले 24 घंटे तह शहर नहीं छोड़ने का आदेश दे दिया। कोर्ट के इस आदेश को सुन कर सज्जन को अपनी धर्मपत्नी आरती के साथ सिनेमा देखने जाने का वादा टूटता नज़र आया। अपने इस दुःख की घड़ी में सज्जन ने स्वयं को किसी तरह संभाला। थोड़ी देर बाद उन्होंने आरती को फ़ोन कर के पूरा वाक़या बताया। सज्जन ने उस दिन के अपने वादे को ध्यान में रखते हुए आरती के सामने यह प्रस्ताव रखा कि वह शाम में चौकीदार भैया के साथ ही सिनेमा देखने चली जाए। सज्जन सिंह के इस प्रस्ताव को सुनने के बाद आरती इतनी नाराज़ हुई कि उस दिन के बाद उसने कभी सज्जन से बात ही नहीं की। उस दिन उसे समझ में आ गया कि सज्जन सिंह के साथ रहना अब उसके बस की बात नहीं थी। इस तरह से उन दोनों के संबंधों का और इस कहानी का दुःखद अंत हो गया।

यहां इस कहानी का ज़िक्र इसलिए किया गया, क्योंकि मैनेजमेंट की कुछ कॉन्सेप्ट भी हमें अपने कार्यों को अलग-अलग भागों में विभाजित कर के उनकी प्राथमिकता तय करने की बात करती हैं। जबकि कुछ कॉन्सेप्ट किसी व्यवस्था के परिणाम या आउटपुट और उससे संबंधित कारकों या इनपुट के बीच के संबंध के बारे में बताते हैं। तो आइए इन कॉन्सेप्ट के बारे में हम विस्तार से बात करते हैं।

## संबंधित कॉन्सेप्ट :

### पेरेटो प्रिंसिपल या 80-20 नियम (Pareto Principle or 80-20 Rule) :

पेरेटो प्रिंसिपल को 80-20 नियम भी कहा जाता है। यह नियम कहता है कि किसी व्यवस्था के लगभग 80% परिणाम या आउटपुट उस व्यवस्था के सिर्फ़ 20% कारकों या इनपुट के कारण ही होते हैं। दूसरे शब्दों में, पूरी व्यवस्था में किसी विशेष परिणाम

को प्राप्त करने में उस पर प्रभाव डालने वाले या उससे जुड़े कारकों में से सिर्फ़ कुछ प्रतिशत कारकों का ही बड़ा प्रभाव होता है। इस कॉन्सेप्ट को समझना इसलिए महत्त्वपूर्ण है, क्योंकि इससे हमें यह पहचानने में मदद मिल सकती है कि पूरी व्यवस्था में किसी परिणाम को प्राप्त करने के लिए किन कार्यों और कारकों को प्राथमिकता दी जाए ताकि हम सर्वोत्तम परिणाम या आउटपुट प्राप्त कर सकें।

**आइज़नहावर मेट्रिक्स (The Eisenhower Matrix) :**

आइज़नहावर मेट्रिक्स के माध्यम से हम, क्या महत्त्वपूर्ण है और क्या ज़रूरी (अर्थात् जिसे तुरंत करना हो) है, के बीच अंतर करना सीखते हैं। यह मेट्रिक्स हमें बताती है कि हमें अपने कार्यों को निम्नलिखित चार चतुर्भुजों में विभाजित करना चाहिए और नीचे दिए हुए क्रम में प्राथमिकता तय करना चाहिए :

- महत्त्वपूर्ण (Important) और ज़रूरी (Urgent)
- महत्त्वपूर्ण (Important) लेकिन ज़रूरी नहीं (Not Urgent)
- महत्त्वपूर्ण नहीं (Not Important) लेकिन ज़रूरी (Urgent)
- महत्त्वपूर्ण नहीं (Not Important) और ज़रूरी भी नहीं (Not Urgent)

हमें अपने सभी कार्यों को आइज़नहावर मेट्रिक्स के अनुसार बांटने के बाद ही उन्हें आरंभ करना चाहिए। हमें अपने महत्त्वपूर्ण कार्यों के ज़रूरी होने से पहले उन्हें निपटाने के लिए समय निकालना चाहिए, जबकि हम अक्सर अपने 'सबसे ज़रूरी कार्य' अर्थात् वो कार्य, जिन्हें तुरंत किया जाना चाहिए, पर बहुत अधिक ध्यान केंद्रित करने की ग़लती करते हैं।

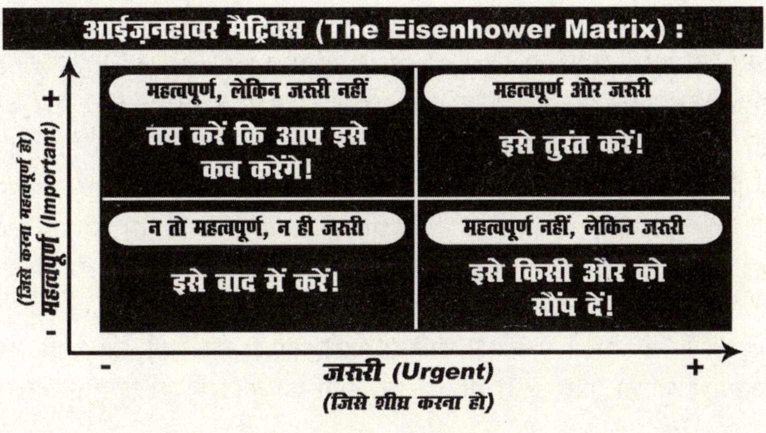

## निहितार्थ :

'अखंड आदर्शवादी व्यक्ति आईएएस सज्जन सिंह' कहानी के माध्यम से हम मैनेजमेंट विषय की इन कॉन्सेप्ट को आसानी से समझ सकते हैं। दरअसल, जब कोई हमसे यह कहता है कि धीरे-धीरे हमारे इस जीवन का पूरा समय बीत रहा है तब हमें अपने उस बीत रहे समय की क़ीमत समझ नहीं आती है। लेकिन जब कोई हमें यह बताता है कि हमारी ज़िंदगी का पूरा समय बीतने के साथ ही हमारी मृत्यु भी हो जाएगी। उस दिन हम इस दुनिया से अपनों लोगों को छोड़ कर, अपने कुछ अधूरे सपनों और उन सपनों को पूरा नहीं कर पाने के पछतावों को साथ में लेकर, हमेशा के लिए विदा हो जाएंगे। तब हमें अपने बीत रहे समय की क़ीमत समझ में आती है। हमें यह समझना चाहिए कि रोज़ाना जो हमारा समय बीत रहा होता है उसके साथ हमारी ज़िंदगी भी बीत रही होती है, और हम रोज़ अपनी मृत्यु के क़रीब जा रहे होते हैं। इसलिए हमें इस बीतते हुए समय की क़ीमत को समझते हुए इसका सर्वोत्तम उपयोग करना चाहिए। अपने समय का सही उपयोग करने के लिए हमें यह ध्यान रखना चाहिए कि जो चीज़ हमारे लिए सबसे ज़्यादा ज़रूरी होती है, उसी चीज़ से हमें सबसे अधिक मतलब होना चाहिए और उसी चीज़ को हमें ज़्यादा समय देना चाहिए।

जैसा कि इस कहानी में आईएएस सज्जन सिंह उन विभिन्न विभागों की भी मीटिंग और समीक्षा बैठकें ख़ुद ही करते थे, जिनका उनके जिले के विकास में कोई बड़ा योगदान नहीं हो सकता था। उन्होंने जब अपनी कार्यशैली पर गौर किया तो पाया कि सिर्फ़ 20% मीटिंग ही ऐसी थीं, जो विकास में बड़ा योगदान देती थीं। इस कारण वह समय का सदुपयोग नहीं कर पा रहे थे और ना ही भविष्य की प्लानिंग व अन्य ज़रूरी रचनात्मक कार्यों को करने के लिए उन्हे समय मिल पा रहा था। अब हम अपनी दिनचर्या पर गौर करें तो हो सकता है कि हमें भी यह मालूम पड़ेगा कि पूरे दिन में हमारे द्वारा किए जाने वाले कार्यों में से सिर्फ़ 20% ही हमारे जीवन के महत्त्वपूर्ण लक्ष्यों को प्राप्त करने में हमारी 80% मदद कर रहे हैं; जबकि 80% कार्य हमारे लक्ष्य प्राप्ति की दिशा में कुल 20% ही मदद कर रहे हैं। अगर हमें यह ज्ञात हो जाए तो हमें अपना अधिकतर समय उन्हीं 20% कार्यों की योजना बनाने में लगाना चाहिए, जिनका हमारे जीवन पर गंभीर असर पड़ता हो। हमें यह भी समझना चाहिए कि यह संभव है कि एक ही समय पर हमारे पास करने के लिए कई ज़रूरी कार्य हों, जिनमें से प्रत्येक को करने से हमें कुछ न कुछ लाभ अवश्य होगा। तब जैसा कि आइज़नहावर मेट्रिक्स बताती है कि हमें अपने कार्यों को उस मेट्रिक्स के चार भागों में बांटना चाहिए। पहले भाग में वह कार्य, जो हमारे लिए महत्त्वपूर्ण भी हों और ज़रूरी भी हों। इन कार्यों को करने में हमें तत्परता दिखानी

चाहिए। जैसा कि इस कहानी में सज्जन सिंह को कोर्ट में समय से उपस्थित होना ज़रूरी भी था और महत्त्वपूर्ण भी। लेकिन वह अपनी पत्नी के लिए खाना पकाने में ज़्यादा समय व्यतीत कर देने के कारण कोर्ट में समय पर नहीं पहुंच सके। इस कारण उन्हें 24 घंटे तक शहर नहीं छोड़ने का दंड मिला। हमें मेट्रिक्स के दूसरे भाग में ऐसे कार्यों को रखना चाहिए, जो हमारे लिए महत्त्वपूर्ण तो हों, लेकिन जिन्हें शीघ्र पूरा करने की कोई आवश्यकता नहीं हो। हमें ऐसे कार्यों को स्वयं पूरा करने के लिए अन्य समय निश्चित करना चाहिए और उन्हें स्वयं ही करने का प्रयास करना चाहिए। ऐसा इसलिए क्योंकि अपने महत्वपूर्ण कार्यों को हमें दूसरों के भरोसे नहीं छोड़ना चाहिए। जैसा कि सज्जन सिंह को वादानुरूप अपनी पत्नी को सिनेमा दिखाना महत्त्वपूर्ण तो था, लेकिन, अन्य के भरोसे नहीं छोड़कर, सिनेमा दिखाने का कार्य अन्य दिन पर टाला जा सकता था। यहां इस बात को नहीं समझ पाना सज्जन सिंह की बड़ी ग़लती साबित हुई। इसकी वजह से दोनों का रिश्ता टूट गया। मेट्रिक्स के तीसरे भाग में हमें ऐसे कार्यों को रखना चाहिए, जिन्हें तत्काल प्रभाव से करना तो ज़रूरी हो, परंतु जिसका हमारे जीवन पर कोई बहुत गंभीर प्रभाव नहीं पड़ने वाला हो। ऐसे कार्यों को करने के लिए हमें अपने किसी अधीनस्थ व्यक्ति को सौंप देना चाहिए। इससे वह कार्य समय पर पूरा भी हो जाता है और हमारा समय भी उस ग़ैर-महत्त्वपूर्ण कार्य को करने पर ख़र्च नहीं होता है। हमें यह बात समझनी चाहिए कि इस तरह के कार्य हमारे जीवन में व्यवधान की तरह होते हैं। इसलिए इन कार्यों में अपना समय ख़र्च करने से हमें बचना चाहिए। जैसा कि सज्जन सिंह कम महत्त्वपूर्ण विभागों की भी मीटिंग स्वयं ही किया करते थे। इनमें उनका काफ़ी समय व्यतीत हो जाता था। वह यह ज़िम्मेदारी अपने किसी अधीनस्थ अधिकारी को सौंप कर अपना काफ़ी समय बचा सकते थे। मेट्रिक्स चौथे भाग में हमें ऐसे कार्यों को रखना चाहिए, जिनका ना तो हमारे जीवन पर कोई विशेष प्रभाव पड़ता हो और ना ही जिन्हें शीघ्र करने की आवश्यकता हो। ऐसे काम चूंकि हमारे ध्यान में बने रहते हैं, इसलिए इन्हें नज़रअंदाज़ करना चाहिए, क्योंकि ये सिर्फ़ हमारा ध्यान भटकाने का काम करते हैं। सज्जन सिंह ने आदर्शवादी जीवन जीने की अपनी स्वघोषित नीतियों के कारण घर का खाना बनाने से लेकर पूरे जिलाधिकारी आवास की साफ़-सफ़ाई का ज़िम्मा ख़ुद ही संभाल रखा था। जबकि उन सभी ग़ैर-महत्त्वपूर्ण कार्यों को दूसरे लोग भी कर सकते थे। उन्हें खाना बनाने से लेकर साफ़-सफ़ाई के लिए बेहद दक्ष लोग मिल जाते जबकि दूसरी तरफ़ एक जिलाधिकारी के तौर पर सज्जन सिंह के जो दायित्व थे उन्हें तो सिर्फ़ वे ही पूरा कर सकते थे, क्योंकि वे संविधान की प्रतिज्ञा से जुड़े थे। सज्जन सिंह इन बातों को समझने में नाकाम रहे। इस वजह से उनके दूसरे महत्त्वपूर्ण कार्य प्रभावित होते रहे।

इस संबंध में चाणक्य नीति (227) में भी कहा गया है कि

*'कार्यबहुत्वे बहुफलमायतिकं कुर्यात्'*

अर्थात् जब कई काम करने हों तो हमें वे काम करना चाहिए, जो हमारे लिए सबसे महत्त्वपूर्ण हों और जो स्थिर परिणाम देते हों।

इसलिए हमें यह समझना चाहिए कि अगर हम स्वयं के कार्यों और ज़िम्मेदारियों की प्राथमिकता सही से तय नहीं कर पाएंगे तो यह संभव है कि हम अपने क़ीमती समय और ऊर्जा को अपने कम महत्त्वपूर्ण कार्यों को करने में ख़र्च कर देंगे। इसकी वजह से हो सकता है कि जीवन के अन्य कई महत्त्वपूर्ण कार्यों को करने के लिए हमारे पास समय ही नहीं बचे। ऐसे में हम अपने जीवन में स्वयं के साथ न्याय नहीं कर पाएंगे और समय बीत जाने के बाद पछताएंगे।

# 31

# कोई भी व्यक्ति इतना भी बुरा नहीं होता है कि उससे कुछ भी नहीं सीखा जा सके

*कहानी : नेहा की मजबूरी*

**क्या** आपके जीवन में कभी ऐसा हुआ है कि आपने किसी व्यक्ति के कुछ क्रिया-कलापों और व्यवहार के आधार पर शुरू में उसके बारे में ग़लत धारणा बनाई हो, लेकिन बाद में सच्चाई जान कर उसके प्रति आपको सहानुभूति होने लगी हो? ऐसा ही एक वाक़या मेरे मित्र पंकज के साथ घटित हुआ। कुछ वर्ष पहले की बात है, जब पंकज दिल्ली में एक कोचिंग सेंटर का संचालन करता था। उसी दौरान वहां उसका संपर्क नेहा से हुआ। नेहा उस दौरान दिल्ली यूनिवर्सिटी में पढ़ाई करती थी। नेहा और पंकज की मुलाक़ात उनके एक मित्र के माध्यम से हुई, जो उसी यूनिवर्सिटी में पढ़ाई करते थे। उन दोनों की पहली मुलाक़ात के बाद उनके बीच कुछ दिनों तक सामान्य बातचीत होती रही। बातचीत के दौरान नेहा को यह जानकारी हुई कि पंकज दिल्ली में ही एक कोचिंग सेंटर का संचालन करता है और साधन संपन्न व्यक्ति है।

इन बातों की जानकारी होने के बाद नेहा ने पंकज से उसके कोचिंग में ही किसी तरह की पार्ट-टाइम नौकरी देने का आग्रह किया। नेहा के इस निवेदन को पंकज ने स्वीकार भी कर लिया। पंकज, नेहा को कोचिंग में एक हफ़्ते में 1-2 क्लास पढ़ाने के लिए बुला लिया करता, और उसके बदले वह उसे 1000-2000 रुपये दे देता। धीरे-धीरे नेहा और पंकज एक-दूसरे के क़रीब आते गए और दोनों के बीच घनिष्ठता बढ़ती गयी। पंकज ने अपने रहने के लिए एक घर किराए पर ले रखा था, जहां धीरे-धीरे नेहा भी आने-जाने लगी। ऐसे ही एक दिन जब नेहा पंकज के घर पर आयी हुई थी, तब उसने पंकज से सवाल किया कि अगर वह उसके घर पर

ही रहने लगे तो उसको कोई समस्या तो नहीं होगी। नेहा की बात सुनकर पंकज ने नेहा से प्रश्न किया कि आख़िर वह यूनिवर्सिटी के हॉस्टल को छोड़ कर उसके घर पर क्यों रहना चाहती थी? नेहा ने बताया कि चूंकि यूनिवर्सिटी के हॉस्टल में उसे अच्छा खाना नहीं मिलता था, इसलिए अगर वह उसके घर पर रहती तो वह स्वयं ही दोनों के लिए स्वादिष्ट खाना बना सकती थी। नेहा की इन बातों को सुन कर पंकज ने उसे अपने घर पर रखने के लिए हामी भर दी। इस तरह अब पंकज और नेहा एक ही घर में रहने लगे थे। उन दोनों को साथ रहते हुए अभी कुछ ही समय बीता था कि अचानक से कोविड के फैलने की बात सामने आने लगी। देखते ही देखते पूरे देश में लॉकडाउन लगने की बात होने लगी। सभी लोग अपने-अपने घर जाने की तैयारी करने लगे। चूंकि पंकज की कोचिंग के सभी बच्चे भी घर जाने लगे थे, इसलिए वह भी कोचिंग बंद कर के घर जाने की योजना बनाने लगा। जब उसने नेहा की योजना के बारे में उससे सवाल किया तो उसने बताया कि वह अपने घर जाने की बजाए वहीं रह कर पढ़ाई करेगी। नेहा की यह बात सुन कर कि वह अच्छे से पढ़ाई करने के लिए घर नहीं जाना चाहती थी, पंकज इस सोच में पड़ गया कि कुछ समय पहले तो नेहा ने खाना अच्छा नहीं मिलने की वजह से हॉस्टल छोड़ा और अब घर नहीं जाने का कारण पढ़ाई पर ध्यान देना बता रही थी।

चूंकि पंकज को पता था कि नेहा की यूनिवर्सिटी का हॉस्टल भी कोविड के कारण बंद हो गया था, इसलिए वह उसे हॉस्टल जाने के लिए भी नहीं कह सकता था। ख़ैर, पंकज तो अपने घर चला गया, जबकि नेहा दिल्ली में ही उसके किराए वाले घर पर रुकी रही। जब 3 महीने बाद लॉकडाउन ख़त्म हुआ तब पंकज वापस दिल्ली आया। वापस आने पर पंकज को कुछ ऐसी बातें पता चलीं, जिससे वह काफ़ी असहज महसूस करने लगा। दरअसल, पंकज को यह मालूम पड़ा कि लॉकडाउन के दौरान नेहा का पंकज के पड़ोसियों के साथ काफ़ी अच्छे संबंध बन गए थे। उसे पता चला कि कोविड के दौरान नेहा अक्सर उसके पड़ोसियों के यहां ही खाना बनाती और खाती थी। यह बातें सुन कर पंकज को अच्छा नहीं लगा, जिसके कारण उसे नेहा से नाराज़गी हो गयी। यह बातें सुनकर पंकज इतना नाराज़ हुआ कि उसने नेहा से उसके रहने के लिए यथाशीघ्र कोई अन्य जगह तलाशने के लिए कह दिया। पंकज की बातें सुनकर नेहा ने उसे समझाने का काफ़ी प्रयास किया, लेकिन पंकज ने नेहा की एक नहीं सुनी। अंततः नेहा को पंकज का घर छोड़ना पड़ा। पंकज के घर से तो नेहा चली गयी थी, लेकिन उसके दिमाग़ से वह कभी नहीं गयी। पंकज हमेशा ही नेहा के चरित्र के बारे में नकारात्मक बातें सोचता रहता था और उसको अपने घर पर रखने के अपने निर्णय के लिए हमेशा स्वयं को कोसता रहता था। समय बीतता रहा, लेकिन पंकज को अपने निर्णय पर पछतावा होता रहा। लेकिन इसी बीच किसी दूसरे मित्र के माध्यम से पंकज को नेहा की

वास्तविक कहानी पता चली। उसकी असलियत जानने के बाद पंकज को नेहा के साथ किए अपने बर्ताव पर अफ़सोस होने लगा। इसके बाद वह नेहा को घर से निकालने के निर्णय को लेकर स्वयं को कोसने लगा।

दरअसल, पंकज के मित्र ने उसे बताया कि नेहा एक अत्यंत ग़रीब परिवार से ताल्लुक़ रखती थी। उसके आस-पास के क्षेत्र में लड़कियों को पढ़ने के लिए शहर जाने की अनुमति नहीं दी जाती थी। लेकिन चूंकि नेहा बचपन से ही पढ़ने में बहुत तेज़ थी, इस कारण कक्षा 6 में उसका दाख़िला जवाहर नवोदय विद्यालय में हो गया था। चूंकि नवोदय विद्यालय एक सरकारी आवासीय विद्यालय होता है, जहां कोई फ़ीस नहीं लगती है, इसलिए उसके घर वालों ने उसका दाख़िला वहां करा दिया। नेहा ने नवोदय विद्यालय में ही अपनी कक्षा 12 तक की पढ़ाई पूरी की। वहां से पढ़ाई पूरी करने के बाद, आगे की पढ़ाई के लिए उसने एक सरकारी कॉलेज की प्रवेश परीक्षा भी पास कर ली थी। लेकिन उसके पिता ने उसे पढ़ने के लिए कॉलेज भेजने से इनकार कर दिया। अब भविष्य बर्बाद होता देख नेहा घर में बिना किसी को बताए ही दिल्ली आ गई और कॉलेज में दाख़िला ले लिया। तब से उसका घर वालों से नाता टूट गया। उसके घर वाले उसको कभी आर्थिक मदद भी नहीं करते थे। उसके पिता ने तो उसको घर लौटने से मना कर दिया था, इस कारण वह कभी अपने घर भी नहीं जा पाती थी। पैसों की ज़रूरत के लिए नेहा कभी किसी को ट्यूशन पढ़ा देती थी, तो कभी दोस्तों से मदद लेकर अपना काम चला लेती थी। स्नातक की डिग्री लेने के बाद आगे की पढ़ाई करने के लिए, जब उसका दाख़िला दिल्ली यूनिवर्सिटी में हुआ, तब उसे शुरू में वहां हॉस्टल नहीं मिल पाया था। चूंकि नेहा के पास कैम्पस के बाहर कमरा ले कर रहने के लिए पैसे नहीं थे, इसलिए वह हॉस्टल में ही एक पुरानी दोस्त के कमरे में रह रही थी। चूंकि दोस्त के कमरे में वह ज़्यादा दिन नहीं रह सकती थी और स्वयं को पंकज के सामने मजबूर भी नहीं दिखाना चाहती थी, इसलिए उसने हॉस्टल में अच्छा खाना नहीं मिलने का बहाना बना कर, पंकज से उसके यहां रहने के लिए आग्रह किया था। लॉकडाउन के समय जब सभी लोग अपने घर जा रहे थे, तब चूंकि नेहा अपने पिता के डर से अपने घर नहीं जा सकती थी, इसलिए उसने पढ़ाई करने का बहाना बना कर, पंकज की अनुपस्थिति में भी उसके दिल्ली वाले घर पर ही रहने की बात कही थी। नेहा को चूंकि कहीं से आर्थिक मदद तो मिलती नहीं थी, और पंकज भी अपने गांव चला गया था, इसलिए पूरे लॉकडाउन के समय उसको अपने लिए खाने-पीने की चीज़ों की व्यवस्था कर पाने की भी चुनौती थी। उसने पंकज के पड़ोसियों के यहां स्वयं ही खाना बनाने का प्रस्ताव रखा था, जिससे कि वह वहां अपने खाने की व्यवस्था कर सके। नेहा चूंकि खाना तो स्वादिष्ट बनाती थी; इसलिए सभी को उसका बनाया खाना ख़ूब पसंद आया। जिस दिन नेहा उनके यहां खाना बनाती उस

दिन तो वह उनके यहां खा ही लेती थी, और जिस दिन वह नहीं भी बनाती थी, उस दिन भी अच्छे संबंध हो जाने की वजह से, वे लोग उसके लिए खाना पहुंचा जाते थे। पंकज के मित्र ने जब यह सब बातें उसे बताईं तब उसे स्वयं द्वारा नेहा के साथ किए गए बर्ताव पर बहुत अफ़सोस हुआ। नेहा अक्सर ही पंकज को एक शायरी सुनाया करती थी कि *'हालात कर देते हैं भटकने को मजबूर, घर से निकला हर शख़्स आवारा नहीं होता।'* नेहा की पूरी कहानी जानने के बाद अब पंकज इस शायरी को उसके जीवन से जोड़ कर देख पा रहा था। यह सब सोचते हुए वह नेहा के साथ किए गए अपने व्यवहार के लिए ख़ुद को कोसता था।

हालांकि मैंने पंकज को यह समझाने का प्रयास किया कि नेहा और किस प्रकार बेहतर व्यवहार कर सकती थी, और उसे किन बातों का ख़याल रखना चाहिए था, या उसे कब-कब झूठ नहीं बोलना चाहिए था। लेकिन मेरी बातों को बीच में ही काट कर पंकज मुझे ही समझाना शुरू कर देता था। मुझे समझाते हुए वह कहता था, एक पुरुष प्रधान देश में अगर कोई लड़की किसी ग़रीब के घर में पैदा होने के बावजूद अपने जीवन में पढ़-लिख कर कुछ बड़ा करने का सपना देखती है, उन सपनों को साकार करने के लिए घर वालों की इच्छा के विपरीत जाती है, बिना किसी सहारे के निडर होकर आगे बढ़ने का प्रयास करती है, हर किसी में अपनत्व खोजती है; किसी प्रकार झूठ-सच बोल कर वह अपने संघर्ष के दिन काटते हुए अपना गुज़र-बसर करती है; तो ऐसी स्थिति में इंसान ही नहीं ईश्वर को भी उसकी सभी ग़लतियों को माफ़ करते हुए उसकी जितनी संभव हो मदद करनी चाहिए। हालांकि मेरे समझाने पर पंकज यह भी स्वीकार करता था कि नेहा जिस तरह से झूठ बोल कर उसके यहां रह रही थी, उसकी बजाए वह 2-4 ट्यूशन पढ़ा कर अपने ख़र्चे के पैसे कमा सकती थी और यूनिवर्सिटी के बाहर ही किसी प्राइवेट हॉस्टल में रह सकती थी। पंकज इस बात की भी आशंका जताता था कि चूंकि उसके यहां नेहा को रहने-खाने की अच्छी सुविधाएं फ़्री की मिल जा रही थीं, इसलिए ही शायद उसने संघर्ष का रास्ता नहीं चुन कर उसके घर पर ही आरामदेह ज़िंदगी बिताने के रास्ते को ही बेहतर समझा था।

यहां पर इस कहानी का ज़िक्र इसलिए किया गया है, क्योंकि साइकोलॉजी की एक कॉन्सेप्ट भी इस बारे में बात करती है कि सतही तौर पर किसी व्यक्ति के बारे में नकारात्मक दृष्टिकोण रखने के कारण लोग उस व्यक्ति के व्यक्तित्व को ही नकारात्मक करार दे देते हैं। तो आइए इस कॉन्सेप्ट के बारे में विस्तार से बात करते हैं।

## संबंधित कॉन्सेप्ट :

### हॉर्न इफ़ेक्ट (Horn Effect) :

हॉर्न इफ़ेक्ट एक प्रकार का संज्ञानात्मक पूर्वाग्रह है, और यह हेलो इफ़ेक्ट के विपरीत होता है। इसके कारण हम व्यक्ति के किसी एक नकारात्मक पहलू के आधार पर उसके पूरे व्यक्तित्व को ही नकारात्मक करार देने लगते हैं। यह लोगों द्वारा सतही स्तर पर किसी के बारे में नकारात्मक दृष्टिकोण रखने के कारण बनता है। उदाहरण के लिए, अगर कोई व्यक्ति लोगों के साथ मिलने-जुलने पर और विभिन्न बैठकों में बहुत अधिक बात नहीं करता है या फिर जब वह अंतर्मुखी व्यक्तित्व का है, तब लोगों को ऐसा लग सकता है कि उस व्यक्ति को असल में मिलने वाले लोगों में और उन बैठकों में जिन मुद्दों पर बात हो रही है, उनमें कोई दिलचस्पी ही नहीं है।

## निहितार्थ :

इस कॉन्सेप्ट को हम 'नेहा की मजबूरी' कहानी के माध्यम से आसानी से समझ सकते हैं। इसके बारे में बात करते समय हमें हाथी और अंधे की कहानी को ध्यान में रखना होगा। कभी ऐसा भी होता है कि किसी हाथी के पूरे शरीर को बिना देखे। सिर्फ़ उसकी पूंछ को छू कर कोई अंधा व्यक्ति उसे सांप समझ सकता है। जबकि कभी उसी हाथी के मोटे से पैर को छू कर उसको पेड़ समझ सकता है। इसलिए हमें इस बात का ध्यान रखना चाहिए कि हम किसी वस्तु, व्यक्ति या परिस्थिति के बारे में जब भी बात करें और उसके बारे में अपना विचार बनाए, तब हम उसके सभी पहलुओं पर ध्यान दें। किसी भी व्यक्ति के बारे में कोई धारणा बनाने से पहले हमें उसके सभी पक्षों पर अवश्य गौर कर लेना चाहिए। उस व्यक्ति के किसी एक नकारात्मक पहलू के आधार पर हमें उसके व्यक्तित्व को पूरी तरह ग़लत करार नहीं देना चाहिए। उसके प्रति हमें पूरी तरह से नकारात्मक दृष्टिकोण नहीं बनाना चाहिए। इन बातों का ध्यान रख कर हम हॉर्न इफ़ेक्ट जैसे संज्ञानात्मक पूर्वाग्रह का शिकार होने से स्वयं को बचा सकते हैं। हो सकता है कि कोई व्यक्ति हमारी नज़र में पूरी तरह से ग़लत प्रतीत हो रहा हो, लेकिन तब इस बात की भी संभावना होती है कि हमें उस व्यक्ति की परिस्थितियों के बारे में पूरी जानकारी नहीं हो। जैसा कि इस कहानी में पंकज को शुरू में नेहा की परिस्थितियों की पूरी जानकारी नहीं थी। उसे नहीं पता था कि नेहा के पिता उसको आगे की पढ़ाई नहीं करने देना चाहते थे; इसलिए वह पढ़ाई करने के लिए कक्षा 12वीं के बाद से अपने घर से भाग आयी थी, जिसके कारण वह कोविड के कारण हुए लॉकडाउन में भी अपने घर नहीं जा सकती थी। पंकज को यह भी नहीं पता था कि लॉकडाउन के समय नेहा के पास

खाने-पीने के लिए भी पैसे नहीं थे, इसलिए स्वयं के खाने की व्यवस्था करने के लिए उसने उसके पड़ोसियों के घर पर खाना बना कर उनसे अच्छे संबंध बनाए। इन बातों की जानकारी नहीं होने की वजह से शुरुआत में पंकज को नेहा के संघर्षों के बारे में पता नहीं चल पाया। आधी-अधूरी जानकारी की वजह से पंकज के ऊपर हॉर्न प्रभाव हावी हो गया, जिसकी वजह से उसने नेहा को ही ग़लत मान कर उससे अशिष्ट व्यवहार किया और लॉकडाउन के बाद उसे अपने घर से निकल जाने के लिए कह दिया। हालांकि इस कहानी में नेहा की परिस्थितियों से पंकज पूरी तरह से वाक़िफ़ नहीं था, लेकिन अगर हम स्वयं के जीवन में किसी दूसरे व्यक्ति की परिस्थितियों से पूरी तरह से वाक़िफ़ भी हों, और उस व्यक्ति में हमें सिर्फ़ बुराइयां ही दिख रही हों, तब भी हमें यह बात ध्यान रखनी चाहिए कि किसी भी व्यक्ति में चाहे कितनी भी बुराई क्यों ना हो, उसमें कुछ ऐसे गुण ज़रूर होते हैं, कुछ ऐसी बातें ज़रूर होती हैं, जिन्हें हम उससे सीख सकते हैं। कोई व्यक्ति हमारी नज़र में भले ही बहुत बुरा हो, लेकिन अगर उसके अंदर कोई अच्छी बात हो तो हमें उसे सीखनी चाहिए।

इस संबंध में मनु स्मृति (2/238) में भी कहा गया है कि

*'श्रद्दधानः शुभाम् विद्याम् आददीतावरादपि'*

अर्थात् हीनों के पास भी उपलब्ध उत्कृष्ट ज्ञान को भक्ति के साथ ग्रहण करना चाहिए।

सिर्फ़ यही नहीं, बल्कि अगर कोई ऐसा व्यक्ति है, जो हमें बिलकुल भी पसंद नहीं हो, जो हमारा शत्रु हो, उसके व्यक्तित्व के भी अच्छे गुणों को हमें सीखना चाहिए और उनको अपनाना चाहिए, क्योंकि चाणक्य सूत्र में भी कुछ ऐसी ही बात कही गयी है।

चाणक्य नीति (308) में कहा गया है कि

*'शत्रोरपि सुगुणो ग्राह्यः'*

अर्थात् शत्रु के भी अच्छे गुण अपनाने चाहिए।

इस दुनिया में कोई व्यक्ति चाहे कितना भी बुरा क्यों ना हो, पर उसने किसी न किसी अन्य व्यक्ति की कहानी में अच्छा किरदार ज़रूर निभाया होता है। कोई भी व्यक्ति सभी कहानियों में बुरा नहीं होता है। इतनी बड़ी दुनिया में हम बहुत कम लोगों से मिल पाते हैं। उनमें से भी कितने कम लोग हमारे स्मरण में रहते हैं। इसके

बावजूद अगर कोई व्यक्ति अपनी अच्छाई या बुराई की वजह से हमारे स्मरण में बना हुआ है, तो अवश्य ही उससे हम कुछ सीख सकते हैं। यहां तक कि बुरे व्यक्तियों से भी हम कम से कम यह तो अवश्य ही सीख सकते हैं कि ऐसे कौन से कार्य हैं, जिन्हें यह दुनिया बुराई की श्रेणी में रखती है, और जिन्हें हमें नहीं करना हैं, या फिर किसी सही कार्य को करते समय हमें क्या सावधानियां बरतनी हैं। जैसा कि इस कहानी में पंकज को अंत में समझ में आया कि नेहा के पास यह विकल्प था कि वह 2-4 ट्यूशन पढ़ा कर कुछ पैसे कमा सकती थी और यूनिवर्सिटी के बाहर किसी प्राइवेट हॉस्टल में रह सकती थी। लेकिन उसने संघर्ष का रास्ता नहीं चुन कर पंकज के घर पर ही आरामदेह ज़िंदगी का विकल्प चुना था। यहां पर नेहा के इस ग़लत निर्णय से हम यह सीख सकते हैं कि हमें अपनी कठिन परिस्थितियों में संघर्ष करने से बचने का प्रयास नहीं करना चाहिए और जब तक अतिआवश्यक ना हो तब तक सिर्फ़ स्वयं की सुविधा के लिए हमें किसी से मदद नहीं मांगनी चाहिए। ऐसा भी नहीं है कि नेहा के अंदर कोई अच्छाई नहीं थी।

चूंकि नेहा को 12वीं के बाद जब उसके पिता ने उसे कॉलेज में दाख़िला लेने से मना कर दिया था तब भी उसने हिम्मत नहीं हारी। उसने साहस का परिचय दिया और घर वालों की इच्छाओं के विपरीत जा कर पढ़ाई के लिए दिल्ली यूनिवर्सिटी तक का सफ़र तय किया। हमें सीखना चाहिए कि हमारी परस्थितियां चाहे कितनी भी विपरीत क्यों ना हों, हमें स्वयं पर विश्वास करना चाहिए, क्योंकि अपने भाग्य के विधाता हम स्वयं ही होते हैं। इस तरह हम कह सकते हैं हर किसी से हम कुछ न कुछ ज़रूर सीख सकते हैं और कोई भी मनुष्य हमारी नज़र में चाहे कितना भी बुरा क्यों न हो पर वह इतना भी बुरा नहीं होता है कि उससे कुछ भी नहीं सीखा जा सके।

## 32

# संघर्ष करने से व्यक्ति जल्दी परिपक्व हो जाता है

### *कहानी : क्या रोहन के पिता जीवित होते तो बेहतर होता?*

क्या आपके जीवन में कोई ऐसा क्षण आया, जब आपको लगा हो कि अगर आपकी परिस्थिति कुछ ऐसी होती तो आप ऐसा कर पाते या ऐसी नहीं होती तो वैसा कर पाते? रोहन को भी कुछ ऐसा ही अहसास उसके जीवन में अपने पिता की अनुपस्थिति के चलते उत्पन्न हुई परिस्थितियों के कारण हुआ। रोहन हमेशा यह सोचता था कि अगर उसके पिता जीवित होते तो उनसे उसे जीवन में आगे बढ़ने का मार्गदर्शन प्राप्त होता और आर्थिक एवं मनोवैज्ञानिक संबल मिलता। उसे ऐसा लगता था कि अगर उसे पिता से मार्गदर्शन और संबल मिला होता तो हो सकता था कि वह अपने जीवन में वर्तमान की अपेक्षा कुछ बेहतर कर सकता। इसके उलट उसे कभी-कभी यह भी लगता था कि पिता के नहीं होने से स्वयं के भविष्य को लेकर उसके भीतर जो असुरक्षा की भावना रहती थी, शायद उसकी वजह से वह अपने भविष्य के प्रति ज़्यादा सजग हो पाया।

दरअसल, यह सच ही है कि हम चाहे कितने भी बड़े क्यों ना हो जाएं, पिता की अनुपस्थिति से हमारे जीवन में जो ख़ालीपन पैदा होता है, वह हमेशा दर्द देता है। रोहन ने अपने पिता को कभी नहीं जाना। उसने उनको कभी नहीं देखा, उनकी आवाज़ तक नहीं सुनी। उसके पिता ने उसे कभी अपने कंधों पर नहीं बैठाया। ग़लतियों के लिए उसे कभी नहीं डांटा। उन्होंने कभी रोहन के स्कूल में अभिभावक-शिक्षक बैठक में भाग भी नहीं लिया। उन्होंने उसे कभी यह नहीं बताया कि जब वह पहली बार अपनी कक्षा में प्रथम आया, तो उन्हें कितना गर्व हुआ था। रोहन ने सिर्फ़ यह सुना है कि उसके पिता भारतीय सेना में एक सैनिक

थे। दरअसल, रोहन के जन्म से तीन महीने पहले ही उसके पिता का निधन हो गया था। इस वजह से उसे कभी भी अपने पिता से आशीर्वाद लेने या कुछ भी मांगने का मौक़ा नहीं मिला। पिता के नहीं होने के कारण हमेशा ही उसके मन में अपने भविष्य को लेकर एक असुरक्षा की भावना रही। बचपन के दिनों में वह हमेशा दूसरे लोगों से किसी न किसी तरह की मदद के लिए अनुरोध किया करता था। यहां तक कि उन छोटे कार्यों के लिए भी उसे लोगों से मदद मांगनी पड़ती थी, जो कार्य अगर उसके पिता होते तो आसानी से हो जाते। इस वजह से बचपन में रोहन को हर छोटा काम भी बहुत बड़ा लगता था। हर सस्ती चीज़ बहुत महंगी लगती थी और हर व्यक्ति बहुत ताक़तवर लगता था। रोहन अपने पिता की उम्र के लोगों के साथ भी संपर्क बनाने का प्रयास करता था, जिससे कि ज़रूरत के समय वह उन लोगों से मदद मांग सके। वह अपने रिश्तेदारों और पड़ोसियों के रीति-रिवाजों के कार्यक्रमों में अपनी उपस्थिति भी सुनिश्चित करता था। उस वक्त वह सोचता था कि अगर उसके पिता होते तो उसका जितना समय उन कार्यक्रमों में ख़र्च हो रहा है, वह बच जाता और वह अपने उस समय में अपने अन्य ज़रूरी कार्य कर पाता। उस समय जो काम उसके उम्र के बच्चे नहीं करते थे, वो भी उसे करना पड़ता था। कभी किसी कार्यक्रम में शामिल होते समय वह अन्य बड़े लोगों के बीच में थोड़ा असहज भी हो जाता था। शुरू में विभिन्न परिस्थितियों में सही-ग़लत का निर्णय लेते समय उसे भय का अहसास भी हुआ, लेकिन कोई विकल्प नहीं होने की वजह से उसके जीवन में यह सिलसिला ऐसे ही चलता रहा। बचपन में कई कार्य उसे अपनी परिस्थितियों के कारण मजबूरी में करने पड़े थे, लेकिन उन्हीं कार्यों के अनुभव से कम उम्र में ही उसके अंदर कुछ ऐसे भी कौशल विकसित हुए जो उसकी उम्र के लड़कों में सामान्यतः विकसित नहीं हो पाते और इसी कारण से वह सामान्य लोगों के अपेक्षाकृत जल्दी परिपक्व हो गया।

यहां पर इस कहानी का ज़िक्र इसलिए किया गया, क्योंकि साइकोलॉजी की कुछ कॉन्सेप्ट और थ्योरी भी इस बारे में बात करती हैं कि व्यक्ति द्वारा अपने जीवन में कठिन परिस्थितियों का दृढ़ता के साथ सामना करते हुए सफलता प्राप्त करने से उसकी सेल्फ़-एफ़िकेसी, आशा, लचीलापन और सकारात्मकता जैसे गुणों का विकास संभव है। तो आइए इन कॉन्सेप्ट और थ्योरी के बारे में हम विस्तार से बात करते हैं।

## संबंधित कॉन्सेप्ट व थ्योरी :

### मनोवैज्ञानिक पूंजी का प्रिंसिपल (Principle of Psychological Capital) :

अध्ययनकर्ताओं द्वारा यह पाया गया है कि पूंजी के भी चार प्रकार होते हैं; आर्थिक

पूंजी, सामाजिक पूंजी, मानव पूंजी और मनोवैज्ञानिक पूंजी। सबसे प्रथम आर्थिक पूंजी वह होती है, जिसमें व्यक्ति आर्थिक संसाधनों को एकीकृत करने पर अपना ध्यान केंद्रित करके अपनी आर्थिक स्थिति को सुदृढ़ करता है। सामाजिक पूंजी किसी व्यक्ति के सामाजिक संबंधों पर आधारित होती है। यह व्यक्ति के सामाजिक संबंधों की मात्रा और गुणवत्ता पर आधारित होती, इसे सामाजिक पूंजी कहते हैं। तीसरी श्रेणी में व्यक्ति के ज्ञान और कौशल की संपन्नता को शामिल किया जाता है। यह पूंजी, व्यक्ति को विशिष्टता प्रदान कर उसे सफलता की ओर अग्रसर रहने की योग्यता देती है। चौथी व अंतिम मनोवैज्ञानिक पूंजी होती, जो अंततः एक व्यक्ति की मानसिक शक्ति, संकल्प क्षमता, दृष्टिकोण और मनोबल, उसके सामर्थ्य और योग्यता की नींव होती है। कठिन परिस्थितियों में सही निर्णय लेने व उचित व्यवहारिक शक्ति का उपयोग करने की क्षमता, इसी नींव पर आश्रित होती है।

लुथन्स और उनके सहयोगियों द्वारा मनोवैज्ञानिक पूंजी के अध्ययन से प्राप्त विवरण के अनुसार किसी भी व्यक्ति की मनोवैज्ञानिक पूंजी चार विभिन्न मनोवैज्ञानिक घटकों के परस्पर योग से निर्मित होती है। यह चार मनोवैज्ञानिक घटक आशा, प्रभावकारिता, लचीलापन, और आशावाद हैं। उनके अनुसार हर व्यक्ति को अपने मनोवैज्ञानिक पूंजी को बढ़ाने का प्रयास करते रहना चाहिए।

**इन सभी चार मनोवैज्ञानिक घटकों को निम्नानुसार परिभाषित किया गया है :**

**आशा (Hope)**– यह एक सकारात्मक प्रेरक अवस्था है, जहां दो बुनियादी तत्व *लक्ष्य निर्धारण* और उन लक्ष्यों को प्राप्त करने के लिए सक्रिय रूप से *योजना बनाना* परस्पर क्रिया करते हुए प्रेरक मनोभाव को पोषित करते हैं।

**प्रभावकारिता (Efficacy)**– इसको एक व्यक्ति का अपने *लक्ष्य* को प्राप्त करने की अपनी क्षमता पर स्वयं के *विश्वास* के रूप में परिभाषित किया गया है।

**लचीलापन (Resilience)**– यह *प्रतिकूलता* या संकट से निपटने का *सकारात्मक तरीक़ा* है। यह तनाव, संघर्ष, विफलता, परिवर्तन या ज़िम्मेदारी से हुई मानसिक क्षति से उबरने की क्षमता है।

**आशावाद (Optimism)**– किसी व्यक्ति के अपने भविष्य के परिणामों के बारे में *आशावादी तरीक़े* से देखने और स्वयं की सफलता की उम्मीद करने की प्रवृति को आशावाद कहा जाता है तथा ऐसे व्यक्ति को आशावादी व्यक्ति कहा जाता है।

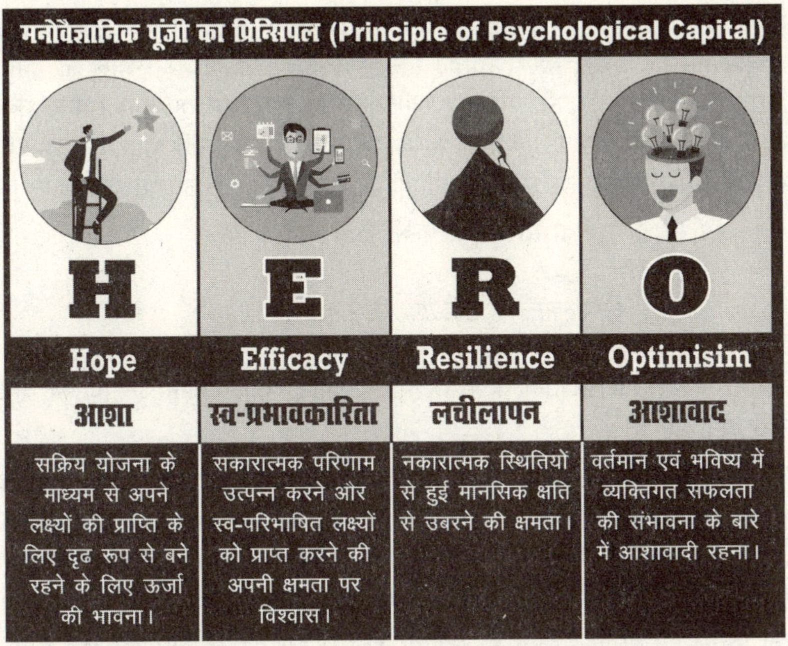


**सेल्फ़-एफ़िकेसी का कॉन्सेप्ट (Concept of Self-Efficacy) :**

अल्बर्ट बंडुरा के अनुसार, किसी व्यक्ति की सेल्फ़-एफ़िकेसी उसकी अपने क़ाबिलियत पर होने वाले विश्वास को कहते हैं, जिसके द्वारा वह किसी भी कठिन परिस्थिति का सामना कर सफलता पा सकता है। सेल्फ़-एफ़िकेसी, व्यक्ति के सोचने, महसूस करने और व्यवहार करने की प्रक्रिया को भी निर्धारित करती है। सेल्फ़-एफ़िकेसी यह भी निर्धारित करती है कि व्यक्ति किन लक्ष्यों का पीछा करना चाहता है, वह उन लक्ष्यों को कैसे प्राप्त करता है और वह स्वयं के प्रदर्शन पर कैसी प्रतिक्रिया व्यक्त करता है। बंडुरा ने पाया है कि किसी व्यक्ति की सेल्फ़-एफ़िकेसी, उसके अपने लक्ष्यों तक पहुंचने, कार्यों को पूरा करने और चुनौतियों का सामना करने में प्रमुख भूमिका निभाती है। बंडुरा के सिद्धांत के अनुसार, उच्च सेल्फ़-एफ़िकेसी वाला व्यक्ति, जो मानता है कि वह अच्छा प्रदर्शन कर सकता है, कठिन कार्यों को टालने के बजाय उसको एक बार करने का प्रयास करना चाहता है।

## निहितार्थ :

'क्या रोहन के पिता जीवित होते तो बेहतर होता?' कहानी के माध्यम से हम साइकोलॉजी की इन कॉन्सेप्ट और थ्योरी को आसानी से समझ सकते हैं। वास्तव

में हम चाहे आस्तिक हों या नास्तिक, प्रारब्ध में विश्वास करते हों या नहीं करते हों, लेकिन हमें यह प्रयास करना चाहिए कि हमारे जीवन में वो हर स्थिति जो हमारे नियंत्रण में नहीं है, उसको उसी तरह स्वीकार करते हुए उसमें हम कुछ सकारात्मक ढूंढ़े। इससे हमारी उस परिस्थिति में तो शायद कोई परिवर्तन नहीं होगा, परंतु हमारी मानसिक स्थिति में ज़रूर मज़बूती आएगी और हम नकारात्मकता से बच जाएंगे।

इस संबंध में कथा सरित्सागर में भी कहा गया है कि

*'आपात्काले च कष्टेऽपि नोत्साहस्त्यज्यते बुधैः'*

अर्थात् संकट और परेशानी के समय भी बुद्धिमान व्यक्ति अपने उत्साह को कम नहीं होने देता है।

हमारे जीवन में जब भी कोई समस्या आती है, तब हम सर्वप्रथम यह सोचते हैं कि उस समस्या के उपजने का कारण क्या है। हम पूरा प्रयास करते हैं कि उस समस्या के उपजने का दोष हम किसी दूसरे व्यक्ति या कम से कम ईश्वर को दे सकें, जिससे कि हम स्वयं उसकी ज़िम्मेदारी लेने से बच सकें। इस ज़िम्मेदारी से बचने का प्रयास हम इसलिए करते हैं, क्योंकि जैसे ही हम यह स्वीकार कर लेते हैं कि उस समस्या के उत्पन्न होने का कारण ईश्वरीय शक्ति या कोई दूसरा व्यक्ति है वैसे ही हम उस समस्या का समाधान निकालने की ज़िम्मेदारी से स्वयं को मुक्त कर लेते हैं। अगर हम उसका समाधान निकालने के लिए थोड़ा-बहुत प्रयास करते भी हैं, तो उसके एवज़ में हम स्वयं अपनी पीठ भी थपथपा लेते हैं। जबकि इसके विपरीत हमें अपने जीवन में उत्पन्न होने वाली सभी परिस्थितियों को अपने जीवन का एक हिस्सा मानना चाहिए और उससे निपटने की ज़िम्मेदारी स्वयं की माननी चाहिए। जैसा कि इस कहानी में जन्म के समय से ही पिता के ना होने की वजह से रोहन को तमाम मुश्किलों का सामना करना पड़ा। इसकी वजह से उसे अपने बचपन में ख़ुद के कमजोर व असहाय होने का भी अहसास हुआ। उसे ना तो पिता का साया होने से मिलने वाली हिम्मत का अहसास हुआ और ना ही जीवन में रास्ता भटकने पर पिता से मिलने वाले मार्गदर्शन व डांट ही मिली। इन कठिन परिस्थितियों से गुजरने के दौरान रोहन को यदा-कदा यह भी अहसास हुआ कि वह लोगों की सहानुभूति का हक़दार है, क्योंकि वह सामान्य बच्चों जैसा भाग्यशाली नहीं था। हालांकि अपने उस कठिन दौर से गुज़रते हुए भी रोहन ने कभी भी अपनी प्रेरणा और उत्साह को कम नहीं होने दिया।

जैसा कि रामायण (अरण्यकांड, 63/19) में कहा गया है कि

*'उत्साहवन्तो हि नरा न लोके सीदन्ति कर्मस्वतिदुष्करेषु'*

अर्थात् प्रेरणा और उत्साह वाला व्यक्ति इस दुनिया में बहुत कठिन कार्य का सामना करने पर कभी भी अपने आपको दुःखी नहीं होने देता है।

ठीक उसी प्रकार रोहन ने भी प्रेरणा और उत्साह वाले व्यक्ति की भांति कठिन परिस्थितियों और दुःखों से हार नहीं मानी। हालांकि जब वह अपनी उस परिस्थिति के दूसरे पक्ष को देखता है तो उसे यह समझ आता है कि पिता के नहीं होने की वजह से जो असुरक्षा की भावना उसके अंदर थी, शायद उसकी वजह से ही वो अपने भविष्य को लेकर बहुत ही सजग और गंभीर रहा। क्योंकि विभिन्न सामाजिक कार्यक्रमों में उसे मजबूरी में अपने उम्र से बड़े लोगों के बीच में बैठना पड़ता था, शायद इसलिए बाद में वह किसी बड़े से बड़े व्यक्ति से भी सहजता से मिल लेता है। यह भी संभव है कि बड़े लोगों के साथ संपर्क बनाने और फिर उन संपर्कों को बनाए रखने की आवश्यकता ने रोहन को नेटवर्किंग कौशल सिखाया हो। शुरू से ही जीवन के सभी फ़ैसले स्वयं लेने और सही-ग़लत में अंतर को अपने विवेक से समझने के कारण उसमें नेतृत्व क्षमता का विकास हुआ। उसे ऐसा भी लगता है कि बचपन में चूंकि हर छोटा काम भी उसे बहुत बड़ा लगता था, हर सस्ती चीज़ उसे बहुत महंगी लगती थी और हर व्यक्ति बहुत ताक़तवर लगता था, इसलिए वह बहुत महत्त्वाकांक्षी हो गया और उसके अंदर बड़ा आदमी बनने की इच्छा जगी, जिससे कि वह बचपन के उन जख़्मों पर मरहम लगा सके। इन दो अलग-अलग नज़रियों से देखने के बाद रोहन कभी इस निष्कर्ष पर नहीं पहुंच पाया कि क्या उसके पिता जीवित होते तो बेहतर होता।

साइकोलॉजी के अध्ययनकर्ताओं के अनुसार मनोवैज्ञानिक पूंजी का अधिकतम भाग विकसित किया जा सकता है और निरंतर अभ्यास से इसमें वृद्धि भी संभव है। इसके विस्तार से व्यक्ति कठोर परिस्थितियों या चुनौतीपूर्ण स्थितियों में आंतरिक शक्ति को धारण करने योग्य बनता है और सामर्थ्य विकसित करता है। इससे वह ज्ञान और कौशल को विकसित करने के अवसरों का संपूर्ण उपयोग करता है, जिससे कि उसके मनोबल का और विकास होता है। जैसा कि इस कहानी में रोहन के जन्म के बाद से ही उसके पिता की अनुपस्थिति के चलते उसे कई ऐसी परिस्थितियों का सामना करना पड़ा, जिसमें उसे भय और कमज़ोर होने का भी अहसास हुआ। लेकिन शुरुआत के दिनों में उन कठिन परिस्थितियों से बार-बार गुज़रने के कारण धीरे-धीरे उसका साहस और हिम्मत बढ़ती गई। अपनी उच्च सेल्फ़-एफ़िकेसी की मदद से उन परिस्थितियों का सामना करते हुए वह अपनी मनोवैज्ञानिक पूंजियों; आशा, प्रभावकारिता, लचीलापन और आशावाद को भी बढ़ाने में सफल रहा, जिससे जीवन की कठिन से कठिन परिस्थिति भी अब उसे आसान सी ही लगती है। बचपन में आपने भी कई बार कठिन और चुनौतीपूर्ण कार्य में सफलता प्राप्त

करने के बाद अपने आत्मविश्वास में वृद्धि का अनुभव किया होगा। एक बार किसी कठिन कार्य को कर लेने के बाद फिर उसी स्तर के समान कार्य करने में सुगमता का अनुभव होता है और आपका प्रदर्शन भी पहले से बेहतर होता है। मनोवैज्ञानिक पूंजी इसी तरह मनोबल-प्रयत्न-सफलता-विकास के चक्र से विकसित होती है। पूंजी वृद्धि के निरंतर प्रयासों वाले इस युग में आप मनोवैज्ञानिक पूंजी के इस रहस्य को जानकर और इसकी वृद्धि के लिए प्रयासरत होकर एक अलौकिक स्वयं निर्माण यात्रा का आरंभ कर सकते हैं। यह आप पर निर्भर है कि आप चुनौतियों को किस तरह परिभाषित करते हैं : विकास के अवसर या फिर कष्टों के स्रोत के तौर पर।

# 33

# ग़लत पहलवान से हाथ नहीं मिलाएं

## *कहानी : शर्मा जी और थानेदार की भिड़ंत*

हमारे गांव में एक शर्मा जी थे। वह हमारे क्षेत्र के जाने-माने छुटभैया नेता थे। गांव में किसी को पुलिस-प्रशासन से संबंधित कोई काम होता था तो वह शर्मा जी के पास ही जाता था। प्रदेश में जब शर्मा जी की पार्टी की सरकार थी, तब तो उनकी ख़ूब तूती बोलती थी। उस समय थाने के दरोगा और सिपाही उनकी हर बात मान लेते थे। इस वजह से उस समय शर्मा जी का मनोबल काफ़ी ऊंचा रहता था। उन्हें समस्या तब होनी शुरू हुई, जब विधानसभा चुनाव में उनकी पार्टी हार गयी और प्रदेश में उनकी विरोधी पार्टी की सरकार बन गयी। लेकिन भला शर्मा जी का मन कहां मानने वाला था। शर्मा जी तो अपने पुराने अंदाज़ में ही नेतागीरी करने का प्रयास करते रहते थे। एक दिन सुबह-सुबह का वाक़या है, जब गांव के मंगरू चाचा को पुलिस थाने ले गयी। गांव के लोगों ने इस बात की सूचना शर्मा जी तक पहुंचाई। लोगों ने शर्मा जी में थोड़ी हवा भरते हुए कहा कि मंगरू चाचा को थाने से छुड़ाना अब सिर्फ़ उनके ही बस का है और वह ही कुछ कर सकते थे। हालांकि कुछ समय पहले तक शर्मा जी और मंगरू चाचा का एक-दूसरे के साथ बहुत अच्छा संबंध नहीं था। लेकिन कुछ समय से उन दोनों के संबंध अच्छे हो गए थे। अब अच्छे हुए संबंध के कारण या लोगों द्वारा हवा भरे जाने के कारण शर्मा जी तुरंत ही मंगरू चाचा को छुड़ाने थाने पहुंच गए। वहां पहुंचते ही पहले तो उन्होंने थानेदार पर दबाव बनाने का प्रयास किया, लेकिन जब उनकी बातों का थानेदार के ऊपर कोई प्रभाव नहीं पड़ा तब वह समझाने और निवेदन करने की मुद्रा में आ गए। ध्यान देने वाली बात यह भी थी कि उस थाने का तत्कालीन थानेदार प्रदेश के मुख्यमंत्री जी का सजातीय था। सिर्फ़ यही नहीं, बल्कि स्थानीय विधायक जी से भी उसके संबंध अच्छे थे। इन वजहों से उसका मनोबल बहुत ऊंचा रहता

था और वह सत्ता पक्ष के भी छोटे-मोटे नेता को ज़्यादा भाव नहीं देता था। ऐसे में शर्मा जी जैसे विपक्षी पार्टी के छुटभैया नेताओं की बात सुनने का तो सवाल ही नहीं था। लेकिन शुरुआत में दबाव बनाने, उसके बाद फिर काफ़ी समझाने और निवेदन के बाद भी, जब थानेदार ने मंगरू चाचा को नहीं छोड़ा, तब शर्मा जी के स्वाभिमान को ठेस पहुंची। फिर शर्मा जी ने धमकी देने के लहजे में थानेदार से बोला कि अगर वह मंगरू चाचा को तुरंत नहीं छोड़ देता है, तो वह (शर्मा जी) उसकी वर्दी उतरवा देंगे अर्थात् उसे नौकरी से निलंबित करवा देंगे। शर्मा जी की इस धमकी को सुनकर थानेदार को बहुत गुस्सा आ गया। अब तो चूंकि शर्मा जी की पार्टी की सरकार भी नहीं थी, तो परिस्थितियां और भी बदल गयी थीं। इसलिए थानेदार गुस्से में लॉकअप की तरफ़ गया और मंगरू चाचा को तब तक पीटा जब तक कि वह अधमरे नहीं हो गए। शुरू में वह मंगरू चाचा को सिर्फ़ 2-4 डंडे मार कर ही वापस आ गया था। लेकिन तभी शर्मा जी ने उसे चुनौती देते हुए यह कह दिया कि वह अगर अब मंगरू चाचा को 1 भी डंडा मार दिया तो उसे अपनी नौकरी से बरखास्त होना पड़ जाएगा। फिर क्या था, थानेदार लॉकअप में गया और मंगरू चाचा की सेवा में लग गया। इसके बाद शर्मा जी को समझ में आ चुका था कि थानेदार दबाव में नहीं आने वाला था। लेकिन चूंकि मंगरू चाचा को छुड़ाना भी उनकी नाक का सवाल बन गया था, इसलिए उन्होंने सत्ता पक्ष के एक स्थानीय नेता जी, जो उनके अच्छे मित्र भी थे, से मदद की गुहार लगाई। उन नेता जी ने थानेदार को अपने स्तर से समझाया और शर्मा जी को पुनः थाने जाकर मंगरू चाचा को छोड़ने के लिए थानेदार से निवेदन करने का सुझाव दिया। नेता जी के हस्तक्षेप के बाद जब शाम को शर्मा जी थाने पर जाकर थानेदार से निवेदन किए तब जाकर मंगरू चाचा घर आए। हालांकि मंगरू चाचा घर वापस तो आ गए थे और उन्हें थाने से छुड़ाने में शर्मा जी का ही बड़ा योगदान था, लेकिन उनके मन में शर्मा जी को लेकर एक बड़ी दुविधा घर कर रही थी। वह सोच रहे थे कि शर्मा जी द्वारा थानेदार को नौकरी से निलंबित और बर्ख़ास्त करा देने की धमकी देना, कहीं उनकी साजिश का हिस्सा तो नहीं था। उन्हें यह नहीं समझ आ रहा था कि शर्मा जी उनके साथ अपने संबंधों में हुए सुधार के चलते उनको थाने से छुड़ाने गए थे या अपनी पुरानी रंजिश के चलते उनको पिटवाने। ख़ैर बात जो भी रही हो, शर्मा जी ने थानेदार की वर्दी उतरवाने और मंगरू चाचा को ज़्यादा मारने पर बर्ख़ास्त करवा देने की बात बोल कर मंगरू चाचा को खामखां ज़्यादा पिटवा दिया।

यहां पर इस कहानी का ज़िक्र इसलिए किया गया है, क्योंकि मैनेजमेंट की कुछ कॉन्सेप्ट भी इस बारे में बात करती हैं कि किसी व्यक्ति अथवा ब्रांड को अपने मित्रों अथवा ग्राहकों पर फ़ोकस करने के साथ-साथ अपने दुश्मनों अथवा प्रतिद्वंद्वियों को भी जानना और समझना चाहिए। ये इस बारे में भी बात करते हैं कि

आख़िर अपने प्रतिद्वंद्वियों से मुक़ाबला करने के लिए किसी व्यक्ति या ब्रांड को स्वयं की ताक़त और कमजोरियों का आकलन किस प्रकार करना चाहिए। तो आइए इन कॉन्सेप्ट के बारे में हम विस्तार से बात करते हैं।

## संबंधित कॉन्सेप्ट :

### अपने प्रतिद्वंद्वियों और उपभोक्ताओं को समझने की कॉन्सेप्ट (Know Your Customer and Your Enemy concept) :

किसी ब्रांड को अपने ग्राहकों पर फ़ोकस करने के साथ-साथ अपने दुश्मनों अर्थात् प्रतिद्वंद्वियों को भी जानना और समझना चाहिए। किसी भी ब्रांड को ना केवल यह जानना चाहिए कि उसके प्रतिद्वंद्वी कौन हैं, बल्कि उसे यह भी जानना चाहिए कि उसके वह प्रतिद्वंद्वी उसके किसी भी ऐक्शन पर कैसी प्रतिक्रिया करेंगे। यदि कोई ब्रांड सर्वश्रेष्ठ ग्राहक सेवा पर केंद्रित है, तो उस ब्रांड का प्रतिद्वंद्वी कोई कम क़ीमत वाला उत्पाद या सेवा प्रदान करने वाला ब्रांड हो सकता है, जिसके ख़िलाफ़ सर्वश्रेष्ठ ग्राहक सेवा वाला ब्रांड प्रतिस्पर्धा करता है। अपने प्रतिस्पर्धियों को समझने का पहला क़दम यह जानना होता है कि वे कौन हैं। प्रतिस्पर्धियों को परिभाषित करने के दो तरीक़े हैं। एक रणनीतिक समूहों द्वारा, जो प्रतिस्पर्धी समान मार्केटिंग रणनीतियों का उपयोग करते हैं, समान उत्पाद बेचते हैं या समान कौशल रखते हैं। इस परिभाषा के अनुसार, मारुति और टोयोटा को कार उद्योग में प्रतिस्पर्धी के रूप में वर्गीकृत किया जा सकता है। प्रतिस्पर्धियों को वर्गीकृत करने का दूसरा कम स्पष्ट तरीक़ा; ग्राहक द्वारा है। वे समान ग्राहकों के पैसों के लिए कितनी दृढ़ता से प्रतिस्पर्धा करते हैं? इस परिभाषा के अनुसार, कोई एक मोबाइल कंपनी और कोई एक कैमरा बनाने वाली कंपनी को प्रतिस्पर्धी माना जा सकता है। इस पद्धति का उपयोग करने से किसी ब्रांड को उसके अपने प्रतिस्पर्धियों और उसके नए बिज़नेस में आने वाली चुनौतियों के बारे में विस्तृत जानकारी मिलती है।

### लागत-लाभ विश्लेषण (Cost-Benefit Analysis) :

लागत-लाभ विश्लेषण, स्वयं के पास उपलब्ध विकल्पों की ताक़त और कमजोरियों का आकलन करने के लिए एक व्यवस्थित दृष्टिकोण है। इसका उपयोग उन विकल्पों को निर्धारित करने के लिए किया जाता है, जो बचत को संरक्षित करते हुए लाभ प्रदान कर सकते हैं।

एक लागत-लाभ विश्लेषण का उपयोग किसी पूर्ण या संभावित कार्रवाई की किसी दूसरे विकल्प से तुलना करने और किसी निर्णय, परियोजना या नीति की

लागत के विरुद्ध उनके मूल्य का अनुमान लगाने या मूल्यांकन करने के लिए किया जा सकता है। इसका उपयोग आमतौर पर व्यापार या नीतिगत निर्णयों, वाणिज्यिक लेनदेन और परियोजना निवेश का मूल्यांकन करने के लिए किया जाता है।

**लागत–लाभ विश्लेषण के दो मुख्य अनुप्रयोग हैं :**

1. यह निर्धारित करने के लिए कि क्या कोई निवेश या निर्णय लाभदायक है, और यह पता लगाने के लिए उस निवेश से होने वाला लाभ उसमें लगने वाली लागत से अधिक है या कम, और वह कितना अधिक या कम है।
2. निवेश या निर्णय की तुलना करने के लिए एक आधार प्रदान करना और प्रत्येक विकल्प की कुल अपेक्षित लागत की तुलना उसके कुल अपेक्षित लाभों से करना।

## निहितार्थ :

मैनेजमेंट की इन कॉन्सेप्ट को हम 'शर्मा जी और थानेदार की भिड़ंत' कहानी के माध्यम से आसानी से समझ सकते हैं। लेकिन इनको समझने से पहले हमें यह जान लेना आवश्यक है कि वस्ताव में कोई व्यक्ति स्वयं में ताक़तवर नहीं होता है, बल्कि उसका समय और उसकी परिस्थिति उसे ताक़तवर बना देती है। जब हमें लग रहा हो किसी व्यक्ति का समय सही चल रहा है और भाग्य उसका साथ दे रहा है तब हमें उस व्यक्ति के रास्ते में आने से बचना चाहिए, क्योंकि उस समय पर उसके ऊपर स्वयं भगवान का हाथ होता है। वहीं पर जब हमें यह अहसास हो कि स्वयं हमारा समय सही नहीं चल रहा है तब हमें थोड़ा धीरज बनाए रखना चाहिए। ऐसा इसलिए क्योंकि समय के बारे में सबसे रोचक बात यही है कि यह चाहे जैसा भी हो, धीरे–धीरे बीत जाता है और बदल भी जाता है। जैसा कि किसी तूफ़ान के आने पर लोग अपने क्रियाकलाप कम कर देते हैं और अपने घरों में बैठ कर समय काटते हैं, वे धीरज के साथ उस तूफ़ान के बीत जाने का इंतज़ार करते हैं। ठीक उसी तरह जब हमारा समय सही नहीं चल रहा हो तब हमें भी धीरज के साथ सही समय के आने का इंतज़ार करना चाहिए। इस कहानी में शर्मा जी इन बातों को समझ नहीं पाए और प्रतिकूल समय में, जब उनकी पार्टी की सरकार नहीं थी, थानेदार साहब से भिड़ गए, जिसके परिणामस्वरूप उनकी बेइज़्ज़ती होने के साथ–साथ मंगरू चाचा की बिन मतलब पिटाई हो गयी। वैसे तो जब काम दोस्ती से चल जाए तब हमें किसी से दुश्मनी नहीं ही करनी चाहिए, लेकिन अगर दुश्मनी ही अंतिम विकल्प हो तब दुश्मनी करने से पहले हमें अपने दुश्मन या प्रतिद्वंद्वी के बारे में जान–समझ लेना चाहिए। जैसा कि अपने प्रतिद्वंद्वियों और उपभोक्ताओं को

समझने का कॉन्सेप्ट, जिसके बारे में हम पहले ही बात कर चुके हैं, भी यही बताता है कि एक ब्रांड के तौर पर हमें अपने प्रतिद्वंद्वी ब्रांड की ताक़त और कमज़ोरियों का पता होना चाहिए। हमें यह भी समझ होनी चाहिए कि वो हमारी किसी स्ट्रेटेजी का जवाब किस प्रकार देंगे। कहानी में शर्मा जी जब मंगरू चाचा को थाने से छुड़ाने गए तब वह नए वाले थानेदार को समझ नहीं पाए। शर्मा जी को थानेदार की स्थानीय विधायक और प्रदेश के मुख्यमंत्री के साथ घनिष्ठता का पता नहीं था। उन्हें ये अच्छे से पता था कि अब उनकी पार्टी की सरकार नहीं है। बावजूद इसके उनकी पूर्ववर्ती अकड़ नहीं गई थी। उनके पास मंगरू चाचा को छुड़ाने के अन्य विकल्प मौजूद थे, लेकिन उन्होंने विपक्षी पार्टी के नेता के तौर पर ही थानेदार पर दबाव बनने की कोशिश की। जैसा कि लागत-लाभ विश्लेषण स्वयं के पास उपलब्ध विकल्पों की ताक़त और कमज़ोरियों का आकलन करने के लिए एक व्यवस्थित दृष्टिकोण प्रदान करता है। इसका उपयोग कर के कोई भी व्यक्ति अपने उन विकल्पों को निर्धारित करता है, जो उसके बचत को संरक्षित करते हुए उसे लाभ प्राप्त करने के लिए सर्वोत्तम दृष्टिकोण प्रदान करते हैं। लेकिन उस दिन शर्मा जी अपने निर्णयों और व्यवहार का लागत-लाभ विश्लेषण ठीक से नहीं कर पाए और मंगरू चाचा को नहीं छोड़ने पर थानेदार को वर्दी उतरवा देने की धमकी देने लगे।

जैसा कि रामायण (किष्किंधाकांड : 54/12) में भी कहा गया है कि

*'आत्मरक्षाकरस्तस्मान्न विगृहणीत दुर्बलः'*

अर्थात् एक कमज़ोर व्यक्ति, जो अपनी रक्षा करना चाहता है, उसे मज़बूत लोगों के साथ संघर्ष नहीं करना चाहिए।

लेकिन शर्मा जी बदले हुए राजनैतिक परिवेश के अनुसार स्वयं के व्यवहार को नहीं ढाल पाए और उसका लागत-लाभ विश्लेषण ठीक से नहीं कर पाए। वह उस परिस्थिति में स्वयं से मज़बूत व्यक्ति अर्थात् थानेदार को ही धमकाने लगे। परिणामतः थानेदार ने धमकियों को अपने व्यक्तित्व व स्वभिमान पर लिया और शर्मा जी पर आ रहे गुस्से को मंगरू चाचा पर ही उतार दिया।

जैसा कि विदुर नीति (1/37) में कहा गया है कि

*बलवन्तं च यो द्वेष्टि तमाहुर्मुढचेतसम्*

अर्थात् जो व्यक्ति स्वयं से मज़बूत व्यक्ति के साथ संघर्ष को पोषित करता है, उसे मूर्ख कहा जाता है।

और रामायण (किष्किंधाकांड : 32/20) में कहा गया है कि

*'न स क्षमः कोपयितुं यः प्रसाद्यः पुनर्भवेत्'*

अर्थात् उस पर क्रोध मत करना, जिसे बाद में हाथ जोड़कर समझाना पड़े।

लेकिन शर्मा जी इन बातों को भी समझने में असफल रहे। सुबह उन्होंने समय व परिस्थिति को समझे बिना थानेदार से संघर्ष मोल लिया जिसकी वजह से शाम को उन्हे अपनी नासमझी पर पछतावा करते हुए मंगरू चाचा को छोड़ने का निवेदन करना पड़ा। अतः हमें जीवन में समय व परिस्थिति अनुसार निर्णय लेना सुनिश्चित करना चाहिए। यह भी गौर करने वाली बात है कि अगर किसी व्यक्ति से हमारा संबंध ख़राब होने के पश्चात वापस से ठीक हो जाता है, तब वह अपनी घनिष्ठता बढ़ाने, पूर्व संबंधों को सुधारने, स्मृति को धूमिल करने, और नए संबंध को प्रगाढ़ करने की भरकस कोशिश करता है। इसलिए इसकी ज़्यादा संभावना थी कि मंगरू चाचा के लिए थानेदार से बहस करने के पीछे की शर्मा जी की मंशा भी उनसे अपने संबंधों को प्रगाढ़ करने की ही रही होगी।

# 34

# समय बदलने के साथ संविधान में भी संशोधन होता है

## *कहानी : घूरहु के अतिदुलारे और गैरज़िम्मेदार पुत्र गोबर*

क्या आपने समाज के कुछ नियम-क़ायदों और परंपराओं को समय के साथ बदलते देखा है? आपको कभी ना कभी यह अहसास ज़रूर हुआ होगा कि समाज का कोई भी नियम हमेशा प्रासंगिक नहीं रहता है। आइए इस बात को घूरहु सिंह व उनके अतिदुलारे और गैरज़िम्मेदार पुत्र गोबर सिंह की कहानी के माध्यम से समझते हैं। घूरहु का पालन-पोषण ग्रामीण परिवेश में हुआ था। उनके आसपास के लोगों की मानसिकता रूढ़िवादी थी। घूरहु की शादी भी बेहद कम उम्र में ही कर दी गई। घूरहु जिस समाज में रहते थे, उसमें जो महिला लड़के को जन्म नहीं देती थी, उसका भाग्य कमज़ोर माना जाता था। इसलिए घूरहु के घर वालों की व उनकी स्वयं की भी यह इच्छा थी कि उनकी पत्नी एक लड़के को अवश्य जन्म दे। इसी इच्छा की पूर्ति करने के असफल प्रयास में उनकी पत्नी ने 5 लड़कियों को जन्म दे दिया। 5 बच्चे पैदा कर लेने के बाद अब घूरहु की पत्नी को 6वां बच्चा पैदा करने की बिलकुल भी इच्छा नहीं थी। अपनी पत्नी का मनोबल टूटता देख घूरहु ने उन्हें मोहम्मद गौरी और पृथ्वीराज चौहान की लड़ाई का क़िस्सा सुनाया। उन्होंने अपनी पत्नी को बताया कि मोहम्मद गौरी ने पृथ्वीराज चौहान पर 17 बार आक्रमण किया, जिसमें से 16 बार उसे हार का सामना करना पड़ा। लेकिन उन 16 पराजयों के बावजूद उसका मनोबल कम नहीं हुआ और उसने 17वीं बार पुनः आक्रमण कर के पृथ्वीराज को पराजित किया। घूरहु की इन बातों को सुनकर उनकी पत्नी का मनोबल वास्तव में थोड़ा बढ़ गया। इस तरह उन्होंने एक बार पुनः पुत्र रत्न की

प्राप्ति के लिए एक अंतिम प्रयास करने का मन बनाया। उनके इस छठवीं बार के प्रयास का फल भी मिला और उन्हें पुत्र रत्न की प्राप्ति हुई। घर में लड़का पैदा होने की ख़ुशी में घूरहु मिठाई लेकर सर्वप्रथम पंडित जी का मुंह मीठा कराने व उनसे आशीर्वाद लेने गए। पंडित जी का आशीर्वाद लेकर उन्होंने अपने पुत्र के नामकरण के लिए भी उनसे निवेदन किया। पंडित जी अपने पोथी-पत्रे में सभी ग्रह-नक्षत्रों की दशा-दिशा देख कर लड़के का नाम गोबर रखने का सुझाव दिया। इस तरह घूरहु के घर में गोबर सिंह का आगमन हुआ। चूंकि घूरहु की शादी के काफ़ी वर्षों के बाद गोबर का जन्म हुआ था, इसलिए वह गोबर की कुछ ज़्यादा ही देखभाल करते थे। गोबर ने खाना खाया कि नहीं, उचित मात्रा में पानी पिया कि नहीं, कहां जा रहे हैं, कब तक आएंगे, किसके साथ जा रहे हैं, आदि बातों की चिंता उनके पिता घूरहु को रहती थी। गोबर के बचपन के समय से ही उनकी हर बात का ख़याल उनके पिता घूरहु ही रखते थे। कहीं न कहीं इसी वजह से गोबर को उनके ख़ुद के कार्यों के प्रति ज़िम्मेदारी का बोध नहीं रहता था। उन्हें अपने ही कार्य नहीं याद रहते थे। हालांकि गोबर को इसकी वजह से कोई ख़ासा नुक़सान नहीं होता था, क्योंकि उनके पिता घूरहु उनके हर काम के लिए उनको याद दिलाते ही रहते थे। धीरे-धीरे समय बीतने के साथ गोबर वयस्क होते गए, जबकि घूरहु वृद्ध। लेकिन उन दोनों का एक-दूसरे के साथ व्यवहार का तरीक़ा जस का तस बना हुआ था। वयस्क होने के बाद भी गोबर अपने कार्यों के प्रति ज़िम्मेदार नहीं हुए और घूरहु ने उनको हर बात के लिए टोकना और समझाना भी जारी रखा। समय बीता और गोबर की पढ़ाई-लिखाई भी जैसे-तैसे पूरी हुई। गोबर को एक छोटी सी नौकरी भी मिल गई। नौकरी के बाद उसकी शादी भी हो गई। शादी के बाद भी पिता-पुत्र के मध्य व्यवहार जस का तस बना रहा। कई बार तो पिता घूरहु, बेटे गोबर को, उसकी पत्नी के प्रति ज़िम्मेदारियों का भी स्मरण कराते थे। हद तो तब हो जाती थी, जब गोबर की पत्नी कभी-कभी मज़ाक़ में गोबर को इस बात से डराने लगती थी कि अगर वो उसे अच्छे से प्रेम नहीं करेंगे तो वह इसकी शिकायत उनके पिता घूरहु से कर देंगी। पत्नी की इन बातों से गोबर को बहुत ठेस पहुंचती थी और उसे बुरा भी लगता था। वह सोचता था कि पिता का उनके जीवन में इतना ज़्यादा दख़ल क्यों है। उसे अपने अन्य दोस्तों की स्वतंत्रता देख कर बहुत कुंठा होती थी। गोबर भी चाहता था कि वह अपनी ज़िंदगी स्वतंत्रता से जिए। रोचक बात यह थी कि शिकायत सिर्फ़ गोबर को ही अपने पिता से नहीं थी। घूरहु को भी अपने बेटे से उतनी ही शिकायत थी। घूरहु को गोबर से यह शिकायत थी कि वह इतना बड़ा होने के बावजूद अपनी ज़िम्मेदारियों का निर्वहन सही तरह से नहीं करता है। घूरहु को अपने दोस्तों व उनके बच्चों को देख कर इस बात की पीड़ा होती थी कि उनके सभी दोस्तों के बच्चे बड़े होकर अपनी ज़िम्मेदारियों का निर्वहन स्वयं ही कर रहे थे। और वे साथ ही अपने

पिता की दिनचर्या में भी मदद कर रहे थे। दूसरी ओर गोबर की ज़िम्मेदारियों का भी ध्यान घूरहु को ही रखना पड़ता था। यहां विचित्र बात यह थी कि पिता-पुत्र दोनों एक दूसरे के काम व ज़िम्मेदारियों में दख़लअंदाज़ी नहीं चाहते थे। पर दोनों ही इन चाहतों को कभी पूरा नहीं कर सके।

यह कहानी मैनेजमेंट की कई बातें हमें सिखाती है। ध्यान दें कि हमारे सभी कार्य किसी न किसी नियमानुसार ही संचालित हों, लेकिन उसी समय हमें यह भी ध्यान देना चाहिए कि कहीं ऐसा तो नहीं है कि जिस नियम के अनुसार सभी कार्य संचालित हो रहे हैं, वह नियम समय के साथ अप्रासंगिक हो गए हों। तो आइए हम उन कॉन्सेप्ट्स के बारे में विस्तार से बात करते हैं।

## संबंधित कॉन्सेप्ट :

### द डबल-लूप लर्निंग मॉडल (The Double-Loop Learning Model) :

डबल-लूप लर्निंग मॉडल 'द्वितीय क्रम अवलोकन' के विचार पर आधारित है। इस लर्निंग प्रक्रिया के दौरान व्यक्ति अपने किए कार्यों पर विचार करता है और फिर उनसे सीखने का प्रयास करता है। यह एक तकनीक है, जिसके माध्यम से व्यक्ति प्रथम-क्रम के पर्यवेक्षकों का निरीक्षण करना सीखता है। प्रथम-क्रम के पर्यवेक्षक, चीज़ों को वैसे ही देखते हैं, जैसी वह उन्हें दिखाई देती हैं। जबकि दूसरे क्रम के पर्यवेक्षक, पहले क्रम के पर्यवेक्षकों को यह बताते हैं कि वे उन चीज़ों को कैसे देखें। दूसरे शब्दों में, दूसरे क्रम के पर्यवेक्षक यह देखते हैं कि प्रथम-क्रम के पर्यवेक्षक द्वारा किसी भी चीज़ को कैसे देखा जा रहा है।

उदाहरण के लिए किसी क्रिकेट मैच का फ़ील्ड अम्पायर प्रथम-क्रम का पर्यवेक्षक होता है। मैदान के बाहर बैठ कर मैच देखने वाला दर्शक जो उस फ़ील्ड अम्पायर के ग़लत निर्णय लेने के लिए उसकी आलोचना करता है, वह दूसरे क्रम का पर्यवेक्षक होता है। उस दर्शक का दृष्टिकोण उस मैच के फ़ील्ड अम्पायर से अलग हो सकता है, क्योंकि वह खेल के मैदान के बाहर है और वास्तव में वह मैदान में निर्देश नहीं दे रहा है। इसीलिए वह दर्शक सोचता है कि यह बात उसे एक बेहतर निर्णायक बनाती है। अवलोकन के कार्य के दौरान, प्रथम-क्रम के पर्यवेक्षक अपने स्वयं के अवलोकन के तरीक़े से अनजान होते हैं - यह उनका अंधा स्थान होता है। इस अंधे स्थान को पहचान कर दूसरे क्रम के पर्यवेक्षक प्रथम-क्रम के पर्यवेक्षक के अवलोकन के तरीक़े में छिपी ग़लती को ठीक करते हैं। वे पहले क्रम के पर्यवेक्षकों को बता पाते हैं कि अलग-अलग निरीक्षण करना संभव है, और इस प्रकार चीज़ों/स्थितियों को अलग तरह से देखना संभव है।

अवलोकन के इन सैद्धांतिक विचारों के आधार पर मनोवैज्ञानिक क्रिस आर्गिरिस और दार्शनिक डोनाल्ड शॉन ने डबल-लूप लर्निंग मॉडल का विकास किया। सामान्य परिस्थिति में प्रथम-क्रम अवलोकन (First-order observation) सर्वोत्तम तरीक़ा होता है। ऐसा इसलिए, क्योंकि जिस तरीक़े से सही काम हो रहा हो उसे बदला नहीं जाना चाहिए, बल्कि उसी तरीक़े से कार्य करते रहना चाहिए। लेकिन किसी चुनौतीपूर्ण परिस्थिति में प्रथम-क्रम अवलोकन (First-order observation) सही तरीक़ा नहीं होता है, क्योंकि अगर इस तरीक़े में कोई ग़लती होगी तो वही ग़लती बार-बार दोहराई जाएगी। द्वितीय क्रम अवलोकन (Second order observation) अर्थात् डबल-लूप लर्निंग में व्यक्ति सोचता है और सवाल करता है कि वह क्या कर रहा है और स्वयं के कार्य करने के तरीक़े को समझने की कोशिश करता है। व्यक्ति स्वयं से यह सवाल करता है कि वह किसी कार्य को वैसे ही क्यों कर रहा है। वह उस कार्य को करने के लिए किसी विशेष तरीक़े का प्रयोग क्यों कर रहा है? उसके कार्यों के पीछे के उद्देश्य और मूल्य क्या हैं?

**डबल लूप लर्निंग मॉडल (The Double-Loop Learning Model) :**

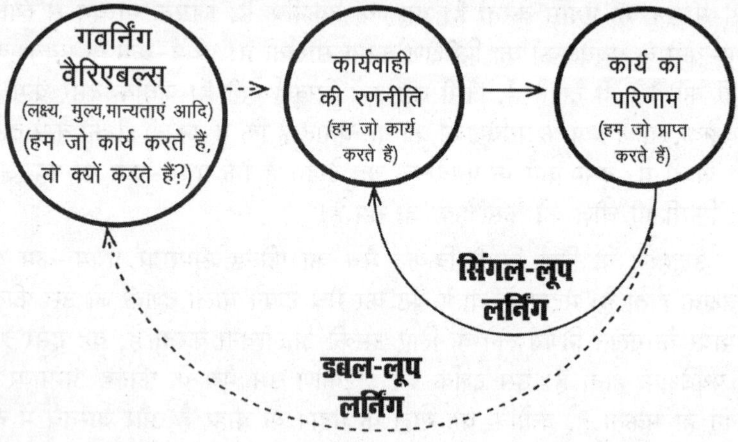


## निहितार्थ :

अवलोकन के सैद्धांतिक विचारों पर आधारित डबल-लूप लर्निंग मॉडल को हम 'घूरहु के अतिदुलारे और गैरज़िम्मेदार पुत्र गोबर' कहानी के माध्यम से आसानी से समझ सकते हैं। जैसा कि हमारे समाज को सुगमता से चलाने के लिए समय-समय पर नियम-क़ायदे बनाए जाते हैं। इसके साथ ही ज़िम्मेदार संस्थाओं और व्यक्तियों

द्वारा यह भी सुनिश्चित किया जाता है कि सभी लोग उन बनाए हुए नियम-क़ायदों का अनिवार्य रूप से पालन भी करें। इसके अलावा यह भी सुनिश्चित किया जाता है कि जो व्यक्ति उन नियमों का उल्लंघन करें, उसे दंडित भी किया जाए। कुछ ऐसे भी नियम-क़ानून होते हैं, जिनको बनाकर संस्थाएं गर्व से अपना सीना चौड़ा करती हैं, और जिनका पालन करवा कर ज़िम्मेदार व्यक्ति पुरस्कार और मेडल प्राप्त कर के ख़ुशी और सम्मान का अनुभव करते हैं। लेकिन बदलते समय के साथ उनमें से कई नियम-क़ानून प्रासंगिक नहीं रह जाते हैं, जिसके कारण उन्हें बदल दिया जाता है। उदाहरण के लिए पुराने समय में गुलामी भी कभी क़ानून हुआ करती थी और महिलाओं के लिए सती प्रथा का पालन करना अनिवार्य था। लेकिन इतने समय में चूंकि गंगा में बहुत पानी बह चुका है, इसलिए बदले हुए समय में आज ये जुर्म हैं। जैसा कि इस कहानी में घूरहु को सिर्फ़ यह बात समझ में आती थी कि उसे अपने बच्चे का देखभाल करनी चाहिए और उसके सभी क्रिया-कलापों पर ध्यान देना चाहिए। लेकिन वह यह नहीं समझ पाए कि बच्चा जब बड़ा हो जाए तो उसे स्वतंत्रता देनी चाहिए, क्योंकि जब तक उसे स्वतंत्रता नहीं मिलेगी तब तक उसे अपने ज़िम्मेदारियों का अहसास नहीं हो पाएगा। वहीं पर गोबर को यह लगता था कि वह अगर कोई कार्य समय पर करना भूल भी जाएगा, तब भी उसके पिता उसे उस कार्य को करने के लिए ध्यान दिला ही देंगे। इस तरह गोबर वयस्क होने के बावजूद अपने पिता पर ही निर्भर रहा। बड़े होने के बाद जब उसको अपने पिता का और उनकी दिनचर्या का ख़याल रखना चाहिए था, तब भी वह अपनी बचपन वाली मानसिकता में ही रहा। घूरहु और गोबर का एक दूसरे के प्रति व्यवहार का तरीक़ा तब तक तो सही था, जब तक कि गोबर वयस्क नहीं हो गया था। लेकिन समय बीतने के साथ जैसे ही गोबर वयस्क हुआ, वैसे ही उसके व्यवहार का वह तरीक़ा प्रासंगिक नहीं रहा। जैसा कि डबल लूप लर्निंग मॉडल हमें यही सिखाता है कि हमें यह ध्यान देना चाहिए कि सभी कार्य दिए हुए नियम के अनुसार ही संचालित हों। लेकिन उसी समय हमें यह भी ध्यान देना चाहिए कि कहीं ऐसा तो नहीं है कि जिस नियम के अनुसार सभी कार्य संचालित हो रहे हैं वह नियम ही बदलते समय के साथ प्रासंगिक नहीं रह गया है। उदाहरण के लिए जब कोई बच्चा छोटा होता है, जब उसे स्वयं व स्वयं के कार्यों के प्रति ज़िम्मेदारी का बोध नहीं होता है। तब उसके अभिभावक उसके हर क्रिया-कलाप पर नज़र रखते हैं और उसको बात-बात पर टोकते और समझाते भी रहते हैं। ऐसी परिस्थिति में बच्चे व अभिभावक, दोनों का ही वह व्यवहार स्वीकार्य होता है। उनका वह व्यवहार एक अभिभावक का अपने कम उम्र के बच्चे के साथ व्यवहार करने के नियम के अनुसार होता है। लेकिन समय बीतने के साथ जब वह बच्चा वयस्क हो जाता है और अभिभावक की उम्र भी ज़्यादा हो जाती है, तब अगर अभिभावक द्वारा अपने बच्चे को हर बात

पर टोकना और समझाना जारी रहता है और वयस्क हो चुके बच्चे को अपने कार्यों के प्रति ज़िम्मेदारी का अहसास नहीं होता है, तब उनका यह व्यवहार अस्वीकार्य होता है। ऐसा इसलिए क्योंकि उनके व्यवहार का यह तरीक़ा बदले हुए समय के साथ अप्रासंगिक और एक अभिभावक द्वारा अपने वयस्क पुत्र के साथ व्यवहार करने के नियम के विरुद्ध होता है। इसी प्रकार गोबर के वयस्क होने के बाद घूरहु और गोबर का आपस में व्यवहार का तरीक़ा भी अप्रासंगिक हो गया था, जिसके फलस्वरूप दोनों को ही एक-दूसरे से शिकायत थी।

जैसा कि रामायण (युद्धकांड : 10/13) में भी कहा गया है कि

*'देशकालार्थसंवादि दृष्टलोकपरावरः'*

अर्थात् उन्होंने वो कहा, जो कि तर्क द्वारा प्रतिपादित और अत्यधिक लाभकारी एवं स्थान, समय और उद्देश्य के अनुसार व आवश्यकताओं के अनुरूप था।

इसलिए हमें भी यह बात ध्यान रखनी चाहिए कि हमारे व्यवहार, निर्णय व कार्य हमेशा हमारी परिस्थिति, समय व आवश्यकता के अनुसार ही हों। हमें अपने जीवन में किसी नियम का पालन करते हुए यह सुनिश्चित करना चाहिए कि वे नियम हमारी परिस्थिति के हिसाब से प्रासंगिक भी हों। हमें कोई निर्णय लेते समय यह ध्यान रखना चाहिए कि कहीं हमारा वह निर्णय किसी ऐसे नियम के आधार पर तो नहीं लिया जा रहा है, जो हमारी परिस्थिति में लागू ही नहीं होता है। हमें एक सही नियम का किसी ग़लत समय और परिस्थिति में पालन करने से बचना चाहिए। चूंकि समय के साथ संविधान में भी संशोधन होता है, इसलिए हमें अपनी ज़िंदगी का मक़सद और अपना व्यवहार भी अपने बदलते समय व परिस्थितियों के अनुसार बदल लेना चाहिए।

# 35

# समय बीतने के साथ कृतज्ञता का बोध कम होने लगता है

## *कहानी : कविता की कृतघ्नता*

दिसंबर महीने की मध्य रात का समय था, जब कविता अपने ससुराल से इंदौर आ रही थी। उस वक़्त ठंड और कोहरा दोनों ही क़हर ढा रहे थे। कविता की गाड़ी उस घने कोहरे में धीरे-धीरे इंदौर की ओर बढ़ रही थी तभी उसमें कुछ ख़राबी आ गयी और वह बंद हो गयी। रात का समय, कड़ाके की ठंडी, चारों तरफ़ घना कोहरा, साथ में सोने-चांदी के गहने और शहर के बाहर गाड़ी का ख़राब हो जाना। ऐसी स्थिति में कविता का घबरा जाना स्वाभाविक था। हां, यह ज़रूर था कि कविता के साथ उसका पति मौसम भी था। लेकिन उस परिस्थिति में भी मौसम को कोई घबराहट नहीं हो रही थी।

दरअसल, मौसम को कविता की क़ाबिलियत पर पूरा भरोसा रहता था और उसने घर की सभी समस्याओं से निपटने की ज़िम्मेदारी कविता के कंधों पर ही छोड़ रखी थी। परिस्थिति चाहे जैसी भी हों, लेकिन मौसम ना तो कभी परेशान होता था और ना ही उसे किसी प्रकार की अपनी ज़िम्मेदारी का बोध होता था। इस कारण उस रात भी कविता को ही मोर्चा संभालना पड़ा। गाड़ी ख़राब होने के बाद कविता ने सबसे पहले पुलिस हेल्पलाइन नम्बर 112 पर कॉल कर के मदद मांगने की कोशिश की। लेकिन वहां से उसे अपेक्षित मदद नहीं मिली। फिर उसने अपनी एक परिचित पुलिस अधिकारी मनीषा को कॉल किया। मनीषा अत्यंत दयालु महिला थीं और दूसरों की मदद के लिए हमेशा तत्पर रहती थीं। यहां तक कि जो कार्य उनके कार्यक्षेत्र में नहीं भी आता था, उसे भी वह किसी अन्य ज़िम्मेदार व्यक्ति के माध्यम से कराने का प्रयास ज़रूर करती थीं। दरअसल, मनीषा का मानना था कि

अगर हमारा किसी व्यक्ति से बहुत अच्छा संबंध ना भी हो तब भी हमें उस व्यक्ति की मदद के लिए तत्पर रहना चाहिए। ज़रूरत पड़ने पर हमें यथासंभव मदद करनी चाहिए। उनकी इस मान्यता के पीछे का कारण महाभारत (शांतिपर्व : 138/82) में कही गई बात थी, जो कहती है कि...

*'प्रत्युपकुर्वन्बह्वपि न भाति पूर्वोपकारिणा तुल्यः।*
*एकः करोति हि कृते निष्कारणमेव कुरुतेऽन्यः।।'*

अर्थात् कोई भी व्यक्ति किसी दूसरे व्यक्ति द्वारा पहले किए गए मदद के बदले में चाहे जितनी भी उसकी मदद या सेवा कर ले, लेकिन वह कभी भी उस दूसरे व्यक्ति के बराबर नहीं हो सकता है और उसका अहसान नहीं उतार सकता है। पहला व्यक्ति दूसरे व्यक्ति की मदद उसके द्वारा पहले किए गए मदद के बदले में करता है। जबकि दूसरा व्यक्ति पहले वाले व्यक्ति की मदद बिना किसी स्वार्थ के करता है।

अपनी इस सोच के कारण मनीषा सभी सीमाओं को लांघ कर लोगों की मदद करने का प्रयास करती थीं। उस रात को जब मनीषा के पास कविता का फ़ोन आया तब वह रात की गश्त ड्यूटी पर हीं थीं। लेकिन जब तक वह कविता की पूरी बात सुन पातीं तब तक उसका फ़ोन कट गया। दरअसल, मनीषा से बात करने के दौरान ही कविता के फ़ोन की बैटरी डिस्चार्ज हो गई थी। कॉल कटने के बाद मनीषा ने कविता से संपर्क करने का प्रयास किया, लेकिन उसका नंबर स्विच ऑफ़ था। मनीषा को सिर्फ़ इतना ही पता था कि इंदौर शहर के बाहर कहीं कविता की गाड़ी ख़राब है, लेकिन उनको गाड़ी की सही लोकेशन पता नहीं थी। मनीषा ने पुलिस कंट्रोल रूम के माध्यम से कविता के फ़ोन की लेटेस्ट लोकेशन पता की और कुछ ही देर में उसके पास पहुंच गयीं। फिर उन्होंने कविता और उसके पति को अपनी गाड़ी से घर तक पहुंचाया। उस रात मनीषा की गाड़ी में घर जाते हुए कविता बस एक ही रट लगाए हुए थी... 'मनीषा, आज आप हमारे लिए भगवान बन कर आयी हैं।' हालांकि समय बीता और वह बात भी बीत गयी। कुछ महीनों बाद, एक कार्यक्रम में जब मनीषा और कविता की पुनः मुलाक़ात हुई, तब कविता उस रात का वाक़या अन्य लोगों को सुनाते हुए कह रही थीं कि... उस रात भगवान ने हमारी मदद के लिए मनीषा को भेज दिया था। ऐसे ही कुछ वर्ष बीतने के बाद एक दूसरे कार्यक्रम में जब उन दोनों की मुलाक़ात हुई और उस घटना का ज़िक्र हुआ तब कविता का कहना था कि उस रात मनीषा ने हमारी मदद कर पुलिस सेवा के अपने कर्तव्यों का बहुत अच्छे से पालन किया था। कविता की यह बात सुन कर मनीषा को बहुत आश्चर्य हुआ। वह इस सोच में पड़ गयी कि घटना वाली रात तो कविता की नज़र में वह भगवान थी, कुछ महीने बीतने पर वह उसकी नज़र में भगवान का

दूत मात्र रह गयी थीं, और जैसे-जैसे थोड़ा और समय बीता वैसे ही उनके द्वारा कविता की मदद करना उनका पुलिस अधिकारी के तौर पर कर्तव्य मात्र बन कर रह गया था। ख़ैर! मनीषा के दिमाग़ में यह विचार बस कुछ ही देर के लिए आया और फिर चला गया और वह हमेशा की तरह सभी लोगों की मदद करती रहीं।

मनीषा सिर्फ़ दूसरों की मदद के लिए ही नहीं, बल्कि अपने ऑफ़िस के कार्यों के लिए भी उतनी ही तत्पर रहती थीं और उन्हें पूरी ज़िम्मेदारी के साथ पूरा करती थीं। उनके इस स्वभाव की वजह से उनके वरिष्ठ अधिकारी स्वयं के विभिन्न महत्त्वपूर्ण कार्यों के लिए मनीषा पर ही निर्भर रहते थे। एक बार की बात है, जब मनीषा की तबियत ठीक नहीं थी। लेकिन पुलिस कमिश्नर साहब अपने सभी कार्यों के लिए मनीषा पर ही निर्भर रहते थे, इसलिए मनीषा ने अपनी तबियत ख़राब होने के बावजूद भी छुट्टी नहीं ली। उन्होंने ऑफ़िस आकर काम करना जारी रखा। ख़राब स्वास्थ में आराम नहीं मिलने के कारण एक दिन उनकी तबियत ज़्यादा बिगड़ गयी और उन्हें अस्पताल में भर्ती होना पड़ा। पुलिस कमिश्नर  साहब को मनीषा के ज़्यादा बीमार होने की बात पता चली तब उन्हें मनीषा के स्वास्थ्य से ज़्यादा ऑफ़िस के कार्य प्रभावित होने की चिंता होने लगी। उन्होंने मनीषा को संदेश भिजवाया कि वह अस्पताल से छुट्टी मिलने के बाद यथाशीघ्र ड्यूटी पर आ जाएं, क्योंकि उनकी अनुपस्थिति की वजह से ऑफ़िस का कार्य प्रभावित होगा। कमिश्नर साहब का संदेश सुन कर मनीषा को आश्चर्य के साथ बहुत दुःख भी हुआ। वह इस सोच में पड़ गयीं कि कमिश्नर साहब के कार्य प्रभावित नहीं हो, इसके लिए उन्होंने अपनी ख़राब तबियत में भी ड्यूटी करना जारी रखा था, जिसकी वजह से ही उनकी तबियत ज़्यादा बिगड़ गयी। लेकिन मनीषा की कर्तव्यनिष्ठा और त्याग को कमिश्नर साहब बिलकुल भी नहीं समझ रहे थे और ना ही उनको मनीषा के स्वास्थ्य की कोई फ़िक्र थी। उन्हें तो सिर्फ़ अपने ऑफ़िस के कार्यों की ही चिंता थी। कभी-कभी मनीषा स्वयं के इन अनुभवों को याद कर के सोचने लगती हैं कि आख़िर वह जिन लोगों की मदद करती हैं वे लोग उसकी क़ीमत क्यों नहीं समझते हैं, और अगर समझते भी हैं तो उनके मन से वो कृतज्ञता का भाव समय के साथ धीरे-धीरे कम क्यों होने लगता है? यह सब सोच-विचार करते हुए मनीषा अपने मन ही मन कह रही थी कि वह समय से पूछेंगी कि उसके बदलने के साथ ही लोग क्यों बदल जाते हैं।

यहां पर इस कहानी का ज़िक्र इसलिए हुआ, क्योंकि साइकोलॉजी की कुछ थ्योरी भी मनोवैज्ञानिक (सामयिक) दूरी और व्यक्ति की सोच के बीच के संबंध के बारे में बात करती हैं। तो आइए अब हम इन थ्योरी के बारे में विस्तार से बात करते हैं।

## संबंधित कॉन्सेप्ट व थ्योरी :

### कॉन्स्ट्रुअल लेवल थ्योरी (Construal Level Theory) :

कॉन्स्ट्रुअल लेवल थ्योरी, अमूर्त या स्पष्ट तरीक़े से किसी व्यक्ति की सोच और मनोवैज्ञानिक दूरी के बीच के संबंध का वर्णन करने का प्रयास करती है। यह थ्योरी बताती है कि व्यक्ति उन वस्तुओं के बारे में अधिक भावात्मक रूप से सोचता है, जो उससे अधिक दूर होती हैं; जबकि उन वस्तुओं के बारे में अधिक ठोस व स्पष्ट रूप से सोचता है जो उसके ज़्यादा क़रीब होती है। यह थ्योरी इस बात की व्याख्या करती है कि व्यक्ति अमूर्त मानसिक संरचना बनाकर भविष्य की स्थिति या अन्य लोगों के दृष्टिकोण के बारे में सोचता है और फिर उसके अनुसार अपनी योजना बनाता है। कॉन्स्ट्रुअल शब्द लोगों द्वारा अपने आसपास के वातावरण को महसूस करने, समझने और व्याख्या करने की प्रक्रिया को संदर्भित करता है। कॉन्स्ट्रुअल उन स्थितियों में महत्त्वपूर्ण भूमिका निभाता है, जहां व्यक्ति को उसके पास उपलब्ध जानकारी से परे देखने और सोचने की आवश्यकता होती है। व्यक्ति की यादें, अटकलें और भविष्यवाणियां, सभी उसकी मानसिक संरचनाए होती हैं। मानसिक संरचनाओं के माध्यम से कोई भी व्यक्ति भविष्य की कल्पना कर सकता है, या अपने अतीत को याद कर सकता है, या किसी घटना या वस्तु के प्रति अन्य लोगों की प्रतिक्रियाओं की कल्पना कर सकता है। व्यक्ति की मानसिक संरचनाएं, वर्तमान परिदृश्य पर क़ाबू पाने और मनोवैज्ञानिक रूप से दूर की वस्तुओं की कल्पना करने में उसकी सहायता करती हैं।

### संरचना (Construal) का स्तर :

कोई भी व्यक्ति अपने निकट की घटनाओं का वर्णन करने के लिए विशिष्ट और निम्न-स्तर की संरचनाओं का उपयोग करता हैं, जबकि दूर घट रही घटनाओं के लिए अमूर्त और उच्च-स्तरीय संरचनाओं का उपयोग करता है।

निम्न-स्तरीय संरचनाएं, कम संरचित और अधिक प्रासंगिक होती हैं, और इसमें घटनाओं की अधीनस्थ और आकस्मिक विशेषताएं शामिल होती हैं। दूसरे शब्दों में, निम्न स्तर की संरचना तब बनती है, जब व्यक्ति किसी घटना के बारे में विस्तार से सोचता है और उस घटना की द्वितीयक विशेषताओं, जो घटना को समझने के लिए अतिमहत्त्वपूर्ण नहीं होती हैं, पर भी अपना ध्यान केंद्रित करता है।

इसके विपरीत, उच्च-स्तरीय संरचनाएं व्यक्ति की कल्पना में योजनाबद्ध रूप में होती हैं, और यह व्यक्ति के लिए उपलब्ध जानकारी का सार होती हैं। इस स्तर पर सोचने वाला व्यक्ति किसी घटना की बड़ी तसवीर को देखता, और उसके विवरण पर ध्यान केंद्रित नहीं करता है।

इस प्रकार, यह देखा जा सकता है कि निकट भविष्य की घटनाओं का स्पष्ट विवरण के माध्यम से वर्णन किया जाता है और उस वर्णन में उस घटना की द्वितीयक और आकस्मिक विशेषताओं पर गहनता से बात होती है, जबकि दूर की घटनाओं को अमूर्त विवरण के माध्यम से द्वितीयक और आकस्मिक विशेषताओं के एक सार के रूप में वर्णित किया जाता है।

**मनोवैज्ञानिक दूरी का कॉन्सेप्ट (Concept Of Psychological Distance) :**

मनोवैज्ञानिक दूरी किसी व्यक्ति की इस विषय पर धारणा होती है कि कोई वस्तु या व्यक्ति उसके कितना क़रीब या दूर है, और किसी घटना के घटित होने की कितनी संभावना है और वह वर्तमान से कितने समय बाद घटित हो सकती है। इसलिए मनोवैज्ञानिक दूरी व्यक्तिपरक और स्वकेंद्रित होती है। यह हमेशा वर्तमान, यहां, और स्वयं से शुरू होती है। किसी व्यक्ति, वस्तु या घटना की किसी दूसरे व्यक्ति से दूरी विभिन्न रूपों से हो सकती है, जैसे कि समय, स्थान, सामाजिक या काल्पनिक रूप से। ये अलग-अलग दूरियां मनोवैज्ञानिक दूरी के विभिन्न आयामों का गठन करती हैं, और क्रमशः सामयिक, स्थानिक, सामाजिक और काल्पनिक दूरी कहलाती है।

**मनोवैज्ञानिक दूरी (Psychological Distance) के प्रकार :**

**सामयिक (Temporal Distance) दूरी :** सामयिक दूरी उन घटनाओं को संदर्भित करती है, जो वर्तमान समय से दूर होती हैं। उदाहरण के लिए, यदि कोई व्यक्ति चार महीने बाद होने वाली किसी घटना के बारे में सोचता है, तो वह घटना अगले सप्ताह घटित होने वाली किसी घटना के बारे में सोचने की तुलना में अधिक सामयिक दूरी पर है।

**स्थानिक (Spatial) दूरी :** किसी व्यक्ति और उस स्थान, जहां विचाराधीन घटना हो रही हो, के बीच की भौतिक दूरी को स्थानिक दूरी कहते हैं। कांस्ट्रुअल लेवल थ्योरी के अनुसार, किसी निकट स्थान पर होने वाली घटना को दूर स्थान पर होने वाली घटना की तुलना में अधिक ध्यान से देखा जाता है।

**सामाजिक (Social) दूरी :** यह दूरी, दो या दो से अधिक सामाजिक समूहों या व्यक्तियों का एक दूसरे से जुड़े होने के स्तर को बताती है। यह एक व्यक्ति की भावना होती है कि वह अपने समूह के अन्य सदस्यों के साथ कैसे संबंध/जुड़ाव रखता है। समूह के सदस्यों में जितनी अधिक समानता होती हैं, उनके बीच की सामाजिक दूरी उतनी ही कम होती है। सामाजिक दूरी तब अधिक होती है, जब किसी समूह के सदस्य की उस समूह के अन्य सदस्यों से कोई समानता नहीं हो पाती हैं।

**काल्पनिक (Hypothetical) दूरी :** काल्पनिक दूरी किसी घटना के घटित होने की संभावना को दर्शाती है। एक ऐसी घटना जिसकी घटित होने की अत्यधिक संभावना होती है, उसके लिए काल्पनिक दूरी कम होती है; और अगर किसी घटना के घटित होने की संभावना कम है, तब ऐसी स्थिति में वह घटना काल्पनिक रूप से बहुत दूर होती है। काल्पनिक दूरी दर्शाती है कि कोई घटना वास्तविकता के कितने क़रीब है। कांस्ट्रुअल लेवल थ्योरी के अनुसार, काल्पनिक रूप से निकट की घटनाओं को निम्न स्तर पर और काल्पनिक रूप से दूर की घटनाओं को उच्च स्तर पर कल्पना किया जाता है। काल्पनिक दूरी में आशावाद की भूमिका होती है और यह भविष्य के लिए योजना बनाने में किसी व्यक्ति को प्रभावित कर सकती है।

**मनोवैज्ञानिक दूरी का कॉन्सेप्ट (Concept of Psychological Distance):**

| | | |
|---|---|---|
| अन्य | सामाजिक (Social) | स्वयं |
| भविष्य या अतीत | सामयिक (Temporal) | वर्तमान |
| बहुत दूर | स्थानिक (Spatial) | नज़दीक |
| कल्पना | काल्पनिक (Hypothetical) | अनुभव |

## निहितार्थ :

साइकोलॉजी की इस थ्योरी को हम 'कविता की कृतघ्नता' कहानी के माध्यम से आसानी से समझ सकते हैं। इसको समझने से पहले हमें अपने विद्यालय या कॉलेज के दिनों को याद करना होगा। जब हम उस समय के अपने पढ़ाई-लिखाई के और स्वयं का करियर संवारने के दिनों को याद करेंगे तो हम पाएंगे कि उस समय हमने स्वयं या हमारे किसी मित्र ने अपनी परीक्षाओं के बिलकुल नज़दीक आ जाने पर ही अपनी पढ़ाई आरंभ की थी। उस शैक्षणिक सत्र की शुरुआत से पढ़ाई नहीं कर पाने की अपनी ग़लती पर हमें ग्लानि का भी बोध हुआ था। उस ग्लानि बोध के बाद हमने यह भी सोचा था कि हम अगले सत्र में शुरू से ही प्रतिदिन नियमित पढ़ाई करेंगे। लेकिन अगले शैक्षणिक सत्र में फिर से जब परीक्षा काफ़ी दूर थी तब हमने

पढ़ाई नहीं की और पुनः जब परीक्षा का समय बिलकुल नज़दीक आ गया था तब हमने संगीन होकर पढ़ाई करना आरंभ किया था। उसके बाद हमें पुनः आत्मग्लानि हुई थी और हमने पुनः स्वयं से यह वादा किया था कि अगले शैक्षणिक सत्र से हम शुरुआत से ही पढ़ाई करेंगे। इसका मतलब यह कि परीक्षा का समय जब दूर होता है, तब हम उसे ज़्यादा गंभीरता से नहीं लेते हैं, लेकिन जैसे-जैसे उसका समय नज़दीक आता है, वैसे-वैसे हम उसको लेकर सचेत होते जाते हैं। हालांकि जब परीक्षा बिलकुल नज़दीक आ जाती है और हमारी तैयारी पूरी नहीं होती है तब हमें ग्लानि का बोध होता है और हमें स्वयं पर विश्वास नहीं होता है कि आख़िर हमने शुरुआत से ही पढ़ाई क्यों नहीं की? समय के अंतर के कारण परीक्षा की तैयारी को लेकर सचेत रहने की हमारी सोच और भाव की जिस भिन्नता के बारे में हमने बात की है, कुछ उसी प्रकार की भिन्नता हमारे द्वारा किसी व्यक्ति को किए गए मदद के बदले उसका हमारे प्रति आभारी रहने के भाव में भी होती है। दरअसल, जब भी कोई व्यक्ति किसी विकट परिस्थिति में होता है और हमसे मदद मांगने आता है, तब वह व्यक्ति लगभग याचक की भूमिका में होता है। वह मदद मांगते समय यह दर्शाने की कोशिश करता है कि उसने उस कठिन परिस्थिति से निकलने का अपने तरफ़ से पूरा प्रयास कर चुका है, लेकिन सभी प्रयासों के विफल हो जाने पर ही वह हमारे पास आया है। अगर उस विकट परिस्थिति में हम उस व्यक्ति की मदद कर देते हैं तब उस समय वह व्यक्ति अवश्य ही हमारा बहुत अहसान मानता है, और उसे लगता है कि उसके लिए हम ईश्वर सदृश्य हैं। ऐसा इसलिए होता है, क्योंकि उस समय उसकी नज़र में हमारे द्वारा की गई मदद की क़ीमत बहुत ज़्यादा होती है। लेकिन यह बड़ी रोचक बात है कि जैसे-जैसे समय बीतता है, वैसे-वैसे उस व्यक्ति की नज़र में हमारे द्वारा की गई मदद की क़ीमत घटती जाती है। ज़्यादा समय बीत जाने के बाद तो ऐसा भी संभव है कि हमारे द्वारा की गयी मदद उस व्यक्ति की नज़र में हमारा कर्तव्य मात्र ही लगे और जिसके लिए उसके मन में कृतज्ञता का कोई विशेष बोध ही नहीं रह जाए। जैसा कि इस कहानी में ठंड की उस रात को पुलिस अधिकारी मनीषा ने कविता की कॉल आने पर पहले उसके मोबाइल का लोकेशन पता कराया, उसके बाद उसे ढूंढ़ कर स्वयं की गाड़ी से घर तक पहुंचाया। चूंकि उस रात कविता के लिए वह बहुत बड़ी मदद थी इसलिए घर जाते वक्त रास्ते में वह मनीषा से बार-बार यही कह रही थी कि वह उसके लिए भगवान जैसी हैं। लेकिन कुछ महीनों बाद जब वह मनीषा से किसी कार्यक्रम में मिली, तब अन्य लोगों से उस रात की घटना का ज़िक्र करते हुए, उसने बताया कि उस रात भगवान ने उसकी मदद करने के लिए मनीषा को भेजा था, अर्थात् समय बीतने के साथ कविता के लिए उस रात मदद करने आयी मनीषा अब भगवान से भगवान का दूत बन चुकी थी। जब उस घटना को बीते कुछ वर्ष हो चुके थे तब मनीषा द्वारा की गयी वह मदद

कविता की नज़र में एक पुलिस अधिकारी द्वारा अपने कर्तव्यों का ठीक से पालन करना मात्र प्रतीत हो रहा था। कविता के इस विचार परिवर्तन को समझने के लिए हमें साइकोलॉजी की कॉन्स्ट्रुअल लेवल थ्योरी का सहारा लेना पड़ेगा। यह थ्योरी कहती है कि स्वभाववश मनुष्य जब भी बीते हुए कल या भविष्य के बारे में सोच-विचार करते हैं या फिर कोई योजना बनाते हैं तब वे अपने मन में उच्च विचार की एक अमूर्त धुंधली मानसिक संरचना या मानचित्र बनाते हैं। यह संरचना या मानचित्र समय के साथ बदलती है। वर्तमान समय से उस मानचित्र की दूरी जितनी कम होती है वह मानचित्र उतना ही तीव्र और विकसित होता है। वहीं वर्तमान समय से उसकी जितनी अधिक दूरी होती है वह मानचित्र उतना ही धुंधला होता है। जैसे दूर की वस्तु अपने वास्तविक आकार से छोटा या सूक्ष्म दिखाई देती है, और जैसे-जैसे वह वस्तु हमारे निकट आती है, वह पहले के अपेक्षाकृत बड़ी और विस्तृत दिखने लगती है, यह भी कुछ उसी प्रकार की प्रक्रिया होती है। इस कहानी में जब उस रात मनीषा ने कविता की मदद की, तब वह मनीषा से अत्यंत प्रभावित हुई थी। कविता के मानस पटल पर वह घटना एक महत्त्वपूर्ण और विस्तृत स्मृति का रूप ले चुकी थी, जिसे कॉन्स्ट्रुअल लेवल थ्योरी के अंतर्गत अमूर्त मानसिक संरचना भी कहा जा सकता है। जैसे-जैसे उस घटना के बाद समय बीतता गया वैसे-वैसे कविता के मन में उस घटना की स्मृति उच्च स्तरीय संरचना में परिवर्तित होती गई, और उस स्मृति की सामयिक दूरी बढ़ती गयी। इस कारण ना केवल उस घटना की स्मृति की प्रासंगिकता कम हो गई, अपितु उस घटना की स्मृति से कविता के अंदर जागृत भावनात्मक प्रभाव की तीव्रता भी कम हो गई। इसलिए कविता के लिए मनीषा पहले भगवान सदृश्य थी, कुछ समय बीतने के बाद वह भगवान का दूत बनी और फिर अंत में ज़्यादा समय बीत जाने के बाद वह उसके लिए मात्र एक कर्तव्यनिष्ठ पुलिस अधिकारी बन कर रह गयी थी। इससे हमें यह पता चलता है कि हम चाहे किसी व्यक्ति की कितनी भी बड़ी मदद क्यों ना कर दें, समय बीतने के साथ मदद पाने वाले व्यक्ति की नज़रों में हमारे उस मदद की क़ीमत घटने लगती है, जिसके फलस्वरूप उस व्यक्ति की हमारे प्रति कृतज्ञता का बोध भी कम होने लगता है। अगर हम मनीषा और उनके कमिश्नर के बीच के प्रसंग को देखें तो हमें समझ आता है कि मनीषा को पता था कि वह कमिश्नर ऑफ़िस की मज़बूत स्तंभ हैं, जिसके कारण उनकी उनुपस्थिति में कामकाज को सुचारू रूप से चलाने में कमिश्नर साहब को परेशानी होगी। मनीषा नहीं चाहती थी कि कमिश्नर साहब को उनकी अनुपस्थिति की वजह से किसी भी तरह की परेशानी हो। इसलिए उन्होंने उनकी मदद करने की नीयत से स्वयं की तबियत ख़राब होने की स्थिति में भी छुट्टी नहीं ली और ऑफ़िस जाना जारी रखा। मनीषा द्वारा बीमार होने पर भी छुट्टी लेने की बजाय ऑफ़िस जाने की क़ीमत उनके कमिश्नर साहब की नज़र में बहुत कम थी। उन्हें लगता था कि

मनीषा तो अन्य लोगों की तरह अपनी ड्यूटी कर रही थी। जबकि मनीषा को अपनी ख़राब तबियत में आराम करने की बजाय ऑफ़िस जाने की क़ीमत अपने स्वास्थ्य को ख़राब करके और अंततः अस्पताल में भर्ती हो कर चुकानी पड़ी। चूंकि कमिश्नर साहब की नज़र में मनीषा के उस त्याग की कोई क़ीमत नहीं थी, इसलिए उनके अस्पताल में भर्ती होने के बावजूद भी कमिश्नर साहब को उनके स्वास्थ्य से ज़्यादा अपने काम की ही चिंता थी। इसलिए हमें यह भी समझना चाहिए कि जब भी हमें किसी व्यक्ति की मदद करनी हो तब हम यह ज़रूर देख लें कि हमारे मदद की उस व्यक्ति की नज़र में कितनी क़ीमत है। हमें यह भी देखना चाहिए की उस व्यक्ति के लिए वह मदद करने में हमें स्वयं कितना समय, ऊर्जा और संसाधनों को ख़र्च करना पड़ रहा है अर्थात् कि उसे वह मदद करने में हमें ख़ुद क्या क़ीमत अदा करनी पड़ रही है? अगर उस व्यक्ति की मदद करने में हमारे संसाधन और समय अत्यधिक मात्रा में ख़र्च हो रहें हों, लेकिन उस व्यक्ति की नज़र में हमारे द्वारा की जा रही मदद की क़ीमत अपेक्षाकृत कम हो, तब हमें ऐसे व्यक्ति की मदद करने से परहेज़ करना चाहिए, क्योंकि ऐसे लोगों की मदद करने पर हम स्वयं के साथ ही अन्याय कर रहे होते हैं। लेकिन मनीषा इन बातों को नहीं समझ पायी, जिसके कारण बाद में उन्हें कमिश्नर साहब के व्यवहार को देख कर दुःख हुआ।

आदर्श व्यवहार में तो अगर किसी मनुष्य की कोई दूसरा व्यक्ति मदद करता है तब उसे उस व्यक्ति के प्रति कृतज्ञता का बोध होना चाहिए और उसे सही अवसर का तलाश कर के उस व्यक्ति की वापस मदद करनी चाहिए।

इस संबंध में महाभारत (आदिपर्व 156/14) में भी कहा गया है कि

*'यावच्च कुर्यादन्योऽस्य कुर्यादभ्यधिकं ततः'*

अर्थात् जिसने आपका भला किया है, उससे अधिक उन्हें कृतज्ञतापूर्वक चुकाना चाहिए।

लेकिन वास्तविक दुनिया में सभी लोगों का व्यवहार आदर्श नहीं होता है। ऐसे में अगर हम आदर्शवादिता को अपनाते हुए व्यवहार करेंगे तो इस बात की पूरी संभावना है कि हमें भी मनीषा की तरह बाद में दुःख होगा। इसलिए हमारी प्रोफ़ेशनल ज़िंदगी में जिन लोगों की नज़र में हमारे द्वारा उनकी मदद के लिए किए जा रहे प्रयासों और मेहनत की कोई क़ीमत ना हो, जिनके मन में उस मदद के लिए हमारे प्रति कोई कृतज्ञता का भाव ना हो, उन लोगों की मदद करने से हमें परहेज़ करना चाहिए। इसके साथ ही अगर हमने किसी व्यक्ति की कोई मदद की हो और हमारी उस मदद के कारण उस व्यक्ति के मन में हमारे प्रति कृतज्ञता का भाव हो,

तब हमें यह बात ध्यान रखना चाहिए कि समय बीतने के साथ कृतज्ञता का बोध कम होने लगता है, जिसकी वजह से उस व्यक्ति के मन में भी वह कृतज्ञता का भाव बहुत दिनों तक बना नहीं रहेगा। उसका वह भाव समय बीतने के साथ धीरे-धीरे धूमिल होने लगेगा। इसलिए अगर भविष्य में हमें उस व्यक्ति से किसी तरह की कोई अपेक्षा हो तो हमें उसकी मदद करते समय ही भविष्य में ज़रूरत पड़ने पर हमारी अपेक्षाओं को पूरा करने का उससे वचन ले लेना चाहिए।

# 36

# सपनों के सौदागरों से सावधान रहें!

## *कहानी : असंतोषी प्रवृति के संतोष सिंह*

प्रदेश में विधानसभा के चुनाव का समय नज़दीक आ रहा था। सभी राजनैतिक दल अपनी-अपनी रणनीति बनाने में व्यस्त थे। बड़े दल जहां ख़ुद के दम पर सरकार बनाने का दावा पेश कर रहे थे तो वहीं छोटे दल ख़ुद को किंग मेकर की भूमिका में देख रहे थे। चुनाव आयोग ने प्रदेश में चुनाव के दिन का भी ऐलान कर दिया। इसी ऐलान के साथ सभी राजनैतिक दलों ने चुनावी वादों से लबरेज़ अपना-अपना घोषणा-पत्र भी जारी कर दिया। अपने वादों के माध्यम से जनता को लुभाने के लिए उन्होंने अपने बड़े नेताओं को भी चुनावी मैदान में उतार दिया। धीरे-धीरे रैलियों का दौर ख़त्म हुआ और मतदान का दिन भी शांतिपूर्वक बीत गया। मतगणना पूरी होने के बाद स्वाभिमान दल को बहुमत प्राप्त हुआ और प्रदेश में उनकी सरकार बनी। स्वाभिमान दल ने अपने चुनावी घोषणा-पत्र में हमारे शहर में मेट्रो चलाने का वादा किया था। हालांकि चुनावी वादे कितने सही होते हैं, यह किसी से छुपा तो है नहीं। फिर भी हमारे शहर के लोग अब मेट्रो ट्रेन की सवारी करने को लेकर उत्साहित थे। एक दिन हमारे मित्र संतोष सिंह के दिमाग़ में स्वाभिमान दल के इस मेट्रो ट्रेन चलाने वाले वादे को लेकर एक रचनात्मक ख़याल आया।

दरअसल कोरोना काल में संतोष सिंह का व्यापार पूरी तरह बर्बाद हो गया था, इसलिए उसे फिर से शुरू करने के लिए उन्हे पैसों की ज़रूरत थी। इसके लिए वह शहर की अपनी एक ज़मीन को बेचना चाहते थे। ज़मीन बेचने की बात पर संतोष को स्वाभिमान दल का मेट्रो ट्रेन चलाने वाला वादा याद आया। उन्होंने सोचा कि अगर वह लोगों को यह बताने में सफल हो जाएंगे कि आने वाले समय में

उनके ज़मीन के सामने से ही मेट्रो ट्रेन की लाइन गुज़रेगी और वहां एक स्टेशन भी बनेगा तो उनको उस ज़मीन का अच्छा दाम मिल सकता है। अपने इसी सोच और साज़िश के तहत उन्होंने सभी लोगों से यह बताना शुरू कर दिया, कि आने वाले समय में शहर की मेट्रो लाइन उनके ज़मीन के सामने से गुज़रेगी और ठीक वहीं पर एक स्टेशन भी बनेगा। वह जिससे भी यह बात बताते उससे यह भी ज़रूर कह देते, कि इस बात को वह अन्य किसी व्यक्ति से नहीं बताए। ऐसे ही, एक दिन संतोष अपने मित्र कमलेश के पास पहुंचे। कमलेश से वह बड़ी प्रसन्नता की मुद्रा में बोले, 'भाई कमलेश, अपनी ज़मीन को बेचने का मन तो मैं पहले से ही बनाया था। लेकिन ईश्वर के आशीर्वाद से, अब मेट्रो के आ जाने से, ज़मीन की काफ़ी अच्छी क़ीमत मिल जाएगी।' कमलेश भी, अपना सिर हिलाते हुए, उनकी हां में हां मिला दी। फिर संतोष ने कहा कि उनकी तो इच्छा यह थी कि वह ज़मीन वही (कमलेश ही) ख़रीद लेते, जिससे कि घर की ज़मीन घर में ही रह जाती। संतोष ने कमलेश को ज़मीन की क़ीमत का गणित समझाते हुए बताया कि वर्तमान में उनकी ज़मीन की वास्तविक क़ीमत जो 50 लाख रुपये है, वही 3 साल बाद, जब मेट्रो चलने लगेगी तब, उसकी क़ीमत 1 करोड़ हो जाएगी। यह गुना-गणित समझाने के बाद, संतोष ने ज़मीन की वास्तविक क़ीमत से 10 लाख रुपये ज़्यादा की मांग, कमलेश के सामने रख दी। कमलेश को वह सौदा ठीक लगा, और उन्होंने तुरंत हामी भी भर दी। पहले ही प्रयास में सफलता पाने के बाद, संतोष का मनोबल अब आसमान पर था। लेकिन अभी भी संतोष को, संतोष नहीं हो रहा था इसलिए वह थोड़ा बड़ा दांव लगाने शर्मा जी के पास पहुंच गए। उस दिन वह अपने साथ उस अख़बार को भी लेकर आए, जिसमें स्वाभिमान दल का घोषणा पत्र प्रकाशित हुआ था। उस अख़बार में स्वाभिमान दल की सरकार बनने पर शहर में मेट्रो ट्रेन चलाने का वादा साफ़-साफ़ लिखा हुआ था। उस अख़बार को दिखाते हुए, संतोष ने शर्मा जी के सामने ज़मीन बेचने के लिए 80 लाख का प्रस्ताव रखा। चूंकि शर्मा जी को ज़मीन तो ख़रीदनी थी लेकिन उनको स्वाभिमान दल और संतोष, दोनों, की ही बातों पर भरोसा नहीं हो रहा था। इसलिए उन्होंने उनकी बातों की सच्चाई जानने के लिए अपनी व्यस्तता का बहाना बना कर 2 दिन का समय मांगा। उन 2 दिनों में शर्मा जी ने संबंधित मंत्री जी व विभिन्न अधिकारियों से मेट्रो प्रोजेक्ट की असलियत जानने की कोशिश की। सभी से बात करने पर शर्मा जी को जानकारी मिली कि मेट्रो चलाने के वादे को ज़मीन पर उतरने में अभी कई वर्ष लगेंगे और अभी वह प्रोजेक्ट सरकार की प्राथमिकता में नहीं था। इससे शर्मा जी को समझ आ गया कि संतोष सिंह की बातों में तनिक भी सच्चाई नहीं थी। शर्मा जी को संतोष का झूठ पता चलने पर अब उन्हें बहुत गुस्सा आ रहा था। लेकिन चूंकि उनको ज़मीन की ज़रूरत थी इस कारण वह संतोष के साथ किसी तरह का झगड़ा अथवा मन-मुटाव नहीं चाह रहे

थे। उन्होंने उस ज़मीन को ख़रीदने के लिए समझौते का तरीक़ा ही बेहतर समझा। 2 दिन बाद पुनः जब संतोष सिंह अपने उस झूठे प्रस्ताव के साथ दुबारा शर्मा जी के पास आए तब पहले तो उन्होंने संतोष की बात को बिलकुल सही कहते हुए उनका प्रस्ताव स्वीकार कर लिया। शर्मा जी ने यह भी कहा कि वह संतोष को इतने दिनों से जानते थे, तो आख़िर उन पर भरोसा कैसे नहीं करते, और वैसे भी सभी रिश्ते भरोसे पर ही तो चलते हैं। शर्मा जी की इन बातों पर हामी भरते हुए संतोष मन ही मन ख़ुश हो रहे थे। शर्मा जी के द्वारा प्रस्ताव स्वीकार लिए जाने के बाद अब संतोष की ख़ुशी का कोई ठिकाना नहीं था। तभी शर्मा जी ने, संतोष के सामने अपनी एक शर्त रख दी। उनकी शर्त यह थी, कि उस ज़मीन की वर्तमान क़ीमत का पैसा तो संतोष को तत्काल मिल जाएगा, लेकिन बाक़ी के पैसे बैंक में जमा किए जाएंगे। इस पर संतोष ने शर्मा जी से बाक़ी के पैसों के बारे में जानना चाहा, तब उन्होंने बताया कि उनके वादे के अनुसार अगर 3 साल बाद उसकी ज़मीन के सामने से मेट्रो गुज़रती है और स्टेशन का निर्माण होता है, तब वह बैंक में जमा रुपये और उसका ब्याज, संतोष को मिल जाएगा। जबकि अगर संतोष की बात ग़लत साबित हुई और अगर मेट्रो परियोजना उसकी ज़मीन के आसपास से नहीं शुरू हुई तो बैंक में जमा पूरे रुपये और उसका ब्याज शर्मा जी को मिल जाएगा। संतोष को स्वाभिमान दल के मेट्रो ट्रेन चलाने वाले वादे के बारे में अच्छे से पता था कि वह हाल-फ़िलहाल में तो पूरा नहीं होने वाला था। फिर भी वह अपनी ज़मीन की ज़्यादा क़ीमत वसूलने के लिए स्वाभिमान दल के चुनावी वादे के आधार पर अपना स्वयं का मनगढ़ंत वादा उस ज़मीन के ख़रीदारों के समक्ष रख रहे थे। लेकिन जब उन्होने शर्मा जी की बात सुनी तब उन्हे दिन में ही तारे दिखने शुरू हो गए। उनको समझ नहीं आ रहा था कि उस स्थिति से वह स्वयं को कैसे निकालें। चूंकि पूरा मामला बहुत उलझ गया था, और एक-दूसरे पर अपने अटूट विश्वास के क़सीदे भी पढ़े जा चुके थे इसलिए संतोष के लिए उस डील से अपना पैर पीछे खींच पाना मुश्किल लग रहा था। इसलिए संतोष ने मेट्रो परियोजना के बारे में कही गयी अपनी झूठी बातों को सच प्रदर्शित करने के लिए शर्मा जी की शर्तों को मान लिया। तीन साल बीतने के बाद भी संतोष की ज़मीन के सामने मेट्रो लाइन गुजरने की बात तो दूर, शहर में ही मेट्रो परियोजना का कोई आता-पता नहीं था। इस तरह ना तो संतोष द्वारा शर्मा जी से किए गए वादे पूरे हुए और ना ही संतोष को बैंक में जमा बाक़ी के पैसे मिले। इस तरह संतोष को अपने ज़मीन के लिए कमलेश द्वारा मिलने वाले 60 लाख रुपये को भूल कर, शर्मा जी के 50 लाख रुपये से ही संतोष करना पड़ा।

इस कहानी का यहां ज़िक्र इसलिए किया गया है, क्योंकि साइकोलॉजी और मैनेजमेंट की कुछ कॉन्सेप्ट और थ्योरी भी इस बारे में बात करती हैं कि किसी भी बातचीत के दौरान आख़िर किन बातों का ध्यान रखना चाहिए और उसमें ज़्यादा से

ज़्यादा लाभ प्राप्त करने के लिए कौन सी रणनीति अपनाई जानी चाहिए। तो आइए उन कॉन्सेप्ट और थ्योरी के बारे में विस्तार से बात करते हैं।

## संबंधित कॉन्सेप्ट व थ्योरी :

### आकस्मिक अनुबंध की कॉन्सेप्ट (Concept of Contingency Contract) :

आकस्मिक अनुबंध एक ऐसा अनुबंध प्रावधान होता है जिसके अनुसार उस अनुबंध की वैधता या उसकी कोई शर्त एक विशिष्ट घटना के घटित होने पर निर्भर होती है। आकस्मिक अनुबंध के तहत एक या एक से अधिक पक्षों को किसी आकस्मिक शर्त को पूरा करना होता है। जिस भी पक्ष को आकस्मिक शर्त को पूरा करना होता है, अगर वह पक्ष उस शर्त को पूरा करने में असमर्थ रहता है, तो दूसरे पक्ष को उस शर्त के आधार पर किए गए वादों से मुक्त कर दिया जाता है। यह अनुबंध बताता है कि किसी शर्त के तहत कौन सा कार्य करने पर एक विशिष्ट परिणाम मिलेगा। आकस्मिक अनुबंध आमतौर पर तब होता है जब बातचीत करने वाले पक्ष किसी समझौते पर पहुंचने में विफल होते हैं। अनुबंध को आकस्मिक इसलिए कहा गया है क्योंकि इसमें शामिल घटनाएं व परिस्थितियों कुछ शर्तों पर निर्भर होती हैं। किसी ऐसी बातचीत में जिसमें भविष्य को ले कर दो पक्षों की अपेक्षाओं में ज़्यादा अंतर होता है, उसमें आकस्मिक अनुबंध दोनों पक्षों के बीच समझौता होने की संभावना को बढ़ा देता है।

विस्तार में बात करें तो अगर दो व्यक्तियों या समूहों के बीच में किसी मूल्यवान वस्तु या प्रस्ताव के लेन-देन के मुद्दे पर, भविष्य में उस वस्तु या प्रस्ताव के मूल्य पर दोनो पक्षों की सहमति नहीं होने के कारण, उनके बीच समझौता नहीं हो पा रहा हो, तब अनुबंध का उपयोग किया जाता है। इसे तब उपयोग में लाया जाता है जब एक पक्ष किसी वस्तु या प्रस्ताव के भविष्य के मूल्य को लेकर अत्यंत विश्वास जता रहा होता है, परंतु दूसरा पक्ष उसके भविष्य के मूल्य को लेकर संदेह में होता है क्योंकि उसके दृष्टिकोण में पहले पक्ष द्वारा भविष्य के जोखिम का अवलोकन त्रुटिपूर्ण लग रहा होता है। आकस्मिक अनुबंध में दोनों ही पक्षों द्वारा प्रस्तावित किसी वस्तु या प्रस्ताव के भविष्य के मूल्य के अंतर के बराबर का, या फिर वह मूल्य जो दोनों पक्ष दाव पर लगा सकते हों या उतना नुक़सान सहन कर सकते हों का, एक आकस्मिक खाता बनाया जाता है, और दोनों मूल्य में से निम्न मूल्य पर प्राथमिक स्तर पर समझौता किया जाता है। आकस्मिक खाते में रखे मूल्य पर उस पक्ष का अधिकार होता है, जो उस आकस्मिक अनुबंध के अंतर्गत स्वीकार किए गए आकस्मिक शर्त को तय समय सीमा के अंदर पूरा कर लेता है।

### आकस्मिक अनुबंध (Contingency Contract) के लाभ :

इससे एक पक्ष के त्रुटिपूर्ण आकलन से दूसरे पक्ष को होने वाली हानि से बचाया जा सकता है। इसके अलावा इसकी मदद से दो पक्षों के बीच की सूचना के असंतुलन की समस्या को भी हल किया जा सकता है। किसी समझौते के समय सूचना के असंतुलन की स्थिति में एक पक्ष के पास दूसरे पक्ष से अधिक और आवश्यक जानकारी होती है, जिसका दुरुपयोग करने की चेष्टा से एक पक्ष उस जानकारी को दूसरे पक्ष से छुपाता है या स्वयं के पास उपलब्ध उस अधिक जानकारी की मदद से उन्हें गुमराह करता है। जब भी एक पक्ष दूसरे पक्ष के दावे को सिद्ध करने के लिए आकस्मिक अनुबंध का प्रस्ताव रखता है, तब अगर दूसरा पक्ष गुमराह करने की इच्छा से अतिशयोक्ति कर रहा होता है, तब वह इस प्रस्ताव के लिए तैयार नहीं होता है। ऐसा इसलिए, क्योंकि उसे यह बोध होता है कि उसका दावा झूठा है और वह अगर ग़लत साबित होगा तो उसकी हानि तो निश्चित ही होगी। वहीं अगर दूसरा पक्ष ईमानदार है, और उसे अपने दावे पर विश्वास है, तो वह आकस्मिक अनुबंध के प्रस्ताव को नहीं ठुकराएगा। इस प्रकार विभिन्न प्रकार के समझौतों में सभी पक्षों के बीच भरोसा स्थापित करने में आकस्मिक अनुबंध लाभदायक साबित हो सकता है।

### BATNA का कॉन्सेप्ट (Concept of BATNA) :

BATNA (Best Alternative to a Negotiated Agreement) को किसी समझौते के सर्वश्रेष्ठ विकल्प के रूप में जाना जाता है। किसी व्यक्ति या पक्ष के लिए यह दूसरे पक्ष से बातचीत होने और किसी समझौते पर नहीं पहुंचने की स्थिति में भी उसके पास उपलब्ध सबसे अच्छे वैकल्पिक मार्ग यानी उसके पास बचे हुए विकल्पों में से सर्वश्रेष्ठ विकल्प को BATNA कहते हैं। BATNA में प्रस्तावित मूल संख्या को आरक्षण बिंदु कहा जाता है। आरक्षण बिंदु व्यक्ति की न्यूनतम संतुष्टि को परिभाषित करने वाली वह मूल संख्या होती है, जिसे व्यक्ति को बातचीत के दौरान एक समझौते पर पहुंचने के लिए प्राप्त करना चाहिए। ऐसा इसलिए क्योंकि ऐसे बातचीत के दौरान किसी समझौते पर पहुंचने में असफल होने पर भी उस व्यक्ति या पक्ष को उसके पास उपलब्ध दूसरे श्रेष्ठ विकल्प के माध्यम से वह मूल्य संख्या प्राप्त हो सकती है। इस प्रकार BATNA और आरक्षण बिंदु की पहचान करके एक पक्ष, व्यक्ति या समूह किसी नुक़सानदायक समझौते को करने से बच सकता है।

### BATNA का महत्त्व :

BATNA का उपयोग अक्सर समझौता और बातचीत की रणनीति में किया जाता है। किसी भी व्यक्ति को अपने BATNA को जाने बिना किसी समझौते या बातचीत

में प्रवेश नहीं करना चाहिए। व्यक्ति को किसी समझौता की प्रक्रिया के शुरू होने से पहले ही समझौते के अपने सर्वश्रेष्ठ विकल्प के बारे में विचार करना चाहिए।

किसी समझौते की प्रक्रिया को शुरू करने से पहले उसका BATNA जानने का लाभ यह है कि :

1. उस समझौता के विफल होने की स्थिति में यह व्यक्ति को विभिन्न विकल्पों में से श्रेष्ठ विकल्प प्रदान करता है।
2. यह समझौते के दौरान व्यक्ति को नेगोशीएशन करने की शक्ति प्रदान करता है क्योंकि अच्छी गुणवत्ता और मूल्य वाले विकल्प का बोध व्यक्ति की स्थिति को सुदृढ़ करता है और उसे आत्मविश्वास प्रदान करता है।
3. यह व्यक्ति के आरक्षण बिंदु को निर्धारित करता है।

**BATNA का कॉन्सेप्ट (Concept of BATNA)**

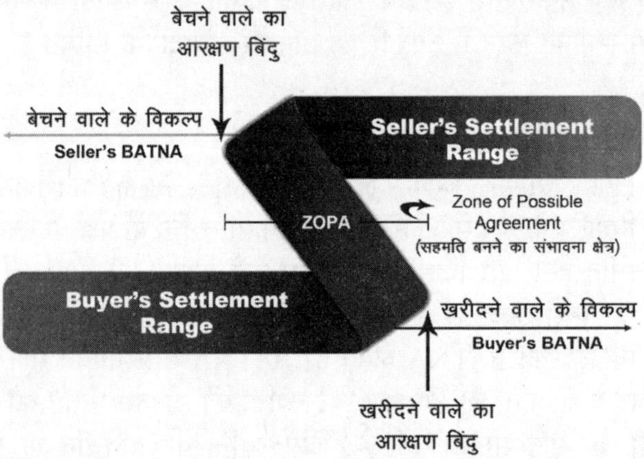


## रेगुलेटरी फ़ोकस थ्योरी (Regulatory Focus Theory) :

सामान्य तौर पर, व्यक्ति सुख प्राप्त करने की कोशिश करता है और दर्द से बचने का प्रयास करता है। रेगुलेटरी फ़ोकस थ्योरी के अनुसार, मानव प्रेरणा को दो भागों में विभाजित किया जा सकता है। 1) प्रमोशन फ़ोकस अर्थात् स्वयं के लिए सुख की तलाश करना 2) प्रिवेन्शन फ़ोकस अर्थात् स्वयं की सुरक्षा सुनिस्चित करना और दुःख से बचने का प्रयास करना। किसी व्यक्ति का नियामक फ़ोकस यह दर्शाता है कि उसके जीवन में सुख प्राप्त करने की प्रेरणा और विपत्ति/दुःख से बचाव करने की प्रेरणा में से क्या उसके लिए बड़ा प्रेरक है।

**प्रिवेन्शन फ़ोकस (Prevention Focus) :**

प्रिवेन्शन फ़ोकस्ड व्यक्ति किसी भी नकारात्मक परिणाम से स्वयं को बचाने के लिए अधिक प्रेरित रहता है। यह फ़ोकस सुरक्षा नियमों और दिशानिर्देशों का पालन करते हुए किसी भी तरह के नुक़सान से बचने से संबंधित होता है। कोई व्यक्ति जिसका ध्यान किसी विफलता के दर्द से बचने पर केंद्रित रहता है उसे प्रिवेन्शन फ़ोकस्ड व्यक्ति कहा जा सकता है। ऐसा व्यक्ति जीतने के लिए प्रयास करने की बजाए हार से बचने के लिए प्रयास करने पर अपना ध्यान केंद्रित करता है।

**प्रमोशन फ़ोकस (Promotion Focus) :**

प्रमोशन फ़ोकस्ड व्यक्ति उच्च लाभ प्राप्त करने के लिए अधिक प्रेरित रहता है। यह फ़ोकस उपलब्धि प्राप्त करने से संबंधित होता है। कोई व्यक्ति जो उन्नति की प्राप्ति के आनंद से प्रेरित होता है उसे प्रमोशन फ़ोकस्ड व्यक्ति कहा जाता है। ऐसा व्यक्ति हार से बचने के लिए प्रयास करने की बजाए जीतने के लिए प्रयास करना पसंद करता है।

## निहितार्थ :

'असंतोषी प्रवृति के संतोष सिंह' कहानी के माध्यम से हम इन कॉन्सेप्ट और थ्योरी को आसानी से समझ सकते हैं। लेकिन उनके बारे में बात करने से पहले हमें यह समझना होगा कि प्रत्येक व्यक्ति अपने जीवन में आगे बढ़ने का प्रयास करता है। व्यक्ति के लिए जीवन में आगे बढ़ने का तात्पर्य अगर सिर्फ़ मोक्ष की प्राप्ति से होता है तो उसके रास्ते में किसी भी तरह की बाधा उत्पन्न नहीं होती है। कोई दूसरा व्यक्ति उसका प्रतिद्वंदी भी नहीं होता है। लेकिन पृथ्वी पर रहने वाले अधिकांश लोगों का अपने जीवन में आगे बढ़ने का तात्पर्य स्वयं व स्वयं के परिवार के लिए अधिक से अधिक ताक़त अर्जित करना, दौलत व शोहरत कमाना और भोग-विलास की चीज़ों का लाभ लेना होता है। चूंकि इस संसार में ताक़त और शोहरत प्रदान करने वाले पद व स्थान और भोग-विलास की चीज़ों की संख्या, उनको चाहने वाले लोगों की तुलना में काफ़ी कम होती हैं, इसलिए सभी लोग उनको प्राप्त करने के लिए एक-दूसरे से प्रतिद्वंदिता करते हैं। यहां तक कि जो लोग एक साथ खेलते-कूदते व पढ़ाई-लिखाई करते हुए बड़े होते हैं वह भी भविष्य में परिस्थितिवश एक दूसरे के प्रतिद्वंदी हो जाते हैं। हालांकि यह भी ज़रूरी नहीं होता है कि कोई भी दो व्यक्ति जिनकी आपस में किसी चीज़ को लेकर प्रतिद्वंदिता हो, वह हमेशा एक दूसरे के प्रतिद्वंदी ही रहें।

जैसा कि महाभारत (शांतिपर्व 138/140) में कहो गया है कि

*'नास्ति मैत्री स्थिरा नाम न च ध्रुवमसौहृदम्।*
*अर्थयुक्त्याऽनुजायन्ते मित्राणि रिपवस्तथा।।'*

अर्थात् ऐसी कोई स्थिति नहीं है जो स्थायी रूप से दोस्ती या दुश्मनी के नाम की हक़दार हो। हित और लाभ के विचार से मित्र और शत्रु दोनों उत्पन्न होते हैं।

इस कहानी की शुरुआत में कमलेश और संतोष के बीच अच्छी मित्रता थी। लेकिन जब संतोष को अपने बिज़नेस को फिर से शुरू करने के लिए पैसों की ज़रूरत पड़ी तब वह अपनी ज़मीन को उसकी वास्तविक क़ीमत, 50 लाख, से 10 लाख ज़्यादा दाम में अर्थात् 60 लाख में बेचने के लिए कमलेश को अपनी ज़मीन के सामने से मेट्रो की लाइन जाने और उसकी वजह से अगले 3 सालों में ही उस ज़मीन की क़ीमत एक करोड़ रुपये हो जाने की झूठी कहानी बताई। पैसों की ज़रूरत की अपनी मजबूरी और स्वार्थ के कारण संतोष सिंह ने कमलेश के साथ अपनी मित्रता को भूला कर उनसे एक दुश्मन जैसा व्यवहार किया।

जैसा कि महाभारत (शांतिपर्व 80/9-10) में कहा गया है कि

*'असाधुः साधुतामेति साधुर्भवति दारुणः। अरिश्च मित्रं भवति मित्रं चापि प्रदुष्यति।। अनित्यचित्तः पुरुषः'*

अर्थात् एक दुष्ट व्यक्ति ईमानदारी का वेश धारण करता है, और जो ईमानदार होता है वह दुष्टता कर सकता है। शत्रु मित्र बन सकता है और मित्र शत्रु। एक आदमी हमेशा एक ही दिमाग़ का नहीं हो सकता है।

इससे यह समझ आता है कि वास्तव में इस दुनिया में कोई भी दो व्यक्ति ना तो हमेशा दोस्त रह सकते हैं और ना ही दुश्मन। सभी लोग अपनी परिस्थितियों के गुलाम होते हैं और उन्हीं के अनुसार व्यवहार करते हैं। अगर कोई व्यक्ति पूरी तरह ईमानदार है तो यह नहीं माना जा सकता है कि वह अपने जीवन में हमेशा ईमानदारी पूर्वक ही व्यवहार करेगा; जबकि अगर कोई व्यक्ति दुष्ट प्रवृति का है तो यह भी ज़रूरी नहीं कि वह हमेशा दुष्टता ही करेगा। जैसा कि इस कहानी में कमलेश से 60 लाख रुपये में डील पक्की कर लेने के बाद भी संतोष सिंह को संतोष नहीं हुआ। वह अपनी ज़मीन की और भी ज़्यादा क़ीमत वसूलना चाहते थे। उनको यह विश्वास था कि वह और भी ज़्यादा मुनाफ़ा कमा सकते थे। यहां पर संतोष सिंह एक प्रमोशन फ़ोकस्ड व्यक्ति की तरह व्यवहार कर अत्यधिक लाभ प्राप्त करना चाह रहे थे। जैसा कि रेग्युलटरी फ़ोकस थ्योरी बताती है कि प्रमोशन फ़ोकस्ड व्यक्ति उच्च लाभ प्राप्त करने के लिए अधिक प्रेरित रहता है, और वह हार से बचने के लिए

प्रयास करने की बजाए जीतने के लिए प्रयास करना ज़्यादा पसंद करता है। ठीक उसी तरह संतोष सिंह को भी अपने झूठे वादे के पकड़े जाने का बिलकुल भी डर नहीं था। उनका प्रयास था कि किसी भी तरह वह अपनी ज़मीन ज़्यादा से ज़्यादा क़ीमत में बेच सकें। अपने इसी प्रयास में उन्होंने अख़बार में प्रकाशित स्वाभिमान दल का चुनावी घोषणा पत्र भी शर्मा जी को दिखाया। उस घोषणा पत्र को दिखाने के पीछे संतोष सिंह की यह मंशा थी कि वह किसी तरह शर्मा जी का विश्वास जीत सकें और अपनी ज़मीन को ज़्यादा क़ीमत में बेच सकें। उन्होंने शर्मा जी को अख़बार दिखाते हुए मेट्रो लाइन का अगले 3 वर्ष के अंदर ही अपने ज़मीन के सामने से जाने की बात बताई।

जैसा कि महाभारत (शांतिपर्व 111/67) में कहा गया है कि

*'प्रत्यक्षदृष्टोऽपि युक्तो ह्यर्थः परीक्षितुम्'*

अर्थात् यहां तक कि आंख को दिखने वाली चीज़ों को भी एक बार जांच लेने की आवश्यकता होती है।

इस कारण शर्मा जी को उस अख़बार में प्रकाशित घोषणा पत्र को अपनी आंखों से देखने के बावजूद संतोष की बातों पर भरोसा नहीं हुआ। उन्होने संतोष सिंह की बातों की सच्चाई जानने के लिए प्रदेश सरकार में मेट्रो से संबंधित मंत्री व अन्य अधिकारियों से बात की। सभी से बात करने पर शर्मा जी को समझ में आ गया कि संतोष द्वारा बतायी गयी मेट्रो ट्रेन की बात बिलकुल झूठ थी। अब चूंकि शर्मा जी को सच्चाई का पता चला चुका था; इसलिए उनको संतोष पर बहुत गुस्सा आ रहा था।

जैसा कि महाभारत (आदिपर्व 204/27) में कहा गया है कि

*'यच्च साम्नैव शक्येत कार्यं साधयितुं नृप को दैवशप्तस्तत् कार्यं विग्रहेण समाचरेत्'*

अर्थात् शांतिपूर्वक मध्यस्थता से यदि किसी उद्देश्य की प्राप्ति हो सकती है तो वह कौन अभागा है जो उसी उद्देश्य को युद्ध द्वारा प्राप्त करना चाहेगा?

इसलिए शर्मा जी ने संतोष के साथ किसी तरह का झगड़ा अथवा मन-मुटाव नहीं किया। चूंकि उनको उस ज़मीन को ख़रीदने की ज़रूरत थी इस कारण उन्होंने संतोष सिंह के साथ बातचीत का रास्ता अपनाया। शर्मा जी ने संतोष द्वारा बतायी गयी दोनों बातों, ज़मीन की क़ीमत 80 लाख रुपये और 3 वर्ष के अंदर मेट्रो की

लाइन उस ज़मीन के सामने से जाना, को अक्षरशः मान लिया और समझौते के लिए तैयार हो गए। हालांकि समझौते में उन्होंने एक आकस्मिक अनुबंध की बात ज़रूर रख दी। उनके उस अनुबंध के मुताबिक संतोष की ज़मीन की वर्तमान क़ीमत यानी 50 लाख रुपये का भुगतान वह संतोष को तुरंत करने को तैयार थे, जबकि शेष 30 लाख को किसी बैंक में एक एस्क्रो अकाउंट में रखा जाता। संतोष के कहे अनुसार अगले 3 वर्ष में यदि उनके शहर में मेट्रो प्रोजेक्ट का कार्य शुरू हुआ, और उनकी ज़मीन के सामने मेट्रो स्टेशन का निर्माण हुआ, तब तो उस एस्क्रो अकाउंट (30 लाख और उसके ब्याज) की राशि पर संतोष का अधिपत्य होता अन्यथा उस पर शर्मा जी का हक़ होता। यहां पर 3 वर्ष के अंदर संतोष के ज़मीन के सामने मेट्रो स्टेशन निर्माण का जो मापदंड था, वह एक कंटीन्जेसी क्लॉज था। कंटीन्जेसी क्लॉज यानी आकस्मिक शर्त, जिसका एक निश्चित समय, जैसा कि यहां 3 वर्ष, पर अवलोकन किया जाता। अगर तय समय के भीतर वह आकस्मिक शर्त पूरी हो जाती, तब उस एस्क्रो अकाउंट की राशि पर संतोष की दावेदारी होती, लेकिन अगर वह तय समय में पूरी नहीं हो पाती, तब उस अकाउंट की राशि दूसरे पक्ष यानी शर्मा जी को मिल जाती। चूंकि शर्मा जी ने इस आकस्मिक अनुबंध की बात करने से पहले ही संतोष और अपने बीच के मज़बूत संबंध और एक-दूसरे पर अटूट विश्वास होने के क़सीदे पढ़ चुके थे, इस कारण संतोष अपने आधे मन से संकोचवश शर्मा जी द्वारा प्रस्तावित किए गए उस आकस्मिक अनुबंध के लिए तैयार हो गए। 3 वर्ष बाद बहुत खोजने के बावजूद भी उनके शहर में किसी तरह की मेट्रो परियोजना का कोई सुराग़ नहीं मिला जिसके कारण संतोष द्वारा शर्मा जी को बेची गयी अपनी ज़मीन के लिए केवल सिर्फ़ 50 लाख रुपये से संतोष करना पड़ा। गौरतलब है कि शर्मा जी के साथ इस समझौते के असफल होने पर संतोष के पास दूसरा श्रेष्ठ विकल्प, यानी उसका BATNA, यह था कि वह उस ज़मीन को कमलेश को बेच देते क्योंकि कमलेश उस ज़मीन को 60 लाख में ख़रीदने के लिए पहले ही अपनी सहमति दे चुके थे। संतोष के पास अपनी ज़मीन को बेचने के किसी भी समझौते के लिए 60 लाख रुपये बॉटम लाइन या वॉक-अवे थी। इस तरह स्वयं का BATNA भूलने और अपनी बॉटम लाइन का उल्लंघन करने के कारण संतोष सिंह ने एक नुक़सानदायक समझौता कर लिया, जिसकी वजह से उनको 10 लाख रुपये का नुक़सान हुआ। वही पर शर्मा जी ने आकस्मिक अनुबंध का इस्तेमाल कर के अपने समझौते में भरोसा स्थापित किया और संतोष सिंह के झूठे दावों के कारण होने वाले संभावित नुक़सान से भी स्वयं को बचाया। इस तरह कोई भी व्यक्ति सिर्फ़ व्यापारिक लेन-देन में ही नहीं, बल्कि अपने जीवन के विभिन्न महत्त्वपूर्ण समझौतों और निर्णयों में भी योजनाओं और विकल्पों का ध्यानपूर्वक अवलोकन करके, अपने BATNA

और बॉटम लाइन को समझ कर और आकस्मिक अनुबंध का इस्तेमाल कर के, बेहतर निर्णय ले सकता है और संतोष सिंह जैसे सपनों के सौदागरों से धोखा खाने से बच सकता है।

# लेखक के बारे में

नवीन कृष्ण राय भारतीय प्रबंध संस्थान (IIM), इंदौर में मैनज़र के पद पर कार्यरत हैं। उनका नाम देश के जाने-माने मैनेजमेंट एक्स्पर्ट में शुमार है। उन्हें देश भर में स्थित विभिन्न न्यायिक, प्रशासनिक व पुलिस ट्रेनिंग एकेडमी में ट्रेनिंग सेशन लेने के लिए आमंत्रित किया जाता है, जहां वह लाइफ़ मैनेजमेंट, सेल्फ़-मैनेजमेंट, पीपल मैनेजमेंट, डिसिज़न मेकिंग, लीडरशिप, कॉन्फ़्लिक्ट मैनेजमेंट, नेगोशिएशन आदि विषयों पर ट्रेनिंग प्रदान करते हैं। वह भारतीय राजस्व सेवा (IRS), प्रांतीय पुलिस सेवा, प्रशासनिक सेवा, न्यायिक सेवा, केंद्रीय औद्योगिक सुरक्षा बल (CISF), भारत तिब्बत सीमा पुलिस (ITBP) के पांच हज़ार से अधिक अधिकारियों व कर्मचारियों को ट्रेनिंग प्रदान कर चुके हैं। इसके अलावा वह कई प्रदेशों की विभिन्न सरकारी समितियों में सलाहकार के तौर पर भी नामित हैं। उन समितियों में वह महिला एवं बाल विकास, शहरी विकास, औद्योगिक विकास, पुलिस ट्रेनिंग, ई-गवर्नेंस, युवा कल्याण व स्टार्ट-अप से संबंधित विषयों पर अपनी सलाह प्रदान करते हैं। नवीन देश के उन चुनिंदा लोगों में शामिल हैं, जिन्हें लोकतंत्र के चारों स्तंभों : नौकरशाही, विधायिका, न्यायपालिका और मीडिया, के साथ क़रीब से कार्य करने का अनुभव है।